罗马元老院与人民
一部古罗马史

Mary Beard

[英]玛丽·比尔德——著
王　晨——译　刘津瑜——序

民主与建设出版社
·北京·

媒体评价

情节紧凑，令人振奋，心思敏锐，大胆持疑。

——布莱恩·阿普尔亚德，《星期日泰晤士报》

非常吸引人……非常愉快的阅读感受，同时兼具学术性。

——娜塔莉·海恩斯，《观察者报》

在为罗马为何能够如此惊人地扩张这个问题提供连贯的答案的同时，使一部600多页讨论这样的话题的书始终充满能量是非常雄心勃勃的。比尔德获得了极大的成功……书中充满见解，始终让人愉悦……比尔德专注于细节，再加上她极为出色的幽默感，这使《罗马元老院与人民》从始至终都吸引着读者。

——《星期日泰晤士报》

极富开创性……令人振奋……革命性的全新古代史写法。

——托马斯·霍奇金森，《观察者报》

这本书是一处宝藏，既是一本迷人的读物，也是一本很好的参考书，对于那个对今天的我们仍有很大指导意义的古代世界，澄清了我们由于懒惰而产生的误解。

——《先驱报》

在《罗马元老院与人民》这部美妙的简史中，比尔德以一种轻快而无比清晰的笔触解开了这座城市取得成功的秘密，无可媲美。

——费迪南德·芒特，《纽约时报书评》

一部杰出的新编年史……比尔德是一位步履稳健的向导，带领读者穿过那些晦涩难解的材料，换了别人，这本书可能就会变得单调乏味。在处理罗马城早期的历史时，她把事实从神话中筛分了出来，通过说明罗马人自己如何为了短期的政治目的而编造出传奇性的开端，她使学术讨论变得生动活泼，并且拓展了讨论的深度……通俗历史写作的典范，引人入胜但并不刻意简化，同时具有宏大的框架和私密的细节，使过往的历史栩栩如生。

——《经济学人》

比尔德完成的工作，确切来说，是很少有普及类作者敢于尝试的，是很多大学教授无法胜任的。她传达了在思索那些注定模糊不清的文本和事件时的兴奋感，在这个过程中，她让我们习以为常的观点变得可疑。她这部权威的新罗马史《罗马元老院与人民》也不例外。比尔德向我们揭示，古罗马人与许多个世纪后与权力、公民权、帝国和身份这些问题斗争的人息息相关。

——艾米丽·威尔逊，《大西洋月刊》

目 录

序　1

前言　罗马的历史　1

第 1 章　西塞罗的人生巅峰　9

SPQR：公元前 63 年 11 / 西塞罗对垒喀提林 17

在元老院 20 / 胜利与羞辱 24 / 写下来 26

故事的另一面 33 / 我们的喀提林？39

第 2 章　罗马的开端　43

西塞罗与罗慕路斯 45 / 谋杀 48 / 劫掠 52

兄与弟，内与外 56 / 历史与神话 61

埃涅阿斯和其他 66 / 挖掘早期罗马 70 / 缺失的一环 78

第 3 章　罗马诸王　81

写在石头上 83 / 国王还是酋长？88

奠基故事：宗教、时间与政治 92 / 埃特鲁里亚人国王？101

考古学、暴政和强暴 109 / 自由的诞生 117

第 4 章　罗马的大跃进　123

两个变革的世纪：从塔克文家族到"长胡子"西庇阿 125

《十二铜表法》的世界 134 / 等级冲突 140

外部世界：维伊与罗马 147 / 罗马人与亚历山大大帝 152

扩张、士兵和公民 156 / 原因与解释 160

第 5 章　更广阔的世界　163

巴巴图斯的后人 165 / 征服与后果 169

坎尼与战争的模糊面目 176 / 波利比乌斯论罗马政治 181

命令他人服从的帝国 188 / 帝国的影响 193

如何成为罗马人 199

第 6 章　新政治　205

毁灭 207 / 罗慕路斯和雷慕斯的遗产？211

提比略·格拉古 219 / 盖乌斯·格拉古 225

战争中的公民与盟友 231 / 苏拉与斯巴达克斯 239

普通人的生活 247

第 7 章　从帝国到皇帝　251

西塞罗对垒维勒斯 253 / 总督和被统治者 257

向元老发难 261 / 待售的罗马 264

"伟大的"庞培 268 / 第一位皇帝 273 / 三人帮 277

掷下骰子 285 / 3 月 15 日 290

第 8 章　大后方　297

公共与私人 299 / 内战的其他面貌 301 / 丈夫与妻子 305

出生、死亡与悲伤 315 / 钱的重要性 320 / 作为财产的人 330

走向新的历史阶段——帝国时期 334

第 9 章　奥古斯都带来的改变　339

恺撒的继承人 341 / 内战的面目 345 / 输家和赢家 353

奥古斯都之谜 357 / 我做了什么 364 / 权力政治 372

难题和继承人 378 / 奥古斯都已死。奥古斯都万岁！384

第 10 章　14 位皇帝　391

宝座上的人 393 / 盖乌斯做错了什么？395

"好皇帝"和"坏皇帝"？403 / 顶层的改变 411 / 继承问题 420

元老 426 / 天哪，我觉得自己正在成神…… 434

第 11 章　有产者与无产者　441

富人与穷人 443 / 贫穷的等级 450 / 工作的世界 455

酒肆文化 462 / 忍受与凑合 468 / 燕子与蛇 475

第 12 章　罗马之外的罗马　481

小普林尼的行省 483 / 帝国的边界 488

帝国的管理 494 / 罗马化与抵抗 501 / 自由流动 508

他们制造荒凉，却称其为和平 516 / 麻烦的基督徒 522

公民 526 / 盖乌斯·尤里乌斯·佐伊洛斯 528

后记　罗马的第一个千年　533

就此结束 542

扩展阅读　544

时间线　579

致　谢　595

出版后记　598

1. 早期罗马及其邻邦

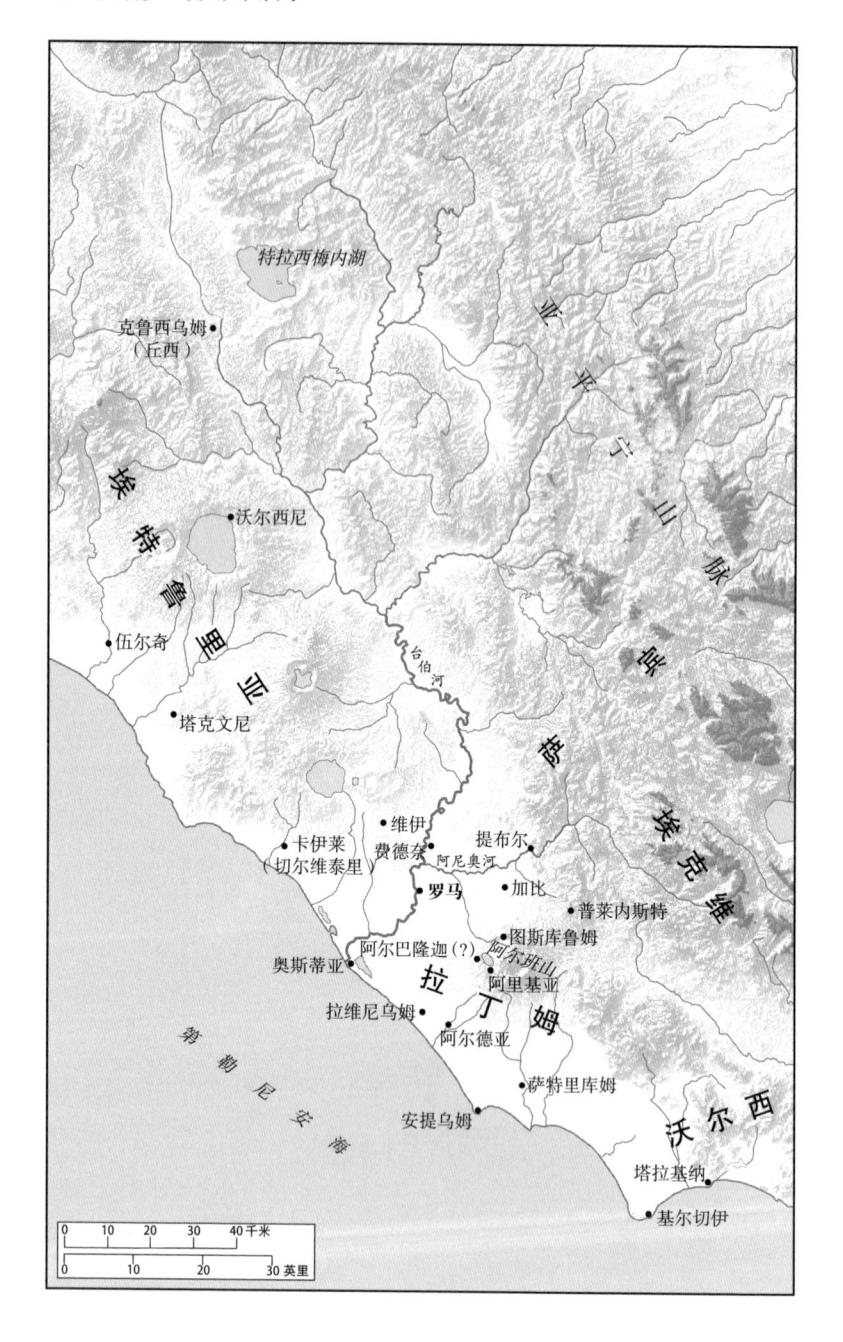

2. 罗马城址

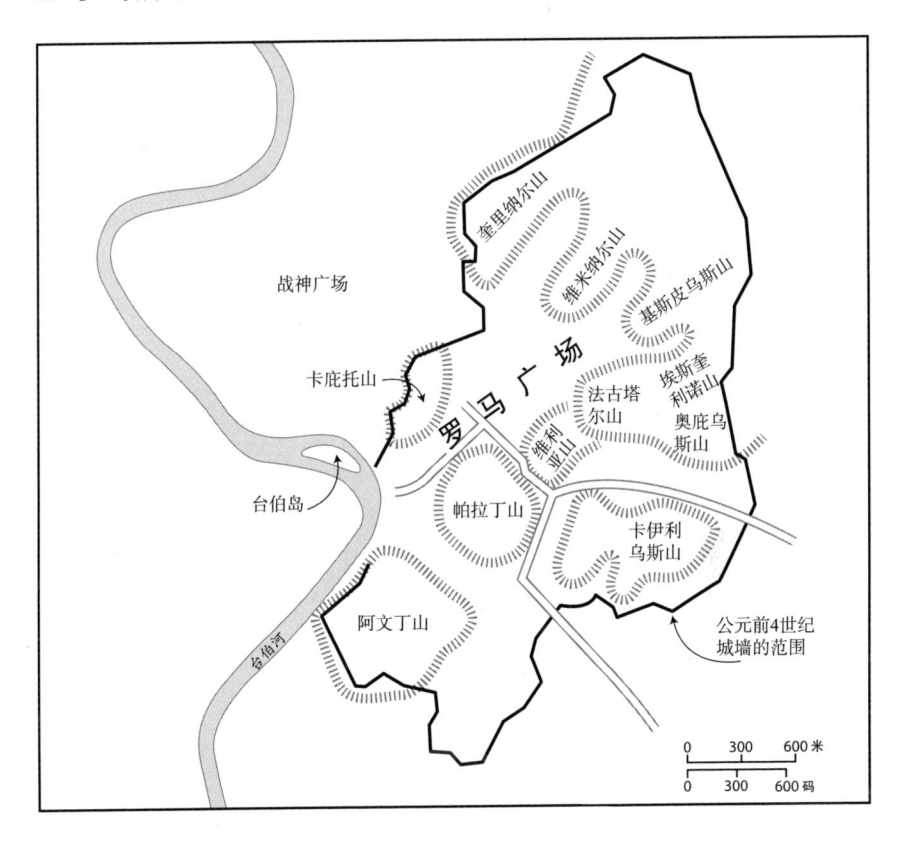

3. 罗马时代的意大利

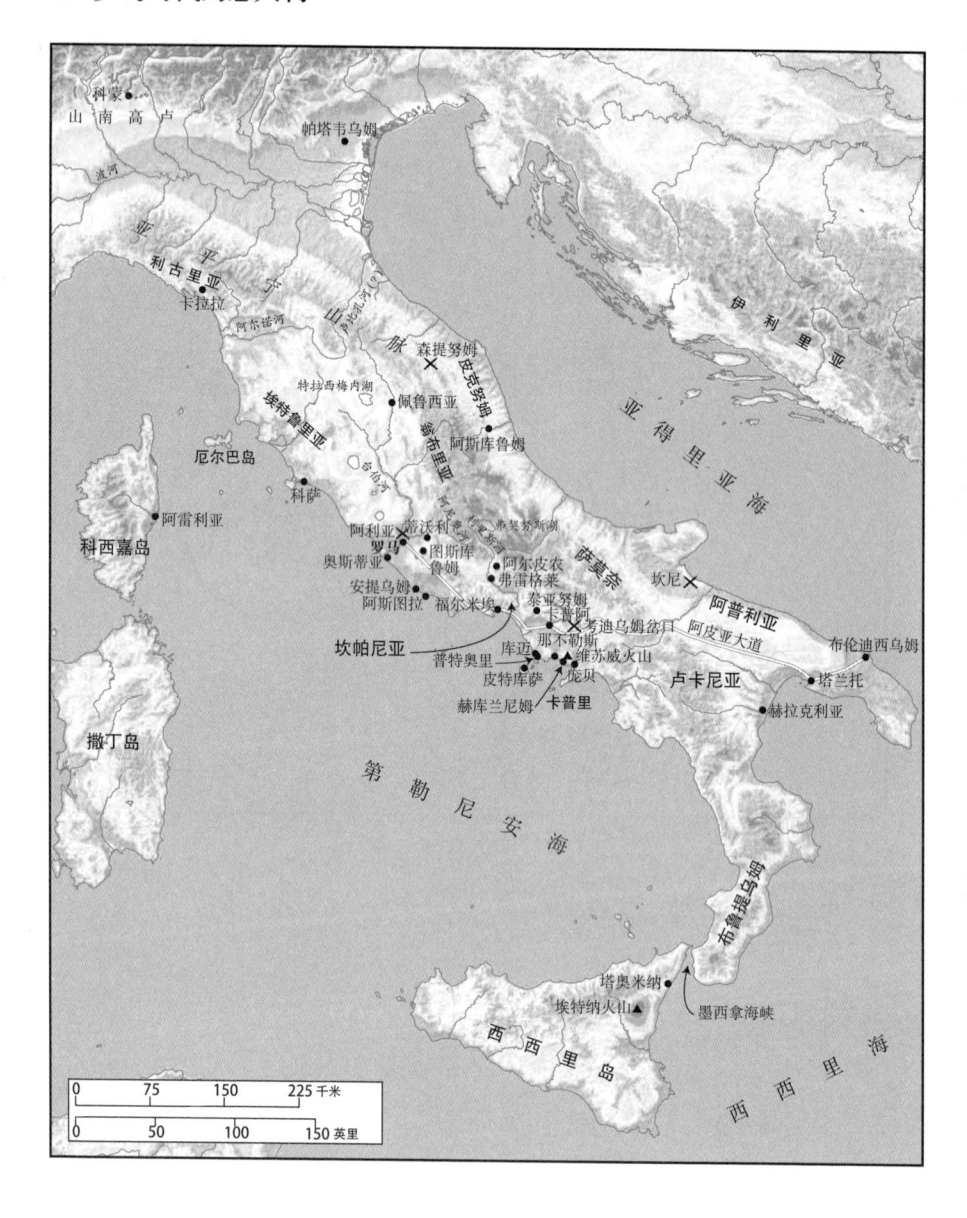

4. 帝制时期的罗马城

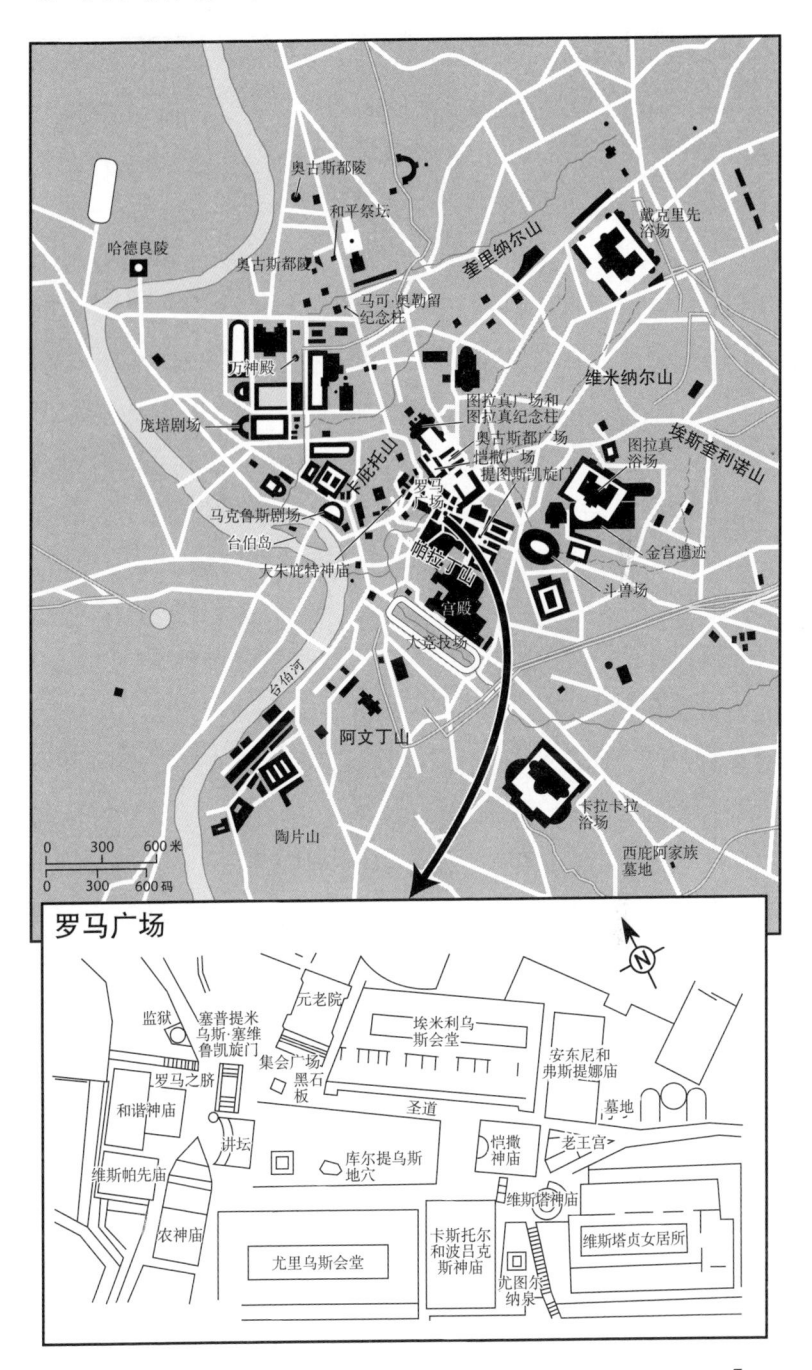

地图标注:
- 奥古斯都陵
- 和平祭坛
- 哈德良陵
- 奥古斯都陵
- 奎里纳尔山
- 戴克里先浴场
- 马可·奥勒留纪念柱
- 万神殿
- 维米纳尔山
- 庞培剧场
- 图拉真广场和图拉真纪念柱
- 奥古斯都广场
- 恺撒广场
- 埃斯奎利诺山
- 图拉真浴场
- 卡庇托山
- 提图斯凯旋门
- 马克鲁斯剧场
- 罗马广场
- 台伯岛
- 大朱庇特神庙
- 帕拉丁山
- 金宫遗迹
- 斗兽场
- 宫殿
- 大竞技场
- 台伯河
- 阿文丁山
- 卡拉卡拉浴场
- 陶片山
- 西庇阿家族墓地

0   300   600米
0   300   600码

罗马广场

- 监狱
- 塞普提米乌斯·塞维鲁凯旋门
- 元老院
- 埃米利乌斯会堂
- 安东尼和弗斯提娜庙
- 罗马之脐
- 集会广场
- 和谐神庙
- 黑石板
- 圣道
- 墓地
- 恺撒神庙
- 老王宫
- 讲坛
- 库尔提乌斯地穴
- 维斯帕先庙
- 维斯塔神庙
- 农神庙
- 尤里乌斯会堂
- 卡斯托尔和波吕克斯神庙
- 维斯塔贞女居所
- 尤图尔纳泉

7

5. 罗马世界

地图

- 里海
- 达西亚
- 多瑙河
- 莫伊西亚
- 黑海
- 克里米亚
- 奥德苏斯
- 比提尼亚
- 本都
- 亚美尼亚
- 色雷斯
- 君士坦丁堡
- 加拉提亚
- 腓力比
- 阿布德拉
- 尼科美狄亚
- 安库拉
- 底格里斯河
- 马其顿
- 尼喀亚
- 埃德萨
- 两河流域
- 色萨雷
- 特洛伊
- 亚细亚
- 卡莱
- 帕提亚
- 帕加马
- 奇里乞亚
- 法萨卢斯
- 莱斯博斯岛
- 幼发拉底斯河
- 科孚利岛
- 希俄斯岛
- 提奥斯
- 希埃拉波利斯
- 德尔斐
- 阿芙洛狄西亚
- 安条克
- 亚克兴
- 雅典
- 萨摩斯岛
- 以弗所
- 哈利卡那苏斯
- 阿斯朋度斯
- 叙利亚
- 埃梅萨
- 柯林斯
- 帕尔米拉
- 斯巴达
- 得洛斯岛
- 克尼多斯
- 萨拉米斯
- 古奥翁
- 考诺斯
- 罗德岛
- 西顿
- 大马士革
- 伯罗奔尼撒半岛
- 安提库特拉岛
- 克里特
- 塞浦路斯
- 提尔
- 耶路撒冷
- 犹地阿
- 地中海
- 死海
- 马萨达
- 佩特拉
- 阿拉伯
- 昔兰尼
- 亚历山大里亚
- 尼罗河
- 西奈半岛
- 埃及
- 克劳迪乌斯山
- 登德拉
- 红海

9

序

没有简单的罗马模式可以遵循。事情能那样简单就好了。[1]

无论我们将罗马人英雄化抑或妖魔化，都是在伤害他们。但如果没能认真对待他们，或者终止与他们进行的长期对话，那么我们就会伤害自己。我希望本书不仅是"古罗马史"，也是和"罗马元老院与人民"对话的一部分。[2]

玛丽·比尔德在剑桥大学纽纳姆学院完成本科学业并于1982年获得剑桥大学古典学博士学位。1979—1983年比尔德在伦敦国王学院的古典学系任教，1984年重返剑桥执教，2004年升为古典学教授。[3] 2008年，《庞贝：一座罗马城市的生活》获得沃尔夫森历史学奖。[4] 这个声誉卓著的书奖授予学术价值及可读性并重的历

---

[1] 《罗马元老院与人民》英文版第535页，中译本第542页。本文中 Mary Beard, *SPQR: A History of Ancient Rome*（London: Profile Books, 2015）书名的译法遵循王晨中译本的译名，所有斜体的 *SPQR* 也都指这本著作。中译文遵循王晨的译文。

[2] 《罗马元老院与人民》英文版第536页，中译本第543页。

[3] 剑桥大学的正教授职位非常稀少，在正教授和副教授之间还有 Reader 这个头衔，比尔德于1999年成为 Reader。

[4] Mary Beard, *Pompeii: The Life of a Roman Town*（London: Profile Books, 2008）。

史学著作。同一年,比尔德受邀在加州大学伯克利分校作萨瑟古典学讲座(Sather Classical Lectures),这是古典学界最高声誉的讲座之一。讲座内容于 2015 年以《古罗马的笑:论玩笑、逗趣及爆笑》为题集结成书,[1] 引领了一个全新的领域:人因何而笑、笑的程度(罗马人可能并不"微笑")、男女在笑上的区别、笑的社会功能有其发展史,而罗马人的"笑"与罗马社会的权力结构有着千丝万缕的关联,绝非真空中的情绪或生理本能。[2] 2013 年和 2018 年比尔德因对古典学做出的杰出贡献而被英国女王授予勋爵称号(OBE,DBE)。她在剑桥任教期间曾一度是那里唯一的女性古典学教授,是位自豪的女权主义者,积极地为女性发声,她的新书《女性与权力:一个宣言》更从学术角度探讨女性被噤声的历史。[3] 比尔德并非是一位书斋学者,她活跃于各类网络、电视、电台等公众平台,拉近了学术界与读者间的距离,也使古典学在公众眼中的印象发生了改变。她在《泰晤士文学增刊》开设的博客《一个剑桥教授的生活》(A Don's Life)已历时 13 年,影响着众多的读者,话题广泛,不一而足,更不为自己画地为牢或设禁忌。比如最近一期短博客题为《世界各地的厕所》;[4] 她还是活跃的推特用户,目前有 20 多万关注者。这些公众平台在给比尔

---

[1] Mary Beard, *Laughter in Ancient Rome: On Joking, Tickling, and Cracking Up* (Oakland, Calif.: University of California Press, 2015).

[2] Stephen Halliwell 的《希腊的笑:自荷马至早期基督教的文化心理研究》(*Greek Laughter: A Study of Cultural Psychology from Homer to Early Christianity*)和比尔德的萨瑟讲座同年出版,也是非常重要的一部著作,但只涉及古希腊语资料。

[3] Mary Beard, *Women & Power: A Manifesto* (London: Profile Books, 2017).

[4] Mary Beard, "Lavatories of the world", *TLS*, August 15, 2018: https://www.the-tls.co.uk/lavatories-of-the-world/

德带来影响力的同时，也让她一而再再而三地成为网络暴力的对象。比尔德从不退缩，让世人看到一个勇敢、真实、独立、渊博而敏锐的强大人格。

比尔德对中国读者来说也并不陌生，她与英国广播公司合作的纪录片在中文世界有相当多的拥趸，她的学术和通俗著作已有3部被译为中文出版：《当代学术入门：古典学》（与约翰·亨德森合著，董乐山译，辽宁教育出版社，1998年）以及《罗马大角斗场》（与基斯·霍普金斯合著，蒲隆译）、《帕台农神庙》（马红旗译），后两部都包括在商务印书馆的"文化奇观之旅"中（2008年）。2017—2018年，仅仅在《文汇学人》上就有5期关于玛丽·比尔德的文章，包括熊莹对《罗马元老院与人民》这部著作英文版所做的3篇出色的"笔记"，即《罗马帝国如何崛起：SPQR读书笔记之一》（2017年3月10日）；《"不可能只有一种罗马史"：SPQR读书笔记之二》（2017年3月17日）；《写给当代人看的罗马史：SPQR读书笔记之三》（2017年3月24日）；胡梦霞编译，《一位古典学教授如何成为英国最热知识分子》（2018年2月23日）；黎文编译，《比尔德的"文明"》（2018年3月9日）。2018年7月4日剑桥大学达尔文学院及李约瑟研究所研究员赵静一博士采访比尔德的中文版访谈录《剑桥大学教授玛丽·彼尔德：由西方古典引发的女权思考》也做出了重要的贡献，中国读者在二人的娓娓对谈间了解到了学者、教授、公众人物、女权主义者、母亲这么多的各种角色是如何在比尔德身上相互交织的。

或许也正是这许多角色的交织与相互影响使得比尔德的著作常常不落窠臼，且具有难以企及的丰富性。不是所有的罗马史学家都能如比尔德一样叙事如此生动风趣、层次丰富，将复杂的问题以极易接受的方式传达给读者。更不是所有的罗马史学家都能将社会各个层面有效地编织到叙述中。我们面前这部著作的作者是一位难以简单归类的作者，这部著作本身也迥异于目前数量众多的通史性罗马史著作。本序主要着眼于 *SPQR* 的独特之处。书中许许多多的具体问题，比如，比尔德为什么说奥古斯都是神秘的？她为什么选择卡拉卡拉作为她的罗马故事的结尾？她对所谓的 3 世纪"危机"怎么看？为什么她说基督教"是又不是"罗马的宗教？ 罗马的第一个千年和第二个千年之间的基本区别和延续性又在何处？则请诸君展卷与比尔德老师交流。

罗马"历史"何时开始？

1973 年，玛丽·比尔德初次造访罗马时，相比古罗马的遗迹而言，罗马城中无处不在（井盖上、灯箱上、垃圾箱上，等等）的 SPQR 这个缩写给她留下的印象更加深刻。2015 年，这个缩写成了她的古罗马史（A History of Ancient Rome）新书的正标题。这的确是一个承载力极强的表述，包括所谓的"精英"，也包括民众，它代表一种机制，也是一种理念，在几千年的延续中变迁，也在变迁中延续，连接古今。

比尔德的古罗马史的第 1 章并没有按常规从所谓拉丁姆有人居住开始，或以神奇的罗马"建城"为切入点，她挑选的节点是公元前 1 世纪晚期西塞罗那个时代。这颇有些古希腊、罗马史诗叙事中的拦腰法，即"从中间开始"（in medias res）再倒叙的风骨。公元前 1 世纪晚期无疑是比尔德非常熟悉的历史时期，西塞罗浩瀚的著作更是她稔熟的文献。她的 1982 年剑桥大学博士论文便题为《晚期罗马共和时期的国家宗教：基于西塞罗著作的研究》(*The state religion in the late Roman Republic: a study based on the works of Cicero*)。这篇博士论文虽未发表，却为后来的许多研究打下了基础。她在《罗马研究杂志》上发表的第二篇独立论文《西塞罗与占卜：一个拉丁对话的形成》也是围绕西塞罗展开。[1] SPQR 英文版中西塞罗的名字出现了 415 次，远超恺撒（260 次）以及奥古斯都（237 次）的名字出现的频率。但比尔德笔下的西塞罗并非英雄形象，他自大、虚荣，反对秘密投票。比尔德甚至讥讽他那用力过猛的文风。西塞罗更多地是被她用来引入罗马史上形形色色的史料问题、研究角度及解读诠释的。比如，西塞罗笔下的企图阴谋武装颠覆罗马国家的喀提林和真实的喀提林之间究竟有多大的鸿沟？西塞罗不经审判就处决监禁中的喀提林的所谓共谋者，危急情况下国家利益和个人的合法权利之间的冲突该如何处理？

然而比尔德选择从公元前 1 世纪开始讲述罗马史的更重要的原因则因为"我们所知的罗马'历史'从那时开始"。她之所以这么说，是基于以下这些考量：罗马人自身也是直到公元前 1 世纪才开始系统研究罗马城及罗马帝国以前的历程；就是在这个历史时期，古代作家和学者们提出并探讨了许多我们现在还在研究和关注的历史问题，比如其中争论得最激烈问题之一就是罗马城究竟于何时建城、有多古老；也是在这个时期，古代作家们"拼出了一幅我们至今仍需仰赖的早期罗马的画面"。比如，罗马的

---

[1] Mary Beard, "Cicero and Divination: The Formation of a Latin Discourse," *The Journal of Roman Studies* 76 (1986), pp. 33-46.

所谓奠基人罗慕路斯的故事被一再建构,"罗马把对似乎永无止境的内部冲突循环的担忧投射到了它的奠基者身上"。[1] 他们的角度、方法和叙事极大地影响了后世对罗马史的想象与论述。"至少在某种程度上,我们仍在通过公元前 1 世纪人的眼睛看待罗马的历史"。[2] 而罗马人留给我们的"历史"充满了重构、误解和相互矛盾,历史学家的重要工作便是批判地梳理这些纠结的线团。

史料批判、历史书写与古典语文学的素养

作为史学家,比尔德无疑对古代作家的文献史料非常熟悉。除了西塞罗、撒鲁斯特、波利比乌斯、李维、斯特拉波、老普林尼、小普林尼、普鲁塔克、苏维托尼乌斯这些常规作家之外,恩尼乌斯、贺拉斯、维吉尔、奥维德、马提亚尔等人的诗歌在全书中也有很高的出镜率。比尔德并不过度强调所谓古代史作和文学作品的分野。这也是她一直以来坚持的一个立场。比如此前在讨论古罗马凯旋式这个问题时,比尔德并不认为普鲁塔克笔下的所谓"真实"凯旋式比奥维德在《哀怨集》第四卷第二首中虚拟的一个从未发生的凯旋式更具有历史真实性。[3] 比尔德也相当关注现

---

[1] 《罗马元老院与人民》英文版第 73 页,中译本第 65 页。
[2] 《罗马元老院与人民》英文版第 23 页,中译本第 12 页。
[3] Mary Beard, "Writing Ritual: The Triumph of Ovid", in Alessandro Barchiesi, and Susan A. Stephens. *Rituals in Ink: A Conference on Religion and Literary Production in Ancient Rome Held at Stanford University in February 2002*(Munich: Franz Steiner, 2004), pp. 115-126; idem., *The Roman Triumph* (Cambridge, Mass.: Harvard University Press, Belknap Press, 2007).

代史学家较少使用的古代文献资料。可能来自公元 2 世纪的《阿斯特兰普苏克斯神谕集》(The Oracles of Astrampsychus) 很好地体现了比尔德在使用古代史料方面的跨度。这部极少为罗马史学家引用的资料包括向算命者所提出的问题及其可能的答案，还有选择"正确"答案的方式，等等。对比尔德来说，"让我们直抵古代街道上的男男女女生活中的具体问题和焦虑的核心"。[1]

比尔德对所有的史料都抱着慎重的态度，从不轻易下结论，而执着于对语境、语言、写作者自身的背景、写作目的、写作对象等方方面面的考察。对于古代史料到底能告诉我们多少史实、历史事件究竟能否可靠地复原，比尔德全书中的常用词是"令人沮丧""充满争议""脆弱的共识"，等等。对古代文本中的各种数字(特别是人口、阵亡人数，等等)，比尔德尤为谨慎，因为"它们受到夸张和误解的影响，而且后来的中世纪僧侣在抄写时还可能犯下某些严重的错误"。[2] 因此，书中常常使用"荒唐""极不可信""高度夸张"等词语来修饰古代作家的文本中留下的数字，也就毫不足怪了。对史料的审慎自然会引发的一个结果便是导致谨慎的结论。比尔德时常提醒读者，很多历史情况或事件是不可能知道/断言/判断/重构 (impossible to know/say/tell/reconstruct) 的。这是一种非常负责任的态度，也向希望读史仅仅是为了获得"教训"的读者提出了一个问题：假如历史的重构、解读常常是如此不确定，那又如何从中提取"教训"呢？

解构史料需要方方面面的能力，对于古代史来说，语言层面

---

[1] 《罗马元老院与人民》英文版第 465 页，中译本第 472 页。
[2] 《罗马元老院与人民》英文版第 177 页，中译本第 174 页。

上的敏感度是一种极为重要的能力。在比尔德以往的著作中，《古罗马的笑：论玩笑、逗趣及爆笑》大约是最好地展示了她的语文学功底的著作。在 SPQR 中，比尔德以生动的例子来说明希腊语与拉丁语互译过程中产生的损耗与误解，对于那时地中海世界的古人而言，其后果不仅仅是误解，而且很可能会带来政治后果、影响文化协商的过程和效果。比如，在公元前 2 世纪中期一篇记录使团出访罗马进行政治斡旋的希腊铭文中，使团据描述每天向罗马人进行 proskynesis，这个词在希腊语中的字面意思为"躬身触摸"或"吻脚"，与它对译的拉丁语词汇可能是 salutatio，比如门客和依附者早上向恩主问安那类做法。然而在阅读这篇铭文的希腊人的联想中，他们可能会想到吻脚那类完全不同的觐见方式，这样的译法是否如比尔德所说"虽然这些外邦访客可能是想用该译法表示这种惯常做法所具有的羞辱性"，[1] 读者可以自行分析。比尔德也暗示了另一种可能性：或许，他们真的曾试图俯身吻罗马显贵的脚，那么罗马人又会做何感想？但这趟外交活动好像终究是无果而终，因为铭文只强调了苦劳而并未陈述后续。

希腊语与拉丁语之间的互译也常会出现不正确的对应关系。比尔德以波利比乌斯把希腊语中的 demokratia（民主）一词套用到罗马政治生活这个例子来说明这种做法导致了误导性的分析，因为在罗马语境下，这个词常带有接近"暴民统治"的意思。[2] 关于波利比乌斯的 demokratia 到底是什么意思这个问题当然可以进一步探讨，因为希腊化时代这个词的涵义和它在古典时代的雅

---

[1]《罗马元老院与人民》英文版第 198 页，中译本第 194 页。
[2]《罗马元老院与人民》英文版第 189 页，中译本第 185 页。

典的涵义已经有所不同。[1] 然而无论希腊语中的 demokratia 为何意，我们很难不同意比尔德的如下说法：无论如何，"波利比乌斯引发了一场至今仍未结束的重要争论。人民的声音在罗马共和国的政治中有多大影响力？谁控制着罗马？我们应该如何刻画这一罗马的政治制度？"[2]

这部著作给读者带来的信息量是巨大的，然而它更大的价值在于比尔德以灵活生动而非说教的方式向读者展示了如何"做历史"，读者不但可以从中学习用何种方法解读历史"剪影"或"碎片"，如何处理相互矛盾的史料，更能学习如何提问，这既包括向史料提问，也包括构思关于罗马历史的大命题。她的这部著作借鉴和吸纳了众多学者的大量成果。然而，必须指出的是，这部著作的性质与结构（没有脚注，书后不附详细的尾注，每章有简短的"扩展阅读"，只包括精选书目）会使读者很难分清哪些观点是比尔德本人的原创观点，哪些来自他人，而哪些已经是学界公认的常识。比尔德有时会明确指出她采用的是哪位学者的研究成果，比如在第 5 章的"扩展阅读"中，比尔德说明这本书在许多方面遵循了 Arthur Eckstein 在 *Mediterranean Anarchy, Interstate War, and the Rise of Rome*（Berkeley and Los Angeles, Calif.: University of California Press, 2006）等著作中关于帝国主义的观点，即就罗马所介入的地中海世界，本身也是"一个充满政治冲突、不停变换的盟约关系以及各国间持续不断的残酷暴力的

---

[1] 比如 Eric W. Robinson, *The First Democracies: Early Popular Government Outside Athens*（Stuttgart: Steiner, 1997）, p.75。
[2] 《罗马元老院与人民》英文版第 189 页，中译本第 185 页。

世界"。[1] 但很多时候，其他学者的发现，尤其是较老的观点，就直接纳入叙述中不再加以说明。比如罗马作家所提到的盖乌斯（即卡里古拉）皇帝让士兵在海边捡贝壳的故事，比尔德点出这可能是对拉丁语中 musculi 一词的误解，因为这个词既可以指"贝壳"，也可以指"军用小屋"。这并不是比尔德的新发现，而是可以追溯到 Balsdon 于 1934 年发表在《罗马研究杂志》上的一篇短文。[2]

这部著作是一部积累之作，比尔德自己也在不断地学习与阅读。SPQR 出版于 2015 年，而书后"扩展阅读"中所提及的书目也更新至 2015 年，如 *The Pantheon: From Antiquity to the Present,* edited by Tod A. Marder and Mark Wilson Jones（New York: Cambridge UP, 2015）。她曾不止一次地公开推翻自己以前的观点，这也提醒我们学习是原创的基础，同时也没有任何一部著作可被称为终结之作，这部著作会激励我们继续探索。

立体的罗马史

比尔德笔下的历史从来都不是单维度的，而是丰富、鲜活的、复杂的。托马斯·W. 霍奇金森在《旁观者》上为 SPQR 所撰的书评以《立体的古代史》为题，恰如其分。[3] 大到历史进程、文

---

[1] 《罗马元老院与人民》英文版第 194 页，中译本第 189—190 页。
[2] J. P. V. D. Balsdon, "Notes concerning the principate of Gaius," *JRS* 24 (1934), pp. 13-24. 对这一说法的反驳见 P. J. Bicknell, "The Emperor Gaius' military activities in A.D. 40." *Historia* 17 (1968), pp.496-505。
[3] Thomas W. Hodgkinson, "Ancient history in stereo. *SPQR: A History of Ancient Rome,* by Mary Beard", in *The Spectator* 10/17/2015.

化机制，具体到历史事件，比尔德都会关注博弈中的双方或多方，并执着地追寻故事的另一面。全书中，"the other side"或"another side"（另一面）这样的表述出现了20多次。比如，关于共和时代罗马的竞争文化，即罗马人通过各种机制，包括用故事以及凯旋式、葬礼等仪式强化后代要效仿祖先英勇事迹的信息，波利比乌斯或许认为这是一种相当正面的积极因素。然而比尔德却不太同意这种乐观看法（rosy view）。在她的解读中，无节制的竞争（unchecked competition）摧毁而非维系（uphold）了罗马共和国："每有一个受到鼓舞而去追求达到祖先成就的年轻罗马人，就必然有另一个年轻人无法承受自己身上的传统和期待的重负。"[1] 比尔德笔下的罗马史自然不是一部自上而下、英雄史观引航的罗马史，也绝非一部伟人传记的合集。她一再强调："个体皇帝的品质和性格对帝国大部分居民不会产生太大的影响，也不会过多影响罗马史及其重要发展的基本结构。"[2] "个体皇帝的特点并不像传记传统所试图强调的那么重要。"[3] 这也不是一部以战争、战役或征服为主线的历史。假如说"索引"是作者所认为的书中值得一提的词语的清单，那么《罗马元老院与人民》英文版书后的"索引"则提供了一个管窥比尔德"意境地图"的绝佳素材。"索引"中，"战争"一词甚至没有被单列出来作为词条。和传统的罗马史叙述相比，比尔德给予具体的战争和战役的书写空间很小。三次布匿战争（罗马与迦太基对抗）虽然篇幅相对较大，但其中重要的一个部分是比尔德提醒读者古代作家对战争的描述缺乏条理，

---

[1] 《罗马元老院与人民》英文版第187—188页，中译本第184页。
[2] 《罗马元老院与人民》英文版第404页，中译本第410页。
[3] 《罗马元老院与人民》英文版第426页，中译本第432页。

有时甚至荒谬。"内战"一词虽然在书中提到过数次，却并未在英文版书后的"索引"中出现。

将历史多维化丰富化也意味着把以往位于边缘的人群或事件去边缘化，纳入叙述的框架甚至主线。不同的时代会提出不同的问题，有不同的兴趣和关注点，正是提出的问题与关注点的变化在改变我们书写历史的方式，所以历史对比尔德来说是一种对话。比如，比尔德对万神殿的讲述不仅仅着眼于建筑本身的艺术、政治与历史意义，更将读者带到建筑石材供应地、埃及的克劳迪乌斯山，并将注意力投向从埃及到罗马的整个链条：石材的开采、采石工的食物供给、石材的运输、运输使用的牲畜，等等。考古学家罗伯特·凯利曾说："我们每一个人都在宏大的人类故事中扮演角色。"[1] 比尔德恰恰就搭了一个罗马社会的大舞台，各类角色登场。贯穿全书的除了中下层自由民之外，还有反叛者、妇女、各地的"本地人"、奴隶与释奴，以及因帝国的扩张而身份较难界定的人，等等。众生相中包括酒馆中酩酊大醉的顾客、死后不用再为房租担心的释奴、因丢失了带风帽的斗篷而愤怒诅咒小偷的自由民、捐赠公共建筑的恺撒释奴，不一而足。索引中没有了战争这个词条，但"妇女"（women）不但有自己的主词条，其下还有 11 项二次索引项，比如"生育的风险""儿童新娘""关于'被解放的（liberated）'妇女的幻想"，等等。在"食物与用餐"（food and dining）这个词条下包括了"酒肆文化"（bar culture）这个很少在其他通史性著作中见到的索引项。

---

[1] 凯利、曹辰星，《罗伯特·凯利：我们每一个人都在宏大的人类故事中扮演角色》，首都师范大学公共考古学中心"访谈"，2018 年 8 月 7 日。https://mp.weixin.qq.com/s/zxj_T_n3pOurnYvDjFhx0g

比尔德还专辟一章讨论富人、穷人以及介于两者之间的罗马人。这些占罗马人口99%的大分子不曾进入古代的史书，但他们中的一部分有能力用墓志铭等方式为自己定位，留下"生动的剪影"。在比尔德的笔下，这些古罗马人不是统计数据中的数字而已，而是具有极强的个体性，比尔德尽量提及他们的名姓，但更重要的是他们和所谓的伟人一样承载着广阔的历史问题。这种书写方式不仅仅着眼于我们所知道的，而是追寻式的，用比尔德自己的话来说："很多罗马人的生活故事几乎被历史埋没（hidden），至今仍在被复原中（pieced together）。"[1]那么应该到哪里去追寻他们的声音？我们是怎样知道罗马史的？"我们能否重建得到普通罗马人认可的他们自己的生活画面，方法又是什么。如果现存文学作品提供的是这种鄙夷的夸张讽刺描绘，那么我们还能把目光投向何处呢？"[2]所以描绘立体的罗马史不是加几个人的名字，讲几个轶事那么简单，其背后是强大的方法论的运用以及对丰富史料的掌控。除了文献史料（著名的、生僻的），比尔德动用了考古（牙齿、骨骼、粪便、居住处遗迹，以及高科技测量古罗马污染程度，等等）、纸草、刻在石头或金属上的铭文、墙上的涂鸦等各类资料来重构罗马史。

"罗马"是一个动态的概念，这种动态便是这部著作的核心之一。随着罗马势力的扩张，大大小小的争论、冲突和挑战渐次地，有时是凌乱地或不期地出现在"罗马人"面前，一些重大问题包括"罗马在世界上的地位、罗马人控制了地中海地区如此

---

[1] 《罗马元老院与人民》英文版第523页，中文本第528页。
[2] 《罗马元老院与人民》英文版第442页，中译本第449页。

之多的土地后什么才算是'罗马的'、野蛮和文明的边界如今何在，以及罗马位于边界的哪一边"。[1]比如在罗马对外征服的过程中拥有公民权的士兵和非罗马妇女所生育的子女的身份不仅是个法律层面上的问题，也挑战着"罗马人"究竟定义、意味着什么这样的大命题，而这样的命题在全书中反复出现、渐次深化。公元前171年，元老院就曾接待过来自西班牙的使团，他们代表的是4000多个罗马士兵与西班牙妇女所生的儿子。罗马不列颠的一篇2世纪拉丁语和亚兰语（也译作阿拉米语）的双语墓志铭让比尔德印象深刻，并在书中多次提及。在这篇铭文中，一位来自帕尔米拉名为巴拉特斯（Barates）的男子纪念他已故的妻子雷吉娜（Regina，拉丁语中的意思是"王后"），她很可能曾是奴隶。对于比尔德来说，"这块纪念碑巧妙地集中体现了界定罗马帝国的人口流动和文化融合，但也提出了甚至更加诱人的问题。'王后'如何看待自己？她会把自己看作帕尔米拉贵妇吗？这对夫妇如何看待他们生活于其中的'罗马'世界呢？"[2]

轻松幽默与凝重并重的风格

"尽管有些罗马诗人喜欢假装在阁楼上挨饿，就像诗人们至今仍然时而会做的那样，但这些男性几乎无一例外全都衣食无忧。"[3]这样一针见血、酣畅淋漓的评论在书中比比皆是。比尔德时

---

[1]《罗马元老院与人民》英文版第179页，中译本第175页。

[2]《罗马元老院与人民》英文版第510页，中译本第515—516页。

[3]《罗马元老院与人民》英文版第37页，中译本第27页。

常语带讥讽，但这讥讽留给了社会的上层。在她那里，"杰出人物（distinguished men）"的葬礼"有些令人毛骨悚然（ghoulish）"。[1] 而刺杀恺撒的场景在比尔德的笔下甚至有些滑稽，令人忍俊不禁：刺客不但"目标不甚精准，抑或他们是因为恐惧而动作笨拙"，"有几名刺客被'友军火力'所伤：盖乌斯·卡西乌斯·朗吉努斯（Gaius Cassius Longinus）朝恺撒猛扑（lunged at Caesar），结果却刺伤了（gashing）布鲁图斯；另一个人没有击中目标，而是刺中了同志的大腿"。[2] 她把同情心倾注给了社会的下层，书中的诙谐幽默与凝重都来自"共情心"（empathy）。站在民众的立场上，她并没有把刺杀恺撒描绘成一场去除暴君的行动，她毫不留情地写道："民众显然不站在刺客一边……大部分人仍然倾向于支持恺撒的改革（包括支持穷人、建设海外定居点和不时地发放救济现金），而非听上去美好的自由理念，这种理念可能不过是精英们为自己谋利和继续剥削底层阶级而寻找的托词。"[3] 这是一部可读性极强的著作，没有许多所谓学术著作中的枯燥与繁冗。但正如上面的几个例子所展示的，这样的文风并没有牺牲深度与敏锐。

值得一提的是比尔德对古典著作名称的"现代"翻译，这在英文版中的效果更加明显。比如，罗马第一位皇帝奥古斯都所留下的 *Res Gestae*，在中文中常被译为《自传》《功业录》《业绩录》，等等。本书中译本采用了《功业记述》的译名。拉丁文原文的基本意思是"做过的事情"，也常常指"历史"。但比尔

---

[1] 《罗马元老院与人民》英文版第187页，中译本第183页。
[2] 《罗马元老院与人民》英文版第337页；中译本第341页。
[3] 《罗马元老院与人民》英文版第338页；中译本第342页。

德将其译为"What I did？"（直译：我做了什么？），这样平民化的大白话译法使得 Res Gestae 听起来不再是高高在上的皇帝自述。马可·奥勒留皇帝所留下的希腊语随笔其英译本通常称为 Meditations，中文一般译为《沉思录》（本书中译本也沿用了这个译法），比尔德却把题目改成了 Thoughts（直译：《想法》），同样也有降格和通俗化的效果。在比尔德的笔下，triumvirate（"三头"）这样的中立甚至有些堂皇的称呼被加上了应有的暴力色彩和非法性，变成了"三人帮"（the gang of three），奥古斯都则被颇为不敬地冠上了"老变色龙"（the old reptile）的称号。这并不是比尔德的噱头，而是代表了一种态度：伟人未必伟大，我们对他们或许要多些平常心。

为这部著作进一步增添生动色彩的是比尔德并不忌讳古今链接，这也秉承了她不将古史与后世割裂的作风。比如，在提到坎尼战役中采取游击拖延战略的法比乌斯时，她联想到了"美国的法比乌斯"乔治·华盛顿，后者在美国独立战争初期也采用了相似的战术。而莎士比亚被提及 7 次，包括比尔德指出"Et tu, Brute？（'还有你吗，布鲁图斯？'）这句著名的拉丁语是莎士比亚的发明"。[1] 确实，一些今人认为出自罗马史的轶事其实是后世的发明。那广为流传的罗马人征服迦太基之后在后者的土地上撒盐的故事在古代文献中毫无踪影。罗马史与其接受史和想象史的互动是古罗马史研究中需要投入更多关注的问题。

---

[1]《罗马元老院与人民》英文版第 338 页，中译本第 342 页。

结语

玛丽·比尔德的《罗马元老院与人民》的英文版面向的是西方读者，这个读者群对一些来自古希腊罗马的表达法有着相当程度的辨认度。比如她在前言中列举了"害怕希腊人送礼""面包和竞技""罗马着火时还在弹琴""活着就有希望"，这些被她称为"我们从罗马人那里借用的名言"。然而，这些说法对于大部分中文读者来说却已经是舶来品。那么，作为这部著作中译本读者的"我们"是否包括在比尔德所谓的"我们"当中？相信这也是比尔德会相当感兴趣的一个问题。

我们需要感谢这部著作的译者王晨先生。译文流畅传神，极好地保留了比尔德的文风。对于较为生僻的概念，或对中文读者来说不太熟悉的引言或成语，王晨专门做了注解。翻译研究中讨论"厚翻译"（thick translation，或译"深度翻译"）已有四分之一个世纪，[1] 指的是以注释、附加词语解释等将文本置于丰富的文化与语言语境中的做法，以及它的度应该如何把握，等等。这部译作也是适度厚译的佳例。

刘津瑜
上海师范大学上海"千人计划"特聘教授
德堡大学古典学教授

---

[1] 推动这一讨论的缘起之作：Kwame Anthony Appiah, "Thick Translation," *Callaloo* (On "Post-Colonial Discourse" : A Special Issue) 4 (1993), pp. 808-819.

前言

罗马的历史

古罗马是重要的。忽视罗马人不仅只是对遥远的过去视而不见。从高深的理论到通俗的喜剧,我们理解世界和思考自身的方式仍然受到罗马的影响。历经2000年,它仍在支撑着西方的文化与政治,是我们写什么和如何看待世界的基础,决定着我们在世界中的位置。

公元前44年,尤里乌斯·恺撒在被罗马人称作"3月望日"[1]的那天遇刺,此事为后来的刺杀暴君行动提供了模板,有时还提供了不甚合适的理由。罗马帝国的疆域构成了现代欧洲和周边地区政治地理的基础。伦敦成为英国首都的主要理由在于,罗马人将其作为他们的不列颠行省——在他们看来,这是一片位于围绕文明世界的环洋彼岸的危险土地——的治所。罗马留给我们的不仅是帝国的剥削,还有自由和公民权的理念,以及从"参议员"

---

[1] 即3月15日。在罗马历法中,3月、5月、7月和10月的第十五日为望日(Ides),其他月份则为第十三日。罗马历的某一天通过与望日前第九日(Nones,每月第五日或第七日,与望日相距九天)、望日和朔日(Kalends,下个月第一日)的关系来表示,正好位于这三者上的日子即以该月名称加上节点名表示,其他日子由月份名加上距离位于其后最近那个节点的天数表示,如12月23日即为1月朔日前第十日。(如不另外说明,本书脚注均为译者所加。作者注释见书末的扩展阅读。)

到"独裁者"等一系列现代政治词汇。"害怕希腊人送礼"[1]"面包和竞技"[2]"罗马着火时还在弹琴"[3],这些都是我们从罗马人那里借用的名言,连"活着就有希望"也是。[4] 它引发了差不多同等程度的笑声、惊愕和恐惧。和当时一样,角斗士今天仍然是票房明星。维吉尔描述罗马奠基的伟大史诗《埃涅阿斯纪》在20世纪的读者数量几乎肯定要超过1世纪时的。

不过,罗马史的面貌在过去50年间发生了巨大改变,在从爱德华·吉本创作《罗马帝国衰亡史》之后的差不多250年间更是如此,而正是吉本那次别具一格的史学实验为近代英语世界的罗马史研究拉开了帷幕。之所以发生了改变,部分原因是出现了看待旧证据的新方式,以及我们选择对其提出了不同的问题。那种认为我们是比前辈更好的历史学家的想法是一个危险的神话。这不是真实情况。但我们研究罗马史的侧重点——从性别身份到食物供应——有所不同,这使古老的过去用新的语言向我们倾诉。

此外,我们还有了一系列来自地下、水下,甚至是被遗忘在图书馆中的不寻常的新发现,它们呈现了来自古代的新东西,告诉我们的古罗马相关信息要超过此前任何近代的史学家所能知道的。现在,我们拥有了一份2005年才在一所希腊修道院中发现的

---

[1] 出自《埃涅阿斯纪》2.49:我〔甚至〕害怕达纳厄斯人送礼(timeo Danaos et dona ferentes)。特洛伊祭司拉奥孔在警告不要接受希腊人的木马时说了这句话。

[2] 出自尤维纳尔《讽刺诗》10.80-81:(平民)只热盼两件事,面包和竞技(duas tantum res anxius optat, panem et circenses)。指富有的权贵向平民提供免费食物和大规模娱乐活动。

[3] 传说公元64年罗马着起大火时,尼禄却在弹自己的里拉琴。苏维托尼乌斯和塔西佗都提过此事。

[4] 出自泰伦提乌斯的《自责者》981:modo liceat vivere, est spes。

抄本，上面是一位罗马医生在火灾中失去宝贵财产后写下的动人文章。我们找到了未能抵达罗马的地中海货船残骸，以及船里装载着的准备运往富人家中的异邦雕塑、家具和玻璃制品，还有葡萄酒和橄榄油等人人需要的日常物资。在我写作本书的同时，考古学家们正在细心地检测从格陵兰岛冰盖中钻取的样本，发现即使在那里也有被罗马工业污染的痕迹。另一些人正把从意大利南部赫库兰尼姆一个粪坑中找到的人类排泄物置于显微镜下，试图确定进入和排出普通罗马人消化道的食物品种。结果发现他们至少吃了许多蛋和海胆。

罗马史正在一如既往地被不断改写，在某些方面，我们对古罗马的了解超过了罗马人自己。换句话说，罗马史研究是一项不断发展的工作。本书是我对这个更宏大项目的贡献，给出了我关于罗马史为何重要的理由。书名来自另一句罗马名言：罗马元老院与人民（Senatus PopulusQue Romanus）。写作本书的动力来自我个人对罗马历史的好奇，来自我坚信与古罗马进行对话仍然很有价值，来自一个疑惑——意大利中部那个毫不起眼的小村落是如何成为三大洲大片土地上如此强大的统治者的？

本书的主题是罗马如何成长以及如此长久地维持了其地位，而非它如何衰落和灭亡，如果它确实经历了吉本所想象的那样的衰亡。我们可以为罗马的历史构想多种合适的终点，有人选择公元337年君士坦丁皇帝在临终时皈依基督教，或者公元410年罗马城被阿拉里克和他麾下的西哥特人洗劫。我选择的终点是公元212年的高潮时刻，当时卡拉卡拉皇帝做出决定，让每一位帝国内的自由居民都获得完整的罗马公民权，消除了征服者和被征服者间的差异，完成了从将近1000年前开始的扩大罗马公民权利和特权的过程。

不过,《罗马元老院与人民》并非单纯的赞美之作。古典世界（希腊和罗马）中有许多地方能引发我们的兴趣、吸引我们的注意。如果不继续同那个世界发生互动，我们的世界将会变得无比贫瘠。但赞美是另一回事。幸运的是，我生在当下这个时代，当听到人们谈论"伟大"的罗马征服者，甚至是罗马的"伟大"帝国时，我会感到愤怒。我尝试学会了从另一面看待事物。

事实上，《罗马元老院与人民》探讨了一些我和许多人从小听说的关于罗马的神话和片面事实。罗马人最初并没有征服世界的宏大计划。虽然最终他们用昭昭天命来夸耀自己的帝国，但他们在整个地中海世界和周边地区进行军事扩张背后的最初动机仍然是历史上的重大谜题之一。在建立帝国的过程中，罗马人并不是在粗暴地践踏一些在他们的军团出现在地平线之前一直与世无争地做着自己的事的无辜民族。罗马人的胜利无疑是残酷的。恺撒对高卢的征服被不无理由地比作种族屠杀，当时的罗马人也对此提出了类似的批评。但罗马在其中展开扩张的那个世界并非由一系列和平相处的社群组成，而是充满了迷你帝国和以军事力量作为支持（事实上不存在任何别的支持）的地方性权力基地，这些基地之间相互敌对，充满暴力冲突。罗马的大部分敌人和罗马人一样黩武，但由于一些我将试图给出的理由，他们没能取胜。

有人认为罗马人致力于工程、军事效率和专制，而希腊人则偏爱研究、戏剧和民主。一些罗马人觉得可以断言情况的确如此，许多现代史学家也觉得可以用简单的二分法将古典世界描绘成截然不同的两种文化，但罗马不完全是古典希腊的暴虐小兄弟。正如我们将会看到的，这在两个方面都有误导之嫌。希腊城邦和罗马人一样热衷于赢得战斗,大部分城邦与雅典短暂的民主实验几乎没有任何关系。而有几位罗马作家完全没有不假思索地拥护帝国力量,反而是帝国主义有史以来最激烈的批评者。"他们制造荒凉,却称其为和平"这句口号常被用来总结军事征服的后果。它出自公元 2 世纪的罗马史学家塔西佗笔下,指的是罗马在不列颠的统治。

研究罗马史是一项重大挑战。不存在罗马的单一历史,特别是当罗马世界远远扩张到意大利以外后。罗马的历史不同于罗马的不列颠或阿非利加行省的历史。我将主要关注罗马城和罗马人的意大利,但我也会注意采用从生活在帝国更广阔领土上的士兵、反叛者或有野心的合作者的视角从外部观察罗马。而且,不同时期需要不同的写法。对于罗马最古老时期的历史和它在公元前 4 世纪从一个小村落发展为意大利半岛上重要力量的过程,同时代的罗马人没有写下任何记录。那段故事只能依靠大胆的重建,必须尽可能地充分利用每一条证据,譬如一块陶片或者石头上铭刻着的几个字母。仅仅 3 个世纪后,问题则变得完全相反,成了如何理解大量相互矛盾的同时代证据,它们可能会让任何做出清晰的叙事的尝试都面临陷入困境的危险。

研究罗马史还需要一种特别的想象。在某些方面,从 21 世纪探索古罗马很像走钢丝,需要非常小心地保持平衡。如果你低头看这一边,一切似乎都令人放心地眼熟:那里有关于自由的本质或性问题的谈话,连我们几乎都可以加入进去;有我们眼熟的建筑和纪念碑,有我们理解的家庭生活方式,包括他们讨人厌的少年子女;还有让我们"心照不宣"的笑话。而另一边看上去则是完全陌生的世界。这不仅是指奴隶制、肮脏(古罗马几乎没有诸如垃圾收集之类的机制)、角斗场上的杀人和我们现在认为不值一提的疾病造成的死亡,也包括新生儿被丢在垃圾堆上、童婚和夺人眼球的阉人祭司。

我们将通过罗马历史上的一个特别时刻开始探索这个世界,罗马人始终为其大伤脑筋,从史学家到剧作家的现代作者也从未停止对它的争论。它最有成效地介绍了古罗马的一些关键特征,展现了罗马人对自身历史之讨论的丰富多彩,以及我们如何重温和试图理解那段历史的方式,并为我们解释了为何罗马的历史以及它的元老院和人民仍然是重要的。

第 1 章

西塞罗的人生巅峰

SPQR：公元前 63 年

我们的古罗马史始于公元前 1 世纪中期，那时距离建城 600 多年。它在革命承诺、恐怖分子摧毁城市的阴谋、暗中行动和公开申斥、罗马人和罗马人的冲突、以国家安全利益之名逮捕和草率处决公民（无论是否无辜）中拉开序幕。时值公元前 63 年。一边是心怀不满的破产贵族卢基乌斯·塞尔基乌斯·喀提林（Lucius Sergius Catilina），据信他制定了暗杀罗马民选官员和烧毁城市的阴谋，并打算在此过程中取消所有人的债务，无论贫富。另一边是暗杀的目标之一，著名的演说家、哲学家、祭司、诗人与政客，才思敏捷和健谈的马库斯·图利乌斯·西塞罗（Marcus Tullius Cicero），此人从未停止用自己的修辞才能夸耀他如何揭发了喀提林的可怕阴谋并拯救了国家。这是他的人生巅峰。

公元前 63 年的罗马城是座居民超过百万人的庞大都市，比 19 世纪前的其他任何欧洲城市都大；此外，虽然还没有皇帝，但它统治着一个从西班牙到叙利亚、从法国南部到撒哈拉沙漠的帝国。这里杂乱无章地混合了奢华与肮脏、自由与剥削、公民自豪与血腥内战。在下面的各章中，我们将把目光投向古老得多的时刻，回顾罗马时代的起点和罗马民族早期的尚武行为及其他事迹。

我们将思考某些早期罗马故事（从"罗慕路斯与雷慕斯"到"卢克莱提娅受辱"）今天仍能触动我们的原因。我们还将提出史学家们自古以来就提出的问题：意大利中部的一个普通小城如何和为何发展到比古代地中海的其他任何城市都大得多，并逐步控制了一个如此庞大的帝国？如果真有的话，罗马人的特别之处是什么？但对于罗马史，从头开始讲述的意义并不大。

直到公元前1世纪，我们才开始能够通过同时代人的眼睛近距离地和在鲜活的细节中探索罗马。该时期有特别丰富的文字留存下来：从私人书信到公开演说，从哲学到诗歌——包括史诗和艳诗、文人诗和平民诗。得益于这一切，我们仍能追踪罗马政要每天的长袖善舞。我们可以偷听他们的讨价还价和交易，窥见他们在比喻和字面意义上的"背后下刀子"。我们甚至可以感受他们的私人生活：夫妻斗嘴、现金流问题、为心爱孩子（或者偶尔为心爱奴隶）的死而悲伤。在西方历史上，我们对任何一个更早时期的了解都不可能这样深入和详尽（我们没有关于古典时期的雅典如此丰富和多样的证据）。直到1000多年后，才有另一个地方为我们留下了如此丰富的细节，那是文艺复兴时期的佛罗伦萨。

此外，罗马作家们本身也直到公元前1世纪才开始系统研究自己的城市和帝国的早先岁月。对罗马往昔的好奇无疑更早就有了：比如，我们仍然可以读到公元前2世纪中叶一位客居于此的希腊人对罗马城崛起原因所做的分析。但从公元前1世纪起，罗马的学者和批评者才开始提出许多我们甚至至今仍在提出的历史问题。通过把学术研究和颇有创见的编造结合起来的方法，他们拼出了一幅我们至今仍需仰赖的早期罗马的画面。至少在某种程度上，我们仍在通过公元前1世纪人的眼睛看待罗马的历史。换句话说，我们所知的罗马"历史"从那时开始。

公元前63年是那个关键世纪中的重要一年，罗马城在这一年差点蒙难。对于我们在本书中将要探索的1000多年来说，罗马多次面临危险和失败。比如，公元前390年前后，一群高卢劫掠者占领了该城。公元前218年，迦太基军阀汉尼拔带着他的37头大象翻越阿尔卑斯山，在最终将他击退之前，这次著名行动对罗马人造成了可怕的损失。在公元前216年的坎尼会战（Battle of Cannae）中，估计一个下午有7万名罗马人阵亡，使其成为堪比葛底斯堡战役或索姆河之战第一天那样的血腥屠场，[1]甚至犹有过之。此外，公元前1世纪70年代，在斯巴达克斯的率领下，一支由前角斗士和逃亡者拼凑而成的军队被证明要胜过某些训练不足的军团，这在罗马人的想象中几乎同样骇人。罗马人从未像我们习惯认为的或者他们喜欢标榜的那样战无不胜。但在公元前63年，他们面对的是内部的敌人，一个罗马当权者内部的恐怖袭击阴谋。

对于这场危机，我们仍能非常详细地追踪其中的每一天，有时甚至是每个小时。我们准确地知道其中许多情景在哪里发生，在有些地方，我们仍然可以瞻仰一些历史遗迹，它们仍像公元前63年某些场景中那样矗立在那里。我们能够追踪让西塞罗获得阴谋信息的突击行动，看到喀提林如何被迫离开罗马，在城北加入他临时组织起来的军队，与罗马官方军团开战乃至最终丧命。我们还能窥见这场危机在当时和至今仍然引发的争论、争议和更广泛的问题。西塞罗的强硬回应（包括草率的处决）明确无疑地提出了一些甚至今天仍在困扰我们的问题。在应有的法律程序之外

---

[1] 1916年7月1日，英法联军在法国北部的索姆河地区与德军开战，这是第一次世界大战中规模最大的一次战役，英军在第一天就伤亡57470人。

处决"恐怖分子"是否合法？应该在多大范围内允许为了国家安全的利益而牺牲公民权利？罗马人从未停止有关"喀提林阴谋"（后世对该事件的称呼）的争论。喀提林一无是处，还是可以为他做些辩解？为避免革命付出了什么代价？公元前63年的一系列事件和由此而来的名言继续在整个西方历史之中回响。在阴谋败露后的紧张讨论中所说的一些话被照搬到我们自己的政治修辞中，就像我们将要看到的，它们还被展示在现代政治抗议活动的标语牌和横幅上，甚至是推特上。

无论是非曲直，"喀提林阴谋"把我们带到了公元前1世纪

图1 古罗马档案馆（Tabularium）的沉重拱门和柱子被砌入了米开朗琪罗宫（Michelangelo's Palazzo）下方，至今仍是罗马广场一端的重要地标。档案馆的建成只比公元前63年西塞罗当选执政官早了几十年，当时看上去一定是最壮观的新建筑之一。它的功能不明，显然是某种公共建筑，但不一定像经常被认为的那样是"档案馆"。

图2　从井盖到垃圾箱，"SPQR"字样仍然出现在罗马城各处。它可以追溯到西塞罗生前，是历史上生命力最强的缩写之一。它也不出意外地引来了戏仿。"这些罗马人疯了"（Sono Pazzi Questi Romani）是意大利人喜欢说的一句话。

罗马政治生活的中心，带到了它的惯例、争议和冲突之中。我们由此得以窥见"元老院"和"罗马人民"如何运作——本书的书名《罗马元老院与人民》(*SPQR*, *Senatus PopulusQue Romanus*) 中就嵌入了这两股力量的名字。两者（有时针锋相对）都是公元前1世纪罗马政治权威的主要来源。它们合在一起组成了罗马国家合法权力的缩写标语，贯穿了罗马的历史，并在21世纪的意大利仍被沿用。影响更广的是，"元老院/参议院"（去掉"罗马人民"）成了从美国到卢旺达的世界各地对现代立法机构的称呼。

卷入危机的角色包括一些罗马历史上最著名的人物。当时30多岁的盖乌斯·尤里乌斯·恺撒（Gaius Julius Caesar）在如何惩罚密谋者的辩论中做了激烈的发言。罗马财阀马库斯·李基尼乌斯·克拉苏（Marcus Licinius Crassus）——以"没钱组建自己私人军队的人都算不上富有"的言论闻名——在幕后扮演了神秘的角色。但我们对作为喀提林的主要对手站在舞台中央的那个人的了解可能要超过整个古代世界的其他任何人。西塞罗的演说、散文、书信、笑话和诗歌可以填满几十卷现代印刷文本。在450年后的奥古斯丁（一位基督教圣徒、多产的神学家和孜孜不倦的自省者）之前，古代世界中没有其他人的生活得到如此之多的公共和私人记录，足以重建现代意义上的可信传记。此外，我们主要是通过西塞罗的作品，通过他的眼睛和偏见看到了公元前1世纪的罗马世界和罗马城到他那个时候的大部分历史。公元前63年是其生涯的转折点，因为西塞罗再也没遇到对他如此有利的局面。他的政治生涯在20年后以失败告终，那时西塞罗仍然相信自己的重要性，他的名字偶尔还是不可小觑，但他已经不是什么头面人物。他在公元前44年恺撒遇刺后的内战中被害，头颅和右臂被钉在罗马城中心示众，还遭到了凌辱和破坏。

西塞罗的可怕死亡预示着公元前1世纪发生的一场规模更大的革命，革命由某种受到民众欢迎的政治力量拉开序幕（虽然并非真正意义上的"民主"），以专制者登上宝座和罗马帝国归于一人统治告终。虽然西塞罗可能在公元前63年"拯救了国家"，但事实上他所了解的那种国家形式即将终结。另一场革命即将到来，将比喀提林掀起的那场更为成功。在"罗马元老院与人民"之外很快又将增加唯我独尊的"皇帝"，后者的代表是作为西方历史组成部分的一系列专制者，他们在多个世纪中被恭维和诋毁、服从和无视，但这是本书稍后部分的内容。现在，让我们把目光投向整个罗马历史上最难忘、最丰富多彩和最发人深省的时刻之一。

西塞罗对垒喀提林

西塞罗与喀提林之间的冲突一定程度上是政治理念和野心的碰撞，但也是两个背景大相径庭的人之间的碰撞。两人都站在罗马政治的顶层，或者非常接近那里，但相似点仅此而已。事实上，他们截然不同的政治生涯生动地展现了公元前1世纪罗马的政治生活是多么形式多样。

作为未来的革命派，喀提林的人生和政治生涯起点更加传统和幸运，而且表面上更加安稳。他来自一个显赫而古老的家族，谱系可以上溯到多个世纪前神话中的罗马创建者。据说他的祖先塞尔格斯图斯（Sergestus）在特洛伊战争后随埃涅阿斯一起从东方逃往意大利，当时罗马城甚至还不存在。在他的蓝血[1]祖先中，他的曾祖父是抗击汉尼拔的英雄，还作为第一个装配假手——很可能只是个金属钩子，代替在之前战斗中失去的右手——参战的人而闻名。喀提林本人早年春风得意，当选过一系列次级公职，[2]但在公元前63年，他接近破产。一系列罪行与他的名字联系在一起，从谋杀第一任妻子和亲生儿子到与贞女祭司通奸。但无论他有什么花销巨大的恶习，他的财政问题部分源于他屡次试图当选两名执政官之一，那是罗马城内权力最大的公职。

---

[1] 指血统纯洁高贵。这种说法可能来自西班牙语的 sangre azul，那里的王室和大贵族标榜自己是西哥特人的后裔，没有异族血统。蓝血可能指贵族皮肤白皙，可以看到蓝色的静脉，不像皮肤黝黑的摩尔人。牛津英语词典记载的最早用法出现在1811年，表示巴伦西亚的贵族分为蓝血、红血和黄血，只有获封大公（grandee）的家族才称得上蓝血。

[2] 想要参选执政官，罗马官员必须先担任财务官、营造官和大法官，此即所谓的官职阶梯（cursus honorum）。

罗马的竞选花销可能数额不菲。到了公元前1世纪，人们并不总是能够在竞选所需的慷慨花费和贿赂之间轻易做出区分。赌注很高，赢得选举的人有机会以合法或不合法的手段通过职位带来的某些额外收入回本，失败者则进一步债台高筑——和军事失利一样，罗马的竞选失败者远比我们通常所认为的要多。

这正是喀提林在公元前64年和前63年两次年度选举中败北后的境遇。现在他几乎别无选择，只能求诸"革命""直接行动"或"恐怖主义"（无论你选择哪个称呼都可以），虽然通常的说法是他在之前就有此类倾向。他联合了其他同病相怜的上层阶级亡命徒，呼吁城中心怀不满的穷人予以支持，同时在城外组建了自己的临时军队。他无休止地轻率做出取消债务的承诺（这是罗马地主阶级眼中最可鄙的激进主义形式之一），或者不断大胆地威胁要铲除头面政客并将全城付之一炬。

或者说，这是西塞罗对对手的动机和目标所做出的概括，他是那些相信自己已经成为清洗对象的人之一。他的出身与喀提林截然不同。和所有罗马高层政客一样，西塞罗来自富有的地主家庭。但他的家族位于首都之外，来自距离罗马城约70英里的阿尔皮农（Arpinum），以古代的旅行速度计算，至少需要一天才能走完这段路程。虽然他们在当地无疑是重要人物，但在他之前，家族中还没有人在罗马的政治舞台上扮演过重要角色。西塞罗没有喀提林所拥有的优势，只能依靠自身天赋和孜孜不倦打造的高层关系网，还依靠伶牙俐齿登上了权力最顶层。也就是说，他依靠作为罗马法庭上的明星律师而成名；由此获得的名人地位和要人支持意味着，他可以像喀提林那样轻松地依次当选一系列必要的次级职务。但是，公元前64年，西塞罗在下一年的执政官竞选中获胜,喀提林则铩羽而归。

这场大胜并非完全必然的结果。尽管名望很高,但西塞罗面临着身为"新人"(罗马人对祖上没有从政经历者的称呼)的不利局面,他一度甚至考虑与喀提林结盟参选,不管后者是否声名狼藉。不过,有影响力的投票者们最终决定了走向。罗马的选举制度公开而且毫不避讳地偏向富人的选票;许多富人无疑认定西塞罗是比喀提林更好的选择,尽管他们很势利,瞧不起他的"新"。西塞罗的一些对手称他只是罗马的"房客"和"兼职公民",但他获得了最多的选票。喀提林最终失败地位列第三。得票第二多并当选为另一名执政官的盖乌斯·安东尼乌斯·许布里达(Gaius Antonius Hybrida)是那位更著名的安东尼乌斯(马克·安东尼)的叔父,此人的名声并不比喀提林好多少。

到了公元前63年夏天,西塞罗似乎察觉到了来自喀提林的明确威胁,后者再次参选来碰碰运气。西塞罗利用执政官的权力推迟了下一轮选举,当他最终允许选举继续进行时,他带着手持武器的扈从出现在投票点,自己则明显在托加袍下穿了胸甲。这是一幕戏剧化的景象,公民和军人装扮的结合显得格格不入,令人不安,就像一位现代政客身着商务装但肩上挎着机枪走进立法机构。但这么做奏效了,这种威慑策略和喀提林高调的平民主义计划让后者注定再次败北——宣称自己是其他落魄者的落魄代表使其很难获得精英选民的青睐。

选举后不久,在初秋的某个时候,西塞罗开始收到清楚得多的关于暴力阴谋的情报。他很早以前就开始从喀提林一位"同谋"的女友——一个名叫富尔维娅(Fulvia)的女子,或多或少扮演了双重间谍——那里听到只言片语。现在,得益于对方阵营的又一次变节和富有的克拉苏作为中间人,他掌握了一批直接表明喀提林有罪的信件,信中提到了可怕的杀戮计划,接着很快又传来城北集结了支持暴动的军队的确切报告。11月7日,当西塞罗躲过一次暗杀企图后(多亏了富尔维娅的通风报信),他最终召集元老院于翌日开会,以便正式告发喀提林并将其从罗马吓跑。

早在10月,元老们已经颁布决议,敦促(或允许)作为执政官的西塞罗"确保国家不受伤害",这大致相当于现代的"紧急授权"或"预防恐怖犯罪"法案,并同样充满争议。11月8日,他们听了西塞罗对整个喀提林案件的陈述,他的攻击言辞犀利而且内容翔实。他的控诉巧妙地融合了暴怒、愤慨、自责和显而易见的确凿事实。前一刻他还在提醒与会者注意喀提林臭名昭著的过去,下一刻就假惺惺地对自己没能足够快地对危险做出反应表示遗憾,然后又抖出阴谋的大量精准细节——密谋者们在谁家和哪天集会、有谁参与、他们的具体计划是什么。喀提林亲自到场面对指控。他请求元老们不要相信他们被告知的一切,并嘲讽说比起他自己的显赫祖先及他们的辉煌功绩,西塞罗出身卑微。但他一定意识到自己大事不妙,连夜逃出了罗马城。

在元老院

西塞罗和喀提林在元老院中的对峙是整个故事的决定性时刻:这两位对手在位于罗马政治中心的机构直面对方。但我们应该如何描绘它?把那个11月8日发生的事呈现在我们眼前的最著名近代尝试是19世纪的意大利画家切萨雷·马卡里(Cesare

图 3 在马卡里描绘的元老院场景中,西塞罗正滔滔不绝地发言,显然不是在念稿子。画面美妙地捕捉到了罗马精英最重要的志向之一:成为"能言善辩的好人"(vir bonus dicendi peritus)。

Maccari)的画作(详见图 3 和彩图 1)。画面非常符合我们对罗马及其公共生活的许多先入之见:宏伟、轩敞、正式和优雅。

这幅画无疑也会让西塞罗感到高兴。喀提林孤零零地低头坐着,仿佛没有人想要冒险靠近他,更别提和他说话了。与此同时,西塞罗是场景中的明星,他似乎站在祭坛前冒烟的火盆旁,对着专注的听众——身着托加袍的元老们——发言。相比之下,罗马人的日常服饰——短袍、披风,甚至还有偶尔一穿的裤子——要多样和鲜艳得多。不过,托加袍是正式场合的着装,也是民族服饰:罗马人可以把自己定义为"穿托加袍的民族"(gens togata),而当时一些外族人偶尔会嘲笑这种怪异而臃肿的服装。托加袍为白色,担任公职者还会在上面镶上紫边。事实上,现代的"候选人"(candidate)一词源于拉丁语的 candidatus,后者意为"漂白的",指罗马人为了打动选民而在选举活动中特别穿着的漂白托加袍。在一个需要彰显地位的世界里,服饰上的微妙差别还不止于此：元老托加袍下穿着的短袍上有一道紫色宽条，而在罗马社会中地位仅次于元老的"骑士"阶层身上，这道紫条则要稍窄些，两个阶层还有各自的特别鞋子。

马卡里准确刻画了元老们光鲜的托加袍，虽然他似乎忘了那些重要的紫边。但在其他几乎所有方面，这幅画不过是对那个场合和布景的诱人幻想。首先，西塞罗被描绘成白发苍苍的老年政客，喀提林则是个郁郁寡欢的年轻恶棍，但事实上两人当时都是40多岁，喀提林还年长几岁。此外，与会者实在太少了，只有区区50名元老在聆听这场重要演说，除非我们设想还有更多的人在画面之外。

公元前1世纪中叶，元老院由大约600名成员组成，所有人之前都当选担任过公职（我说的是所有"男人"，古罗马女性从未担任过任何公职）。所有担任过财务官（quaestor，每年选出20人）这一次级职务的人自动成为终身元老院成员。他们定期开会，展开辩论、为执政官提供建议和发布决议。由于这些决议没有法律效力，因此如果元老院的决议受到藐视或干脆被无视会导致什么后果始终是一个难以回答的问题，但实际上人们通常会遵守这些决议。每次会议的与会人数无疑会有所不同，但这次特别的会议一定座无虚席。

布景看上去非常像罗马的真实景物，但对那个时期罗马的任何事物来说，一直延伸到画面之外的巨柱与墙上铺设的色泽明亮的奢华大理石都过于宏伟了。现代人心目中的古代城市形象充满了熠熠生辉的大片巨型大理石建筑，这并不是完全错误的。但那是罗马历史上后来才出现的情况，要等到皇帝独裁时期的到来以及首次系统开采意大利北部卡拉拉（Carrara）的大理石采石场，这比喀提林危机晚了30多年。

西塞罗时代的罗马城拥有大约100万居民，但大部分建筑仍然用砖块或当地的石头建造，到处都是错综复杂的蜿蜒街道和昏暗小巷。雅典或埃及亚历山大里亚（这两座城市有许多与马卡里画中风格相同的建筑）的来访者会觉得此地毫无特色，甚至显得肮脏。这里是疾病的温床，后来有个罗马医生写道，你无须教科书就能在罗马城研究疟疾，因为这种疾病在你周围随处可见。贫民窟中的租房市场为穷人提供了糟糕的居所，但给不择手段的地主带来了丰厚的收入。西塞罗本人在低档房产上投资了很多钱，他有一次开玩笑说（出于炫耀而非尴尬），就连老鼠也收拾好行李并离开了他的一处摇摇欲坠的出租房屋。

少数最富有的罗马人的豪华私人宅邸开始令人瞩目，这些豪宅中陈列着精美的绘画、优雅的希腊雕像和奇特的家具（独腿桌子特别能引发羡慕和渴望），甚至还有进口的大理石柱子。也有一些规模宏大的公共建筑开始零星出现，它们由大理石建成（或在表面铺设了这种材料），让人可以领略这座城市即将出现的奢华面貌。但11月8日的会址完全不是这样的。

元老们经常在神庙中召开会议，西塞罗这一次将元老们召集到一座不太大的献给朱庇特的古老神庙中，该神庙位于罗马城中心的广场附近。神庙呈标准的长方形，而非马卡里想象中的半圆形，很可能既小又昏暗，油灯和火把只能部分弥补缺少窗户的弊端。我们不得不想象数百名元老挤在狭窄而不透气的空间里的场景，有人坐在简易的椅子或长凳上，有人则站着，相互之间推挤着，在他们上方，无疑有一座受到尊崇的古老的朱庇特塑像。这肯定是罗马历史上的一个决定性场合，但同样可以肯定的是，就像罗马的许多东西一样，它实际上远不如我们乐于想象的那般优雅。

胜利与羞辱

接下来的场景并非来自钦慕者画家的再创作。喀提林离开罗马城，加入了在城外已拼凑起一支军队的支持者们。与此同时，西塞罗展开巧妙的突击行动，以便揪出仍然留在城中的密谋者。密谋者们曾经试图让一个从高卢来到罗马控诉行省总督对他们剥削的代表团参与阴谋，结果证明这是欠考虑的。无论出于何种理由（也许只不过是支持赢家的本能），这些高卢人决定背地里同西塞罗合作，提供了关于人名、地点和计划的确凿证据，以及更多包含定罪信息的书信。逮捕行动随之展开，同时也出现了各种无法令人信服的常见借口。当一名密谋者的家中被发现堆满了武器后，那个人辩称自己是清白的，因为他的爱好就是收藏武器。

12月5日，西塞罗再次召集元老院，讨论应该如何处理现在被羁押的人。这一次，元老们在和谐女神庙中集会，足见国内诸事根本不和谐。尤里乌斯·恺撒大胆建议应该监禁被捕的密谋者：按照一种说法，他提议将他们关押到危机结束，然后给予恰当的审判；按照另一种说法则是终身监禁。监禁并非古代世界里的刑罚选项，监狱几乎只是罪犯被处决前关押他们的地方。罗马刑罚的通常选项是罚款、流放和死刑。如果恺撒真在公元前63年提议终身监禁，那将很可能是西方历史上第一次就能否以这种方式替代死刑进行讨论，但没能成功。依靠紧急权力令和许多元老的强烈支持，西塞罗将那些人草草地处决，甚至没有摆摆样子举行审判。他得意扬扬地向欢呼的人群宣布他们的死讯，说出了那句只有一个词的著名婉语："他们活过"（vixere）——也就是说"他们现在死了"。

几周后，罗马军团在意大利北部打败了由心怀不满者组成的喀提林军。喀提林本人勇敢地冲锋陷阵，在战斗中阵亡。作为罗马军团的统帅，与西塞罗同为执政官的安东尼乌斯·许布里达在决战那天宣称自己的脚受了伤，将指挥权交给了副手，此举让某些人对他究竟同情哪一方产生了怀疑。动机受到质疑的并非仅此一人。从古代时期开始就出现了各种可能纯属异想天开的猜测，想要弄清楚有哪些成功得多的人物可能暗中支持喀提林，但它们显然都无法令人信服。喀提林实际上只是诡诈的克拉苏的代理人吗？恺撒的真正立场是什么？

不过，喀提林的失败对西塞罗来说是重要的胜利；支持者们称他为"祖国之父"（pater patriae），在罗马那样高度父权化的社会里，这是你能获得的最辉煌和最满意的头衔之一。但他的成功很快蒙上了阴影。在他担任执政官的最后一天，他的两个政治对手阻止他向聚集的罗马人民发表例行的告别讲话。他们坚称："没有举行听证就处罚他人的那些人不该有权要求别人聆听自己讲话。"到了几年后的公元前58年，罗马人民投票决定将所有未经审判就判处公民死刑的人一律驱逐。就在另一项指名道姓针对他的法案通过前不久，西塞罗离开罗马开始流亡。

故事讲到这里，"罗马人民"（SPQR 中的 PQR）还没有扮演特别突出的角色。"人民"是比元老院大得多的无组织群体，以政治术语而言，是由全部男性罗马公民组成，女性则没有正式的政治权利。公元前 63 年时，它包括散布于首都和意大利各地（还有少数在意大利以外）的约 100 万人。在实践中，它通常指选择出现在罗马城中任一选举、投票或集会场合的几千或几百人。即使在古代世界中，人民的影响力究竟有多大也一直是罗马史上的重大争议之一。当时，只有他们才能选出罗马政府的官员；无论你的血统多么高贵，你只能被罗马人民选中才可以获得执政官之类的职位。此外，与元老院不同，只有他们才能制定法律。公元前 58 年时，西塞罗的敌人表示，无论他在元老院的防恐决议下拥有何等权威，处决喀提林支持者的行为都践踏了任何罗马公民有权接受适当审判的基本权利。人民有权流放他。

昔日的"祖国之父"在希腊北部度过了痛苦的一年（他凄凉的自恋并不让人同情），直到人民投票召回了他。他在支持者的欢呼声中被迎回罗马，但他在城中的宅邸已被拆毁。仿佛是为了让政治观点深入人心，原址上已建起了一座自由女神的圣祠。他的政治生涯从未完全恢复元气。

写下来

我们之所以能够如此详尽地讲述这个故事，原因非常简单：罗马人自己为此写了很多东西，而他们写的东西很多都留存了下来。现代史学家常常哀叹我们对古代世界的某些方面所能知道的太少。他们抱怨说："只要想想我们对穷人生活或女性观点有多么不了解。"这种想法既误导人，又犯了年代错误。罗马文学的作者几乎无一例外都是男性，或者至少可以说，很少有女性作品流传至今（尼禄的母亲阿格里皮娜的自传失传无疑可以被算作古典文学最令人伤感的损失）。尽管有些罗马诗人喜欢假装在阁楼上挨饿，就像诗人们至今仍然时而会做的那样，但这些男性几乎无一例外全都衣食无忧。不过，这些抱怨忽视了远为重要的一点。

有关罗马世界，最不同寻常的一个事实是，罗马人在2000多年前写下的东西留存至今的竟有如此之多。除了我已经提到的诗歌、书信、散文、演说辞和史学作品，还有小说、地理学作品、讽刺诗和大量技术著述，范围涉及从水利工程到医学和疾病的一切。这些作品的留存主要归功于中世纪僧侣的勤劳，他们一遍遍手工誊抄心目中最重要或最有用的古典文学作品。中世纪的伊斯兰学者也为此做出了重要但常被遗忘的贡献，他们把一些哲学和科学材料翻译成了阿拉伯语。此外，得益于考古学家们从埃及的沙土和垃圾堆中发掘的纸草、从英格兰北部的罗马军营中发掘的写字木板，以及在帝国各处发掘的刻有动人言辞的墓碑，我们得以窥见属于罗马世界一些普通得多的居民的生活与文字。我们找到了送回家的便条、购物清单、账本和刻在墓碑上的遗言。即使这一切在曾经存在过的东西中只占一小部分，任何人现在都难以在一生中彻底掌握我们能够读到的罗马文学（以及更多一般性的罗马作品）。

那么，我们究竟是如何了解到喀提林和西塞罗之间的冲突的呢？这个故事通过多种渠道流传至今，一定程度上正是这种多样性使其如此丰富多彩。几位古罗马史学家的作品对它做了简短记述，包括一部关于西塞罗本人的古老传记——它们都是在事发100年后甚至更久方才写成。更重要和更具有揭示意义的是一篇长文，标准英语译文的篇幅可达50多页，该文对"喀提林阴谋"

（或者说"喀提林战争"[Bellum Catilinae]，这几乎可以肯定是它的古老标题）做了详细的叙述和分析。它写于"战争"结束后仅仅20年的公元前1世纪40年代，作者是盖乌斯·撒鲁斯提乌斯·克里斯普斯（Gaius Sallustius Crispus），现在通称撒鲁斯特（Sallust）。撒鲁斯特和西塞罗一样是"新人"，也是恺撒的朋友和盟友，此人的政治声誉褒贬不一：即使按照罗马人的标准，他在担任罗马北非总督期间的贪赃枉法、巧取豪夺也是臭名昭著的。但尽管政治生涯并不十分光彩（或者正因如此），撒鲁斯特这篇文章是古代世界留存下来的最犀利的政治分析之一。

撒鲁斯特不止讲述了这场未遂暴动的过程，还有它的起因和结局。他还把喀提林这个人物刻画为公元前1世纪罗马诸多缺陷的象征。在撒鲁斯特看来，罗马文化的道德品质已经被该城获取的成功，被伴随征服地中海和击溃所有劲敌之后而来的财富、贪婪和权力欲所摧毁。早在喀提林阴谋之前83年，关键时刻就已到来：公元前146年，罗马军队彻底摧毁了汉尼拔在北非沿岸的基地——迦太基。撒鲁斯特认为，罗马统治从此之后不再受到任何严重威胁。撒鲁斯特承认，喀提林可能拥有优良的品质，包括在战斗前线表现出来的英勇和非凡的忍耐力："他忍受饥饿、寒冷或睡眠不足的能力令人难以置信。"但他象征了当时罗马城的许多弊端。

撒鲁斯特文章的背后是其他生动的记录，最终可以追溯到西塞罗本人对所发生事件的描绘。在他写给最亲密的朋友提图斯·庞波尼乌斯·阿提库斯（Titus Pomponius Atticus）——一个从未正式参政，但经常在幕后进行操纵的富人——的一些书信中，他提到了他最初与喀提林之间的友好关系。公元前65年，夹杂在儿子出生（"让我告诉你，我成了父亲……"）和一批用来装饰宅邸的希腊雕像运抵等私人消息中，西塞罗表示他正考虑在法庭上为喀提林辩护，以期两人日后可以合作。

这些私人书信如何最终出现在公共领域是一个谜。最可能的情况是，西塞罗的某个家庭成员在他死后抄录了副本，它们很快就在好奇的读者、拥趸和敌人中间流传开来。古代世界没有我们今天意义上的"出版"。总共差不多有1000封这位伟人在生命的最后20年里收到和所写的信留存了下来。这些信透露了他在流亡中的自怜（"我所能做的只有哭泣！"）和女儿分娩后去世给他带来的悲痛，此外还涉及从偷东西的代理人、上流社会的离婚直到恺撒的野心等各种话题，是我们所拥有的一些最有意思的对古罗马的记录。

在留存下来的作品中，同样有意思的（甚至可能更加让人感到意外的）是西塞罗为称颂自己在执政官任内取得的成绩所写长诗的残篇。[1]虽然残缺不全，但它足够著名（或声名狼藉），有70多行被其他古代作家和西塞罗本人后来的作品所引用。其中的一句是经历了黑暗时代流传至今的最臭名昭著的拉丁语打油诗诗句之一：O fortunatam natam me consule Romam——这个音韵刺耳的句子大意为"罗马何其有幸，诞生在我的执政官任内！"此外，作者一度显得大大有失谦卑（甚至略显滑稽），似乎在诗中描绘了一场"诸神会议"，我们这位超凡执政官在会上就他应该如何处理喀提林阴谋的问题与奥林波斯山上的神明元老院讨论

---

[1] 《论他的执政官任期》（*De consulatu suo*）。

了一番。[1]

在公元前 1 世纪的罗马，名誉和声望不仅依靠口碑流传，而且离不开宣传，有时还要经过精心（甚至相当笨拙）的安排。我们知道西塞罗曾试图说服自己的一位史学家朋友卢基乌斯·卢克伊乌斯（Lucius Lucceius）撰文称颂自己挫败喀提林及其后续事件（他在信中写道："我极其热盼我的名字在你的作品中成为焦点。"）；他还希望一位当红的希腊诗人（西塞罗曾在法庭上为此人棘手的移民案件辩护）能以此为题创作一首出色的史诗。但到头来，他不得不自己动手写诗称颂自己。一些现代评论家试图为该作品的文学价值辩护，甚至是成为标志的那一句（O fortunatam natam...），但不是太有说服力。在从罗马时代留存至今的对该话题表达的看法中，大多数罗马评论家都嘲讽了该作品自负的构思及其语言。就连西塞罗最忠实的仰慕者，热衷学习他的雄辩技巧的弟子也遗憾地认为"他做得太过分了"。[2] 其他人则幸灾乐祸地嘲讽或戏仿这首诗。

但我们对公元前 63 年那些事件的最直接了解所依据的文本，是西塞罗在暴动期间发表的一系列演说的记录。其中两篇面向罗马人民的公开集会，分别向他们通报喀提林阴谋的最新调查进展和宣布对叛乱分子取得胜利。另一篇是 12 月 5 日西塞罗在元老院决定如何处置被捕者的辩论中的发言。最著名的一篇则是 11 月 8

---

[1] 昆体良《演说术原理》11.1.24，引述《论他的执政官任期》：朱庇特召他参加诸神会议，密涅瓦传授他各种技艺（Iovem illum a quo in concilium deorum advocatur, et Minervam quae artes eum edocuit）。

[2] 昆体良《演说术原理》11.1.24：但愿他在诗歌中能克制些（In carminibus utinam pepercisset）。

日他在元老院对喀提林所做的谴责,我们可以想象那正是马卡里画中的西塞罗正在说的话。

西塞罗本人很可能在发表这些演说后不久就开始到处传播它们的抄本,这些抄本由一小群奴隶辛劳地誊录。与他的诗歌创作不同,这些演说辞很快成为广受赞美和常被引用的拉丁文学经典,并作为伟大演说的最佳范例在古典时代剩下的时间里被罗马学童和有志于成为公共演说者的人们学习和模仿。甚至连那些拉丁语并不十分流利的人也阅读和研究它们。在 400 年后罗马统治下的埃及,情形必定正是如此。这些演说留存至今的最古老抄本是在公元 4 或 5 世纪的纸草上发现的,只有原本长得多的文本的残篇。抄本上有拉丁语原文和希腊语的逐字翻译。我们可以想见一个场景:一位母语是希腊语的人在埃及正稍嫌吃力地理解西塞罗的原文,并且需要一些帮助。

许多后来的学习者同样遇到过困难。这 4 篇演讲词——现在常被称为《反喀提林演说》(*In Catilinam*)——后来进入了西方的教育和文化传统。经过中世纪修道院的抄写和传播,一代代学生用它们练习拉丁语,它们还被文艺复兴时期的思想家和修辞理论家作为文学杰作加以详细分析。即使在今天,它们也以机械印刷版本的形式仍然在拉丁语学习者的课表中占据一席之地。此外,它们至今仍是劝诫演说的范例,包括托尼·布莱尔和贝拉克·奥巴马在内的一些人所做的最著名的现代演说也借用了其中的技巧。

没过多久,西塞罗 11 月 8 日演说(《反喀提林第一演说》)的开场白就在罗马世界中被广泛引用,成了最著名且一眼就能认出来的名言之一: Quo usque tandem abutere, Catilina, patientia nostra ("喀提林啊,你要考验我们的耐心到什么时候?");文本中仅仅几行之后是明快且同样经常被复述的口号：O tempora, o mores（"啊，什么时代，什么风尚！"）。事实上，当撒鲁斯特在仅仅 20 年后写下他对"战争"的记述时，Quo usque tandem... 这个句式必然已经牢牢地扎根于罗马人的文学意识中。它变得如此根深蒂固，以至于撒鲁斯特可以用意有所指或戏谑的反讽手法让喀提林将其说出来。撒鲁斯特笔下的革命者用 Quae quo usque tandem patiemini, o fortissimi viri（"最勇敢的人们，你们还要忍耐到什么时候？"）来鼓动追随者，提醒他们不要忘记在精英们手下遭受的不公。这句话完全是虚构的。古代作家经常为笔下的主要人物杜撰发言，就像今天的史学家也喜欢给自己的人物赋予感情或动机。这里的笑点在于，作为西塞罗的头号敌人，喀提林被安排说出了对手最有名的口号。

这只是该表述在历史上多次遭遇的揶揄反讽以及意有所指、似是而非的"误引"中的一例。每当革命计划遭遇危险时，它经常会在罗马文学作品中隐约出现。仅比撒鲁斯特晚了几年，提图斯·李维乌斯（Titus Livius，"李维"是他更广为之知的名字）开始创作自建城以来的罗马史，原本共计 142 卷——尽管古代的"卷"相当于一卷纸草的篇幅，更接近现代一章的长度，这也是一项庞大的计划。书中关于喀提林的部分已经失传。但当他试图描绘几百年前的内战冲突时——特别是在关于马库斯·曼利乌斯（Marcus Manlius）的"阴谋"的部分，据说此人在公元前 4 世纪时曾煽动罗马穷人反抗精英的压迫统治——他写下了这一经典表述的另一个版本：Quo usque tandem ignorabitis vires vestras（"你们对自己力量的无知要延续到什么时候？"）。他想象曼利乌斯通过这个问题让追随者们意识到，虽然他们很穷，但他们拥有足以取得成功的人力。

　　这里的关键不仅是语言上的共鸣，也不仅仅是喀提林的形象成了恶行的代名词，虽然他在罗马文学中的确经常扮演此类角色。罗马人用他的名字给不受欢迎的皇帝起绰号，而在半个世纪后，普布利乌斯·维吉利乌斯·马罗（Publius Vergilius Maro，"维吉尔"是他今天更广为人知的名字）在《埃涅阿斯纪》中为他安排了一个配角角色，书中描绘这个恶棍在冥府遭受折磨，"在复仇女神的面前颤抖"。[1] 更重要的是，喀提林与西塞罗之间的冲突方式成了理解整个罗马历史乃至更大范围内的公民不服从和起义的有力模板。当罗马史学家们论及革命时，在他们的叙述的背后某个地方，几乎总是藏有喀提林的形象，他们甚至不惜为此对年代做些奇怪的颠倒。就像李维精心选择的表述所暗示的，他笔下的马库斯·曼利乌斯（这位贵族在贫苦暴民的支持下致力于注定失败的革命）很大程度上是被投射到早期罗马历史中的喀提林。

故事的另一面

　　这个故事会不会有另一面？我们的详细证据来自西塞罗的文章或观点，这意味着他的视角将始终占据主导地位。但这并不一定意味着这在任何纯粹意义上就是真实的，或者这是看待此事的唯一方式。多个世纪以来，人们一直在思考西塞罗为我们提供的叙述有多么偏颇，并在他的故事版本的表面之下发现了其他观

---

[1]《埃涅阿斯纪》8.668-669。

点和解释。撒鲁斯特本人也同样给出了暗示。虽然他的叙述非常倚重西塞罗的作品，但通过让喀提林说出西塞罗那句著名的 Quousque tandem，他很可能是在提醒读者，真相以及对真相的解读至少不是固定的。

一个显而易见的问题是，我们所知的《反喀提林第一演说》是否与 11 月 8 日西塞罗在朱庇特神庙对与会元老发表的演说一模一样。很难想象它完全是虚构的。他怎么可能传播一个与演说内容完全无关的版本却没人发现呢？但几乎可以肯定的是，两者并不能逐字对应起来。如果他是根据提纲或古代形式的要点摘要发表演说的，那么我们手头的文本大概介于他记忆中自己说过的话和他本来想要说的话之间。即使当时是按照相当完整的文稿演讲的，当他把演说辞散发给朋友、同僚和其他他想要打动的人时，他也几乎肯定会对其加以润色，改正疏漏之处，插入几句那天遗漏或没有想到的俏皮话。

传播演说辞的确切时间和原因同样非常重要。我们从他写给阿提库斯的一封信中得知，西塞罗曾在公元前 60 年 6 月就抄录《反喀提林第一演说》的事宜做出安排，当时他一定很清楚，围绕着他处决"密谋者"产生的争议不太可能会消散。对西塞罗来说，利用演说的书面文本为自己辩护是很有吸引力和非常方便的，即使那意味着要对演说辞做些策略调整和添加一些东西。事实上，在我们现有的版本中，反复称呼喀提林为"外敌"（拉丁语的 hostis）很可能就是西塞罗回应对手的一种手段：通过将密谋者指称为国家的敌人，西塞罗暗示他们不配得到罗马法律的保护、他们已经失去了公民权（包括受审的权利）。当然，这在 11 月 8 日演说的口头版本中可能就已经是一个主旨了。我们无从知道真相。

但在永久性的书面版本中，这个词无疑具有更重大的意义，而且我强烈怀疑它也得到了更多的强调。

上述问题促使我们更努力地寻找不同的故事版本。撇开西塞罗的视角，我们是否可能知道喀提林和他的支持者们的观点呢？今天，来自公元前 1 世纪的同时代证据以西塞罗的文字和观点为主。但尝试"逆向"解读他的版本或者任何罗马史书提供的版本，用我们拥有的其他零星独立证据来撬开这个故事中的小裂缝，以及探寻其他观察者是否可能对此事抱有不同看法总是有价值的。西塞罗描绘的那些可怕恶徒真像他所刻画的那样坏透了吗？在这个问题上，我们恰好可以提出些许怀疑。

在西塞罗笔下，喀提林扮演了一个完全因为道德缺陷而欠下巨额赌债的亡命徒的角色。但情况不可能如此简单。公元前 63 年的罗马经历了某种信贷危机，面临着比西塞罗愿意承认的更多的经济和社会问题。他在"执政官任内"的另一项成就是驳回了将意大利的土地分给城中某些穷人的提议。换句话说，如果喀提林表现得像个亡命徒，他可能有很好的理由，并得到了许多因为类似的困境而被迫采取极端手段的普通人的支持。

我们是如何知道这些的呢？重建 2000 年前的经济状况比重建政治状况更加困难，但我们拥有一些意外得到的信息。该时期留存下来的钱币提供的证据特别有用，这要归功于当时的情况以及现代史学家和考古学家用巧妙的方法从材料中获取信息的能力。罗马钱币通常可以被准确地确定铸造日期，因为当时每年都要重新设计钱币，并"签上"当年负责发行它们的官员的名字。罗马人使用一系列手工打造的模具（冲模）铸造钱币，我们可以在成品钱币上看到模具之间在细节上的微小差异。我们可以大致计算

图4 这两枚银币铸造于公元前63年，图案为一个罗马人在为某项立法投票，他正把选票板投入计票用的罐子。两者细节上的差异清楚地显示了模具之间的差异。负责当年铸币的官员朗吉努斯（Longinus）的名字也被印在了钱币上。

出每个模具能压制多少钱币（在它们变得太钝以致无法印出清晰图案之前），如果有数量足够大的钱币样本，我们就能大致估算出某一次发行中总共用了多少模具。由此，我们可以对每年生产多少钱币获得粗略的了解：模具越多，钱币越多，反之亦然。

根据上述计算方式，我们得知公元前1世纪60年代末的铸币数量大幅下降，以至于总流通量要少于几年前。我们无法重建造成这种现象的原因。和18世纪以前甚至以后的大多数国家一样，罗马没有真正的货币政策，也没有能够制定此类政策的金融机构。但由此引发的可能后果显而易见。无论喀提林是否因为无节制的赌博而将财产挥霍殆尽，他和其他许多人一样可能要面临现金短缺，而那些已经欠债的人将要面对同样缺钱的债主追讨借款。

这一切再加上其他长期存在的因素，可能促使罗马的下层民众和穷人进行反抗或参与有指望的激进变革。富人和穷人之间的

图 5 这块公元前 4 世纪的罗马墓碑上描绘了打造钱币的一种简单方法。没有图案的钱币被夹起来放在砧石上的两件模具之间。左侧的人正用锤子猛击这块"三明治",以便给钱币印上图案。就像右侧助手手中拿着的钳子所暗示的,没有图案的钱币事先要加热,以便使其更容易被压上图案。

财富差距悬殊,大多数人生活条件糟糕,就算饿不死,可能也要常常忍饥挨饿。虽然西塞罗在描述中将喀提林的追随者贬斥为堕落者、匪徒和赤贫者,但根据他本人和撒鲁斯特记录一些事件的逻辑来看,情况可能并非如此。因为他们都明示或暗示,当据说喀提林意欲焚毁罗马城时,后者获得的支持便烟消云散了。如果是这样,那么我们面对的就不是穷困潦倒的人和在全城起火中没什么可失去的绝望者——他们反而能从中获得各种好处。更可能的情况是,他的支持者中包括下层的受苦穷人,保全城市对他们仍然有些好处。

西塞罗不可避免地希望尽可能利用喀提林带来的危险大做文章。在罗马,有些贵族家庭宣称自己的谱系可以直接上溯到罗马城的缔造者,就像喀提林那样,有的甚至上溯至神明。比如,恺撒的家族骄傲地将自己的谱系上溯到女神维纳斯;还有人更有意思,宣称自己的祖先是同为神话人物的弥诺斯王的妻子帕西淮

（Pasiphae），后者神奇地在与公牛交媾后生下了怪兽弥诺陶洛斯。[1]在这些贵族家庭之间，在罗马社会顶层，无论西塞罗曾经取得过怎样的政治成功，他的地位都岌岌可危。为了确保在这个圈子里的地位，他无疑希望在执政官任内做出些引起轰动的事。对蛮族敌人取得瞩目的军事胜利无疑是最理想的，也是大部分罗马人梦寐以求的。罗马一直是个尚武国家，战场上的胜利是获得荣誉的最可靠途径。但西塞罗不是士兵：他是在法庭上扬名立万的，而非通过率领军队与危险或不幸的外邦人交战。他需要用别的方式"拯救国家"。

一些罗马评论者指出，这场危机对西塞罗非常有利。一份因为曾被错误地认为出自撒鲁斯特之手而留存下来的攻击西塞罗整个政治生涯的匿名小册子清楚地表示，他"把国家的动荡转变成自己的荣耀"，甚至还宣称他的执政官生涯是"阴谋的起因"而非解决方案。直白地说，我们需要提出的一个基本问题不应该是西塞罗是否夸大了阴谋的危险，而是夸大的程度。

最坚定的现代质疑者们认为，整个阴谋差不多都是西塞罗在想象中的虚构——那个宣称自己是"武器爱好者"的人说的是实话，罪证书信是伪造的，高卢代表团完全是执政官的利用工具，暗杀企图的流言是偏执的臆想。如此激进的观点似乎不太可能是真的。喀提林的支持者毕竟和罗马军团正面交了手，很难将之视为向壁虚造。更可能的情况是，无论喀提林最初怀有怎样的动机，无论他是有远见的激进分子抑或无原则的恐怖分子，他都在一定程度上是在一位极其好斗、致力于获取自身荣誉的执政官的驱使

---

[1] 塞尔维乌斯·苏尔皮基乌斯·加尔巴（Servius Sulpicius Galba）。

下,采取了极端措施。西塞罗甚至可能已经说服了自己,让自己相信喀提林对罗马的安全构成了严重威胁,无论基于什么证据。就像我们从许多更晚近的例子中所看到的,那正是政治偏执和利己主义惯常的运作方式。我们永远无法确知实情。那场"阴谋"将永远是典型诠释困境的最佳例子:"赤色分子"是否真的无处不在,还是说危机至少在一定程度上只是保守派的虚构?它也会提醒我们,和其他所有领域一样,我们在罗马史中也必须始终注意故事的另一面——这是本书的部分主旨。

我们的喀提林?

西塞罗和喀提林的冲突为此后的政治冲突提供了模板。马卡里以 11 月 8 日事件和其他罗马历史场景为题的绘画都是受托为夫人宫(Palazzo Madama)的一个房间创作的,那里当时刚刚成为现代意大利参议院的所在地,这不太可能是个巧合,很可能是希望以此给现代的意大利参议员上一课。多个世纪以来,"阴谋"中的是非曲直、喀提林和西塞罗各自的缺陷和优点、国土安全和公民自由之间的冲突一直受到人们的热烈讨论,而且不仅仅限于历史学家的范围。

有时,这个故事会被大幅改写。在托斯卡纳的一则中世纪传说中,喀提林在与罗马军团的战斗中幸免于难,后来作为当地英雄与一位名叫贝利赛娅(Belisea)的女子有过复杂的浪漫纠葛。在另一个版本中,他有了一个名叫乌贝托(Uberto)的儿子,这使他成了佛罗伦萨乌贝蒂家族的祖先。更富有想象力的是,在 18

图 6　2012 年，反对青民盟修宪企图的匈牙利人把西塞罗的拉丁语名言作为标语。但它不仅仅在政治语境下被人们重新使用。在一场闹得沸沸扬扬的学术争端中，卡米耶·帕里亚（Camille Paglia）用法国哲学家米歇尔·福柯（Michel Foucault）的名字替代了喀提林的："福柯啊，要等到什么时候……？"

世纪中叶首演的普罗斯佩·德·克雷比永（Prosper de Crébillon）的《喀提林》（Catilina）一剧中，喀提林和西塞罗的女儿图利娅（Tullia）有了一段情事，剧中还虚构了一些罗马神庙中的风流幽会情节。

　　当这场阴谋进入小说和走上舞台时，它会根据作者的政治倾向和当时的政治气候而被加以改编。亨里克·易卜生（Henrik Ibsen）的第一部剧作以公元前 63 年的事件为主题。作品在 19 世纪 40 年代的欧洲革命余波中写成，革命者喀提林在剧中反抗他生活于其中的世界的腐败，而西塞罗几乎从事件中消失了（这对他来说大概是最糟糕的情况了），他从未登台，而且很少被提及。

相反，在本·琼生（Ben Jonson）创作于"火药阴谋"（Gunpowder Plot）[1]后不久的作品中，喀提林是个施虐狂大反派，他的受害者如此之多，以至于在琼生的生动想象中，需要一整支海军才能把亡灵摆渡过冥河，送入冥府。他笔下的西塞罗也不是特别讨人喜欢，而是一个唠叨的无趣之人；这个角色如此无趣，以至于在1611年的首演中，许多观众在他对喀提林发表无休无止的谴责时愤而离场。

琼生没有公平对待西塞罗劝诫式演说的力量，至少从后者的话还在不断被人们引用或策略性地加以改编来看是这样的。他的《反喀提林第一演说》，特别是著名的第一行（"喀提林啊，你要考验我们的耐心到什么时候？"），仍然潜伏在21世纪的政治修辞中，它被贴在现代政治横幅上，也能方便地被写进一条140字的推特里。你要做的只是把你的当下具体目标的名字插进去。事实上，在我写作本书期间发布的一大批推特和其他标题把"喀提林"的名字替换成了美国的、法国的和叙利亚的总统的名字，米兰市长的名字和以色列国，等等：Quo usque tandem abutere, François Hollande, patientia nostra（"弗朗索瓦·奥朗德，你要考验我们的耐心到什么时候？"）。我们无从知道，现在使用这条标语的人中还有多少能够准确说出它来自哪里，或者西塞罗和喀提林因为什么起了冲突。其中一些人可能是有政治诉求的古典学家，但这些反对者和抗议者不可能全是这样的古典学家。这句话的使用指向了某种与专业古典知识完全不同的东西，而且很可能是更

---

[1] 1605年，罗伯特·卡茨比（Robert Catesby）率领的一伙英国天主教徒试图炸毁议会大厦，刺杀国王詹姆士一世。

加重要的东西。这种用法强烈地暗示了，就在西方政治的表面之下，我们自己的政治斗争和争论仍然在以西塞罗和喀提林之间那只是被依稀记得的冲突为模板。西塞罗的雄辩（即使人们对它只有一知半解）仍然在给现代政治的语言注入活力。

西塞罗应该会感到开心。当他给友人卢克伊乌斯写信，请求那位历史学家撰文纪念自己执政官任内的成就时，他希望得到永恒的荣誉。他以矫揉造作的谦卑笔调写道："想到能被后人谈及，我有了某种获得不朽的希望。"就像我们看到的，卢克伊乌斯没有答应。他可能被西塞罗露骨的请求吓退了，后者让他"忽视历史规则"，不是以准确为原则记录事件，而是要过分地恭维。但最终，由于西塞罗在公元前63年取得的成就，他还是获得了比卢克伊乌斯所能给予的更多的不朽，直到2000年后仍被一再引用。

在随后的各章中，我们将发现更多这样的政治冲突和争议性解读，有时还会遇到我们自己时代令人不适的回响。但现在是离开相对可靠的公元前1世纪，回到罗马历史最深处的时候了。西塞罗和他的同时代人如何重建自己城市的早年风貌？为什么他们的起源对他们来说很重要？"罗马始于何方"的问题意味着什么？我们（或他们）对最早期的罗马能有多少真正的了解？

第 2 章

罗马的开端

西塞罗与罗慕路斯

根据一则罗马传说，西塞罗在公元前 63 年 11 月 8 日申斥喀提林的场所——朱庇特神庙——是 7 个世纪前由罗马的缔造者罗慕路斯（Romulus）建造的。那时，罗慕路斯和他的小社群的新公民正在后来的罗马广场所在地（西塞罗时代罗马城的政治中心）与附近一个名为萨宾人的民族作战。形势对罗马人很不利，他们被迫撤退。作为最后一搏，罗慕路斯向朱庇特神祈祷——确切地说是"坚守者"朱庇特（Jupiter Stator），即"让人站稳脚跟的朱庇特"。罗慕路斯向神明承诺，如果罗马人能因此抵挡逃跑的诱惑并在敌人面前坚守阵地的话，他将修建神庙以示感谢。他们做到了，于是就在那个地点建起了"坚守者"朱庇特的神庙，这是城中为纪念神明帮助罗马取得军事胜利而建起的一大批圣祠和神庙中的第一座。

至少李维和其他几位罗马作家的故事是这么讲的。考古学家没能确定无疑地找到这座神庙的任何遗迹，它在西塞罗时代必然经历过大规模的翻修，特别是如果它的起源真能追溯到罗马的开端的话。但确定无疑的是，当西塞罗选择在那里召集元老院时，他完全清楚自己在做什么。他想到了罗慕路斯的先例，想用这个地点来强调自己的态度。他希望让罗马人在新的敌人喀提林面前站稳脚跟。事实上，当西塞罗在演说最后向"坚守者"朱庇特请愿（无疑是面对着那位神明的塑像）并提醒听众回想起这座神庙奠基的情景时，他讲的几乎是一模一样的故事：

> 朱庇特，罗慕路斯在建城的同一年建起了你的神庙，我们正确地把你称作让这座城和帝国稳固的神明——你将不让此人和他的同伙染指你和其他神明的庙宇，不让他们踏入城墙和城中的房屋，以及夺走任何罗马公民的生命和财产……

当时的罗马人没有忽视西塞罗把自己标榜为新罗慕路斯的暗示，这种联系可能产生了反作用：一些人将其变成了又一个嘲笑他小城出身的理由，称他为"阿尔皮农的罗慕路斯"。

这是罗马人对建城祖先，对早期罗马令人激动的故事和对该城诞生时刻的经典引述。即使到了现在，母狼哺乳婴儿罗慕路斯和他的双胞胎兄弟雷慕斯（Remus）的形象仍然是罗马起源的标志。这幅场景的著名青铜塑像是被复制次数最多和最能一眼认出的罗马艺术品，出现在数以千计的纪念明信片、茶巾、烟灰缸和冰箱贴上，还作为罗马足球俱乐部的队徽被张贴在现代罗马城各处。

由于这个形象如此常见，人们很容易对罗慕路斯和雷慕斯（按照罗马人的惯常顺序则是雷慕斯和罗慕路斯）的故事过于想当然，从而忘记了那是关于世界上任何地方和任何时间的任何建城活动中最奇特的"历史传说"之一。它无疑属于神话或传说，尽管罗马人认为它大体上是历史。母狼哺乳双胞胎是一个非常奇异的故事中的一个如此奇怪的情节，对于果不其然出现一只恰好处于哺

图7 无论母狼塑像本身制作于什么年代,双胞胎婴儿无疑是为了刻画那个起源神话后来于15世纪添加的。世界各地都能找到该雕塑的复制品,这在一定程度上要归功于贝尼托·墨索里尼(Benito Mussolini),他将其作为罗马精神的象征四处分送。

乳期的动物来喂养这对弃婴这一点,甚至连古代作家们有时也提出了应有的怀疑。故事的其他部分混合了大量令人困惑的细节:不单单是这个不寻常的存在两位创建者(罗慕路斯和雷慕斯)的想法,还有一系列完全不符合英雄形象的元素,包括谋杀、劫掠和绑架,而且罗马最早的公民大多是罪犯和逃亡者。

这些令人不适的方面让一些现代史学家认为,整个故事一定是罗马的敌人和受害者编造的某种反面宣传,后者受到了咄咄逼人的罗马扩张的威胁。这种试图解释故事之中的怪异之处的想法,即使不是罔顾事实也是过于异想天开的,忽视了最重要的一点。无论罗慕路斯和雷慕斯的故事源自何时何地,罗马作家们对它从未停止过讲述、重述和热烈讨论。维系于这个故事之上的,并不仅仅是该城最初如何形成的问题。当元老们挤进罗慕路斯的旧神庙聆听这位新罗慕路斯——"阿尔皮农的罗慕路斯"——演讲时,他们应该很清楚那个奠基故事还提出了更重要的问题,如身为罗马人意味着什么、哪些具体的特点定义了罗马民族——同样不容忽视的还有,他们从祖先那里继承了什么缺陷和缺点。

我们若要了解古罗马人,弄清楚他们相信自己来自何方是必要的,还要仔细思考罗慕路斯和雷慕斯故事的意义,以及其他奠基故事的主题、微妙和暧昧之处的意义。因为这对双胞胎并非最早那批罗马人的唯一候选者。在罗马历史中的大部分时间里,特洛伊英雄埃涅阿斯的形象——他逃到意大利,建立了作为新特洛伊的罗马——同样引人瞩目。尝试看到可能隐藏在这些故事背后的东西也一样重要。"罗马始于何方"这个问题对现代学者和他们的古代前辈来说几乎同样有趣和有吸引力。考古学家对最早期的罗马的描绘与罗马神话中的截然不同,它出人意料,常常造成困惑和争议。甚至著名的青铜母狼像也引发了热烈的争辩。它真像通常所认为的那样是留存下来的最古老罗马艺术品之一吗?还是像近来的一项科学分析所暗示的,它实际上是中世纪的杰作?无论如何,过去差不多 100 年间,人们在向现代罗马城地下发掘时找到了一些痕迹,它们可以上溯到公元前 1000 年那个台伯河畔的小村,这座小村最终成了西塞罗时代的罗马。

谋杀

关于罗慕路斯的故事不是只有一个。该故事有数十个不同的版本,有时还互相矛盾。在与喀提林发生冲突 10 年后,西塞罗在《论共和国》中给出了自己的版本。和此后的许多政治家一样,他在自己权力式微后选择政治理论(以及一些相当自负的高论)作为慰藉。书中,他在对好政府的本质进行长得多的哲学讨论背景下谈到了罗马"政制"自始以来的历史。但在开头简要讲述了那个故事后——他不太自然地回避了罗慕路斯是否真的是战神马尔斯之子的问题,同时对故事中的其他神话元素提出了疑问——他开始严肃地讨论罗慕路斯为其新定居点所选位置具有哪些地理优势。

西塞罗写道:"若不是把城建在永不停流和不断注入海中的宽阔河流边,罗慕路斯还能怎样更巧妙地利用靠海的优势但又避免其不足呢?"他解释说,台伯河让从外部进口物资和出口本地富余变得容易,而把城建在山上不仅为其提供了抵御来犯之敌的理想屏障,而且在"瘟疫流行的地区"营造了一个健康的生活环境。仿佛罗慕路斯知道自己所建的城有朝一日将变成伟大帝国的中心。西塞罗在这里展现了某种良好的地理意识,后来又有许多人指出,该选址的战略地位使其对当地竞争者具有了优势。但他出于爱国情感而隐瞒了一个事实:在整个古典时代,那条"永不停流的河"也让罗马经常成为大洪水的受害者,而"瘟疫"(或疟疾)则是该城古代居民的头号杀手(这种情况一直持续到 19 世纪末)。

西塞罗的版本并非建城故事中最著名的一个。大部分现代叙述主要依据李维的版本。他的作品对我们了解早期罗马仍然极为重要,但我们对"李维其人"的了解却少得出奇:此人来自意大利北部的帕塔韦乌姆(Patavium,今天的帕多瓦),他从公元前 1

世纪 20 年代开始编写罗马史。他与罗马皇室的关系足够密切，曾鼓励后来成为皇帝的克劳迪乌斯著史。罗慕路斯和雷慕斯的故事不可避免地在李维史著第一卷中占据重要地位，地理内容远比西塞罗的版本要少，但叙事要生动得多。李维从那对双胞胎写起，然后很快转向罗慕路斯一人后来作为罗马奠基者和第一位国王的成就。

李维表示，这两个小男孩是一位名叫瑞娅·西尔维娅（Rhea Silvia）的贞女祭司所生，她生活在意大利阿尔班山上的阿尔巴隆迦（Alba Longa），位于后来的罗马城址以南不远处。她是在一场手足相残的权力斗争后被迫成为贞女祭司的，而非出于自愿：她的叔叔阿穆利乌斯（Amulius）驱逐了兄长努米托耳（Numitor）——西尔维娅的父亲——夺取了阿尔巴隆迦的王位。然后，阿穆利乌斯以祭司身份（表面上是一种荣誉）为借口，阻止他兄长一脉出现令他难堪的继承者和对手。结果，预防措施失败，因为西尔维娅很快怀孕了。按照李维的说法，她自称被战神马尔斯强暴。李维似乎和西塞罗一样对此存有怀疑；他暗示说，战神可能只是用来掩盖纯粹人类情事的便利借口。但也有人自信地记录，西尔维娅照看的圣火中出现了离体的阳具。

她刚生下那对双胞胎，阿穆利乌斯就命令仆人把婴儿扔进附近的台伯河淹死。但他们幸免于难。因为就像许多文化中与此类似的故事经常发生的那样，接受这种令人不悦的任务的人没有（或不忍）完全遵照指示行动。相反，他们没有把盛有双胞胎的篮子直接扔进河里，而是放在了漫过河岸的水边（当时正在发洪水）。在婴儿们被冲走淹死前，那头著名的母狼前来营救了他们。李维是试图将故事中这个特别不可信的方面合理化的罗马怀疑者之一。

拉丁语中的"母狼"(lupa)一词在口语中也被用来表示"妓女"(lupanare 是"妓院"的标准称呼)。找到并照顾双胞胎的是否可能是一个当地的妓女,而非那里的一头野兽呢?

无论 lupa 指什么,一位善良的牧牛人或牧羊人很快发现了这两个男孩并收留了他们。他的妻子就是那个妓女吗?李维无法确定。罗慕路斯和雷慕斯作为那个乡下家庭的成员,不为人知地生活了许多年,直到两位青年有一天偶遇他们的外祖父——被黜的努米托耳国王。帮助后者重返阿尔巴隆迦王位后,他们开始准备建立自己的城市。但两人很快发生争执,并造成了灾难性后果。李维暗示,破坏了努米托耳和阿穆利乌斯关系的对立与野心现在被传给了罗慕路斯和雷慕斯这一代。

两兄弟在新城的选址问题上产生了分歧,特别是在后来组成该城的几座山丘中(事实上不止那著名的 7 座)选择哪一个作为最早定居点的中心这个问题上。罗慕路斯选择了帕拉丁山(Palatine),那里后来矗立着皇帝的宏伟宫殿,英语中 palace 一词就来源于此。在随后的争执中,选择了阿文丁山(Aventine)的雷慕斯挑衅式地跳过罗慕路斯在中意地点周围修建的城界。关于随后发生的事有多种说法。但根据李维的记载,最常见的版本是罗慕路斯以杀死兄弟作为回应,从而成为以他名字命名的那个地方的唯一统治者。当他挥出杀害兄弟的那可怕一击时,他呼喊道(李维这么说):"其他任何跳过我的城界之人也会死去。"这对一座后来表现为好战之邦的城市是个合适的口号,但它的战争总是对他人入侵做出的回应,总是"正义的"。

劫掠

雷慕斯死了。他协助建立的城市里只有罗慕路斯的一小群朋友和同伴，需要更多的公民。于是，罗慕路斯宣布罗马是"避难所"，鼓励意大利其他地方的贱民和无依无靠者——逃亡奴隶、被宣判的罪犯、流亡者和难民——加入自己。此举带来了充足的男性人口。但李维接着说，为了获得女性人口，罗慕路斯采用了诡计和劫掠。他邀请来自罗马周围的拉丁姆地区的萨宾人和拉丁人全家前来参加宗教节日和娱乐活动。活动进行到一半，他指示手下绑架了来客中的年轻女性，把她们抢回家做妻子。

尼古拉·普桑（Nicolas Poussin）以再现古罗马场景的画作闻名，他在17世纪时刻画了该场景：罗慕路斯站在高台上平静地注视着下方正在进行的暴力活动，背景中是一座还在建造的宏伟建筑。公元前1世纪的罗马人应该会认得描绘早期该城的这一形象。虽然他们有时把罗慕路斯时期的罗马描绘成满是羊群、土屋和沼泽的样子，但也经常将其美化为尚在雏形之中的壮观古典城市。这幕场景在历史上还以各种方式通过各种媒介被重构。1954年的音乐剧《七兄弟的七个新娘》（Seven Brides for Seven Brothers）对它做了戏仿（剧中，妻子们是在建造美国式谷仓时被绑架的）。1962年，作为对古巴导弹危机所引发的恐惧做出的直接回应，巴勃罗·毕加索（Pablo Picasso）将普桑的画改编成一系列同主题的画作，更加突出了暴力的一面（见彩图3）。

罗马作家们一直在讨论故事里的这个情节。一位剧作家以此为题写了整整一部悲剧，遗憾的是除了一处引文其余部分都失传了。他们对该事件的细节感到困惑，比如他们想知道有多少年轻

图 8 这枚公元前 89 年的罗马银币描绘了两名最早的罗马公民抢走两名萨宾妇女。在画面下方,负责铸造钱币之人的名字基本能够辨识,为卢基乌斯·提图里乌斯·萨宾努斯(Lucius Titurius Sabinus),这很可能解释了他为何选择这个图案。钱币另一面是萨宾国王提提乌斯·塔提乌斯的头像。

女性被劫。李维本人没有给出明确意见,但不同估计给出的数字从区区 30 人到 683 人不等——后者准确得令人生疑而且大得难以置信,据说这是非洲王子尤巴(Juba)的观点,此人被恺撒带到罗马,早年花了大量时间研究从罗马史到拉丁语语法等各种学术课题。不过,他们最关心的是该事件中明显的犯罪行为和暴力。毕竟这是罗马历史上最早的婚姻,当罗马学者们想要解释传统婚礼上令人困惑的特征或表达时,他们首先会考虑到此事;比如,"啊,塔拉西乌斯"(O Talassio)这句欢呼据说来自一位参与此事的年轻罗马人的名字。[1] 如果他们的婚姻制度源于劫掠,这产生了什么不可避免的影响?绑架和劫掠的分界线在哪里?更一般地,

---

[1] 可能是萨宾婚神的称号。瓦罗认为 Talassius 来自希腊语 τάλαρος,指一种装羊毛的篮子,因为纺毛线是罗马女主人最典型的家务活。

此事与罗马的好战有什么关系？

李维为早期罗马人做了辩护。他坚称他们只抓未婚女性，认为这是婚姻而非通奸的起源。通过强调罗马人不是"挑选"而是随机带走她们，他声称那是他们为了社群的未来采取的必要权宜之计，男人们随后会充满爱意地与新娘谈话，并做出感情承诺。他还把罗马人的行动说成是对邻邦不理智行为做出的回应。他解释说，罗马人最初正当地请求与周围民族订立条约，让他们有权迎娶对方的女儿。李维在这里指的显然是相互通婚的"通婚权"（conubium），不过他犯了严重的年代错误，这是很久之后罗马与其他国家结盟时的一项常规权利。只因这个请求被无理拒绝，罗马人才诉诸暴力。也就是说，这又是一场"正义之战"。

另一些人则不这样认为。有的在该城的起源中看到了预示着后来罗马人好战的征兆。他们声称冲突完全是无来由的，而罗马人只抢走30名妇女（如果的确如此的话）的事实表明，他们的首要目标不是婚姻而是战争。撒鲁斯特暗示了这种观点。在他的《罗马史》（这是一部比《喀提林阴谋》内容范围更广的作品，只有零星引文保留在其他作家的作品里）中，他想象（只是想象）有一封据说是罗马的头号死敌所写的信。信中抱怨了罗马人在其整个历史中的劫掠行为："从一开始，他们拥有的一切就都是偷来的：他们的家，他们的妻子，他们的土地，他们的帝国。"也许唯一的解决之道是把这一切都归咎于神明。另一位罗马作家暗示，既然罗慕路斯之父是战神马尔斯，你还能指望什么？

诗人奥维德——他的罗马名字是普布利乌斯·奥维迪乌斯·纳索（Publius Ovidius Naso）——的观点又不相同。奥维德大致是李维的同时代人，李维有多么因循守旧，此人就有多么离经叛道。他最终在公元 8 年遭到流放，获罪的部分原因是他言辞诙谐的诗作《爱的艺术》（主题是如何勾搭意中人）冒犯了当权者。在这首诗中，他颠覆了李维讲述的绑架故事，将此事描绘成一种原始模式的调情，使之变成情色韵事而非权宜之计。在奥维德笔下，罗马人一开始试图"盯上各人最中意的姑娘"，得到指令后则马上张开"充满情欲的双手"冲向姑娘。很快，他们在猎物的耳边低声说起了甜蜜的情话，姑娘们明显表现出来的恐惧反而增强了她们的性魅力。诗人坏坏地表示，从罗马最早的日子开始，节日庆典和娱乐场合就一直是找到姑娘的好地方。或者换句话说，看看罗慕路斯为犒赏忠诚士兵想了个多么巧妙的点子。奥维德开玩笑说："如果你给我那种回报，我愿意参军。"

就像在故事的通常版本中所说的那样，姑娘的父母当然不会觉得绑架是好玩的事或属于调情。为了夺回女儿，他们与罗马人开战。罗马人轻松地打败了拉丁人，但与萨宾人的冲突陷入了持久战。西塞罗提醒他的听众回想起的正是这个时刻——罗慕路斯的部下在他们的新城中遭到猛烈攻击，他只好请求"坚守者"朱庇特阻止他们逃命。但西塞罗没有提醒他们，整个这场战争是由于罗马人抢了别人的女人而引发的。最终，多亏了女人们自己，敌对局面才得以结束，现在她们已经接受了做罗马人妻子和母亲的命运。她们勇敢地走上战场，请求一边的丈夫和另一边的父亲停止战斗。她们解释说："我们宁愿自己死去，也不愿失去你们任何一方，变成寡妇或孤儿。"

她们的干预奏效了。不仅和平降临了，而且罗马据说成了罗马人和萨宾人共同的城市，罗慕路斯和萨宾国王提图斯·塔提乌斯（Titus Tatius）一起统治着这个单一的社群。共治只持续了几年，然后塔提乌斯由于一定程度上由他本人引起的骚乱而死于邻城,[1]这种横死成了罗马权力政治的标志之一。罗慕路斯再次成为唯一的统治者,作为罗马的第一代国王统治了30多年。

兄与弟,内与外

在这些故事表面之下不深的地方,隐藏着某些后来的罗马历史中最重要的主题,以及某些处于罗马人内心最深处的文化焦虑。关于罗马人的价值观和他们的隐忧,或者至少是拥有时间、金钱和自由的罗马人的隐忧(文化焦虑经常是富人的特权),它们能给我们提供很多信息。就像我们已经看到的,其中一个主题是罗马婚姻的性质。鉴于其起源,它将注定有多么粗暴呢?另一个主题是内战,我们已经从试图让交战中的父亲和丈夫达成和解的萨宾妇女的话中注意到了这一点。

这个建城传说的重大疑团之一在于它声称有两名奠基者——罗慕路斯和雷慕斯。现代史学家给出了各种答案,试图解释明显多余的双胞胎设定。也许这指向了罗马文化中的某种基本的二元性,存在于不同的公民阶层或不同的种族群体之间。或者这可能反映了后来罗马总是有两位执政官的事实。这也可能涉及更深层

---

[1] 在罗慕路斯和塔提乌斯共治的第六年,塔提乌斯的一些朋友抢劫了拉维尼乌姆(Lavinium)人的财物,该城派使者到罗马抗议,但塔提乌斯拒绝交出肇事者。使者返回途中遭到萨宾人突袭,罗慕路斯将袭击者交给拉维尼乌姆人带回受审,塔提乌斯出于同情救下了他们。不久,塔提乌斯前往拉维尼乌姆献祭,在祭坛前被遇害使者的家属谋杀。(哈利卡那苏斯的狄俄尼修斯,《罗马古事记》,1.51-52)

的神话结构,罗慕路斯和雷慕斯是从德国到吠陀时代的印度等世界不同角落中发现的神圣双胞胎的某个版本,圣经故事中的该隐和亚伯也是其中一例。但无论我们选择何种答案(大部分现代猜想并不非常令人信服),一个甚至更大的疑团在于如下事实:双胞胎奠基者之一的确是多余的,因为在建城后的第一天,雷慕斯就被罗慕路斯所杀(在其他版本中则死于后者的亲随之手)。

对许多没有为了净化这个故事而给其贴上"神话"或"传说"标签的罗马人来说,这是建城活动中令人最难以接受的方面。它似乎让西塞罗非常不舒服,以至于他在《论共和国》中描述罗马的起源时并未提及此事:雷慕斯在开头与罗慕路斯一起出现,但随后就从故事中消失了。另一位作者——公元前1世纪的史学家哈利卡那苏斯的狄俄尼修斯(Dionysius of Halicarnassus),此人是罗马居民,但通常用其位于现代土耳其沿海地区的家乡来称呼他——选择让笔下的罗慕路斯对雷慕斯之死感到痛不欲生("他失去了活下去的意志")。还有一个我们只知道名叫埃格纳提乌斯(Egnatius)的人用更大胆的方式绕过了这个问题。关于这个埃格纳提乌斯的唯一记载是,他彻底推翻了谋杀故事,让雷慕斯得以寿终正寝,事实上比他的双胞胎兄弟活得还要久。

这种绝望尝试无疑是难以令人信服的,它想要摆脱故事中蕴含的冷酷信息:手足相残在罗马政治中根深蒂固,从公元前6世纪起(公元前44年恺撒的遇刺只是其中一例)反复折磨罗马历史的公民冲突一次次可怕地发作,在某种程度上是事先注定的。有哪座建立在手足相残基础上的城市能摆脱公民的自相残杀呢?许多作家给出了这个显而易见的答案,诗人昆图斯·贺拉提乌斯·弗拉库斯(Quintus Horatius Flaccus,即贺拉斯)是其中之一。

公元前 30 年左右，他在恺撒死后的十年纷争的余波中慨叹地写道："不幸的命运追逐着罗马人，谋杀兄弟的罪行，自从雷慕斯无辜的鲜血流到地上，他的后裔就受到诅咒。"我们可以说，内战刻在罗马人的基因里。

罗慕路斯无疑可以被称颂为英雄式的建邦之父，而且经常的确如此。雷慕斯的命运引发的不安没有阻止西塞罗在与喀提林发生冲突时尝试接过罗慕路斯的衣钵。此外，尽管有了谋杀的阴影，但正在接受哺乳的那对双胞胎形象还是出现在古代罗马世界的各个地方：从首都——在罗马广场和卡庇托山上曾经分别立有他们的一组塑像——到帝国的偏远角落。事实上，当公元前 2 世纪时希腊希俄斯岛（Chios）的人们想要表现对罗马的效忠时，他们决定要做的事情之一便是竖立一座纪念碑，用他们的话来说，它描绘了"罗马城的建立者罗慕路斯和他兄弟的出生"。纪念碑没能留存下来，我们知道此事是因为希俄斯人将自己的决定记录在一块大理石板上，而后者留存了下来。不过，罗慕路斯这个人物无疑还是在道德和政治上让人不安。

图 9　罗慕路斯和雷慕斯出现在罗马帝国最偏远的角落。这幅公元 4 世纪的镶嵌画发现于英格兰北部的奥尔德伯勒（Aldborough）。画面中的母狼显得欢快动人。双胞胎看上去危险地浮在半空中，他们似乎也是后来加上去的，就像文艺复兴时期人们对卡庇托山上那组塑像所做的。

在为新城寻找公民时，罗慕路斯把罗马变成庇护所，对所有投奔者都表示欢迎，无论是异邦人、罪犯还是逃亡者，这种想法引发了另一种形式的不安。这种做法有积极的方面。特别是它反映了罗马政治文化在吸收外来者上不寻常的开放态度和心甘情愿，这与我们所知的其他任何古代西方社会都不相同。没有哪个古希腊城邦的包容程度与之相近，雅典对获得公民权的限制尤其严格。这并非因为罗马人具有现代意义上的"开明"脾性。他们征服了欧洲和其他地方的大片土地，有时展现出可怕的残暴；他们还敌视和蔑视他们所谓的"蛮族"。不过，经过一个在任何前工业时代帝国都不曾经历的过程，那些被征服地区（罗马人称之为"行省"）的居民逐渐获得了完整的罗马公民身份，以及与之相关的法律权利和保护。该过程在公元212年（本书的结尾）达到顶峰，卡拉卡拉皇帝在那一年让帝国境内所有的自由居民都成了罗马公民。

甚至在那之前，外省精英就已经大批进入了首都的政治统治集团。按照我们今天的说法，罗马元老院逐渐成了真正的多元文化机构，在罗马皇帝的完整名单中，有许多人不是意大利人：卡拉卡拉的父亲塞普提米乌斯·塞维鲁（Septimius Severus）是第一位来自罗马非洲领土的皇帝；半个世纪前的皇帝图拉真（Trajan）和哈德良（Hadrian）来自罗马的西班牙行省。公元48年，当克劳迪乌斯皇帝——此人的慈爱长辈形象更多来自罗伯特·格雷夫斯（Robert Graves）的小说《我，克劳迪乌斯》（*I, Claudius*），而非来自其真实生活——就是否应该允许高卢公民成为元老的问题与不甚情愿的元老院展开争论时，他花了一些时间提醒与会者，罗马从一开始就对外邦人开放。他的讲话文本连同一些显然就连皇帝也不得不忍受的诘问被刻在青铜板上，放在行省某地（今天的里昂城）展示，并留存至今。看上去克劳迪乌斯没能像西塞罗那样有机会在发表前进行修改。

奴隶制也经历了类似过程。罗马的奴隶制在某些方面与罗马的军事征服方法一样残暴。但对许多罗马奴隶——特别是那些在城市家庭中工作而非在地里和矿井中干苦活的——来说，它不一定是一种无期徒刑。他们经常被释，或者用自己攒下的钱赎身，获得自由；如果主人是罗马公民，那么他们也能获得完整的罗马公民权，与生来自由者相比几乎没有什么不利之处。在这点上，与古典时代的雅典的对比同样令人震惊：在雅典，很少有奴隶被释放，即使被释也肯定无法就此获得雅典公民权，而是进入了一种无国籍的边缘状态。这种释奴做法（拉丁语术语为manumission）是罗马文化的鲜明特征，当时的外邦人对此做出了评价，将之视为罗马获取成功的重要因素。就像公元前3世纪一位马其顿国王所注意到的，通过这种方式"罗马人壮大了自己的国家"。释奴的规模如此之大，以至于一些历史学家推测，公元2世纪时，罗马城中大部分自由公民都有祖先是奴隶。

罗慕路斯将罗马变成庇护所的故事清楚地指向这种开放性，这暗示了罗马的多样化构成是可以追溯到其起源的一个特点。某些罗马人赞同马其顿国王的看法，认为罗慕路斯的包容政策是该城取得成功的重要因素，他们为庇护所感到骄傲。但也存在不同的声音，强调了这个故事远没有那么美好的一面。觉得一个帝国将意大利的罪犯和贱民认作祖宗显得反讽的，不只是某些罗马的敌人，一些罗马人也这样认为。公元前1世纪末或2世纪初，喜欢嘲讽罗马人自命不凡的讽刺诗人尤维纳尔——德基姆斯·尤尼乌斯·尤维纳利斯（Decimus Junius Juvenalis）——严厉批评了作为罗马生活一个方面的势利，并讥讽了那些自诩族谱可以上溯数个世纪的贵族。他在一首诗的结尾借机抨击了罗马的起源。所有这些自负有何根据？罗马从一开始就是奴隶和逃亡者组成的城市（"无论你的始祖是谁，他或者是牧羊人，或者是我最好还是不要提起的人"）。当西塞罗在写给友人阿提库斯的信中拿罗慕路斯的"垃圾"和"渣滓"开玩笑时，他可能表达了类似的观点。他取笑一位同时代人，表示当此人在元老院发言时表现得仿佛自己生活在"柏拉图的理想国里"，"事实上他却生活在罗慕路斯的贱民（faex）中"。

简而言之，罗马人总是可以认为自己在追随罗慕路斯的足迹，无论结局是好是坏。当西塞罗在反喀提林演说中提到罗慕路斯时，他不仅是为了抬高自己而提及罗马的奠基之父（虽然这肯定是部分原因），也因为这个故事能在同时代人中就如下问题引起各种讨论和争辩：罗马人究竟是什么人、罗马代表什么和它的分歧产生于何处。

历史与神话

罗慕路斯的足迹被印刻在罗马的各处景观中。在西塞罗的时代，你不仅可以造访罗慕路斯修建的"坚守者"朱庇特神庙，而且能走进据说那头母狼哺育双胞胎婴儿的山洞，还能看到这两个孩子被冲上岸的地方生长的那棵树（已经被移栽到罗马广场上）。你甚至还能观赏罗慕路斯本人的居所，据说这位建城者曾住过帕拉丁山上的那座用木头和茅草搭建的小屋：在成为不断扩张的大都市后的罗马城，从这里可以一窥其原始样貌。正如公元前1世纪末一位游客所委婉暗示的，小屋当然是伪造的，他解释说："为了让它更受崇敬，他们没有添加任何东西，但如果任何一个部分因为坏天气或年代久远而有所损坏，他们会把它修好，尽可能使其恢复原先的样子。"人们没有找到那座小屋的确切考古痕迹，鉴于其简陋的构造，这毫不奇怪。但作为对该城起源的纪念，它以某种形式至少一直留存到公元4世纪，当时的一份罗马著名地标名单提到了它。

上述实物"遗迹"——神庙、无花果树和精心修补过的小屋——是罗慕路斯作为历史人物的身份的重要组成部分。就像我们之前看到的，罗马作家不是易骗的傻瓜，他们在重新讲述传统故事的同时也对许多细节提出了质疑（母狼的角色和神明祖先之类）。但他们并不怀疑罗慕路斯曾经存在过、做出过决定了罗马未来发展的关键选择（比如城市的选址），并基本凭借一己之力发明了某些最典型的制度。按照某些人的说法，元老院本身就是罗慕路斯创建的。"凯旋式"（triumph）同样如此，那是罗马人在取得最大（也是最血腥）的战争胜利后经常举办的胜利游行。公元前1世纪末，当所有举行过凯旋式的罗马将军的名字被镌刻在罗马广场的一排大理石板上加以纪念时，罗慕路斯的名字排在首位。第一条记录写着"罗慕路斯，国王，马尔斯之子，建城1年3月1日战胜卡伊尼纳（Caenina）人"，用来纪念他迅速打败了附近一座年轻妇女遭遇强夺的拉丁人城市，丝毫也不容许公众对其神子身份抱有任何怀疑。

罗马学者竭力试图界定罗慕路斯的功绩，并确定罗马最古老时代的准确编年。在西塞罗时代，最激烈的争议之一是罗马城究竟何时建立的问题。罗马到底有多古老？博学者巧妙地从他们知道的罗马年代回推到他们未知的更早年代，并试图将罗马发生的事件与希腊历史编年对应起来。特别是他们试图将自己的历史同奥林匹亚运动会规律的四年周期相匹配，后者显然提供了固定和真实的时间框架，虽然我们如今已经知道，后者本身在一定程度上也是早先的巧妙猜测的结果。这是一场复杂和高度专业化的争论。但不同的观点逐渐在我们所说的公元前8世纪中叶左右这个时间点上达成一致，学者们得出了希腊和罗马历史大致同时"开始"的结论。这个成为标准并在许多现代教材中仍被引用的年代部分可以上溯到一部名为《编年史》的学术著作，其作者正是西塞罗的友人和通信者阿提库斯。这部作品没能流传下来，但人们认为它将罗慕路斯建城的时间确定为第六个奥林匹亚运动会周期的第三年，即公元前753年。另一些人的计算将时间进一步确定为4月21日，现代罗马人在这一天仍会庆祝自己城市的生日，举办一些非常俗气的游行并模仿角斗士表演。

神话和历史的界限常常很模糊（比如亚瑟王或宝嘉康蒂[1]），我们将会看到，罗马是这种界限特别模糊的文明之一。不过，尽管罗马人在这个故事上展现了出色的历史洞察力，我们还是有各种理由把它或多或少地视作纯粹的神话。首先，几乎肯定不存在所谓的罗马城奠基时刻。很少有城镇是一下子由一个人单独建立的。它们通常是定居点、社会组织和身份感模式以及人口逐渐变化的产物。大部分"奠基"是回溯性建构，把晚期城市的微缩版

---

[1] 阿尔贡金印第安联盟的酋长波瓦坦之女，嫁给了在弗吉尼亚种植烟草的英国殖民者约翰·罗尔夫。她的故事成为许多文学、艺术和电影作品的主题。

本或想象中的原始版本投射到遥远的过去。"罗慕路斯"之名本身就泄露了玄机。虽然罗马人通常认为他把自己的名字给了新建立的城市，但我们现在可以相当自信地认为事实恰好相反："罗慕路斯"是对"罗马"所做的想象性建构。"罗慕路斯"只是典型的"罗马先生"。

此外，对于罗马历史的最早阶段，那些把自己关于罗马起源的记述版本留给我们的公元前1世纪的作家和学者并不比现代作家拥有多得多的直接证据，在某些方面也许还更少。没有属于那个阶段的记录或档案留存。少数几件早期石刻铭文虽然很珍贵，但并不像罗马学者常常想象地那么古老，而且就像我们在本章末将会发现的，他们有时完全误读了早期的拉丁文。诚然，他们能接触到一些现已不复存在的更早期的历史记述。但其中最早的写于公元前200年左右，这个日期与该城起源仍有很长的时间间隔，这条鸿沟只能借助形形色色的故事、歌曲、大众戏剧表演以及多

图10 在埃特鲁里亚人的土地上发现的这面雕花镜（镜面位于另一侧）似乎描绘了罗慕路斯和雷慕斯被母狼哺乳的某个版本。如果是这样，那么这面被认定为公元前4世纪的镜子将是该故事的最早证据之一。但一些可能过于多疑的现代学者倾向于认为，这里描绘的是埃特鲁里亚神话中的场景，或者是一对远为神秘和鲜为人知的罗马神明："守护者"拉尔兄弟（Lares Praestites）。

变和有时自相矛盾的口头传统大杂烩（根据环境和听众的变化，在一遍遍讲述中不断改变调整）来弥补。有关罗慕路斯故事的零星证据可以上溯到公元前4世纪，但线索就此中断，除非我们重新把青铜母狼像考虑进来。

当然，反过来说，正因为罗慕路斯的故事是神话而非狭义上的历史，它才能切中肯綮地反映了古罗马的一些核心文化问题，对了解更广义的罗马历史显得如此重要。罗马人并不像他们以为的那样仅仅继承了奠基者优先考虑和关心的东西，恰恰相反，通过多个世纪以来重述和改写那个故事，他们自己建构和重构了奠基者罗慕路斯的形象，将其作为他们的偏好、争执、理念和焦虑的有力象征。换句话说，内战并非像贺拉斯表示的那样，是罗马与生俱来的诅咒和命运；相反，罗马把对似乎永无止境的内部冲突循环的担忧投射到了它的奠基者身上。

即便故事已经拥有了相对固定的书面形式，修正或改编叙事的可能性也总是存在。比如，我们已经看到西塞罗如何掩饰雷慕斯的被害，而埃格纳提乌斯更是对其全盘否定。但李维对罗慕路斯之死的描述生动地展示了如何让罗马起源的故事直接与时事相呼应。他表示，统治了30年后，国王突然在一场暴风雨中被乌云覆盖并消失了。悲痛的罗马人很快认定，他被从他们身边夺走，成了神明——在罗马的多神教体系中，有时允许发生这种跨越人与神的界限的事（尽管这在我们看来稍嫌愚蠢）。但李维承认，当时的某些人讲述了一个不同的故事：国王遭遇刺杀，被元老砍死。李维笔下的这两种情节都并非完全出于他的臆造，比如西塞罗就曾在他之前提到过罗慕路斯成神（虽然抱有一定的怀疑），而在公元前1世纪60年代，一位野心过大的政客曾受到将会遭遇"罗慕路斯的命运"的威胁，这很可能并非指的是成神。李维写下这些话时距离恺撒遇害仅仅过去了几十年（后者同样被元老砍死，然后获得了神明的地位，最终在罗马广场拥有了自己的神庙），他的记述显得尤其意味深长和别有所指。在这里，忽视恺撒的影响将会不得要领。

埃涅阿斯和其他

　　罗慕路斯与雷慕斯的故事时而引人入胜，时而让人困惑，时而又深刻揭示了罗马人的重大隐忧，至少是精英阶层的隐忧。此外，从钱币图案或者大众艺术主题来看，这些故事广为人知，虽然饥饿的农民不会花很多时间来思虑劫掠萨宾妇女背后的微妙之处。但让罗马起源传说的复杂图景更加扑朔迷离的是，罗慕路斯和雷慕斯的故事并非该城唯一的奠基故事。同时还存在其他几个版本。它们之中有的是与标准主题区别不大的变体，有的在我们看来则完全自成一体。比如，某个希腊故事引入了著名的奥德修斯和荷马《奥德赛》中的情节，暗示罗马的真正奠基者是一个名叫罗慕斯（Romus）的人，此人是奥德修斯与女巫喀耳刻艳遇的产物，而人们有时设想那位女巫的魔岛就在意大利沿海附近。这则小故事虽不可信，但很巧妙地表达了文化帝国主义，给罗马安了一个希腊出身。

　　另一个同样牢牢扎根于罗马历史和文学中的传说是特洛伊英雄埃涅阿斯的故事，他在神话中希腊人和特洛伊人之间的战争（荷马《伊利亚特》的背景）结束后从特洛伊城出逃。在牵着儿子的

图 11 这幅来自英格兰南部下哈姆（Low Ham）罗马别墅中浴室地面上的 4 世纪镶嵌画描绘了维吉尔《埃涅阿斯纪》中的一系列场景：埃涅阿斯抵达迦太基，狄多与埃涅阿斯外出打猎，画面尽可能简洁地刻画了迦太基女王与特洛伊英雄的激情。

手和背着老父亲离开燃烧的废墟后，他最终前往意大利，命运注定他将在意大利土地上重建自己出生的那座城。他带来了家乡的传统和一些城毁时抢救出来的珍贵护身符。

和罗慕路斯的故事一样，这个故事中也有同样多的疑团、问题和含糊不清之处，关于它何时、何地和为何产生的问题也悬而未决。维吉尔于第一位罗马皇帝奥古斯都统治时期创作的关于这个主题的 12 卷伟大史诗《埃涅阿斯纪》让这一切变得更加复杂，但也使其内容变得极为丰富。这部史诗是最受广泛阅读的文学作品之一，成了埃涅阿斯故事的标准版本。它为西方世界留下了一些最富感染力的文学和艺术亮点，包括埃涅阿斯与迦太基女王狄多的悲剧爱情故事——埃涅阿斯在从特洛伊（位于今天的土耳其沿海地区）前往意大利的漫长旅途中被冲上了迦太基海岸。埃涅阿斯决定追随自己的命运，当他抛弃狄多前往意大利后，女王爬上柴堆自焚身亡。在17世纪亨利·普塞尔（Henry Purcell）的同主题歌剧版本中，她的咏叹调"记住我，记住我"令人难忘。问题在于，我们经常很难分辨故事中的哪些元素来自维吉尔（几乎肯定包括埃涅阿斯与狄多相会的大部分情节），哪些属于更传统的故事。

埃涅阿斯的罗马奠基者形象显然在远早于公元前1世纪的时候就出现在罗马文学里了，并在景观中留下了印记。公元前5世纪的希腊作家们简单提到过他的这个角色；公元前2世纪，请求与罗马人结盟的希腊得洛斯（Delos）岛使者似乎特意提醒罗马人，埃涅阿斯在西行之旅中曾在得洛斯岛停留，这是他们给出的结盟理由的一部分。在意大利，哈利卡那苏斯的狄俄尼修斯相信自己在离罗马不远的拉维尼乌姆城（Lavinium）见过埃涅阿斯的墓，或者那至少也是一处纪念他的古老场所。他表示那里"很值得一看"。还有一个流传很广的故事说，罗马广场上的维斯塔女神庙（庙中的圣火由罗慕路斯传说中的瑞娅·西尔维娅那样的贞女祭司侍奉着，人们要求圣火永远不能熄灭）保管的珍贵器物中有埃涅阿斯从特洛伊带来的那尊女神雅典娜像。至少某个罗马故事是这样说的。关于谁抢救了这尊著名的塑像众说纷纭，整个希腊世界的许多城市都宣称自己拥有真品。

显而易见，埃涅阿斯的故事和罗慕路斯的故事一样是神话。但罗马学者对这两个奠基传说的关系感到困惑，花了很多精力试图理顺它们的历史脉络。罗慕路斯是埃涅阿斯的儿子或孙子吗？如果罗慕路斯建立了罗马，埃涅阿斯怎么可能做了同样的事呢？最大的困难在于，罗马人将自己城市的起源定在公元前8世纪，而他们公认特洛伊城陷落（同样被认为是历史事件）的时间为公元前12世纪，两个日期的差别非常扎眼。公元前1世纪，通过构建把埃涅阿斯和罗慕路斯联系起来的复杂的家谱树、敲定"正确的"日期，不同的说法一定程度上融贯起来：埃涅阿斯开始被视作拉维尼乌姆而非罗马的建立者；他的儿子阿斯卡尼乌斯（Ascanius）建立了阿尔巴隆迦，后来罗慕路斯和雷慕斯就是在这座城市中被遗弃，再之后他们才建立罗马城；朦胧不清且即使按照罗马的标准也纯属公然虚构的阿尔巴王朝，成了连接阿斯卡尼乌斯和公元前753年这个神奇年份的桥梁。这是李维认同的版本。

埃涅阿斯故事的核心主张呼应了罗慕路斯故事中的庇护所这个根本主题，或者说实际上是放大了该主题。罗慕路斯欢迎所有来到他新城的人，而埃涅阿斯的故事更进一步，宣称"罗马人"实际上最初是"外邦人"。这对民族身份来说是一个悖论，与许多诸如雅典这样的古希腊城市的奠基神话形成了鲜明反差，后者认为他们最初的全部居民是奇迹般地从本土的地里冒出来的。[1] 罗马起源的其他故事版本也一再强调了这种外来性。事实上，在《埃涅阿斯纪》的一个情节中，主人公造访了未来罗马城的所在地，发现罗马人的原始祖先已经在那里定居。他们是谁？这是一

---

[1] 古希腊许多地方都有地生人（autochthones）的神话，将本地最早的居民描绘成从土壤、岩石或树木中诞生，如卡德摩斯播种龙牙得到武士，并在他们的帮助下建立了忒拜城。神话中的第二代雅典国王厄里克托尼俄斯同样从地中诞生。《伊利亚特》547-549表示：这位国王在丰产的土地生他的时候，由宙斯的女儿雅典娜养育，使他住在雅典。

群埃万德国王（King Evander）统治下的定居者，国王是从希腊伯罗奔尼撒半岛的阿卡迪亚流亡来到此地的。该情节传达的信息很清楚：无论上溯到什么时候，罗马的居民总是来自他处。

在狄俄尼修斯记录的一条奇怪词源中，上述信息得到了尤为清晰的概述。希腊和罗马的学者对词语的由来着迷，认为这不仅能展示词语的来历，而且能揭示它们的意义。他们的分析有时正确，有时则错得离谱。但就像在狄俄尼修斯这个例子中一样，他们的错误也常常发人深省。狄俄尼修斯在所著史书的开头考虑了一群罗马城址上甚至更早的原始居民：阿伯里金人（Aborigines）。这个词的由来本该一目了然：这些人是"自始"（ab origine）生活在那里的人。公平地说，狄俄尼修斯的确提到了这种解释可能是正确的，但就像其他人那样，他同等重视甚至更偏向另一种很不可信的解释，即这个词并非源于 origo，而是来自拉丁语的errare（流浪），最初被拼作 Aberrigines。他写道，换句话说，这些人是"居无定所的流浪者"。

认为严肃的古代学者对摆在面前且明显正确的词源视而不见，却赞成了一个通过 Aborigines 的有倾向性的拼写而推导出该词源自"流浪"的愚蠢想法，这并不表示我们觉得他们愚钝。这仅仅表明，关于"罗马"一直是个多变的民族概念和"罗马人"不断迁徙的想法是多么深入人心。

挖掘早期罗马

从罗慕路斯和其他奠基者的故事中，我们能得到很多有关罗马人如何看待自己的城市、价值观和缺陷的信息。它们还展示了罗马学者如何对过去展开争论、如何研究自己的历史。但对于它们宣称将要向我们展示的内容——最早的罗马是什么样的，它经过了什么过程、在何时成为城市社区——却什么也没说，或者最多也只是言之甚少。有一个显而易见的事实：在西塞罗担任执政官的公元前63年，罗马已经是一座非常古老的城市了。但如果没有建城时期的作品留存下来，而我们又无法依靠传说，那么我们将如何获得关于罗马起源的信息呢？有什么办法能够让我们了解台伯河畔那个后来成长为世界帝国的小城的早期历史呢？

无论多么努力进行尝试，我们都不可能构建一个融贯的叙事来取代罗慕路斯或埃涅阿斯的传说。确定罗马历史最早阶段的确切年代同样非常困难，尽管有许多人自信地断言这很容易。但我们可以开始对该城发展的总体背景增加了解，并获得一些关于那个世界的出奇生动的印象，有的甚至令人难以捉摸，充满诱惑。

方法之一是离开建城故事，转而寻找隐藏在拉丁语或后来的罗马制度中可能指向最早期罗马的线索。这里的关键是经常被简单而错误地称为罗马文化中的"保守主义"的东西。罗马并不比19世纪的英国更保守。在这两个地方，在与各种表面上保守的传统和修辞进行对话的过程中，激进的创新茁壮地成长了起来。但罗马文化的特点是永远不愿完全抛弃自己过去的习惯，而是倾向于保留各种宗教仪式、政治或其他任何方面的"化石"，即便它们已经失去了原先的意义。一位现代作家说得好，罗马人很像那些获得了全套新厨房设备但不愿扔掉陈旧小厨具的人，而是继续让它们占地方，即便再也不用。古今学者经常猜测，其中某些化石或陈旧小厨具可能是罗马最古老状况的重要证据。

一个很好的例子是每年12月在城中举行的"七丘节"（Septimontium）仪式。我们完全不清楚在这个庆祝活动上会发生什么，但一位博学的罗马人指出，"七丘"是该城在成为"罗马"之前的名字；另一位学者列出了该节日中涉及的山丘（montes）的名字：帕拉提乌姆山（Palatium）、维利亚山（Velia）、法古塔尔山（Fagutal）、苏布拉山（Subura）、科尔马鲁斯山（Cermalus）、奥庇乌斯山（Oppius）、卡伊利乌斯山（Caelius）和基斯皮乌斯山（Cispius）（见地图2）。名单中共有8个山名，这意味着什么地方出了问题。但更能说明问题的是，这份名单中的古怪之处（帕拉提乌姆山和科尔马鲁斯山都是被通称为帕拉丁山的一部分）连同"七丘"是"罗马"旧称的想法，暗示这些名字可能反映了各处村镇在发展成熟的罗马城出现之前所处的位置。名单中缺少奎里纳尔山（Quirinal）和维米纳尔山（Viminal）这两座醒目的山丘，这促使一些历史学家走得更远。罗马作家们经常把这两座山称为colles，而非更常用的拉丁语词汇montes（两者的意思大致相同）。这种差异是否表示在罗马早期历史中的某个时候曾经存在过两个不同的语言社群呢？进一步说，我们是否可能遇到了罗慕路斯故事中所反映的那两个群体——与colles联系在一起的萨宾人和与montes联系在一起的罗马人——的某个版本呢？

这是有可能的。几乎可以肯定，"七丘节"与罗马的遥远过去存在某种关系。但具体是什么关系、到底有多遥远，却很难知道。该观点并不比我提出的观点看起来更有根据，甚至很可能更不可靠。毕竟，为何我们要相信那位博学的罗马人关于"七丘"是罗马旧称的说法？这看上去只是孤注一掷做出的猜测，用来解释一种让他和我们几乎同样感到困惑的古老仪式。而坚称存在两个社群的做法看起来可疑，背后似乎受到了至少要在一定程度上保留罗慕路斯传说的"历史"色彩的欲望的驱使。

考古学证据要实在得多。向罗马城地下深处挖掘，在可见的古代历史遗迹之下仍然存在着早得多的某个或某些原始定居点的遗迹。罗马广场下方有一处早期墓地的遗址，当该墓地遗址于20世纪初被首次发掘时曾极大地引发了人们的兴奋。一些死者是火葬的，他们的骨灰被盛在简陋的骨灰坛内，旁边是原先装有食物和饮料的瓶瓶罐罐（有一个人得到了少量鱼、羊肉和猪肉——可能还有些粥）。另一些死者是土葬的，有时被装在将橡木切开并挖空制成的简陋棺材里。一个大约两岁的女孩下葬时穿着珠饰衣服、戴着象牙手镯。古城的其他各处也有过类似的发现。比如，在帕拉丁山上一座大房子下方很深处埋着一个年轻男子的骨灰，陪葬品为一支袖珍长矛，这可能是他如何度过一生的象征。

在考古记录中，死者和被埋葬者经常比生者更显眼。但墓地暗示着一个社群的存在，而在罗马各处（包括帕拉丁山）地下发现的茅屋群的依稀轮廓也被认为是社群的痕迹。除了它们是用木头、黏土和茅草建造的，我们对它们的特点所知甚少，更不清楚它们所支持的生活方式。不过，如果把目光投向罗马城外不远处，我们可以填补一些空白。20世纪80年代在距离罗马以北几英里处的费德奈（Fidenae）发现的遗址是保存最完好和发掘最细致的此类早期建筑之一。这是一座长6米、宽5米的长方形建筑，用木头（橡木和榆木）与夯实的土建造——所谓的夯土结构，至今仍在使用——周围有悬挑屋顶形成的一个粗糙而简易的柱廊。屋内有中央火炉、一些硕大的储物陶罐（还有一只较小的，似乎用于盛放制作陶器的黏土），以及某些完全不出所料的食物（谷物和豆

图12 来自早期罗马墓地和周围地区的典型骨灰坛。关于生者居所的外观，这些形状为一座简陋小屋的死者之屋为我们提供了一项最佳指导。

子）与家畜（绵羊、山羊、牛和猪）。废墟中最意外的发现是一只猫的骸骨，它死于一场最终摧毁了这座建筑的大火，可能是因为被绳子拴住了。现在，它作为意大利已知最早的家猫而闻名。

这里有人类和其他生命的生动剪影，从那个身着她最好的衣服躺在墓中的小女孩，到那只着火时没人为其解开绳子的可怜"捕鼠者"。问题在于这些剪影合起来意味着什么。考古遗迹无疑证明了在我们看到的古罗马背后存在着漫长和丰富的史前史，但具体有多长是另一回事。

部分问题在于城中的发掘条件。罗马城在经历过多个世纪的建设后，我们只有在碰巧没有被碰过的地方才能找到此类早期居住生活的痕迹。在公元1世纪和2世纪，罗马人为罗马广场的巍峨大理石神庙挖掘地基时毁坏了地表下的许多东西；在文艺复兴时期，人们在修建豪华住宅的地窖时挖穿了该城其他地区甚至更多的地下遗迹。因此，我们只有小小的剪影，从未获得大幅画面。这是最艰难的考古工作，而且尽管不断有新的证据碎片出现，对它们的解读和重新解读几乎总是受到质疑，而且常常充满争议。

比如，人们对 20 世纪中叶在罗马广场发掘出的荆笆墙碎片仍然争论不休，不清楚它们表明那里曾经也有一座早期的小屋，还是它们是几个世纪后为了垫高这里的地面而无意中混入的瓦砾的一部分。必须承认，这里作为墓地还不错，但对村子来说这个地方非常潮湿和泥泞。

准确定年甚至更有争议；因此我在上面几页中有意模糊地使用"早期"一词。无论如何强调都不为过，来自最早期罗马或周边地区的任何考古材料都没有独立的确凿年代，几乎所有重大发现都仍然充满争议。在过去的差不多一个世纪里，人们花了几十年时间——通过轮制陶器（被认为晚于手制陶器）、墓中偶尔出现的希腊陶器（人们对它们的年代了解较多，虽然仍不够好）等判断标志和对不同遗址进行详细比较——制作了从大约公元前 1000 年到前 600 年的大致年表。

以此为基础，罗马广场最古老的墓葬可能是公元前 1000 年左右的，帕拉丁山上的小屋属于公元前 750—前 700 年（就像许多人注意到的，这个时间段令人兴奋地非常接近公元前 753 年）。但即使这些年代也远远谈不上确定。新近的科学方法——包括通过测量有机材料中残留的放射性碳同位素来计算其年代的"放射性碳定年法"——表明上述结果都太"年轻了"，最多的晚了 100 年。比如，根据传统的考古标准，费德奈的小屋年代被认定为公元前 8 世纪中期，但放射性碳定年法将其上推至公元前 9 世纪末。目前，年代的变动甚至比以往更频繁；总而言之，罗马似乎在变老。

可以肯定的是，公元前 6 世纪时的罗马已经是一个城市社区了，拥有城市中心和一些公共建筑。对于更早的最早期阶段，我们从所谓的青铜时代（大约公元前 1700 年和前 1300 年之间）获得的足够多的零星发现表明，当时已经有人在那里生活，而非仅仅"路过"。对于两者之间的时期，我们可以相当自信地认定已经发展出较大的村子，很可能（从墓中的物品来看）同时出现了日益富裕的精英家族群体；在某个时候，这些村子合并成单一的社群，其城市特征在公元前 6 世纪时已经清晰可见。我们无法确知各个定居点的居民何时开始认为自己属于同一座城市的。我们也完全无从知晓他们何时开始把这座城市视作罗马，并如此称呼它。

不过，考古学不仅仅是关于年代和起源的。城中和周围地区乃至更远处挖出的材料中包含了一些重要的东西，向我们展示了罗马早期定居点的特征。首先，它与外部世界有广泛的接触。我已经简略提到了墓地中那个小姑娘的象牙手镯和从罗马发掘出的希腊陶器（科林斯或雅典制造的）。用进口琥珀制作的几件首饰和装饰品则是罗马与北方有联系的标志；我们没有能揭示它们如何来到意大利中部的线索，但它们无疑指向罗马与波罗的海地区有直接或间接的接触。就我们所能追溯的几乎最早的情况来看，罗马与外界保持着良好关系，一如西塞罗在强调其战略位置时所暗示的。

其次，罗马和邻邦间存在相似点和某些重要差异。公元前 1000 年到前 600 年左右的意大利半岛组成极其复杂。那里生活着许多不同的独立民族，拥有许多不同的文化传统、起源和语言。记录最翔实的是南部的希腊人定居点，比如自公元前 8 世纪起由来自一些希腊大城市的移民建立的库迈（Cumae）、塔兰托（Tarentum）和那不勒斯（Naples）[1]——它们通常被称为

---

[1] 拉丁语拼作 Neapolis，意为"新城"。

coloniae，但并非现代意义上的殖民地（colonies）。从各方面来看，半岛南部的许多地区和西西里都是希腊世界的一部分，通过文字和艺术传统联系在一起。事实上，留存至今的一些很古老的（也许是最古老的）希腊文字作品样本是在那里发现的，这绝非巧合。想要重建半岛上其他居民——从北方的埃特鲁里亚人（Etruscans）到罗马以南不远处的拉丁人和萨宾人，再到庞贝的原住民奥斯坎人（Oscans）和附近的萨莫奈人（Samnites）——的历史就困难得多了。他们如果有书面作品，也都没能留存，我们关于存在这些民族的证据完全依赖考古学与刻在石头和青铜上的文本（有时可以理解，有时不能），以及很久以后罗马人的记述，其中经常带有罗马优越论的色彩；因此，萨莫奈人的标准形象是粗俗、野蛮、非城市化以及危险而原始的。

不过，考古学发现的确显示，早期的罗马的确非常普通。我们在罗马大致看到了从分散定居点向城市社区的发展，但差不多与此同时，同样的过程似乎也出现在罗马以南的全部邻近地区。墓地中的实物遗存、当地的陶器和青铜胸针，还有更具异域风情的进口物品在那里也相当普遍。甚至可以说，在罗马发现的物品不如其他地方发现的那么令人印象深刻和能够暗示财富。比如，罗马城的发现中就没有什么能与附近的普莱内斯特（Praeneste）的一些非凡墓葬中的发现媲美。虽然这可能只是因为运气不好，或者像一些考古学家怀疑的那样，19世纪时从罗马发掘出的一部分最好的东西被盗走并直接流入了古物市场。接下来的几章中，我们将会面对的一个问题是，罗马于何时变得不再普通？

缺失的一环

不过，本章的最后一个问题是，考古材料是否必然与我所描绘的罗慕路斯和雷慕斯的神话传统完全无关。是否可能把我们对罗马最早期历史的探究同罗马人自己讲述的故事，或者说与他们对城市起源的精心猜测联系起来呢？我们有可能在神话中再找到些许历史吗？

这种诱惑影响了历史学家和考古学家对早期罗马所做的许多现代研究。我们已经看到有人试图让"七丘节"的故事反映罗慕路斯神话所强调的罗马城的二元性质（罗马人和萨宾人）。近来在帕拉丁山脚下发现的一些早期土墙引发了各种疯狂猜想，认为它们就属于在罗马建城那天雷慕斯跳过并引来杀身之祸的那堵墙。这是考古学上的幻想。诚然，一些早期土墙被人们发现了，而且它们本身很重要，虽然并不清楚它们与帕拉丁山顶的早期茅屋定居点有何关系。但它们与并不存在的罗慕路斯与雷慕斯这两个人物无论如何也没有什么关系。试图把土墙和相关发现的年代测定"包装"成公元前753年4月21日（我这里只是稍做了些夸张）是"片面辩护"。

在整个罗马城中，只有一个地方的早期材料可能与文学传统存在直接联系。但经过比较，我们没能找到两者的一致与和谐，只看到了巨大而有趣的鸿沟。这个地方位于罗马广场的一头，靠近卡庇托山的山坡，距离西塞罗在"坚守者"朱庇特神庙中攻击喀提林的地点只有几分钟的步行路程，就在演说家们向人民发言的主讲坛（rostra）旁。公元前1世纪末之前，人们在那里的广场路面上铺设了一排独特的黑石板，形成长宽分别约为4米和3.5

米的长方形区域，周围砌有低矮的石围栏。

19世纪末20世纪初，考古学家贾科莫·伯尼（Giacomo Boni）——此人当时与特洛伊的发现者海因里希·施里曼（Heinrich Schiemann）齐名，但并无欺诈的不良名声——在黑石下展开发掘，找到了一些古老得多的建筑遗迹。其中包括一座祭坛、一根巨大的独立柱子的残余部分和一根短石柱，后者表面布满了大多无法辨识的早期拉丁文，很可能是我们拥有的这种语言的最早文本之一。这个地方是被有意掩埋的，填充物中包括各种寻常和不寻常的发现，从袖珍杯子、珠子和羊跖骨到一些公元前6世纪的精美雅典彩绘陶器。从上述发现（其中似乎包括宗教供奉）来看，最明显的解释是这里是早期圣所，可能属于火神伏尔甘。当广场在公元前1世纪前的某个时候被重新铺设时，这里被掩埋了，但为了纪念下方的圣所，上面铺了独特的黑石。

后来的罗马作家们很熟悉这片黑石板，关于它的象征意义众说纷纭。其中一人写道："黑石表示不祥的地点。"他们知道石板下方埋着某些可以上溯多个世纪的东西，但并非考古学家们现在相当确信的宗教圣所，而是与罗慕路斯或者他的家庭相关的古迹。有几个人认为这是罗慕路斯之墓；另一些人认为这是罗慕路斯和雷慕斯的养父法乌斯图鲁斯（Faustulus）之墓，这也许是因为他们觉得如果罗慕路斯成了神，他不应该真有墓穴；还有些人认为这是罗慕路斯的同伴霍斯提里乌斯（Hostilius）的墓，此人的一个孙辈后来成了罗马国王。

他们还知道下面埋藏着铭文，无论是因为在其被掩埋前曾亲眼看到过抑或道听途说。狄俄尼修斯记录下了铭文内容的两个版本：一种是霍斯提里乌斯的墓志铭，"记录了他的英勇"，另一种

图 13　贾科莫·伯尼在罗马广场的黑石下发掘出的早期圣所遗迹的示意图。左侧是一座祭坛（直角 U 形结构，在同时期的意大利其他地方也有发现）。右侧矗立着一根巨柱的残余部分，其背后依稀可见刻有铭文的柱子。

是罗慕路斯在取得一次胜利后"记录他的战功"的铭文。但两者无疑都不正确。铭文也不像狄俄尼修斯所宣称的那样"用希腊文字写成"，而是如假包换的早期拉丁文。不过，这个例子很好地说明了罗马史学家对被掩埋的过去知道得既很多又很少，以及他们多么喜欢想象在他们城市的表面或地下不深处仍然存留着罗慕路斯的痕迹。

　　铭文的真正内容——至少在我们可以理解的范围内——将把我们带到罗马史的下一个阶段，我们将看到一系列据说是在罗慕路斯之后几乎同样带有神话色彩的国王。

第 3 章

罗马诸王

写在石头上

1899年，人们在罗马广场的黑石下发现的铭文中有"国王"一词，或者说拉丁语的 rex：RECEI，因为这里使用的是拉丁语的早期形式。铭文因为这个词而出名，它改变了此后人们理解早期罗马历史的方式。

铭文在许多方面都极为令人沮丧。它并不完整，柱子上方三分之一段没有留存下来。内容几乎无法理解。拉丁语本身已经足够难懂，而缺失的部分让我们几乎不可能完全理解它的意思。虽

图14 黑石下发掘出的柱子上的早期铭文很容易被误识为希腊文，后来的一些古代观察者的确犯了这样的错误。事实上，它是用古拉丁语写成的，字母很像希腊文，而且排列上采用所谓的"牛耕田"风格，即各行文字需要交替从左到右再从右到左阅读。

图 15 在这幅《贺拉提乌斯兄弟的誓言》('The Oath of the Horatii',1784 年)中,雅克-路易·大卫(Jacques-Louis David)描绘了图鲁斯·霍斯提里乌斯统治时期的一个传说,当时罗马正与邻邦阿尔巴隆迦交战。双方约定各出一组三胞胎代表各自的社群一决胜负。图中,大卫想象了罗马的贺拉提乌斯兄弟从他们的父亲手中接过剑的场面。他们之中的一位得胜归来后杀死了与敌方三胞胎之一订婚的亲妹妹(图中的哭泣者)。与 18 世纪的法国人一样,这个故事对罗马人来说同样既赞美了爱国主义,又质疑了它的代价。

然我们可以确定这并非罗慕路斯或其他任何人的墓标,但大部分解释不过是大胆地试图根据石头上少数几个能认出的词串联出含糊的意思。有一种著名的现代解释,认为铭文警告人们不要让役畜在圣所附近留下排泄物——那显然是凶兆。我们同样很难知道它有多古老。确定铭文年代的唯一方法是将其语言和字迹同其他少数留存的早期拉丁语样本做比较,但后者的年代大多同样不确定。各种答案前后相差 300 年,从公元前 700 年左右到公元前

400年左右不等。目前达成的一个脆弱的共识是，铭文刻于公元前6世纪下半叶。

尽管存在上述未知，考古学家还是立刻意识到，可辨认的RECEI一词（rex 的与格，表示"给予国王或为了国王"）支持了罗马作家们自己的看法，即在直到公元前6世纪末的两个半世纪里，罗马城处于"国王们"的控制之下。李维等人给出了罗慕路斯之后6位国王的标准序列，每人都拥有与其名字相联系的一系列独特成就。

有关他们的丰富多彩的故事——再加上英勇的罗马战士、凶残的对手和诡计多端的王后等配角——成了李维《罗马史》第一卷后半部分的内容。罗慕路斯的继承者是努马·庞皮利乌斯（Numa Pompilius），这个平和的人发明了罗马大部分宗教制度；然后是著名的好战分子图鲁斯·霍斯提里乌斯（Tullus Hostilius），在他之后是建造罗马奥斯蒂亚（Ostia，意为"河口"）海港的安库斯·马尔基乌斯（Ancus Marcius）；然后是老塔克文（Tarquinius Priscus），他拓展了罗马广场、促进了竞技运动会的发展；然后是政治改革家和罗马人口登记制度的开创者塞维乌斯·图利乌斯（Servius Tullius）；最后是"高傲者"塔克文（Tarquinius Superbus），或者更准确地说是"傲慢者"。正是这第二位塔克文及其家人施行的暴政所引发的革命为王政时期画上了句号，并实现了"自由"和建立了"自由的罗马共和国"。此人是个无情铲除对手的偏执专制者，并残酷地剥削罗马人民，强迫他们为他狂热的营建计划劳动。但就像罗马历史上不止一次发生的，可怕的爆发点最终到来——这次是国王的一个儿子强暴了有贞德的卢克莱提娅（Lucretia）。

19世纪的谨慎学者曾对这些罗马诸王故事的历史价值深表怀疑。他们表示，关于这些统治者的可靠证据几乎不比传说中的罗慕路斯更多：整个传统都建立在混乱的道听途说和被误解的神话之上，更别提后来许多罗马显赫家庭的宣传性幻想，他们经常操弄或臆造该城早期的"历史"，以便能让自己的祖先在其中扮演荣耀的角色。从这个结论到宣称罗马的"王政时期"（现在对该时期的通称）从未存在过、那些著名国王只是罗马人想象的产物、早期罗马的真正历史已经完全失传只有一小步之遥，而许多著名的史学家的确如此宣称了。

伯尼铭文中的RECEI成功地挑战了上述激进怀疑。没有任何特殊辩解（比如，这里的rex指后来的一种同名宗教官员，而非严格法律意义上的国王）能绕开这个现在看上去无法否定的东西：罗马曾有过某种君主制。这个发现改变了关于早期罗马的争论的性质，虽然它也无疑引发了其他问题。

一直到现在，这处铭文让罗马诸王成为关注的焦点，并提出了在那个由生活在台伯河畔几座丘陵之上的荆笆墙小屋中的几千个居民组成的古老的小社群中，王权可能意味着什么的问题。"国王"一词几乎肯定意味着比我们可能所设想的正式和威严得多的东西。但后来的罗马人对他们的早期统治者有过多种不同的看法和想象。一方面，当"高傲者"塔克文急剧垮台后，国王在罗马余下的历史中成了仇恨的对象。对任何罗马人来说，受到想要成为国王的指责几乎等于被宣判了政治生涯的死刑；任何罗马皇帝都无法容忍被称作国王，虽然一些愤世嫉俗的观察者不明白这两者有何区别。另一方面，罗马作家们将罗马人许多最重要的政治和宗教制度上溯到王政时期：如果在传说叙事中罗马城是在罗慕路斯时期受孕的，那么从努马到第二位塔克文等国王的统治时期就是它的妊娠期。虽然国王受人憎恶，但罗马的创立被归功于他们。

王政时期落在横跨神话和历史分界线的地带，令人着迷。这些继任国王看上去显然比奠基者更加真实。至少他们拥有看上去真实的名字，诸如"努马·庞皮利乌斯"，而非像虚构的"罗慕路斯"或"罗马先生"那样。但在他们的故事中，我们随处可以看到各种明显的神话元素。有人表示维乌斯·图利乌斯和罗慕路斯一样，其母也是通过火中出现的阳具受孕的。我们几乎总是很难确定，在流传至今的虚构叙事中可能隐藏着什么事实。仅仅去除明显的幻想元素，认为剩下的就代表了历史要点，这正是19世纪的怀疑者们所抵制的过分简单化的做法。事实证明想要分割神话与历史的联系要困难得多。两者之间存在各种可能和未知。是否真的曾经有一个叫安库斯·马尔基乌斯的人，但被归于他名下的事并不是他做的呢？那些事是其他某个或某些未知其名者的所作所为吗？这样的问题还有很多。

但显而易见，到了王政时期行将结束时——权且说公元前6世纪，虽然准确定年仍然和过去一样困难——我们开始进入更为可信一些的阶段。就像伯尼的戏剧性发现所表明的，一边是罗马人所讲述的他们过去的故事，一边是地下的考古学遗迹和现在意义上的历史叙事，我们第一次可以在两者之间建立某种联系。此外，我们甚至可以从罗马邻邦和敌人的视角一窥这段历史。在罗马以北70英里处的埃特鲁里亚人城市伍尔奇（Vulci）发现了一系列墓室壁画，几乎可以肯定它们描绘的是塞维乌斯·图利乌斯的事迹。这些壁画绘于公元前4世纪中期左右，比我们在任何地方获得的关于那位国王的直接证据都要早上几百年,是最古老的。想要了解该时期的罗马历史,一定程度上有赖于充分利用我们所拥有的少量宝贵证据,我们很快将进一步检视壁画这项证据。

国王还是酋长?

对于留存下来的罗马人对王政时期的记述,19世纪的怀疑者们有很好的理由提出质疑。诸王故事中存在各种不合理之处,最明显的是他们的年表。即便我们想象他们一生都异乎寻常地健康,但罗马作家们给他们分配的时长——从公元前8世纪中期到前6世纪末,包括罗慕路斯在内的七王统治了250年之久——还是令人难以置信的。那意味着他们每人平均统治30多年。任何现代王朝都找不到如此连贯的长寿水平。

对这个问题的最经济的解释是认为,王政时期事实上比罗马人所计算的短得多,或者设想国王的数量要比记录中流传下来的更多(我们即将看到,存在若干"失踪国王"的潜在候选人)。但同样可能的是,与这些简单的解释所表明的相比,我们现有的有关该时期的书面传统在根本上更能误导人,而且无论年表如何,罗马君主的特点事实上与李维和其他罗马作家所暗示的截然不同。

最大的问题在于,罗马的古代史学家们仿佛是通过某种爱国主义放大镜看待他们的,习惯于系统性地将王政时期现代化并夸大其成就。根据这些人的记述,早期罗马人已经依赖元老院和人民大会等制度,它们都是500年后该城政治制度体系的一部分;而在处理王位继承问题时(并非世袭),他们遵循了复杂的法律程序，包括任命过渡期摄政者（interrex，"间王"）、人民投票选择新王和元老院的批准。[1] 此外，他们想象出来的过渡时期的权力斗争和对立，即使放到公元1世纪的罗马皇帝宫廷中也并不显得突兀。事实上，李维记录的老塔克文遇害后他的妻子玩弄的手段——工于心计的塔娜奎尔（Tanaquil）小心地隐瞒了丈夫的死讯，直到她确保自己中意的人选塞维乌斯·图利乌斯登上王位——与公元14年奥古斯都皇帝死后里维娅（Livia）的长袖善舞非常相似（见本书385页）。两者是如此相似，以至于一些评论者怀疑，从公元前1世纪20年代开始创作《罗马史》的李维不可能在公元14年之前完成这个部分，他的描述必然是以当年的事件为基础的。

他们在描绘罗马与邻近民族的关系时同样采用了宏大规格，条约、使者和正式宣战一应俱全。在他们笔下，战斗仿佛是强大罗马军团和同样强大的敌人之间的大规模冲突：我们读到骑兵向对方侧翼冲锋、步兵被迫投降、对方陷入混乱……还有其他各种古代战斗的陈词滥调（或者真相）。事实上，此类语言渗入了现代人对该时期的描述中，其中许多还自信地提到公元前7世纪和前6世纪时罗马的"外交政策"之类的东西。

在这里有必要进行事实检验。无论我们选择用其他什么方式来描绘早期罗马人的城市社区，它的规模仍然只算得上在微小和小之间。这个实际上属于史前史阶段的人口规模极其难以估

---

[1] 罗马国王去世后，元老院将任命一名元老担任过渡时期的摄政者，任期为5天，届满后由他任命下一位摄政者，直到新王选出。摄政者将提出新王候选人，经过元老院评议后，该人选将接受人民大会的投票。投票通过后，候选人还需得到神意许可和行政权（imperium）才能正式成为国王。

算,最合理的推测是,罗马的"最初"人口——即那些小定居点开始将自己一起视作"罗马"时——总计最多只有几千人。当最后一位国王在公元前 6 世纪末遭到驱逐时,根据现代的标准估算,该地区可能有 2 万到 3 万居民。这只是根据该地区面积、罗马人当时可能控制的土地总量和这些土地能够合理支持的人口得出的最合理推测。但它比古代作家给出的夸张总人数可信得多。比如,李维援引最早的罗马史学家昆图斯·法比乌斯·皮克托尔(Quintus Fabius Pictor)在公元前 200 年左右撰述的作品,宣称王政时期末期的成年男性为 8 万人,因此总人口远远超过 20 万人。这对古风时期意大利的一个新建社群而言是个荒唐的数字(不比公元前 5 世纪中期处于巅峰的雅典或斯巴达领地上的总人数小多少),没有考古学证据表明当时存在此等规模的城市,虽然这个数字的确至少具有符合所有古代作家对早期罗马的夸大看法的优势。

自不必说,我们不可能对这个小小的原始城市定居点的制度

图 16 1977 年在罗马以南约 40 英里处发现的这段公元前 6 世纪末或前 5 世纪初的铭文是关于该城存在早期私人军队的最佳证据之一。它被献给战神马尔斯(最后一个词 MAMARTEI,采用当时的拉丁语拼写),奉献者是普布利乌斯·瓦雷利乌斯(铭文中第一行的 POPLIOSIO VALESIOSIO)的 SUODALES,前者可能就是共和国元年带有神话色彩的两位执政官之一的(见本书 121 页)普布利乌斯·瓦雷利乌斯·普布利科拉(Publius Valerius Publicola)。委婉地说,他的 SUODALES(古典拉丁语拼写为 sodales)可能表示他的"伙伴",更现实地说则可能是他的"团伙"。

有很多了解。但除非罗马与古代地中海地区的其他任何古风时期城镇（或其他任何地方的早期城镇）都不相同，它的制度结构应该远不如故事中所暗示的那么正式。在这样的背景下，涉及"间王"、人民投票和元老院批准的复杂过程完全是难以置信的；它们最多只是用晚近得多的语汇对早期历史所做的大规模改写。军事活动是另一个很好的例子。在这一点上，地理本身应该就能让我们产生怀疑。我们只需看一下这些英勇战斗的地点：它们都是在罗马城周围方圆12英里的区域内展开的。尽管在重述中仿佛是罗马与汉尼拔交战的迷你版本，但它们很可能更接近我们所说的劫掠牲口。它们甚至可能不是严格意义上的"罗马"的战斗。在大多数早期社群中，各种形式的私人暴力——从粗暴惩罚、家族仇杀到游击战——过了很长时间才完全处于公共控制之下。各种冲突常常掌握在独立行事的个体手中，相当于我们现在所谓的私人军阀；此外，代表"国家"和代表某个强大领袖的区别非常模糊。早期罗马几乎肯定是这样的情况。

如此看来，国王和罗马广场铭文上的 rex 一词又该做何解释呢？rex 的确可以表示现代意义上的"国王"——我们对它的理解与公元前1世纪的罗马人大致相同。和我们一样，他们头脑中出现的不仅是一个专制力量及其象征的形象，还有作为一种政体形式的君主制的理论概念，与民主制或寡头制形成对比。但多个世纪前在广场的石头上刻下该铭文的人几乎不可能有此类想法。对他们来说，rex 可能表明了个人权力和显赫地位，但远没有那么强的结构化或"宪政"意味。当我们讨论罗马历史早期的现实情况而非神话时，也许最好将国王理解为酋长或头人，视该时期为"酋长时期"而非"王政时期"。

奠基故事：宗教、时间与政治

对罗马作家们来说，罗慕路斯之后的诸王是罗马城奠基过程的延伸。和罗慕路斯一样，这些统治者被视作历史人物（即便更有怀疑精神的作家对有关他们的一些夸张故事提出了质疑）；但同样显而易见的是，流传至今的许多传统说法远非事实，而是将后来罗马人的偏好和焦虑以迷人神话的形式投射到遥远的过去。我们从中不难发现许多与我们在罗慕路斯故事中看到的相同的主题与关注点。比如，据说这些继任国王来自各种不同的背景：努马和提图斯·塔提乌斯一样是萨宾人；老塔克文来自埃特鲁里亚，是从希腊城市科林斯来此避难的难民之子；而那些否定神奇的阳具故事的人表示，塞维乌斯·图利乌斯是奴隶之子或者至少是战俘之子（他的出身充满争议，以至于在罗马广场的凯旋将军名单中，只有塞维乌斯父亲的名字被略去）。虽然我们偶尔会读到罗马人（在这些故事中通常是"坏"罗马人）抱怨说外邦人或出身低贱者正在夺走他们与生俱来的权利，但总体要旨明白无误：即使在罗马政治秩序的最顶端，"罗马人"也可能来自任何地方，即便出身低贱者（甚至从前是奴隶）也能获得最高地位。

国王统治下的罗马也继续深受激烈内战和家族冲突的影响。事实证明继位时刻尤为危险和血腥。七王之中据说有 3 位是被谋杀的；另一位被神明的闪电击毙，这是对他犯下的一个宗教错误的惩罚；[1] "高傲者"塔克文则是被驱逐的。只有两人得以善终。由

---

[1] 图鲁斯·霍斯提里乌斯晚年，罗马暴发瘟疫。国王按照努马留下的指示向"预兆者"朱庇特（Jupiter Elicius）献祭，但仪式中出现错误，全家被闪电击毙。（李维，《罗马史》1.31）

于对没能继位怀恨在心，安库斯·马尔基乌斯的儿子们雇凶杀死了老塔克文。由于类似的原因，"高傲者"塔克文和塞维乌斯·图利乌斯唯一的女儿勾结起来，将塞维乌斯·图利乌斯杀害。在一个特别骇人的情节突转中，据说女儿故意让马车碾过父亲的尸体，回家时车轮上还沾着父亲的鲜血。这个主题无疑让人想起内部冲突深植于罗马政治之中，但它也指出了罗马政治文化的另一条断层线，即权力如何在人与人或代与代之间传递。值得指出的是，500多年后，在由新的专制者组成的第一个朝代（从奥古斯都到尼禄）中，将会出现横死和家庭内部的大规模谋杀或所谓谋杀的相似记录，甚至有过之而无不及。

不过，王政时期不仅只是重演了罗慕路斯引出的问题。按照故事的逻辑，罗慕路斯统治结束时，罗马尚未完全成型。每位继承者都做出了自己独特的贡献，确保了当王政最终垮台时，罗马拥有了使其成为罗马的大部分独特制度。其中最重要的被归功于努马·庞皮利乌斯和塞维乌斯·图利乌斯。人们认为塞维乌斯·图利乌斯发明了清点罗马人和划分等级的方法，即人口登记。这在多个世纪里一直是古罗马政治进程的核心，它把一条基本的等级原则奉为圭臬：富人有权利比穷人拥有更大的权力。但在他之前，据说努马差不多仅凭一己之力就建立了罗马的官方宗教结构以及宗教制度，这些制度在远远超出本书范围的时空中留下了自身的印记和名字。事实上，甚至今天的天主教教宗的官方头衔 pontifex 或 pontiff 也源于或借鉴了据说由努马创立的祭司团体的一个头衔。

当后来的罗马人回顾自己城市崛起成为地中海和周边地区的统治者的历史时，他们不完全将自己的巨大成功归功于军事力量。他们认为，取得胜利是因为神明站在自己这边：他们对宗教的虔敬确保了自己的成功。反过来说，他们遭遇的任何失败都可以被归咎于同神明打交道时犯了某种错误：也许他们忽视了凶兆，错误地举行了关键仪式或践踏了宗教规则。虔敬成了他们与外部世界打交道时引以为豪的东西。比如，公元前2世纪初，当一位罗马官员给位于今天土耳其西部沿海的希腊城市提奥斯城（Teos）写信，向提奥斯人保证他们可以保持政治独立时（至少是在短期内），他充分强调了这一点。我们仍能读到他略显浮夸的话，它们被刻在一块大理石上并放在城中展示："我们罗马人全心全意地把对神明的尊崇视作第一要务，我们因此而受到神明的眷顾是对这个事实的最佳证明。此外，我们还出于其他许多理由确信所有人都能看到我们对神明的崇敬。"换句话说，宗教为罗马的力量提供了保障。

在罗慕路斯故事中可以窥见一些虔敬的痕迹。除了奉献"坚守者"朱庇特神庙，他在决定新城究竟应该建于何处时还请教了神明：一定程度上，罗慕路斯和雷慕斯正是因为对作为神明预兆的飞鸟有不同的解读而引发了致命争吵。[1] 不过，"罗马宗教奠基者"的角色属于他的继承者，爱好和平的努马。

努马没有因此成为像摩西、佛陀、耶稣或穆罕默德那样的圣人。罗马的传统宗教与我们现在通常所理解的截然不同。包括religion和pontiff在内，现代宗教里的许多词汇都来自拉丁语，这使古罗马与我们的宗教之间的一些重要区别易于变得模糊。罗马没有真正的教义，没有圣书，也几乎没有我们所谓的信仰体系。

---

[1] 罗慕路斯兄弟在选址问题上发生分歧，约定根据神明预兆做出决定，罗慕路斯看到12只鹰，雷慕斯只看到6只，于是前者成为罗马奠基者。（李维，《罗马史》1.6.4-1.7.2）

罗马人"知道"神明存在，但并不像大多数现代世界宗教中常见的那样，在内化意义上"信仰"它们。古罗马宗教也不特别关心个人救赎或道德。相反，它主要关注仪式的履行，这些仪式旨在让罗马与神明的关系保持良好，确保罗马的成功与繁荣。献祭牺牲是大部分仪式的核心元素，但它们在其他方面截然不同。有的仪式非常奇特，以至于比其他任何东西都更好地打破了我们认为罗马人稳重和一本正经的刻板印象：比如，在2月的牧人节（Lupercalia）上，赤身裸体的青年男子会在城中到处奔跑，并用皮鞭抽打他们遇到的女子（莎士比亚在《尤里乌斯·恺撒》开场重现了这一节日的景象）。总而言之，这是一种行为的宗教而非信仰的宗教。

与此相一致的是，努马的奠基拥有两个不同但相互联系的方面。一方面，他确立了一系列负责举行或监督重要仪式的祭司团体，包括维斯塔贞女（其他团体绝大部分由男性组成），她们的责任是确保罗马广场中的圣火一直燃烧。另一方面，他发明了12个月份的历法，为每年的各种节日、圣日和假日提供了框架。任何组织化的社群的一个关键特征是有能力编排时间结构，在罗马，这种结构的发明被归功于努马。此外，虽然后来做了各种创新和改良，但现代西方历法仍然是这个早期罗马版本的直系后裔，这在每个月份名中有所显示：它们每一个都来自罗马。从下水道到地名，或者天主教会中的职衔，在我们设想自己从古罗马人那里继承的所有东西中，历法可能是最重要和最常被忽视的。这是早期王政时期和我们的世界之间的一个出人意料的联系。

我们不可能知道是否有个叫努马·庞皮利乌斯的人曾经存在过，更无从得知他是否做过任何被归于他名下的事。罗马学者对

图17 维斯塔贞女雕像头部，来自公元2世纪，从独特的头饰可以辨认出她的身份。维斯塔贞女是罗马公共宗教中少数几个女祭司团体之一。她们还是极少的几个全职宗教官员团体之一，她们生活在"工作场所"，居住的屋子位于罗马广场上供奉着圣火的维斯塔神庙旁。她们必须守贞，违者将被处死。

他的生涯做过大量讨论，接受了关于他的传统说法的某些方面，但坚决否定另一些方面。比如，他不可能像一个生命力顽强的流行故事所宣称的那样，是古希腊哲学家毕达哥拉斯的弟子；他们表示，原因在于按照所有可信的年代记录，毕达哥拉斯生活的时代都比努马晚了一个多世纪（或者说是公元前6世纪而非前7世纪，就像我们现在所认为的）。但无论努马多么富有神话色彩或者往好里说也只是模糊不清，有一点似乎是肯定的：一些被归于他名下的历法形式是罗马历史早期的产物。

事实上，我们现有的一份罗马历最早的书面版本有力地支持了这一点，尽管它本身并不早于公元前1世纪。这是一项不同寻常的留存物，绘于罗马以南35英里处的安提乌姆（Antium，今天的安济奥［Anzio］）的一面墙上。尽管可能略微有些令人费解，它让我们对西塞罗时代的罗马人如何用图像描述他们的一年获得了生动的印象。早期罗马没有如此复杂的东西。我们可以从中看到多个世纪以来各种发展的标志，包括月份顺序和每年起点的一些大幅改变，除此将无法解释11月和12月（字面意思为"第九月"和"第十月"）在这份历法和我们的历法中成了第十一个和第十二个月份。但在这个公元前1世纪的版本中，人们也能看到古老渊源的迹象。

该版本的体系基本上由12个朔望月组成，时不时会插入额外的一个月（今天闰年中额外一天的古老前身），以便使该历法能够与太阳年保持一致。世界各地的原始历法面临的最大挑战在于两个最简单的自然计时体系并不相容，也就是说，以从新月到下一

图18 现存最早的罗马历的4月，绘于罗马南面的安提乌姆的一面墙上。这是一份高度编码化的文献，从上到下标出了29天。最左面一栏中的字母序列（A到H）标出了规律的集市日模式。第二栏中更多的字母（C、F和N等）规定了各天的公共职能（比如C代表comitialis，表示那天可能举行大会）。右侧的文字表明了各个节日，大部分与某种形式的农业活动相关。比如，ROBIG[ALIA]是为了保佑生长中的作物不要染上小麦枯萎病，VINAL[IA]是为了祝贺新的葡萄酒酿成。虽然这个版本只是公元前1世纪的，但它遵循的基本原则要古老得多。

次新月为周期的 12 个朔望月加起来比 354 天略多，这无法以任何便利的方式同太阳年的 365$\frac{1}{4}$ 天相匹配。太阳年是地球完整绕太阳公转一周的时间，比如从春分到下一次春分。每过几年完整插入额外一个月正是早期社会在试图解决该问题时采用的典型权宜做法。

日历中记录的宗教节日周期同样能告诉我们很多信息。核心节日很可能可以上溯到王政时期。从我们对其所能做的重建来看，其中许多无疑聚焦于如何在畜牧业和农业的季节性活动——播种、收获、采摘葡萄和存储，等等——上获得神明的支持。在我们看来，这些正是一个古风时期的地中海小社群理应非常关心的。无论这些节日对公元前 1 世纪的大都市意味着什么（那里的大部分居民很少与牧群或收割打交道），但它们很可能确实为我们提供了最早期罗马人所重视问题的一个剪影。

另一组不同的重点问题反映在被归于塞维乌斯·图利乌斯名下的政治制度中——它们今天有时会被不恰当地冠以"塞维乌斯宪法"的堂皇之名，一定程度上是因为它们对后来的罗马政治机制产生的影响非常重大。人们认为他是组织了罗马公民人口调查的第一人，他正式将他们纳入公民体系，并根据财富水平将他们划分成不同等级。但除此之外，他还把这种划分原则与另外两个制度——罗马军队以及组织人民进行投票和选举——联系起来。具体细节复杂得几乎难以想象，自古以来就是争论不休的话题。为了探寻据说由塞维乌斯·图利乌斯确立的具体安排及其后续历史，有人投入了整个学术生涯，但还是无果而终。但基本脉络足够清晰。军队由 193 个"百人队"（centuries）组成，根据士兵使用的装备类型加以区分；装备与人口调查所划分的等级有关，遵

图 19 罗马人口调查。这组公元前 2 世纪晚期的雕塑细部描绘了公民登记的场面。画面左侧，坐着的官员正在记录站在面前的男子的财富信息。虽然并不完全清楚具体过程，但画面右侧的士兵形象表明这与军队组织有关。

循"你越富有，就能为自己提供越多和越昂贵的装备"的原则。从上往下，最富有的第一等级组成了 80 个百人队，作战时身着沉重的全副青铜盔甲。随后四个等级的盔甲渐次变轻，直到拥有 30 个百人队的只靠投石作战的第五等级。此外，在他们之上还有精英骑士组成的 18 个百人队，以及一些工程师和乐工的特别群体。位于最底端的是特别穷苦的人组成的一个百人队，他们被完全豁免兵役。[1]

据说塞维乌斯·图利乌斯在罗马人民一个主要的投票大会制

---

[1] 第二、三、四等级各 20 个百人队，与第一和第五等级共同组成 170 个步兵百人队，工程师和乐工百人队共 4 个。

度——百人队大会（Centuriate Assembly）——中使用了同样的基础结构。在西塞罗的时代，这个大会会在选举高级官员（包括执政官）以及需要为法案或开战决定投票时召开。每个百人队只有一票，其结果（或意图）是让富人百人队获得压倒性和固有的政治优势。如果团结一致，最富有的第一等级的80个百人队和精英骑士的18个百人队可以投出超过其他所有等级票数总和的票数。换句话说，与较贫穷的公民同胞相比，富有的个体选民拥有大得多的投票权。这是因为虽然它们都名为百人队（看上去仿佛各由100人［centum］组成），但事实上规模大不相同。最富有的公民人数远远少于穷人，但他们分成了80个百人队，而人数更多的下层等级则只有20个或30个，最贫穷的大众只有1个。无论在集体还是个人方面，权力都被赋予了有钱人。

但从细节上看，这种说法不仅让事情变得极其复杂，而且犯了年代错误。如果说就像我们看到的那样，被归于努马名下的某些创新在早期罗马还并不显得那么突兀，那么上述说法就是把晚近得多的罗马习俗和制度公然投射回过去，并把塞维乌斯·图利乌斯当作其创造者。在早期罗马城，与人口登记相关的复杂财富评估体系是不可想象的，而军队和人民大会中的百人队组织的复杂结构完全不符合王政时期的公民规模和当时战事可能具有的特点（你在劫掠隔壁村子时不会这样组织军队和开会）。无论战斗和投票方式在某个"塞维乌斯·图利乌斯"的统治下可能发生了什么变化，它们都完全不会是罗马传统所宣称的那个样子。

不过，通过把这一切上溯到自己城市的形成时期，罗马作家们强调了他们所看到的罗马政治文化中的一些关键制度和关键联系的重要性。在人口登记这一点上，他们突出了国家权力高于公民个人，以及罗马官僚所具有的热衷于记录、清点和分类的典型特征。他们还指出了公民在政治角色和军事角色间存在一种传统联系，指出了罗马公民多个世纪以来在定义上也是罗马战士的事实，指出了许多罗马精英所看重的一项臆断：财富能够同时带来政治责任和政治特权。当西塞罗用赞同的口吻总结塞维乌斯·图利乌斯的政治目标时，他想到的可能正是这些："他用这种方式把人民分类，以确保投票权处于富人而非贫民的控制下，务必使数量最大的人群得不到最大的权力——我们在政治中应该永远坚持这项原则。"事实上，这项原则在罗马政治中引起过激烈的争论。

埃特鲁里亚人国王？

塞维乌斯·图利乌斯是罗马最后三王中的一位，夹在老塔克文和"高傲者"塔克文之间。罗马学者们相信，这三王在整个公元前6世纪统治着该城，（根据大多数人的说法）直到公元前509年"高傲者"最终被驱逐。就像我们看到的，该时期的一部分叙事的神话色彩并不比罗慕路斯故事的弱。此外，在年代问题上，传统故事还存在一定的不可能性，或者至少说是存在着常见的不合理的长寿。甚至一些古代作家也对从老塔克文出生到他的儿子"高傲者"去世大约相距150年感到困惑，为了解决这个问题，他们有时暗示第二位塔克文是前者的孙子而非儿子。但从那时候开始，将我们在李维等作家那里读到的某些东西与地下挖掘出的证据联系起来的确变得更加容易了。比如，人们在后来的罗马学者声称塞维乌斯·图利乌斯建立过两处圣所的地点附近挖出了似乎可以上溯到公元前6世纪的一座或多座神庙的遗迹。虽然这离能够说"我们找到了塞维乌斯·图利乌斯的神庙"（无论这究竟意味着什么）还有很长一段距离，但至少不同的证据开始逐渐交汇。

不过，对罗马人来说，这组国王与他们的前任诸王存在两点区别。首先是有关他们的故事特别血腥：老塔克文被前任国王的儿子们谋害；塞维乌斯·图利乌斯在塔娜奎尔操纵的宫廷政变中登上王位，最终被"高傲者"塔克文杀死。其次是他们与埃特鲁里亚的联系。对于两位塔克文来说，这事关他们的直系血统。据说，老塔克文为了寻求发迹而和妻子塔娜奎尔一起从埃特鲁里亚的塔克文尼（Tarquinii）移民到罗马，按照故事中的说法，这是因为他害怕自己父亲的希腊外邦血统会影响他在家乡的事业。对塞维乌斯·图利乌斯来说，这更多地与他被埃特鲁里亚人老塔克文和塔娜奎尔宠幸有关。在关于这位国王出身的各种版本的说法中，西塞罗的版本与众不同，他暗示塞维乌斯是老塔克文的私生子。

经常让现代史学家感到困惑的问题是，应该如何解释这些罗马国王与埃特鲁里亚之间的这种联系。为什么他们有埃特鲁里亚血统？埃特鲁里亚人国王真的曾经一度掌控过罗马城吗？

在此之前，我们已经关注过罗马的南方邻邦，它们曾在罗慕路斯和埃涅阿斯的建城故事中各自扮演过一个角色：比如萨宾人，或者埃涅阿斯之子建立的小城阿尔巴隆迦，罗慕路斯和雷慕斯正是在那里出生的。但罗马以北就是埃特鲁里亚人的腹地，一直延伸到今天的托斯卡纳。在罗马最早的城市社区开始形成的时期，他们是意大利最富有和最强大的民族。这里所用的复数形式

(Etruscans)很重要。因为这些人没有组成一个单一国家,而是建立了一系列拥有共同语言和独特艺术文化的独立城镇。他们的势力范围随着时间发生改变,但在其全盛时期,埃特鲁里亚人的定居点和他们产生的可辨识的影响在意大利向南可以到达庞贝,甚

图 20 真人大小的陶俑的碎片,来自公元前 6 世纪一座经常和塞维乌斯·图利乌斯联系起来的神庙,描绘了密涅瓦和受她保护的赫拉克勒斯(从肩部的狮子皮可以认出)。埃特鲁里亚人以制作陶土塑像的技术闻名;在这里还可以清楚地看到希腊艺术产生的影响,这暗示着罗马与更广阔的世界有接触。

图 21 埃特鲁里亚人的一项特别技能是解读神明通过牺牲的内脏传递的信号。这块青铜肝（公元前 3—前 2 世纪）是如何解读牺牲内脏的指南。肝上仔细地标出了与每块区域明确相关的神明，以便帮助人们理解在那里有可能找到的特异之处或斑点。

至更远。

造访埃特鲁里亚考古遗址的现代游客经常对那里的传奇色彩着迷。从劳伦斯（D. H. Lawrence）到阿尔贝托·贾科梅蒂（Alberto Giacometti），[1] 埃特鲁里亚城镇的奇特墓地和绘有华丽壁画的墓穴激发了一代代作家、艺术家和游客的想象。事实上，当埃特鲁里亚城镇一个接一个被罗马人攻陷后，后来的罗马学者同样既可以把埃特鲁里亚当做一个带有异域色彩的有趣研究对象，又能将其视为自己的一些仪式、服饰和宗教惯例的源头。但在罗马历史的最古老时期，这些"埃特鲁里亚地点"（借用劳伦斯著作的题目）

---

[1] D. H. 劳伦斯（1885—1930），英国作家。1927 年 4 月，他游历了意大利的一些考古遗址，创作出题为《埃特鲁里亚地点速写和其他意大利随笔》（*Sketches of Etruscan Places and other Italian essays*）的游记。阿尔贝托·贾科梅蒂（1901—1966），瑞士雕塑家，他的作品深受埃特鲁里亚艺术的影响。

无疑很有影响力,在富饶程度和对外关系上远远超过罗马。那里曾发掘出琥珀、象牙,在其中一处遗址甚至找到了一枚鸵鸟蛋,埃特鲁里亚墓穴中还有各种装饰精美的古典时代的雅典陶罐(在埃特鲁里亚找到的数量远远超过希腊本土),我们可以从这些考古发现中看出,它们与整个地中海及更远地区保持着活跃的贸易联系。支撑着上述财富和影响力的是天然矿产资源。在埃特鲁里亚诸城中发现过非常多的青铜器,以至于在1546年,仅塔克文尼一地的遗址中出土的将近3000公斤青铜器被熔化后,就足以装饰罗马的圣约翰·拉特朗(St John Lateran)教堂了。另一个规模较小但同样重要的发现是,近来的分析显示,在那不勒斯湾皮特库萨岛(Pithecusae,今天的伊斯基亚岛[Ischia])上找到的一块铁矿石来自埃特鲁里亚人的厄尔巴岛(Elba);用现代人的话来说,这很可能是他们"出口"贸易的一部分。

罗马地处埃特鲁里亚后门,这个位置有助于推动它在财富和地位上的崛起。但那些埃特鲁里亚人国王有什么更加负面的意味吗?一种可疑的观点认为,关于两位塔克文和塞维乌斯·图利乌斯与埃特鲁里亚有联系的故事掩盖了罗马曾被埃特鲁里亚人入侵和接管的事实,这很可能发生在后者向南扩张到坎帕尼亚时。也就是说,罗马的爱国传统改写了罗马历史上这个不光彩的阶段,仿佛该时期的核心事件并非被他人征服,而是老塔克文的个体迁移和随后登上王位。不幸的是,事实上罗马已经成了埃特鲁里亚人的一块领地。

这个想法很妙,但几乎不可能成立。首先,人们虽然可以在罗马找到埃特鲁里亚艺术品和其他产品的清晰痕迹,还有一些用埃特鲁里亚语书写的铭文,但考古学记录没有显示发生过大规模的接管：有证据显示两种文化联系密切，没有证据表明发生过征服。也许更重要的是，对于我们应该设想的这两个相邻社群间所拥有的那种关系，"接管国家"的模式是不合适的，或者说，至少这不是唯一的模式。就像我已经表明的，这是一个头人和军阀的世界：这些强大的个人在当地不同的城镇间相对来说是流动的，有时采用友好的流动方式，有时则可能不是。与他们相伴的必然还有同样流动着的军队成员、商人、游方工匠和各种移民。我们无从得知在埃特鲁里亚小城卡伊莱（Caere）的墓碑上刻有名字的罗马人"法比乌斯"（Fabius）究竟是谁，也无法确定维伊（Veii）的"提图斯·拉提努斯"（Titus Latinus）或者塔克文尼的"卢提鲁斯·希波克拉底"（Rutilus Hippokrates）是何许人——后者由罗马人的名字和希腊人的姓氏混合组成。但它们清楚地表明，这些地方是相对开放的社群。

不过，关于军阀、私人军队和无论是否怀有敌意的不同移民形式这些必然属于罗马及其邻邦的早期社会的特点，为其提供了最生动证据的是塞维乌斯·图利乌斯的故事。这个故事几乎与作为罗马政制改革家和人口调查制度的发明人的塞维乌斯·图利乌斯的故事无关。相反，它似乎提供了一个埃特鲁里亚人的观点——该故事出自皇帝克劳迪乌斯之口，公元48年，他在元老院发表演说时敦促成员们允许来自高卢的头面人物成为元老。他用来支持自己主张的论据之一是，即便早期国王也是一批引人瞩目的"外国人"。当他谈到塞维乌斯·图利乌斯时，情况甚至变得更加有趣。

克劳迪乌斯很了解埃特鲁里亚的历史。在他的诸多学术研究中，有一本用希腊语撰写的20卷的埃特鲁里亚人研究著作，他还编纂过埃特鲁里亚语词典。当时，他忍不住告诉与会的元老（后者可能开始觉得自己成了一堂讲座上的听众），在罗马之外还有塞维乌斯·图利乌斯故事的另一版本。在那个版本中，此人能登上王位并非得益于他的前任老塔克文及其妻子塔娜奎尔的眷顾或阴谋。克劳迪乌斯认为，塞维乌斯·图利乌斯是个武装冒险家：

> 如果我们按照埃特鲁里亚人的故事版本来看，他曾是卡伊利乌斯·维维纳（Caelius Vivenna）的忠实追随者和冒险中的同伴；后来，当他由于时运不济而被驱逐时，他带着卡伊利乌斯剩下的全部军队离开埃特鲁里亚，占领了卡伊利乌斯山（Caelian Hill）［位于罗马］，那里后来被以他的首领卡伊利乌斯的名字命名。当他改掉了自己的名字后（他的埃特鲁里亚名字是马斯塔尔纳［Mastarna］)，他获得了我已经提过的名字［塞维乌斯·图利乌斯］并接管王国，为国家带来了巨大的好处。

克劳迪乌斯给出的细节引发了各种困惑。其中之一是马斯塔尔纳这个名字。这是人名，还是埃特鲁里亚语中相当于拉丁语 magister 的那个词（在这个背景下可能是类似"头儿"的意思）？这个据说以他的名字为罗马的卡伊利乌斯山命名的卡伊利乌斯·维维纳是何许人？在关于早期罗马史的古代著述中，他和他的兄弟奥鲁斯·维维纳（Aulus Vivenna）——通常被认为来自埃特鲁里亚的伍尔奇——曾经冒出来过几次，然而总是以典型的神话形式出现，前后矛盾，令人沮丧：卡伊利乌斯有时据说是罗慕路斯的朋友；有时，维维纳两兄弟又被放到塔克文父子的时代；

一位晚期罗马作家想象奥鲁斯本人成了罗马国王（那么他是罗马城失踪的统治者之一吗？）；而在克劳迪乌斯的版本中，卡伊利乌斯似乎从未到过罗马。但在这里，克劳迪乌斯所描绘对象的总体特征是清楚的：对立的军队、差不多四处流动的军阀、个人忠诚、变化的身份——与大部分罗马作家归于塞维乌斯·图利乌斯名下的正式政制安排相比，很难想象还能有什么是差别更大的。

我们从曾经装饰伍尔奇城外一座大墓的一组壁画中获得了类似的印象。那里现在被称为弗朗索瓦墓（François Tomb，来自19世纪时它的发掘者的名字，见彩图7），从它的规模（通道和主墓室两侧开有10个小墓室）和发掘出的大量黄金来看，这无疑是一个当地富有的家族的墓穴。但对于那些对早期罗马感兴趣的人来说，主墓室四周的一系列很可能绘于公元前4世纪中期的壁画让这里变得非常特别。画中醒目地描绘了希腊神话中的战争场景，主要是特洛伊战争。与之相对的是当地的战斗场景。每个人物都被仔细地标了名字，其中一半还标注了他们的家乡，另一半没有，可能表示他们来自伍尔奇，因此无须进一步标注。里面有维维纳兄弟、马斯塔尔纳（这是现存证据中仅有的另一处明确提到此人的地方）和一位"来自罗马"的格奈乌斯·塔克文（Gnaeus Tarquinius）。

没有人能够准确地解读出这些场景究竟描绘的是什么，但猜到其大意并不困难。画面中有5对战士。在其中4对里，当地人（包括奥鲁斯·维维纳）都用剑刺穿了"外来者"；受害者包括来自沃尔希尼（Volsinii）的拉雷斯·帕帕特纳斯（Lares Papathnas）和来自罗马的塔克文。后者肯定与两位塔克文国王有某种关系，虽然在罗马文学传统中，两位国王的本名都是卢基乌斯，而非格奈乌斯。在最后一对战士中，马斯塔尔纳正用剑割断绑住卡伊利乌斯·维维纳手腕的绳索。一个奇怪的特征（可能是这个故事的一个线索）是，除了一人例外，获胜的当地人全都赤身裸体，而他们的敌人都穿了衣服。最流行的解释是，壁画描绘了当地一次著名的越狱，维维纳兄弟和他们的朋友被缚，敌人将他们扒光衣服捆了起来，但他们还是得以逃脱，并挥剑杀死了来抓自己的人。

这是目前留存的关于早期罗马故事中的角色及其事迹的最古老直接证据。它同样来自主流罗马文学传统之外，或者至少位于其边缘。当然，这并不一定意味着它描绘的是事实，伍尔奇的神话传统可能与罗马的一样虚幻。不过，比起罗马作家和他们的一些现代追随者提供的夸张版本，我们在这里看到的东西展现了更可信的画面，描绘了这些早期城市社区中的武士世界。这里没有组织化的正规军和外交政策，而是一个充斥着酋邦和武士团体的世界。

考古学、暴政和强暴

公元前6世纪，罗马无疑是个小型的城市社区。判定由茅屋和房屋组成的区区聚落何时成为意识到自己是个拥有共同身份和志向的社群常常很不容易。但有序的罗马历和与之相伴的共同宗教文化与生活节奏很可能可以上溯到王政时期。考古学遗迹同样确凿地表明，公元前6世纪的罗马已经拥有了公共建筑、神庙和一个"城市中心"，这是存在城市生活的明确迹象，即便按照我们的标准来看是小规模的。这些遗迹的年代仍然存在争议：没有任何一项证据的年代测定能让所有的考古学家达成一致,而新发现总是在改变我们的认识(尽管并不总是像其发现者所希望的幅度有那么大!)。不过,现在只有非常坚定和思想狭隘的怀疑者才会否认该时期的罗马拥有城市特征。

这里所说的遗迹发现于后来的罗马城地下的几个地点,但关于早期城市最清晰的印象来自罗马广场地区。公元前6世纪,广场的地面被人为抬高,并修建了一些排水设施,两者都是为了保护该地区免遭水淹;地面上至少连续铺设了1到2层沙石,使其可以被用作社群的共享中央空间。本章开头提到的铭文发现于广场一头,就位于卡庇托山的斜坡下,那里曾是一处拥有户外祭坛的早期圣所。无论该铭文究竟表述了什么内容,它无疑是某种公共布告,其本身就暗示着存在一个框架,由一个结构化的社群和受认可的权威构成。在广场的另一头,一群后期宗教建筑(包括与维斯塔贞女相关的)下方最早期地层的发掘物显示,它们可以上溯到公元前6世纪,甚至更早。不远处还发现了差不多同年代的一系列相当大的私人房屋的零星遗迹。这些遗迹的数量非常少,但让我们依稀看到了一些富有的大人物在公民中心旁过着奢华的生活。

很难知道如何把这些考古遗迹与关于最后几位罗马国王的文学传统密切地匹配起来。一些发掘者想让我们相信,广场附近的一座公元前6世纪的房屋实际上是"塔克文家族的宅邸"(假设这宅邸确实存在过的话),但这种想法几乎肯定是走过头了。不过,罗马人在关于王政时期最后阶段的叙事中对国王们所资助的营建活动有所强调,这同样不太可能完全是巧合。两位塔克文都被认为曾主持了卡庇托山上的朱庇特大神庙的落成仪式(后来的罗马作家们很容易混淆这两位国王），他们据说还都建造了大竞技场（Circus Maximus），并委托建造了广场周围的店铺和柱廊。除了几座神庙的营造被归于塞维乌斯·图利乌斯名下，他还经常被认为在罗马城周围修建了防御墙。城墙是存在着共同社群情感的另一个重要标志，虽然现存的名为塞维乌斯墙（Servian Wall）的防御工事大部分不早于公元前4世纪。

20世纪30年代，人们创造出一个意大利语短语"La Grande Roma dei Tarquini"（"塔克文家族的伟大罗马"）来形容这个时期，这种说法也许并不那么有误导性——当然，这主要取决于"伟大"究竟意味着什么。在绝对和相对意义上，当时的罗马仍然远远称不上"伟大"。但与100年前相比，它已经是更大和更加城市化的社区，这无疑得益于其有利于贸易的优越地理位置和靠近富有的埃特鲁里亚。从我们对公元前6世纪中期该城规模的了解来看（其中一部分判断不可避免地属于猜测），当时的罗马比它南面的拉丁人定居点都大得多，至少与北面最大的埃特鲁里亚城镇一样大，人口可能达到了2万至3万，虽然远远不及同时代西西里和意大利南部的希腊人定居点宏伟，而且规模要小得多。也就是说，罗马无疑已经是当地的一支重要力量，但在任何方面都还称不上出众。

并不是所有被罗马人归于两位塔克文王名下的城市发展都配得上"壮观"一词最明显的意义。出于罗马人对城市生活基础设施特有的关心，后来的作家们称颂了他们修建下水道——即大下水道（Cloaca Maxima）——的成就。在这一著名建筑留存的部分中，到底有多少可以上溯到公元前6世纪，我们还远远没有弄清：仍能探索的大段用砖石砌成的部分继续承载着一部分现代罗马城的积水和浴室污水，它们是几个世纪后建成的。现在看来，建造某种排水系统的最早尝试可以上溯到更早的公元前7世纪。但在罗马人的想象中，大下水道一直是被归于最后几位国王名下的罗马奇迹，狄俄尼修斯充满热情地表示："这是一项了不起的工程，无法用语言形容。"他所指的想必是他身处公元前1世纪时所能看到的。但大下水道也有更黑暗的一面：它不仅是奇迹，也让人想起了残酷的暴政，罗马人认为后者是王政时期的结束标志。在一个特别骇人听闻和匪夷所思的故事中，老普林尼——即盖乌斯·普林尼乌斯·塞孔都斯（Gaius Plinius Secundus），一位了不起的罗马博学

图22　一段留存的大下水道。最初的下水道可能完全不像后来建造的这段一样宏伟，但这是罗马作家们在描绘塔克文的建筑工程时心目中的形象。一些罗马人夸口说能在里面划船。

者，现在主要作为公元 79 年维苏威火山爆发的著名受害者之一而被人铭记——描绘了罗马城的人民如何因为下水道的建造工程而精疲力竭，以至于许多人选择自杀。作为回应，国王将自杀者的尸体钉上十字架，希望用这种刑罚带来的羞辱震慑其他人。

不过，罗马人认为最终导致王政垮台的并不是穷苦劳动者遭受的剥削，而是性暴力：国王的一个儿子强暴了卢克莱提娅。这起强暴事件几乎肯定与劫掠萨宾妇女一样充满神话色彩：对女性的攻击象征性地成为王政时期开始与结束的标志。此外，后来讲述这个故事的罗马作家们很可能受到了希腊传统的影响，后者经常将暴政的盛衰同性犯罪联系起来。比如，在公元前 6 世纪的雅典，据说庇西斯特拉托斯家族的统治是因为统治者的弟弟对另一名男子的伴侣求爱而被推翻的。但无论是否属于神话，卢克莱提娅遭遇强暴标志着罗马剩余历史中的一个政治转折点，其道德意义也成为争论的话题。几乎从那时开始，通过波提切利（Botticelli）到提香（Titian）和莎士比亚，再到本杰明·布里顿（Benjamin Britten），该主题在后来的西方文化中被不断重新演绎和想象。朱迪·芝加哥（Judy Chicago）的女权主义装置艺术《晚宴》（*The Dinner Party*）上有差不多 1000 名世界历史中的著名女性的名字，卢克莱提娅甚至也在其中占据了一席之地。

李维添油加醋地讲了这个属于王政时期最后时刻的故事。故事开头，一群年轻的罗马人在包围附近的阿尔代亚城（Ardea）时试图找点乐子消遣。一天晚上，他们酩酊大醉后开始争论谁的妻子最美，其中有个卢基乌斯·塔克文·科拉提努斯（Lucius Tarquinius Collatinus）建议他们干脆骑马回家（只有几英里路程）亲自验看那些女人。他声称，这将证明自己的卢克莱提娅是最出色的。事实的确如此,当其他人的妻子趁着丈夫外出而寻欢作乐时,卢克莱提娅却做着一位有贞德的罗马妇女应该做的事——和女仆一起纺纱。然后,她尽职地为丈夫和客人们奉上晚饭。

但故事随后开始变得可怕。因为我们被告知,塞克斯图斯·塔克文(Sextus Tarquinius)对卢克莱提娅产生了致命的激情。不久之后的一天晚上,他又骑马来到卢克莱提娅家。再次受到礼貌的招待后,他走入她的房间,手持长剑向她求欢。当死亡威胁没能让她就范后,塔克文转而利用了她对耻辱的恐惧:他做出威胁要杀死卢克莱提娅和她的一名奴隶(在提香的画中可以看到,见彩图4),让她看上去仿佛是在进行最可耻的通奸时被抓个正着。面对这个威胁,卢克莱提娅屈服了。但当塔克文回到阿尔代亚后,她派人找来丈夫和父亲,告诉他们发生了什么,然后自杀了。

此后,在罗马的道德文化中,卢克莱提娅的故事一直是一个

图23 作为女性的重要美德之一,忠贞在许多情境中得到了强调。这枚铸于2世纪20年代的哈德良皇帝银币描绘了人格化的忠贞女神像一个罗马好妻子那样恭谦地坐着。她周围的"COS III"字样是为了祝贺哈德良第三次担任执政官,这暗示了男性的公共声誉和女性的得体行为之间存在某种联系。

特别有力的意象。对许多罗马人来说，它代表了女性美德的一个关键时刻。卢克莱提娅之所以自愿付出生命，是因为她失去了李维所说的 pudicitia，即她的"贞洁"，或者更准确地说是"忠贞"（至少对女人而言如此），它界定了罗马夫妻之间的关系。但另一些古代作家觉得这个故事没有这么简单。有些诗人和讽刺作家不出意料地质疑忠贞是否只是男性对妻子提出的要求。在一首淫猥的警铭诗中，马库斯·瓦雷利乌斯·马提亚利斯（Marcus Valerius Martialis，简称"马提亚尔"）——他在公元1世纪末写了一大批睿智、活泼和淫猥的诗——开玩笑说，他的妻子只要愿意就能在白天做卢克莱提娅，而晚上做妓女。在另一句俏皮话中，他质疑"卢克莱提娅们"是否真的表里如一；他猜想，在丈夫不注意时，即便那位著名的卢克莱提娅也是喜欢小黄诗的。更严重的是卢克莱提娅的过错问题和她自杀的理由。在一些罗马人看来，她仿佛更关心自己的名誉，而非真正的忠贞，后者显然取决于她的思想是有罪的还是无辜的，而非她的身体，并且它也完全不会受到与奴隶通奸的诬陷的影响。公元5世纪初，十分熟悉异教经典的圣奥古斯丁对卢克莱提娅遭到强暴提出了质疑：她最后不是同意了吗？在这里不难看到我们自己对强暴和由此引起的责任问题所持有的某些观点。

与此同时，这还在根本上被视作一个政治时刻，因为在故事中，它直接导致国王被逐和自由共和国的肇始。卢克莱提娅刚刚自尽，陪同她的丈夫一起来到事发现场的卢基乌斯·尤尼乌斯·布鲁图斯（Lucius Junius Brutus）就从她身上拔出匕首，并发誓让罗马永远摆脱国王（她的家人因为过于悲伤而说不出话）。当然，这个预言一定程度上是事后虚构的，因为公元前44年针对怀有称帝野心的恺撒发起政变的那位布鲁图斯就自称是这位布鲁图斯的后裔。在确保获得军队和人民的支持后（他们对强奸感到震惊，而且受够了修建下水道的劳动），卢基乌斯·尤尼乌斯·布鲁图斯迫使塔克文父子流亡。

塔克文家族没有束手就擒。李维的相关记述令人难以置信地扣人心弦，根据他的说法，"高傲者"塔克文曾试图在城中向革命者发起反击，当反击失败后，他又与埃特鲁里亚的克鲁西乌姆城（Clusium）国王拉斯·波塞纳（Lars Porsenna）合兵一处，他们包

图24 罗马广场上仍然矗立着后来重建的卡斯托尔和波吕克斯神庙（Temple of Castor and Pollux）残存的3根柱子。神庙的其他部分基本被毁，但台阶的倾斜基部仍然可见（左下方），演说者经常在这里对人民讲话。神庙的地下室曾有各种不同用途，这扇小门提醒我们注意到了这一点。发掘显示，这间地下室里曾经开过一家理发店/牙医铺。

围了罗马，意图恢复王政，结果再次被刚刚得到解放的居民勇敢地击败。比如，我们读到，英勇的"独眼"贺拉提乌斯（Horatius Cocles）凭借一己之力守卫台伯河上的桥，阻止了埃特鲁里亚军队的进攻（有人说他在战斗中阵亡，也有人说他得以凯旋，如英雄般受到欢迎）；还有克洛伊利娅（Cloelia）的英勇举动，她和一群年轻人被波塞纳俘虏，但勇敢地游过台伯河回到城中。李维表示，罗马人的顽强最终令埃特鲁里亚人感到震惊，后者干脆抛弃了塔克文。不过，也有一些不那么具有爱国色彩的版本。老普林尼不是唯一相信拉斯·波塞纳一度成为罗马国王的古代学者；如果是这样，此人可能是另一位失踪的罗马国王，而王政也会有截然不同的结局。

按照标准故事的说法，被波塞纳抛弃后，塔克文前往他处寻求支持。公元前5世纪90年代（具体日期有争议），在离罗马不远处打响的雷吉鲁斯湖战役（Battle of Lake Regillus）中，他和他在附近拉丁城镇中招募的盟友被最终击败。这是罗马历史上的一个令人欢欣鼓舞的时刻，但显然在一定程度上带有神话色彩，因为据说有人看见卡斯托尔和波吕克斯这两位神明帮罗马人作战，后来还在罗马广场饮马；为了感谢他们的帮助，人们建了一座神庙。虽然经过多次重建，这座神庙仍是广场的地标之一，永远纪念着罗马人摆脱国王的那一刻。

自由的诞生

王政的结束也意味着自由与自由的罗马共和国的诞生。在罗马历史的剩余部分中，国王（rex）一词在罗马政治中成了骂人的话，尽管罗马许多最典型的制度据说源于王政时期。在随后的多个世纪里，关于某人想要成为国王的指控曾多次致使这些人的政治生涯迅速终结。王族名字甚至给卢克莱提娅不幸的鳏夫带来了灾难，使其不久之后遭受流放，因为他是塔克文家族的亲属。在对外冲突中，国王同样是人们最想打败的敌人。在随后的几百年间，当凯旋队列押着身着精美王服的敌方国王穿过城中街道，以供罗马人民讥笑和投掷杂物时，罗马总是会尤为兴奋。不用说，在后世的罗马人中，那些正好倒霉姓"国王"的人遭到了大量讽刺。

塔克文家族的垮台（罗马人认为发生在公元前6世纪末的某个时候）标志着罗马的新起点：这座城市重新来过，现在是"共和国"（拉丁语 res publica，字面意思是"公共财物"或"公共事务"）了，有了一系列新的奠基神话。比如，一个强有力的传统宣称，卡庇托山上的朱庇特大神庙（这座建筑成了罗马权力的重要象征，后来行省的许多罗马城市都复制了它）是在新制度下的第一年被献给神明的。诚然，常有人说这座神庙早在王政时代就被承诺献给神明，而且大部分已经由埃特鲁里亚工匠完成，但神庙正面镌刻的正式奉献者名字是新共和国的领袖之一。此外，无论它的准确建造年代如何（事实上已经无从知晓），神庙都被视作与共和国共同诞生的一座建筑，成了共和国历史本身的象征。事实上，罗马人在多个世纪里有每年往神庙的门柱上锤入一根钉子的习俗，这不仅标志着共和国时间的流逝，而且让时间与神庙建筑有了实体的联系。

甚至罗马城中一些明显属于自然地貌的景观也被认为源于共

和元年。和现代地质学家一样，许多罗马人也知道位于台伯河流经罗马的河段中央的那个小岛在地质学上形成得相对晚近。但它是如何和何时出现的呢？即使到了现在，这个问题也没有明确答案，但有的罗马人认为它诞生于共和国统治时期伊始，当时人们把塔克文家族私有土地上产出的谷物倒入了河中。由于水位很低，谷物在河床上堆积起来，随着泥沙和其他垃圾在此淤积，逐渐形成了一个小岛。看起来就像罗马城直到王政被废除才最终成型。

新的统治形式也诞生了。故事中说，随着"高傲者"塔克文逃走，布鲁图斯和卢克莱提娅的丈夫科拉提努斯（在即将被流放前）马上成了罗马的第一任执政官。执政官被认为是新的共和国最重要和起决定性作用的职务。他们接管了国王的许多职责，即对内主持城市政务和带兵外出作战；在罗马，人们对这样的军事和民事角色从未做出过正式区分。这样看来，尽管被标榜为国王的反面，他们其实代表了王权的延续：公元前2世纪一位希腊的罗马政治理论家把执政官视作罗马政治体系中的"君主制"元素，而李维也坚称，执政官职务的徽章与标志和之前国王的大同小异。不过，他们体现了新政治制度的几个关键的和完全不属于君主政体的原则。首先，他们完全由人民选出，而非采用人民只有一半话语权的制度，后者据说是国王选举的特性。其次，他们每次只任职一年，而且职责之一是就像我们看到西塞罗在公元前63年所做的那样主持继任者的选举。第三，他们两人共同执政。共和国政体的两个核心准则是，任职应该永远是暂时的，权力应该永远是被分享的，除非其中一人在紧急情况下可能需要暂时掌控全局。就像我们将会看到的，在随后的几个世纪里，这些准则得到了越来越多的强调，但也变得越来越难以坚守。

执政官们还以自己的名字为他们任职的那一年命名。显而易见，罗马人不可能使用我在本书中所使用的现代西方纪年体系——读者们不必担心，为了清晰起见，我将继续使用这个体系。"公元前6世纪"对他们而言毫无意义。他们偶尔会"从建城以来"计算年份，如果他们对建城年份达成了某种共识。但他们通常用在任执政官的名字来表示年份。比如，对于我们所说的公元前63年，罗马人称之为"马库斯·图利乌斯·西塞罗和盖乌斯·安东尼乌斯·许布里达任执政官的那年"，而"奥皮米乌斯（Opimius）任执政官的那年"（公元前121年）的葡萄佳酿特别有名。在西塞罗的时代，罗马人已经编制了一份一直上溯到共和国伊始的基本完整的执政官名单，并很快将其与罗马广场上的凯旋将军名单放在一起公开展示。很大程度上是因为这份名单，人们得以确定王政时期终结的确切年份，因为按照定义，那也是第一任执政官任职的年份。

换句话说，共和国不仅是一种政治制度，它是政治、时间、地理和罗马城市景观间一套复杂的相互联系。年份被直接与当选执政官联系起来，在于新制度元年献给神明的神庙的门柱上，被锤入的钉子标出了年份，甚至台伯河上的小岛也完全是名副其实的国王被逐的产物。这一切的基础是一条至高无上的唯一原则：自由（libertas）。

公元前5世纪的雅典把民主理念留给了现代世界——雅典人在公元前6世纪末推翻了"僭主"并建立了民主制度，这在时间上与罗马国王被逐一致。古代观察者们没有忽视这一点，他们在描绘这两个地方的历史时热衷于让它们看起来是平行的。共和时代的罗马为后世留下了同样重要的自由理念。李维在《罗马史》第二卷（开始讲述王政时期结束后的罗马故事）开篇使用的第一个词就是动词形式的"自由"，这个词和它的名词形式仅在前几行就总共出现了8次。罗马文学中随处可见共和国是建立在自由之上的这个观念，在以后的世纪里，它还在欧洲和美洲的激进运动中产生了回响。法国大革命的口号"自由、平等、博爱"（Liberté, égalité, fraternité）将自由放在首位，乔治·华盛顿谈到要在西方重燃"自由的圣火"，美国宪法的起草者们化名"普布利乌斯"（来自另一位共和时期最早的执政官普布利乌斯·瓦雷利乌斯·普布利科拉）为它辩护，这些并非巧合。但我们应该如何定义罗马人的自由呢？

从共和时期迈入罗马帝国的独裁统治，在这800年间，这是罗马政治文化中一个充满争议的问题，政治争论常常围绕着自由在多大程度上能够与独裁相容展开。谁的自由陷入了险境？如何最有效地保护自由？罗马公民对自由的理解相互冲突，该如何解决？全部或大多数罗马人会把自己视为自由的拥护者，就像今天我们大多数人都拥护"民主"。但罗马人还是会为自由究竟意味着什么不断发生激烈的冲突。我们已经看到，当西塞罗被流放后，他的宅邸被拆毁，原址上建起了一座自由女神的圣祠。但并非每个人都赞同这种做法。西塞罗本人讲过一则轶事，在一部关于罗马第一任执政官布鲁图斯的戏剧上演时，人群为其中一个角色的一句台词掌声雷动："图利乌斯奠定了公民'自由'的基础。"事实上剧中台词所指的是塞维乌斯·图利乌斯，暗示罗马在共和时期之前、在一位"好国王"的统治下可能已经就有了自由，但马库斯·图利乌斯·西塞罗（西塞罗的全名）却相信掌声是给自己的——他也许是对的。

这种冲突构成了本书下面几个章节中的一个重要主题。但在探索共和国最初几个世纪的罗马历史（包括内战、"自由"的胜利和对意大利邻邦取得的军事胜利）前，我们必须对共和国的诞生和执政官制度的发明做一些深入了解。可以想见，这个过程也许并不像我在之前给出的标准故事中所描绘的那么顺利。

第 4 章

罗马的大跃进

两个变革的世纪：从塔克文家族到"长胡子"西庇阿

罗马共和国究竟是如何产生的？古罗马史学家善于把混乱的历史变成齐整的叙事，并总是热衷于想象自己熟悉的制度比它们实际上更加古老。在他们看来，从王政到共和的过渡就像任何革命一样顺利：塔克文家族逃走了；成熟的新统治形式出现；执政官制度立即建立起来，从元年开始为新秩序提供了纪年。事实上，整个过程一定比故事中所暗示的更加缓慢和杂乱无章。"共和国"经过了几十年甚至几个世纪才慢慢诞生，而且被多次重构。

即使执政官职务也无法上溯到新制度伊始。李维暗示，国家的最高官员，同时负责每年在朱庇特神庙的门柱上敲入钉子的人最初被称作主执政官（chief praetor），虽然 praetor 一词后来被用于表示执政官之下的次级职位。[1] 记录中处于政治等级顶端的人还

---

[1] 西塞罗《论法律》3.8 表示：让国王的权力由两人履行，根据他们各自"走在前面""审判"和"协商"之责而称之为 praetores, iudices 或 consules（Regio imperio duo sunto, iique praeeundo iudicando consulendo praetores iudices consules appellamino）。在战事不断的共和国早期，执政官被称作 praetor，以突出其"走在前面"（领兵带队）的职责。局势缓和后，重在"协商"的 consul 取代 praetor 成为对执政官的称谓。公元前 366 年后，praetor 被用来表示新设的仅限贵族担任的职务（可译作大法官），主要负责司法，地位低于执政官，但同样由百人团大会选出，并与两位执政官一同宣誓。

有其他头衔，这让问题变得更加复杂。其中包括独裁官（dictator），这是一个通常被描述为处理军事紧急情况的临时职务，并无这个词在现代含有的明显负面的意味；还有"拥有执政官权力的军事保民官"（military tribunes with consular power），一位现代历史学家贴切地将这个拗口的称谓翻译成"上校"。

共和国最关键的职位究竟是何时创立的，或者说某个职位何时和为何被重新命名为"执政官"（consul），或者甚至说权力必须是被分享的这条共和国基本原则是何时被最早提出的，仍然还是一个极大的疑问。"主执政官"带有等级而非平等的味道。但无论这个关键的年份（或几个年份）是什么，作为共和国纪年基础的执政官名单——可以不间断地上溯到公元前509年的卢基乌斯·尤尼乌斯·布鲁图斯和卢基乌斯·塔克文·科拉提乌斯——在最初的部分中包含了大量调整、想象推断和巧妙猜测，很可能还有彻头彻尾的臆造。当李维从公元前1世纪末回头看时，他承认几乎不可能整理出早期任职者的年表。他写道，那实在太久远了。

王政的垮台有多么血腥暴力同样是个问题。罗马人将其设想为不那么血腥的统治更迭。卢克莱提娅是最显著和最不幸的受害者，而虽然随后即将爆发战争，塔克文还是被允许安然逃走。考古学证据表明，城中的改朝换代过程并不那么和平。至少，人们在广场和其他地方挖出了一层层似乎可以定年为公元前500年左右的烧焦的废墟，尽管它们可能只是一系列不幸的意外火灾留下的痕迹。不过，它们足以暗示，推翻塔克文可能是一场血腥的而非不流血的政变，而出于爱国心理，标准叙事剔除了大部分的内部暴力冲突。

事实上，已知最早使用"执政官"一词的例子也是 200 年后才出现的。它出现在现存最早的罗马墓志铭中，成千上万的此类啰唆的墓志铭被精心刻在帝国各地或奢华或朴素的墓碑上，告诉了我们很多有关死者的信息：他们的职务、从事的工作，还有他们的目标、志向和焦虑。我们所说的这段墓志铭是纪念一个名叫卢基乌斯·科奈里乌斯·西庇阿·巴巴图斯（Lucius Cornelius Scipio Barbatus，名字的最后一部分表示"有胡子的""长胡子"或"大胡子"）的人的，被镌刻在他过大的石棺正面，石棺曾被埋在罗马城外的西庇阿家族墓地中，因为城内通常不允许埋葬死人。巴巴图斯在公元前 298 年任执政官，于公元前 280 年左右去世，这座豪华的陵墓几乎肯定是他修建的，不加掩饰地宣示着其家族——那是共和时期最显赫的家族之———的权力和威望。那里的 30 多处墓葬中，他的墓似乎是最早的一座，他那带有墓志铭

图 25 巴巴图斯壮观的石棺在西庇阿家族的大墓中占据着显眼的位置。当地产的粗糙凝灰岩以及朴素和略带土气的外观与后来罗马富人精心雕饰的大理石棺形成了鲜明反差。但在公元前 3 世纪，这是用钱能够买到的最好和最高级的石棺了。

的棺椁被安置在墓门对面最醒目的位置。

墓志铭在他死后不久写成,共 4 行,无疑算得上古罗马留存至今的最古老的历史性和传记性叙述。虽然铭文不长,但它是我们理解罗马历史的一个重要转折点。因为它提供的关于巴巴图斯生涯的信息既可靠,又差不多出自同时代人之手,这与凭想象进行的重建、埋在地下的模糊线索或现代人对王政终结时"必然应该如何"的推断截然不同。它清楚地反映了当时罗马精英的理念和世界观:"卢基乌斯·科奈里乌斯·西庇阿·巴巴图斯,格奈乌斯之子,一个勇敢而睿智的人,他的外貌和德性相符。他是你们中间的执政官、监察官(censor)和营造官(aedile)。他从萨莫奈人手中夺得了陶拉西亚(Taurasia)和基萨乌那(Cisauna)。他征服了整个卢卡尼亚(Lucania)并俘获了人质。"

铭文的作者(可能是他的一位继承者)提炼了那些看起来属于巴巴图斯生涯最激动人心的时刻的内容。在罗马("你们中间"),他曾当选执政官和监察官,后者是负责公民登记和公民财产评估的两位官员之一;他还担任过级别更低的营造官,在公元前 1 世纪,这个职位主要负责维护和供应城市、组织公共表演和竞技,可能更早一些也是如此。在战场上,铭文称颂了他在距离罗马几百英里的意大利南部取得的军事成功:他从萨莫奈人手中夺得了两座城,在巴巴图斯生前,罗马人不断与这个民族发生冲突;他还征服了卢卡尼亚地区,从敌人那里俘获了人质,这是罗马人确保对方保持"良好行为"的标准做法。

上述事迹不仅强调了战争在罗马显耀人物公共形象中的重要性,也指向了罗马人在公元前 3 世纪初进行的军事扩张,现在他们的战线已经远离自己城市的后门。公元前 295 年,在巴巴图斯结束执政官任期3年后参加的一次战役中，罗马军队在离今天的安科纳（Ancona）不远的森提努姆（Sentinum）打败了一支意大利军。到那时为止，这是意大利半岛上规模最大、最血腥的一场战役，远远不只引起了当地人的关注，即便古代的通信手段（信使、口耳相传，个别情况下还有灯塔系统）很原始，消息还是迅速传播开来。在几百英里之外的希腊萨摩斯岛（Samos），公元前3世纪的历史学家杜里斯（Duris）正坐在自己的书房里，他觉得此事值得记录；他的记述有一个小片段留存了下来。

同样富有启发性的还有墓志铭中特意称赞的其他特质：巴巴图斯的英勇和智慧，以及他的外貌符合他的德性（virtus）。这个词可以表示现代意义上的"美德"（virtue），但它常常采用更加字面的意思，指界定男性（vir）的诸多品质的集合，罗马人所谓的德性相当于"男子气概"。无论如何，巴巴图斯的面容能够展现他的品质。虽然罗马男性在我们头脑中的惯常形象里很少过度关心自己的外貌，但在这个开放、竞争和"面对面"的社会中，人们期望公共人物相貌堂堂。当他在罗马广场上穿行或起身对民众讲话时，他的内在品质能够通过外貌清楚地揭示出来。除非巴巴图斯这个名字是从父亲那里继承的，否则他一定长着一部美髯，这在当时可能正在变得越来越不寻常。有个故事说，罗马是在公元前300年开始有理发师这个职业的，在随后的几个世纪里，大部分罗马人都把胡子刮得干干净净。

巴巴图斯的罗马与200年前共和时期伊始的罗马截然不同，它变得不再平凡。按照当时的标准，罗马城是庞然大物，对城内人口的合理猜测为6万到9万人之间。这意味着它可以大致被归入地中海世界少数最大的城市中心行列；当时雅典的人口要比这个数字的一半还少得多，在雅典城的历史上，城内居民从未超过4万人。此外，罗马直接控制着一大片从这一侧海岸到那一侧海岸之间的土地，总人口远远超过50万，而通过一系列条约和盟约间接控制的人口更是多得多，这预示着未来它将成为帝国。两个世纪后的西塞罗及其同时代人应该能认出该城那时的组织结构。除了任期一年的两位执政官，还有一系列次级职位，包括大法官（praetor）和财务官（quaestor）——罗马人通常称这些官员为"法官"，但他们的主要职能与法律并不相关。作为常设议会的元老院主要由从前担任过公职的人组成，而公民的等级组织和百人队大会（被错误地归功于塞维乌斯·图利乌斯国王，并得到了西塞罗的热情赞许）支撑着罗马政治的运转。

其他一些方面应该也不会让他们感到陌生。这包括以军团形式组织的军队、刚刚发端的官方铸币制度以及与城市规模和影响相匹配的基础设施。第一条为日益扩大的城市聚集区供水的水道建于公元前312年，这条始于大约10英里外的丘陵的水道大部分位于地下，并非我们现在用"水道"（aqueduct）一词通常所指的那种非凡架空建筑。这条水道是巴巴图斯的同时代人——精力充沛的阿皮乌斯·克劳迪乌斯·卡伊库斯（Appius Claudius Caecus）——的发明创造。此人在同一年还发起了罗马第一条重要公路——以他的名字命名的阿皮亚大道（Via Appia）——的修建。这条公路把罗马和南边的卡普阿（Capua）连接了起来，大部分路段最多只是碎石路面，而非以我们今天仍能踏上的让人印象深刻的铺路石铺就。但这条公路对罗马军队很有用，不仅提供了更加可靠的便捷通信线路，而且从象征意义来看，成了罗马权力及其对意大利土地之控制的标志。巴巴图斯将自己家族的大型墓地建在大道旁的醒目位置并非出于巧合，墓地位于城外不远处，可以让进出罗马的游客对其表示景仰。

罗马的许多独特制度形成于公元前 500 年到前 300 年这个关键阶段中的某个时候，即从塔克文家族垮台到"长胡子"西庇阿生前这段时间里。罗马人不仅确立了共和国政治和自由的基本原则，而且开始发展支撑他们后来的帝国扩张的各种组织结构、假设和"行事方式"（更冠冕堂皇些的说法）。其中还包括对"什么是罗马人"做了革命性的系统阐述，这界定了他们在多个世纪里认同的公民理念，并且将罗马与其他所有古典城邦区分开来，并最终影响了许多关于公民权利和责任的现代观点。巴麦尊勋爵（Lord Palmerston）和约翰·肯尼迪（John F. Kennedy）把"我是罗马公民"（Civis Romanus sum）标榜为他们时代的口号并非毫无理由。[1] 简而言之，罗马第一次开始看上去像是我们和罗马人自己所理解的"罗马"。关键问题在于，这是如何、何时和为何发生的？有什么留存下来的证据能够帮助我们解释甚至描绘罗马的"大跃进"？年表仍然非常模糊不清，而且完全不可能重建可靠的历史叙事。但一睹在罗马本地和它与外部世界的关系中发生的一些根本变化是有可能的。

后来的罗马作家们对公元前 5 世纪和前 4 世纪做了清晰和戏剧化的描绘。一方面，他们讲述了罗马本地发生的一系列激烈社

---

[1] 巴麦尊勋爵（1784—1865），自由党创始人之一，曾任英国首相。1847 年，直布罗陀商人堂·帕西菲科在雅典被反犹主义暴徒袭击。巴麦尊在议会发表演说，寻求对希腊进行制裁，他在演说中将大英帝国与罗马相提并论，引用了这句名言。约翰·肯尼迪（1917—1963），美国前总统。1963 年，他在西柏林议会发表演说，表示 2000 年前，人们以"我是罗马公民"为荣，现在最让人骄傲的变成了"我是柏林人"。

会冲突：一边是世袭的"贵族"家族群体，他们垄断了城中所有的政治和宗教权力，一边是广大公民或"平民"，他们完全被排除在权力中心之外。在一个涉及罢工、哗变和又一次（企图）强奸的生动故事中，平民逐渐赢得了权利，或者用他们自己的话来说，赢得了差不多与贵族平等地分享权力的"自由"。另一方面，他们对罗马取得的一系列使其控制了意大利半岛大部分土地的重要军事胜利做出了强调。这些胜利始于公元前396年（罗马在当地的劲敌——埃特鲁里亚的维伊城——经过数十年战事后在这一年终于陷落），大约于100年后结束，此时对萨莫奈人取得的胜利让罗马成为意大利无可匹敌的强国，并且引起了萨摩斯人杜里斯的注意。这么说并不意味着这是一个所向披靡的扩张过程。维伊陷落后不久的公元前390年，一群"高卢"掳掠者洗劫了罗马。这些人究竟是谁现在已无从知晓；对于那些可以很便利地被笼统归为北方"蛮族部落"的民族，罗马作家们不善于将他们分辨清楚，也没有多少兴趣分析他们的动机。但按照李维的说法，劫掠产生的破坏如此之大，以至于罗马城不得不在马库斯·弗里乌斯·卡米卢斯（Marcus Furius Camillus）——战争统帅、独裁官、"上校"、曾经的流亡者和又一位"第二个罗慕路斯"——的领导下（再次）重建。

这段叙事比之前的都要可靠。诚然，在公元前300年，即使最早的罗马文学作品也要再等上几十年才会出现，后人对这个时期的回顾叙述包含了大量神话、润色和想象。与第一个罗慕路斯相似，卡米卢斯也几乎纯属虚构，而且我们已经看到过一位共和国早期的革命者是如何会说出喀提林的话的，而此人的话完全没有留存下来的可能。不过，这个时期的最后阶段已经接近我们所知的历史和历史书写了，远不只是那简单的 4 行墓志铭。也就是说，当交友广泛的元老法比乌斯·皮克托尔（Fabius Pictor，生于约公元前 270 年）开始创作关于罗马往昔的第一部长篇记述时，他很可能还记得年轻时与别人的谈话，这些人是公元前 4 世纪末所发生的事件的目击者，或者是与见证过那些事的巴巴图斯那代人交谈过的人。皮克托尔的《编年史》只有后世作家作品中的零星引文留存了下来，但它在古代世界非常有名。作为少数几座被发现的古代图书馆之一，西西里塔奥米纳（Taormina）图书馆的墙上写着他的名字和他作品的梗概，兼具广告和图书馆目录的功能。2000 年后，我们可以读到李维的作品，李维读过皮克托尔的作品，而后者又与记得公元前 300 年左右那个世界的样子的人有过交谈——这是一条能把我们带到遥远的古代的脆弱的关系链。

而留存下来的同时代零星证据也越来越多地与后来罗马人的历史记述形成了对照，或者提供了不同的故事。总结巴巴图斯一生的墓志铭就是其中之一。当李维在《罗马史》中写到那段时间时，他表示罗马人与卢卡尼亚结了盟，而非征服后者。在他的描述中，巴巴图斯的作战地点完全不同，是在意大利北部，而且算不上非常成功。诚然，巴巴图斯的墓志铭可能放大了他的成就，而且罗马精英确实可能更偏爱用"征服"来描述"结盟"。不过，铭文很可能的确有助于修正李维后来略嫌混乱的记述。还有其他一些此类零星证据，包括差不多同时代的一些引人瞩目的绘画，后者描绘了巴巴图斯所参与的那些战争的战场场景。不过，最值得注意和具有启发性的证据之一是最早的罗马成文规则和规定集（或者"法律"，大部分古代作家用了这个堂皇的字眼）中的大约 80 个较短的法条，它们编纂于公元前 5 世纪中期，得益于几个世纪以来艰辛的现代学术侦探工作，法条得以重新编集。这部法条集被称为《十二铜表法》(Twelve Tables)，因为它们原先是被刻在12块铜板上展示的。通过它，我们可以看到最早的共和时期罗马人关心的一些问题，从对巫术或攻击的担心到是否允许把死者和其所镶的金牙一起埋葬这样的棘手问题，后者意外地让我们对经过考古学证实的古代牙医技术有了一些了解。

因此，在探索罗马内外发生的剧烈变革前，让我们先把目光转向《十二铜表法》的世界。重建该时期的历史是一个有趣而且有时非常费神的过程，其中的乐趣部分来自对如何将不完整拼图的某些部分拼接起来、如何分辨事实与想象进行的思考。但我们有足够多的拼好的拼图让自己确信，罗马的决定性变革发生在公元前4世纪，即巴巴图斯和阿皮乌斯·克劳迪乌斯·卡伊库斯这代人和他们之前那代人的时代。虽然细节难以敲定，但随后发生的事在罗马内外确立了一个持续存在几个世纪的政治模式。

《十二铜表法》的世界

共和国制度的第一声啼哭并不那么惊天动地。罗马史学家们用各种激动人心的故事描绘了新的政治秩序、公元前5世纪最初几十年里的大规模战事，以及成为现代传说素材的非凡英雄与恶棍。比如，卢基乌斯·昆克提乌斯·辛辛那图斯（Lucius Quinctius Cincinnatus）——2000多年后，美国的辛辛那提市以他命名——据说在公元前5世纪50年代从半流放状态中归来，作为独裁官率领罗马军队打败了敌人，然后高尚地径直归隐自己的农场，没有继续寻求政治荣誉。相反，作为莎士比亚《科里奥拉努斯》（Coriolanus）一剧灵感来源的盖乌斯·马尔基乌斯·科里奥拉努斯（Gaius Marcius Coriolanus），据说在公元前 490 年左右从战争英雄变成了叛徒，他加入了另一伙敌人，若非母亲和妻子劝阻了他，他就会入侵自己的祖国。但现实情况截然不同，而且远没有这么富有戏剧性。

无论塔克文家族垮台时罗马城的政治组织是什么样的，考古学发现都表明，在公元前 5 世纪的大部分时间里，罗马完全算不上繁荣。一座公元前 6 世纪的神庙（有时被与塞维乌斯·图利乌斯的名字联系起来）是在公元前 500 年左右被烧毁的那批建筑物之一，它在几十年间都没有得到重建。同时期从希腊进口的陶器数量也明显下滑，这很好地反映了繁荣水平的下降。简而言之，如果说有理由把王政时期的最后阶段称为"塔克文家族的伟大罗

图 26 拯救了国家的农场主。来自现代辛辛那提市的这座 20 世纪塑像刻画了辛辛那图斯交还自己官职的象征物，重新拿起了犁。许多罗马故事用这种方式把他描绘成一个切实的爱国者，但辛辛那图斯还有另一面，他强硬反对城中平民和穷人争取他们的权利。

马",那么共和国早年在伟大程度上就要逊色得多。至于在罗马人的记述中显得如此重要的各种英勇战事,它们可能在罗马人的想象中扮演了重要角色,但都是在很小的范围内展开的,不超过罗马城周围方圆几英里的地方。它们可能只是相邻社群之间的传统突袭或游击进攻,后来被年代错乱地描绘为更像正式军事冲突的战役。其中许多无疑是半私人性质的,由独立军阀发起。至少传说中公元前5世纪70年代发生的一个事件暗示了这种情形,当时据说有306名罗马人遭遇伏击身亡。据说,他们都属于法比乌斯家族或者是该家族的依附者、支持者和门客:这更像是个大团伙,而非一支军队。

《十二铜表法》最有力地驳斥了后来那些英雄化的叙事。原先的铜板已经不复存在,但上面的一些内容被保存了下来,因为后来的罗马人把这堆驳杂的规定视作他们杰出的法律传统的开端。铜板上刻着的内容很快被转录到小册子上,西塞罗告诉我们,直到公元前1世纪,学童还要把它们熟记在心。即便这些规则早就没有了任何实际效力,它们仍被重新发布和修订,关于个别条款的意思、法律重要性和使用的语言——让公元2世纪的一些律师感到恼火的是,他们觉得自己的书呆子同事过于关注古老罗马戒律在语言上存在的疑团——有多种古代学术注疏对它们做出了解释。这些卷帙浩繁的作品都没能完整留存。但其中一些被流传下来的作品引用和复述,通过对后者的搜寻(包括一些最冷僻的罗马文学作品),学者们找到了公元前5世纪铜表上的大约80个法条。

整个过程高度专业化,而且法条的确切用词、在原文中占据多大比例和多么具有代表性,以及后来的罗马学者的引述有多准确等这些问题仍在引发复杂的争论。罗马学者们无疑根据自己时代的情况做过一些修改：法条使用的拉丁语看上去很古老，但没有足够古老到符合公元前5世纪的情况，而且在有些复述中，他们试图让原义符合后来的罗马法律的做法。有时，甚至博学的罗马律师也会误解他们在《十二铜表法》中读到的东西。有多个债权人的违约债务人可能会被处死，债权人按照他拖欠各人债务的规模大小相应地分割他的尸体，这种想法似乎就是一个此类误解（至少许多现代评论者希望如此）。无论如何，我们如果想要走进公元前5世纪中期的社会，走进当时的家宅和家庭，走进人们的烦恼和思想视野，这些引文仍然为我们提供了最直接的路径。

与李维的记述所暗示的相比，这是一个简单得多的社会，视野也局限得多。从表达所使用的语言与形式到内容，《十二铜表法》无不清楚地反映出了这一点。虽然现代译文尽可能试图让它们听上去非常清晰，但拉丁原文的措辞常常远非如此。特别是由于缺少名词和有区分度的代词，我们几乎无法知道谁在对谁做什么。根据常见的译法，"如果他传他出庭，他必须去。如果他不去，他有权邀请证人，然后抓住他"可能表示"如果原告传被告出庭，被告必须去。如果他不去，原告有权邀请旁人作证，然后抓住被告"。但原文并不是这样说的。所有的迹象表明，起草这条和其他许多法条的人在使用书面语言制定准确的规定时仍很吃力，而逻辑论证和理性表达的惯例仍然处在初创阶段。

不过，尝试创造这种正式记录的行为本身就已经是我们现在经常所说的"国家形成"（state formation）过程里的一个重要阶段了。许多早期社会都有一个关键转折点，就是常常非常有限的法律初步法典化。比如在古希腊，公元前7世纪时德拉古（Draco）所做的工作因其是当地将口头规则变成书面形式的首次尝试而闻名,尽管"德拉古式的"现在成了严刑峻法的代名词;在比这更早1000年的巴比伦,汉谟拉比的法典起了相似的作用。《十二铜表法》与这些非常相似。它们距离综合法典还很远,而且很可能从未以之为目标。它们几乎不包含公法和宪法的内容,除非现存引文所涉及的范围极具误导性。隐含于其中的是为了寻找能够解决争端的一致、共享和被公众承认的做法所做的努力,以及为了应对这些做法在实践和理论上遇到的障碍所做的思考。如果被告岁数太大而无法前来与原告见面怎么办?原告将提供役畜去接他。如果犯罪者是孩子怎么办?那么处罚措施可能是体罚而非绞刑——这个区别预示了我们今天的刑事责任年龄的概念。

这些法规的主题指向了一个存在各种不平等的世界。那里有各种类型的奴隶,有的因为债务违约而沦为某种形式的"债务奴隶",有的可能是因为在袭击或战争中被俘(只是一种猜测)而彻底成为奴隶。法规明确表明他们低人一等:一个人如果攻击的是奴隶而不是自由人,他得到的处罚只有一半重;有些自由公民最多不过受点皮肉之苦就能逃脱惩罚的罪行,却可能会让奴隶被处死。不过,一些奴隶最终得到了释放,因为有法条明确提到了释奴(libertus)。

自由公民人口内部也存在等级。有一则法条区分了贵族和平民,另一则区分了有产者(assidui)和无产者(proletarii)——后者对城市的贡献是生育后代(proles)。还有一条提到了"恩主"(patron)和"门客"(client),以及较富有和较贫穷公民之间的依赖关系和相互责任,这在罗马的整个历史上都非常重要。其中的基本原则是,门客依赖恩主在财务和其他方面提供保护与支持,用各种效劳来报答,包括选举投票。后来的罗马人作品中随处可见恩主阶层用相当夸张的花言巧语描绘这种关系的好处，而门客阶层则悲哀地抱怨自己为了粗茶淡饭所遭受的羞辱。《十二铜表法》中的规定仅仅是"如果恩主伤害了门客，他将被诅咒"——无论那是什么意思。

《十二铜表法》主要面对家庭问题，特别关注家庭生活、惹人厌的邻居、私人财产和死亡。它们对抛弃或杀死畸形的婴儿（这种做法在整个古代世界都很常见，现代学者委婉地称之为"曝弃于野"）、继承和葬礼上的得体举止做了规定。一些特别条款禁止女性在哀悼时抓破脸颊，不允许火葬堆过于靠近他人的屋子，禁止用黄金殉葬——金牙除外。刑事损伤和意外损伤是另一个明显的关注点。在这个世界里，人们担心不知道该如何处理邻居家的树枝越界（解决办法是将其修剪到特定的高度）或者邻居家的牲畜胡作非为（解决办法是赔偿损失或把牲畜交给受害者）的问题。他们担心窃贼晚上入室作案（比白天行窃要受到更严厉的处罚），还担心强盗破坏自己的庄稼或者武器失手伤到无辜者。不过，为了避免这一切让我们觉得有点过于眼熟，这个世界的人还对巫术感到忧虑。如果敌人对你的庄稼行了巫术或者对你施了诅咒你该怎么办？遗憾的是，解决办法失传了。

从《十二铜表法》来看，公元前5世纪中期的罗马是个农业城镇，其复杂程度发展到足以对奴隶和自由民以及对公民内部的不同等级做出区分。它还足够成熟，设计出了一套正式的民事程序来一以贯之地处理争端、规范社会和家庭关系，还对诸如处置死者等人类活动做了一些基本规定。但没有证据表明它还能做得更多。法规非常明显地只是初具雏形，某些地方显得别扭，甚至含糊不清，这应该让我们对李维和其他古代作家的说法表示怀疑，他们认为该时期存在复杂的法律和条约。至少从留存的部分来看，除了维斯塔贞女（有法条提到，作为女祭司，她们不受父亲监护），没有任何法条提到具体的公共职位，因此显然表明并不存在一个主导性的国家机构。此外，法条中也几乎没有提到罗马以外的世界，只是有几处提及某些规则如何适用于"异邦人"或"敌人"（hostis，值得注意的是，这个拉丁文单词可以表示两种意思），还有一处可能提到的是将债务人卖到"台伯河对岸的异邦"为奴，这是惩罚债务人的最后手段。也许这些法条是专门针对内部而非外部的。无论如何，《十二铜表法》中没有任何迹象表明这个社群重视超出本地范围的关系，无论那是主宰、剥削，还是友谊。

这个世界看上去与西塞罗的时代，甚至与100多年后的巴巴图斯和阿皮乌斯·克劳迪乌斯·卡伊库斯的时代相去遥远，在后面这个年代，这些人炫耀自己的公职，建起了引人瞩目的连接南面的卡普阿的新公路，并吹嘘在卢卡尼亚俘虏了人质（见彩图5）。那么，发生了哪些改变？什么时候发生的？

等级冲突

首先，罗马本地的政治发生了什么？《十二铜表法》是现在经常被称作"等级冲突"（Conflict of the Orders，拉丁语词汇 ordo 的义项之一是"社会等级"）的斗争的结果之一。罗马作家们认为，在王政结束后那关键的几百年间，等级冲突主导了罗马内政。这是平民为了争取完整的政治权利和与贵族平等的地位而展开的斗争，这些贵族们一般不愿放弃对权力的世袭垄断。从那以后，罗马将此视为对普通公民政治自由的英勇捍卫，它在现代世界的政治和政治词汇中也留下了印记。"平民"（plebian）一词在我们的阶级冲突中仍是一个特别意味深长的词；2012年，一位英国保守党政客因为使用pleb（plebian的简称）一词称呼一名警察而受到指控，这种侮辱性行为甚至导致他从政府辞职。

这场冲突开启的时间距离共和国建立只有几年，那是公元前5世纪初，平民开始反对他们被排除在政治权力之外和遭受贵族剥削的处境。他们不断质问，如果他们的效劳带来的好处都落入了贵族的口袋，自己为何要为罗马作战？如果他们要经受随心所欲的处罚，甚至会因为欠债而沦为奴隶，他们怎么能算是真正的公民呢？贵族有什么权利把平民当作下层阶级？或者，就像李维借一位平民改革者之口所说的："你们怎么不颁布法律禁止平民住在贵族隔壁，或者禁止他们走在同一条街上、参加同一个聚会、在同一个罗马广场上肩并肩站着？"不可思议的是，这些反讽之词与20世纪反对种族隔离的言论在措辞上非常相似。

公元前494年，不堪债务问题困扰的平民第一次从城中大规模撤离（以后又有过数次），试图通过这种兼具哗变和罢工色彩的行动迫使贵族进行改革。行动奏效了。由此引发的一系列让步逐渐消除了贵族和平民之间的全部重要差别，实际上改写了罗马城的政治权力结构。200年后，除了出任几个古老祭司职位和穿一种形状特别的花哨鞋子，贵族已经几乎没有什么特权。

公元前494年的第一项改革是任命名为平民保民官（tribuni plebis）的官方代表，负责保护平民的利益。然后又建立了只允许平民参加的特别大会。和百人队大会一样，平民大会也采用团体投票，但技术细节存在关键差别。投票团体并非基于财富等级而是按地理进行划分。选民们被分为各个部落（tribus），这是罗马领土的一种地区细分，与"部落"一词的现代意义可能意指的任何民族聚落无关。最终，随着最后一次撤离，在公元前287年进行的一场改革中（西庇阿·巴巴图斯可能是目击者），平民大会的决议被赋予了自动对所有罗马公民有效的法律约束力。换句话说，这个平民机构获得了代表整个国家立法的权利。

公元前494年到前287年之间，在更多的激动人心的修辞、罢工和暴力威胁中，所有的重要公职和祭司职位都逐步向平民开放，后者的二等公民身份逐渐消失。平民在公元前326年取得了一场最著名的胜利，因为欠债而成为奴隶的制度在那一年被废除，罗马公民的自由原则被确立为不可剥夺的权利。而在40年前，发生过另一件同样重要但更多地限于政治方面的重大事件。公元前367年，两位执政官中可以有一个由平民担任，虽然顽固的贵族几十年来一直拒绝同意，并宣称"让平民成为执政官是渎神"。从公元前342年开始，两位执政官都可以是平民，如果他们当选了的话。

在冲突中，最戏剧性的事件发生在公元前5世纪中期，焦点是《十二铜表法》的起草。留存下来的法条可能是简短、含蓄、甚至略显枯燥的，但在罗马人讲述的故事中，编纂过程是在一个混合了夸张的欺骗、暴政指控、企图强暴和谋杀的悲剧性氛围中完成的。故事说，平民们多年来一直要求将罗马的"法律"公之于众，而不能由贵族独享；作为让步，公元前451年，人们决定暂停正常的公共职务，组建十人委员会（decemviri）负责收集、起草和发布法律。第一年，十人委员会成功做完了10块铜板的内容，但工作并没有结束。于是，第二年又组建了新的委员会，但

图 27 始终仅限于贵族担任的职务之一是"弗拉门祭司"（flaminate）[1]，这是一个供奉某些重要神明的古老祭司团。在公元前 1 世纪的和平祭坛（见图 65）上可以看到一组此类祭司的形象，可以通过独特的头饰辨认出他们的身份。

事实证明后者的倾向截然不同，保守得多。第二个十人委员会做完了剩下两块铜板的内容，引入了禁止平民与贵族通婚这条臭名昭著的条款。虽然法律起草工作背后的提案是改革者发起的，结果却成了让两个阶层完全分离的最极端企图，"这部最有违人性的法律"（西塞罗语）完全违背了罗马的开放精神。

---

[1] 弗拉门祭司（flamen）的词源为 flagro（燃烧）或 flare（点燃祭祀之火的人）。他们是专为某个特别的神明服务的，见西塞罗《论法律》2.8：不同的神有不同的祭司，大祭司负责所有的神明，弗拉门祭司负责单个的神（Divisque aliis alii sacerdotes, omnibus pontifices, singulis flamines sunto）。弗拉门祭司共 15 人，3 位大祭司（flamines maiores）仅限贵族担任，分别侍奉朱庇特（flamen Dialis）、马尔斯（flamen Martialis）和奎里努斯（flamen Quirinalis），其余 12 名小祭司由平民担任，侍奉伏尔甘和弗洛拉等神。他们的标志是白色锥形帽（apex），用牺牲的皮制成，顶部装饰有橄榄枝和羊毛线。

这还不是最糟糕的。第二个十人委员会（有时被称作"十个塔克文"）开始模仿暴君的行为，甚至包括性暴力。促成共和国建立的强暴卢克莱提娅一幕几乎再度上演，委员会中的贵族阿皮乌斯·克劳迪乌斯（Appius Claudius，那位修路者的高祖父）向一位尚未成婚但已经订婚的年轻平民女子求欢——她名如其人地叫作维吉尼娅（Virginia）。欺骗和腐败紧随其后。阿皮乌斯买通一位支持者并让他声称维吉尼娅是自己的奴隶，她后来被她所谓的父亲偷偷带走了。审理此案的法官是阿皮乌斯本人，他当然支持自己的同谋，于是穿过罗马广场前去抓捕维吉尼娅。在随后的争执中，她的父亲卢基乌斯·维吉尼乌斯（Lucius Virginius）从旁边的肉摊上拿了一把刀刺死了女儿。他哭喊道："我的孩子，只有这样我才能让你自由。"

维吉尼娅的故事甚至一直比卢克莱提娅的更加令人不安。它不仅把家庭血案和等级冲突的残酷结合了起来，而且不可避免地提出了究竟要为贞洁付出多大代价的问题。父亲的行为树立了什么榜样？谁的过错最大？需要为崇高原则付出如此可怕的代价吗？不过，（未遂的）强暴再一次成为政治变革的催化剂。维吉尼娅的遗体和维吉尼乌斯对军队发表的激动讲话引发了骚乱和哗变，暴虐的十人委员会因此而被废除，而且就像李维所指出的，自由得以恢复。虽然沾染了暴政的污点，《十二铜表法》还是被保留下来。它们很快被视作罗马法律的可敬前身，除了很快就被废除的禁止平民与贵族通婚的那一条。

这个等级冲突的故事是古代世界留存下来的关于平民权力和自由的最激进和最清晰的宣言之一，远比古典时代的民主雅典留存下来的任何东西都更激进，因为大多数雅典作家在明确谈到该话题时都是反对民主和民众权力的。通过平民之口说出的各种要求组成了系统性的政治改革计划，它基于公民自由的不同方面，从参与国家统治的自由到享受参政回报的自由，从不受剥削的自由到信息自由。并不令人感到意外的是，19世纪和20世纪初，许多国家的工人阶级运动将罗马人民如何齐心协力地迫使世袭贵族让步、为平民争取到完整的政治权利的古代故事视为一个难忘的先例，并从中找到了一些动人的修辞。早期工会也毫不意外地把平民的撤离视作成功罢工的典范。

但罗马人讲述这场冲突的故事的准确性如何呢？它能给罗马的"大跃进"提供什么信息？在这里，拼图变得难以拼合。但画面的轮廓和一些可能的关键日期确实清晰地显现了出来。

在这个故事流传至今的版本中有许多方面肯定是错的，后世作家根据自己时代的情况对其做了大幅修改，特别是冲突的开端，仍然更多地属于神话而非历史。维吉尼娅很可能是和卢克莱提娅一样的虚构人物。现存的《十二铜表法》条款同有关十人委员会的复杂故事之间存在难以解决的不协调。如果编纂该法的直接起因是平民与贵族的冲突，那么为何留存下来的法条中只有一处（禁止通婚）提到了二者的差别呢？早期平民改革者提出的许多主张乃至更多的修辞都几乎肯定来自公元前1世纪作家们的想象式重构，来自他们自己时代的复杂争论，而非《十二铜表法》那个世界的产物，与等级冲突相比，它们很可能在更大的程度上表现的是后一个时代流行的政治理念。此外，虽然罗马人确信平民被排除在国家权力之外的情况可以上溯到王政垮台之时，但有证据表明这种情况直到公元前5世纪才出现。比如，执政官的标准名单（无论有多少虚构成分）在公元前5世纪初包含了许多明显属于平民的名字（包括第一任执政官卢基乌斯·尤尼乌斯·布鲁图斯本人），但到了该世纪下半叶则完全消失了。

即便如此，在公元前5世纪和前4世纪这段漫长的时间里，罗马无疑被享有特权的世袭少数派和其余罗马人之间的社会和政治斗争撕裂。500多年后，贵族和平民家族的形式差别仍然存在，成了我在前文所谈到的"化石"之一（见本书第71页），只剩下些许势利意味。若非两大群体之间的差异曾经显著标志着政治、社会和经济权力的不同，那么这种差别的存在将是完全无法解释的。我们还很有理由认为公元前367年是重要的转折点，即便这理由和罗马史学家们所想象的并不十分相同。

在他们看来，那是一个革命时刻，不仅决定了执政官职务应该对平民开放，而且其中之一必须始终由平民出任。如果是这样，这条法规几乎甫一制定就被无视了，因为在随后的岁月里，记录中的两位执政官有好几次都是贵族。李维注意到了这个问题，他并不令人信服地表示，平民们对有资格参选感到满足，对是否当选并不那么在意。更有可能的是，当时并没有强制要求必须有一名平民当选，而是执政官这个任期一年的重要公职在那一年被永久确立，很可能是向贵族和平民同时开放的。

这无疑与其他两条重要线索相符。首先，即使在传统的罗马记录中，公元前5世纪20年代到前4世纪60年代间的大多数年份里都把神秘的"上校"列为国家最高官员。这种情况在公元前367年发生了永久的改变，在罗马剩余的历史中，被列为最高官员的就一直是执政官。其次，元老院很可能在此时最终定型。罗马人常常想当然地认为元老院起源于罗慕路斯时代，是一种"老人"（senes）的议事会，而到了公元前5世纪，它已经是一种发展完备的制度，运转方式与公元前 63 年的大同小异。但古罗马词典中一个非常技术化的词条却暗示情况完全有所不同，它表示，直到公元前 4 世纪中期左右，作为永久机构的元老院才得以确立，其成员是终身制的，而非仅仅是某个当政官员的朋友和顾问组成的临时团体（成员在下一年或第二天可能就不再任职）。如果的确如此（当然，并非所有晦涩的技术信息都是对的），那么这将支持罗马政治体系是在公元前 4 世纪中期才确立起独特形式的观点。无论这些制度的前身或者其中的哪些元素（诸如公民大会或人口调查）可能早就存在，在公元前 509 年之后一个多世纪之前，罗马看上去并不特别像"罗马"。

这意味着，我们通过巴巴图斯墓上的内容所看到的并非一名传统罗马精英的传统一生，虽然后人是这样看待他的。巴巴图斯是公元前 3 世纪初的某个时候下葬的，他事实上是罗马共和国内部相对较新的秩序的一个典型代表，而且就像我们将要看到的，他也是外部新秩序的代表。

外部世界：维伊与罗马

罗马势力在意大利的扩张是引人注目的。罗马后来的海外帝国最终总计超过 200 万平方英里，容易让人感到目眩或震惊，因此想当然地以为意大利就是罗马人的。但是，它从公元前 509 年台伯河畔的一座小城发展为公元前 3 世纪 90 年代一个拥有 5000 多平方公里土地的政治体，实际控制着意大利半岛至少一半的面积，并将继续扩张，这几乎同样惊人。这是如何与何时发生的？

就我们所知，罗马与外部世界的关系直到公元前400年之前都完全没有什么特别之处。和其他意大利城镇一样，它不过是与广大地中海地区保持着典型的贸易关系。与它直接打交道的主要是当地民族，特别是罗马以南的拉丁人社群，他们拥有共同的语言，认为自己有同一个祖先，并有一些和罗马人相同的节日和圣地。最多只能说，公元前6世纪末的罗马人很可能对其他一些拉丁人有了某种形式的控制。西塞罗和历史学家波利比乌斯（Polybius，一个对罗马做出了敏锐观察的希腊人，在下一章中将扮演重要角色）宣称曾经见过该时期的文件或"条约"，这表明当时的罗马是当地这个小小的拉丁人世界中的主角。我们已经看到，有关公元前5世纪的故事暗示每年都会或多或少地爆发几场战斗，但规模是有限的，无论后人用多么宏大的字眼赞美它们。道理很简单，如果几十年间每年都有严重伤亡，小小的罗马城将无法存活下来。

公元前4世纪初开始有了变化，在古代对罗马扩张的所有记述中，有两个事件扮演了最重要的角色，带有浓重的神话色彩：公元前396年，罗马人在英勇的卡米卢斯的率领下摧毁了附近的维伊城；公元前390年，罗马城被高卢人摧毁。我们完全不清楚罗马与维伊的冲突背后隐藏着什么，但此事被描绘得仿佛是意大利版的特洛伊战争：该城经历了10年的围城才被攻陷，对应着特洛伊被围的10年；胜利的罗马人最终通过朱诺神庙下方的地道而在城内突然出现，对应着特洛伊木马。在现实中，这场"征服"（这个词很可能过于宏大了）的规模无疑要小得多。这并非超级大国之间的冲突。维伊是一座繁荣的城市，比罗马稍小，离台伯河对岸仅10英里远。

但罗马人这场胜利产生的影响意义重大,即使并不像罗马作家们所表明的那样——他们着重提到维伊人沦为奴隶,后者所有的财物和动产成了战利品,城市完全被毁。350年后,诗人普洛佩提乌斯(Propertius)描绘了自己时代维伊城的凄凉景象,那里只有几只羊和几名"无所事事的牧人"。这更多的是有关失利苦果的道德教训,而非准确的描绘(普洛佩提乌斯本人可能从未到过那里),因为那里的考古发现指向了完全不同的真相。虽然在罗马人获胜的时刻可能发生了残酷的洗劫和掠夺,并有新的定居者涌入,但当地的大部分圣所仍然一如既往地运转着,城中仍然有人居住,尽管人口规模要小些,而我们从乡间农田获得的证据也指向延续而非断裂。

重要的变化体现在别的方面。吞并维伊及其土地后,罗马的领土一下子扩大了大约60%。不久,罗马创立了4个新的公民地理部落,吸纳维伊的原住民和新定居者。差不多与此同时,还有线索表明出现了可能与此相关的其他重要发展。李维宣称,在围攻维伊之前,罗马士兵第一次获得薪俸,来源是罗马的税收。无论事实是否真像他所说的那样(不管他们得到的是何种报酬,显然都还不是钱币),这很可能表明罗马军队的组织变得更加集中化,而私人战争走向式微。

失败紧随胜利而来。据说在公元前390年,一群高卢人——他们可能是一个寻找土地的流动部落,或者更可能是南下找活干的训练有素的雇佣军——在离城不远的阿利亚(Alia)河畔打败了罗马军队。罗马人看上去几乎没做抵抗就逃跑了,高卢人继续前进并占领了罗马。有个虚构故事描绘了一名勇敢的平民——人如其名的马库斯·卡伊迪基乌斯(Marcus Caedicius ["灾难宣告者"])[1]——听到某个未知神明警告高卢人正在靠近，但由于地位低微，他的报告遭到了忽视。这成了贵族们的一个教训，通过这次惨痛的经历，他们明白了神明也是会与平民沟通的。

在罗马人讲述的故事里，该城被占领的过程、阻止破坏范围进一步扩大的各种英雄举动得到了浓墨重彩的描绘。另一个穷人证明了平民的虔敬，他把妻子和孩子赶下车，载上了准备将圣物和护身符送往附近卡伊莱城安全地点的维斯塔贞女。许多年迈贵族决定坦然面对不可避免的命运，耐心地坐在家中等待高卢人到来。高卢人一度误以为这些老人是雕像，然后杀戮了他们。与此同时，因为被指挪用战利品而短暂流亡的卡米卢斯适时回归，阻止了罗马人向高卢人支付巨额赎金。他说服自己的同胞干脆放弃罗马搬往维伊，并主持了罗马的重建。至少某个版本中是这样说的。而在另一个不那么体面的故事中，高卢人洋洋得意地带着赎金离开了。

这是罗马人夸大其词的又一例证。这些在罗马人的文化记忆中成为老生常谈的各种故事提供了重要的爱国主义教育：要将国家的要求置于家庭之上、在必将失败的现实面前要勇敢，以及用黄金衡量城市的价值是危险的。这场灾难成了罗马大众想象中如此重要的一部分，以至于一些死硬分子在公元48年以此为借口（或孤注一掷地）反对克劳迪乌斯皇帝允许高卢人加入元老院的提议。不过，没有考古学证据表明曾经发生过后来的罗马人所想象的那种大规模破坏，除非现在被认定为公元前500年左右的焚烧痕迹其实是100年后高卢人洗劫的遗迹（考古学家们一度是这

---

[1] Caedicius或拼法类似的姓可能源于caedo（砍倒、杀死）。参见《埃涅阿斯记》10.747：卡伊迪库斯砍死了阿尔卡图斯（Caedicus Alcathoum obtruncat）。

图 28 20 世纪初的这幅画（根据更早的照片绘制）描绘了罗马中央火车站附近的塞维乌斯墙遗址。从罗马特米尼（Roma Termini）火车站出来的游客仍能看到这堵墙的几段，虽然它们现在被相当凄凉地圈在围栏后。

么认为的）。

　　这次"洗劫"给罗马景观留下的唯一清晰印记是高大的防御城墙，其中几段至今仍然可见，令人印象深刻。它们是在高卢人离开后修建的，用特别坚固的石头建造，那是罗马人从新吞并的维伊周围的领土上获得的产品之一。不过，罗马史学家们强调，这场失利是一段有用的插曲，他们有强烈的理由这么认为。它奠定了罗马人对来自阿尔卑斯山对面的入侵者感到焦虑的基调，汉尼拔是其中最危险的一个，但并非唯一。它有助于解释为何关于早期罗马只有如此之少的可靠信息流传下来（被焚毁了），因此它标志着古人意义上的"现代史"的开端。它解答了罗马为何在共和国后期尽管已经卓有声望却还是一座规划如此糟糕的拥挤之城：罗马人不得不在高卢人离开后匆忙重建这座城市。它还为罗马与外部世界的关系翻开了新的篇章。

罗马人与亚历山大大帝

随之而来的是罗马人在冲突规模、范围、地点和后果上发生了革命性的变化。诚然，差不多每年都发生的战争的基本特征延续了下来。公元前4世纪罗马人长长的参战记录让罗马作家们感到激动，他们赞颂着（无疑含有夸张）英勇的胜利，同时对一些可耻的失利和毫无荣誉可言的不战而胜表示遗憾。在公元前321年的考迪乌姆岔口战役中（Battle of the Caudine Forks），意大利南部的萨莫奈人击溃了罗马人，此事引起的反响几乎堪比70年前的阿利亚战役或罗马之劫——虽然那事实上并不是一场战役。罗马人被困在没有水源的狭窄山谷中，他们直接投降了。

不过，在公元前390年罗马遭劫到公元前295年的森提努姆战役之间，此类冲突涉及的人力资源数量大大增加。战场越来越远离罗马。维伊距离罗马只有10英里，而在亚平宁山脉另一边的森提努姆则有大约200英里之遥。此外，罗马与战败者之间达成的协议对未来产生了深远影响。到了公元前4世纪末，罗马的军事影响力已经如此之大，以至于李维觉得可以将罗马人的战斗力同征服世界的亚历山大大帝相比，后者在公元前334年到前323年间率领马其顿军队疯狂征服了从希腊到印度的大片土地。李维想知道，当两者正面相遇时，罗马人和马其顿人谁会获胜，纸上谈兵的将军们至今仍在思考这个军事难题。

该时期的意大利发生过两次特别重要的冲突。第一次是所谓的拉丁战争，于公元前341年到前338年在罗马和它的拉丁人邻邦间展开。随后不久又爆发了几次"萨莫奈战争"，巴巴图斯便是在那时取得的军事胜利。战争在公元前343年到前290年间分几个阶段展开，对手是坐落在意大利南部山区的一系列萨莫奈人社群。他们远没有罗马人描绘的那样粗野和原始，但与半岛上许多其他地方的社群相比，城市化程度不高。这两场"战争"更多地属于人为建构，完全从罗马中心主义的视角出发（没有对手以萨莫奈人的名义打过一场"萨莫奈战争"），用分离出的两个敌人的名字来命名该时期广泛得多的地方冲突。尽管如此，它们还是凸显了一些重要的变化。

根据流行的说法，第一场战争的导火索是拉丁人反抗罗马人在该地区所处的支配地位。这仍然是一场地方冲突，但值得注意的是罗马人后来与不同拉丁人社区达成的协议，它们甚至具有革命意义。因为这些协议让整个意大利中部众多城镇的大批战败者获得了罗马公民身份，规模远超维伊的先例。无论这像许多罗马作家所解读的那样是一种慷慨的姿态，还是像许多被强行变成罗马公民的人很可能认为的那样是一种压迫机制，这在"罗马人"的定义的变化过程中都是一个关键阶段。我们很快就会看到，它还给罗马的权力结构带来了巨大的变化。

差不多50年后，当持续几十年的萨莫奈战争结束时，罗马通过从"友好"条约到直接控制的各种方式，掌控了意大利半岛一半以上的土地。经过罗马作家们的描绘，这些战役仿佛是两个国家为了争夺统治意大利的霸权而进行的斗争。它们显然不是这样的，但冲突的规模前所未有，并为未来奠定了基调。在森提努姆战役中，罗马人面对着一大群敌人（"同盟"一词用在这里可能过于正式）：除了萨莫奈人本身，还有来自半岛北端的埃特鲁里亚人和高卢人。参战士兵的绝对数量似乎吸引了萨摩斯人杜里斯的注意，他表示萨莫奈人和盟军共计伤亡10万人，这个数字大得不太可信。罗马作家们将之视为特别英勇的胜利。它甚至成为200年后一部罗马沙文主义悲剧的主题，剧中有罗马士兵的悲哀合唱，并描绘了一位罗马将领为了确保军队获胜而献出了自己的生命。他们还对这场所有战役中规模最大的战役究竟有多大规模展开了争论，一如现代学者一直还在讨论这个问题。李维不认同杜里斯的估算或者他在研究过程中见到的更夸张的数字。他估计罗马军队大约有16000人（再加上一样多的盟军），我们无从得知这个数字是否准确。但有一点是肯定的，这是一个与公元前5世纪时在低层次上展开的小规模冲突不同的军事世界。

19世纪70年代，人们在对古罗马城边缘进行发掘时，从一座可能建于公元前3世纪初的墓中发现了极小的壁画碎片，这个不寻常的发现让我们仍能窥见那个世界的些许风貌。壁画原本要大得多，占据了一整面墙，不同画面从下往上排成一列，人们认为这些描绘的是罗马人和萨莫奈人发生冲突的场景。如果是这样，这将是西方现存最早的描绘了可确认的真实军事行动的画作，除非意大利南部一座墓中发现的相当笼统的壁画场景如某些考古学家乐观想象的那样，实际上自豪地描绘了萨莫奈人在考迪乌姆岔口获取的胜利（见彩图6）。

有关壁画的解读充满了争议，虽然它现在已经不幸剥落，但主要轮廓足够清晰。最下方的部分描绘了短兵相接的搏斗，其中一人非常醒目，他精美的头盔延伸到上方的场景中；上方的画面中还能清楚看到一些壮观的城垛。两个保存最好的场景中都出现了一名身着短托加袍且手执长矛的男子。其中一人（也可能两者都是）名为"Q·法比乌斯"，可能是昆图斯·法比乌斯·马克西姆斯·鲁里亚努斯（Quintus Fabius Maximus Rullianus）。此人在森提努姆战役中担任统帅，就我们所知，他给巴巴图斯这个配角分配的任务仅仅是指示后者"把后备队从后面带上来"。画面中，他身后跟着一队身形明显小得多的侍从，看上去正与武士"法尼乌斯"（Fannius）谈判，后者没有武器，身着戎装（包括沉重的胫甲，另一场景中还戴着装饰有羽毛的头盔），伸出裸露的右手。法尼乌斯是正在向"穿托加袍的民族"——在公元前3世纪时，画面上的罗马人正是被如此描绘的——的代表投降的萨莫奈人吗？

在这些简单而风格化的形象中，罗马人看上去可能很难与亚历山大大帝匹敌。但在李维的《罗马史》中，他们是否能够匹敌的问题，正是他在紧接着对罗马人从考迪乌姆岔口之战的羞辱中迅速恢复做出描绘后所说的大段离题话中提出的。他注意到萨莫奈战争发生在公元前4世纪末的意大利，与马其顿国王摧枯拉朽的东征差不多同时。早在李维的时代之前，罗马将军们就已经开始热衷于效仿亚历山大了。他们模仿他独特的发型，还自称"伟大"。恺撒和第一位皇帝奥古斯都都凭吊过亚历山大在埃及的墓，据说在向后者致敬时，奥古斯都还一不小心碰掉了尸体的鼻子。因此，李维思考那个经典的反事实问题可能也就不足为奇了：如果亚历山大的军队转而向西，面对罗马人而非波斯人，那么谁会取胜？

他承认亚历山大是个伟大的将军，虽然并非没有缺点，比如酗酒。但罗马人的优势在于不依赖某个有超凡魅力的领袖。在异常严格的军纪支持下,他们的指挥得以贯彻落实。他强调,他们还拥有人数大得多的训练有素的军队,而且得益于整个意大利的罗马盟友,他们几乎还能任意地召唤援兵。简而言之,他的答案是,如果还有机会,罗马人将会战胜亚历山大。

扩张、士兵和公民

通过迂回的方式,李维(他的分析有时显得相当拖沓)富有洞见地回答了为何该时期的罗马军队如此善于取胜,以及罗马如何这般迅速地控制了意大利如此之多的土地等问题。他没有停留在故事的表面,而是深入探讨了其背后的社会和结构因素,包括从罗马指挥权的组织方式到罗马的人力资源各个方面,他很少这么做,这是其中一例。我们有必要把李维的观点再向前推进一些,更认真地想一想,如果回头来看,什么是罗马帝国的开端。

有两件事是清楚的,并且揭穿了几个具有误导性的关于罗马权力和"性格"的现代神话。首先,罗马人并不天生比他们的邻居和同时代人更好战,就像他们也并不天生更善于修建道路和桥梁一样。诚然,罗马文化特别推崇在战斗中获取胜利(在我们看来则是病态)。从率领凯旋队列穿过街道和欢呼人群的获胜将军到在政治辩论中炫耀伤疤(以期为自己的观点增添砝码)的普通士兵,战场上的善战、英勇和致命暴力不断得到颂扬。公元前4世纪中期,罗马广场演说者的主讲坛上装饰着在拉丁战争中从安提乌姆城掳来的战舰的青铜船喙,仿佛以此来象征罗马政治力量的军事基础。拉丁语中的"船喙"(rostra)一词成了讲坛的名称,被现代英语中的"讲坛"(rostrum)一词所沿用。

不过,我们不能幼稚地想象意大利的其他民族与此不同。他们是差异很大的群体,在语言、文化和政治组织上远比"意大利人"这个统称所暗示的更多样化。但从我们对他们中大部分民族相对不多的了解,或是从在他们的墓穴里找到的军事装备和文献中偶尔提到的战利品、战事、暴行来看,他们和罗马人一样热衷作战,也很可能同样贪图获利。这是一个暴力肆虐的世界,邻邦之间每年都会发生小规模冲突,劫掠是所有人重要的收入来源,大多数争端都靠武力解决。拉丁语中的 hostis 既可以指"外来者"也可以指"敌人",这种含糊恰好反映了这两个概念界限模糊。拉丁语中"国内外"的标准说法 domi militiaeque 同样如此——其中的"国外"(militiae)与"参加军事行动"别无二致。半岛上的大部分民族无疑也对此不作区分。离开自己的家园总是(潜在地)意味着参战。

其次,罗马人并没有征服和控制意大利的计划。在公元前4世纪的罗马,并没有哪个阴谋集团坐在地图边,像我们心目中19、20世纪奉行帝国主义的民族国家那样,以瓜分领土的方式谋划掠夺土地。原因听上去可能很简单,因为他们首先没有地图。对于罗马人和其他"前地图"民族,这一点对他们如何理解周围和就在视野之外的世界究竟意味着什么,是一个重大的历史谜题。我曾有意记述罗马势力在意大利半岛的扩张过程,但没人知道当时有多少(或者说实际上只有多少)罗马人认为自己的家园是我们所理解的"半岛"的一部分。在公元前2世纪的文学作品中,罗马人将亚得里亚海称为"上海",将第勒尼安海称为"下海",这也许反映了他们有关这方面的基本观念,但值得注意的是,这里的下和上代表东西方向，而非我们习惯的南北方向。

这些罗马人更多地把自己的扩张理解为改变他们与其他民族间的关系，而非控制领土。当然，罗马日益增强的力量的确显著地改变了意大利的地理面貌。几乎没有什么比穿越旷野的崭新罗马公路或者被吞并后分给新的定居者的土地更能彰显变化了。根据地理面积来评估罗马在意大利的实力仍然很便利。但罗马人统治的主要是人而非土地。就像李维所看到的，对早期罗马的扩张动力来说，罗马人与这些人建立的关系是关键的。

罗马人在被他们控制的所有人身上强加了一项义务，即为罗马军队提供士兵。事实上，对大部分被罗马打败的民族——他们或被迫或被接纳加入某种"联盟"——来说，唯一要尽的长期义务似乎是提供兵源和补给。罗马没有以其他任何方式来接管这些民族，既没有派军占领，也没有强行指派政府。我们无从得知罗马人为何选择这种控制形式，但不太可能涉及任何特别复杂和战略性的考量。这种做法既能便利地昭示罗马人居于统治地位，同时又不太需要罗马的行政机构或额外人力进行管理。盟友贡献的士兵由当地募集和提供装备，在某种程度上也由当地人指挥。对罗马人来说，采取任何其他赋税形式都需要投入更多的人力，直接控制战败者就更不用说了。

这些可能都是无心的结果，但它们是开创性的。因为这种同盟制度是一种有效的机制，能将被罗马打败的敌人转变成其日益壮大的军事机器的一部分；与此同时，通过在获取胜利时分享战利品与荣耀，它使盟友们参与了罗马的事业。一旦开始，罗马的军事成功便能以其他古代城市从未系统性地实现过的方式自我维持下去。因为在那个时代，胜利背后最重要的因素并非战术、装备、技能或动机，而是你能够调动多少人。到了公元前 4 世纪末，罗马人拥有的兵力很可能接近 50 万（亚历山大的东征士兵为 5 万左右，公元前 481 年入侵希腊的波斯人可能为 10 万）。这让它们在意大利变得近乎不可战胜：他们可能会在某一场战役中失利，但不会输掉一场战争。或者就像一位罗马诗人在公元前 2 世纪 30 年代时所说的："罗马人经常被敌人打败，曾经在许多次战役中失利，但从未输掉一场关乎一切的真正战争。"[1]

不过，罗马人界定自己与意大利其他民族间的关系的方式还带来了其他深远的影响。只负责提供兵源的"盟友"数量最多，但只是其中一类。罗马人还把罗马公民权授予了意大利中部广大地区的一些社群。有时，这包括完整的公民权利和特权，包括在罗马选举中投票或参选，同时继续保留当地的公民权。有时，他们提供的是一种更为有限的权利，被一目了然地称为"无投票权的公民权"（civitas sine suffragio）。还有些人生活在被征服土地上名为殖民地的定居点。这些定居点与现代意义上的殖民地完全无关，而是通常由当地人和来自罗马的定居者混居的新建（或扩建）城镇。其中少数人拥有完整的罗马公民身份。大部分只拥有所谓的拉丁权。就其本身而言，拉丁权并非公民权，而是一系列人们认为拉丁城镇自古以来就共享的权利，后来被正式界定为与罗马人通婚、互相订立契约的权利和自由迁徙，等等。它介于完整的公民身份和外邦人（hostis）身份之间。

同样很难弄清的是，这种复杂的各种身份状态是如何产生的。公元前 1 世纪的罗马作家（现代法学家也遵循他们的观点）倾向于

---

[1] 卢基利乌斯，《讽刺诗》26.708-709：Ut populus Romanus victus vei, et superatus præliis sæpe est multis; bello vero nunquam, in quo sunt omnia.

把它们视作一个高度技术化和经过细致划定的公民权利与责任体系的一部分。但这几乎肯定是后来法律理性化的产物。无法想象公元前4世纪的人会坐下来讨论无投票权的公民权到底会产生什么影响，或者属于"拉丁人"殖民地的特权确切来说有哪些。更有可能的情况是，他们通过利用和调整自己原有的对公民和族群身份做出的初级分类来即兴确立他们与外部世界不同民族间的新关系。

不过，它的影响同样是革命性的。通过把公民权授予居住地同罗马城没有直接领土联系的人，他们打破了公民权同单一城市之间的关联，而古典世界的大多数人想当然认为存在这种关联。通过当时无与伦比的系统化的方式，他们不仅让一个人"成为罗马人"变得可能，而且可以同时是两个地方——家乡和罗马——的公民。而通过在意大利各地建立新的拉丁人殖民地，他们重新定义了"拉丁人"一词，使其不再表示民族身份，而是成了与种族或地理无关的政治身份。以此为基础的公民身份和"归属感"模式对罗马人的政府、政治权利、族群和"民族性"等观念具有重大意义。罗马人很快将这种模式扩大到海外，最终奠定了罗马帝国的基础。

原因与解释

对于公元前4世纪初罗马与外部世界的关系发生的变化，没有比在高卢人离开后那些年里建造的巍峨城墙更鲜明的象征了。城墙周长7英里，有的地方厚达4米，它不仅是一个庞大的建筑项目（有人估计建造过程共投入了500万以上的工时），还是彰显罗马在世界上的显赫地位的自负象征。古代和现代历史学家都认同，罗马无疑差不多就是在那时开始对周边邻邦展开了军事扩张。也没有人怀疑，扩张一旦开始，维持它的最重要因素是伴随着胜利而来的盟友所提供的人力资源。

但最初是什么引发了扩张是个棘手的问题。公元前4世纪初发生的什么事情导致罗马军事活动进入了这个新阶段？除了统治世界的种子已经以某种方式被植下这种不合情理的解释，没有古代作家敢于给出答案。也许是高卢人的入侵让罗马人决心不再遭受同样的命运，让他们选择出击而非被迫防御。也许只是在当地常年发生的战斗中取得的几场幸运的胜利以及随后的几次结盟和由此带来的额外人力点燃了扩张过程的导火索。不管怎样，内部政治发生的急剧变化似乎扮演了某种角色。

到目前为止，在探索这个时期的过程中，我基本上将罗马内部的历史同它的扩张故事分开。这让故事变得更加清晰，但也易于使内政对外部关系的影响变得模糊，反过来也易于使外部关系对内政的影响变得模糊。公元前367年，等级冲突不仅终结了针对平民的政治歧视，而且带来了某种重要得多和影响深远得多的东西。它成功地使统治阶层不再以出身来界定，而是以财富和成就来界定。这在一定程度上正是巴巴图斯的墓志铭上的关键之处：虽然西庇阿家族属于贵族，但墓志铭中强调的是他的公职、他展现出的个人品质和他打赢的战争。没有什么成就能比战场上的胜利得到更多的宣扬和赞颂，而新的精英阶层对胜利的渴望几乎肯定是加强军事活动和鼓吹战争的一个重要因素。

同样地，为了控制越来越遥远的民族、满足一支征服者军队的需求而促成的许多创新，也给罗马本地的生活带来了革命性影响。这方面的一个重要例子是铸币。从该城历史的早期开始，罗马就拥有了根据金属重量确定货币价值的标准体系；从《十二铜表法》中可以看到这一点，因为罚金是按照青铜的单位计算的。但直到公元前4世纪末，第一批"罗马"钱币才在意大利南部得以铸造，可能是为了支付战争开支或修建那里的道路。

一般来说，如果我们要问是什么把相对简单的《十二铜表法》的世界变成了公元前300年时相对复杂的世界，那么最有影响力的因素将无疑是罗马庞大的领土面积和大规模作战的组织需求。发起一场有16000个罗马人（按照李维的估算）再加上盟军参加的战役需要大量的运输、供给和装备，这些后勤工作本身所需的基础设施就已经是公元前5世纪中期所无法想象的。虽然在提到公元前5世纪的罗马人活动时，我试图避免使用"同盟"和"条约"等具有现代意味的字眼，但到了下一个世纪末，罗马人在半岛各地建立的关系网和对罗马与各个社群间的关系所下的不同定义让这些字眼显得远非那么不恰当。军事扩张推动了罗马的复杂化。

现在，西庇阿·巴巴图斯的家族墓地看上去宏伟而古老，当地出产的粗劣石料、相当粗糙的雕饰和略显陈旧的拼写（比如，consul写做consol）很可能让它在任何一个于公元前1世纪走进那里的罗马人的眼中显得古怪而过时。但在巴巴图斯生活的年代，他属于以新方式界定了何谓罗马人和为罗马在世界上确立新地位的一代新人。他的后人们会走得甚至更远，我们现在就把目光投向他们。

第 5 章

更广阔的世界

巴巴图斯的后人

西庇阿·巴巴图斯为自己建造了宏大的墓地，在随后的150年间，他的大约30名后人也被埋在那里。我们能在西庇阿家族中看到一些罗马历史上最响亮的名字，但也有很多跑龙套的和饭桶。其中8人的墓志铭差不多完整地留存了下来，其中一些纪念了通常被历史埋藏了的罗马人：没能出人头地的、夭折的和女人。公元前2世纪中期一具石棺上的铭文以略带回护的口吻解释说："从没有人在德性上能超越埋在这里的人。他年仅20岁就进了坟墓——如果你要问起他为何没有担任公职。"另一篇则不得不求助于年轻人父亲的成就（"他的父亲打败了安条克国王"）。不过，另一些人有更多可以吹嘘的东西。巴巴图斯儿子的墓志铭宣称："他夺取了科西嘉岛和阿莱利亚城（Aleria），出于感激，他把一座神庙奉献给风暴神。"一场风暴差点摧毁了他的舰队，但最终平安无事，这是他给相宜的神明的谢礼。

家族中的另一些成员甚至可能有更值得炫耀的东西。巴巴图斯的一位重孙"阿非利加征服者"普布利乌斯·科内利乌斯·西庇阿（Publius Cornelius Scipio Africanus）正是公元前202年最终战胜汉尼拔的那个人：他侵入了北非的迦太基本土，在迦太基附近的扎马战役（Battle of Zama）中击溃了汉尼拔的军队——他从汉尼拔的大象那里获得了一些帮助，它们发狂横冲直撞，踩踏了己方阵线。大西庇阿（"阿非利加征服者"）的墓位于他在意大利南部的庄园，对后来的罗马人来说犹如朝圣地点。但几乎可以肯定的是，该家族墓地中曾经还有其他人的墓碑：他的弟弟"亚细亚征服者"卢基乌斯·科内利乌斯·西庇阿（Lucius Cornelius Scipio Asiaticus），此人在公元前190年"打败了［叙利亚］国王安条克"；他的堂弟"小西班牙人"格奈乌斯·科内利乌斯·西庇阿（Gnaeus Cornelius Scipio Hispallus）于公元前176年任执政官；还有他的孙子普布利乌斯·科内利乌斯·西庇阿·埃米利阿努斯（Publius Cornelius Scipio Aemilianus）。小西庇阿（埃米利阿努斯）是家族的养子，他后来侵入北非，完成了大西庇阿未竟的事业：公元前146年，古城迦太基在他手下化为废墟，那里剩下的大部分居民被变卖为奴。

这些人的生涯指向了政治与扩张在公元前3世纪和前2世纪迈入了一个新阶段的罗马。在一系列让罗马共和国控制了整个地中海和周边世界的军事行动中，他们是一些关键的角色，无论名闻遐迩还是臭名昭著。他们相当冗长的名字很好地概括了那个新阶段的特征。"巴巴图斯"可能指向名字主人的外貌，"埃米利阿努斯"指那人的生父卢基乌斯·埃米利乌斯·保卢斯（Lucius Aemilius Paullus），但"阿非利加征服者""亚细亚征服者"和"小西班牙人"（因为他的父亲曾在西班牙［Hispania］服役）反映了罗马新的势力范围。大西庇阿的名字大概可以合理地译为"阿非利加之锤西庇阿"。

这些人是军人。但西庇阿家族的全貌不止如此。除了"阿非利加征服者"和"亚细亚征服者"的雕像,一起被立于讲究的家族墓地正门前骄傲地向世人展示的,还有罗马诗人昆图斯·恩尼乌斯(Quintus Ennius)的雕像,所有认出恩尼乌斯的人都会意识到这一点:他们还是罗马文学革命的重要参与者,成为第一代罗马文学的赞助人和恩主。这绝非巧合,因为罗马文学的缘起同罗马的海外扩张密切相关,就像一位公元前2世纪的作者所描绘的:"缪斯一身戎装地出现在凶暴的罗马居民面前。"帝国的兴起和文学的诞生是同一枚硬币的两面。

多个世纪以来,罗马人一直出于各种目的而书写:公示、法规、刻在罐子上的所有权主张。但直到从公元前3世纪中叶开始,随着与希腊世界传统的接触日益增多,才促进了真正文学作品的创作和有意保存。罗马文学源于对希腊先驱的模仿,来自对话、竞争和较量,其诞生的时刻本身就清楚说明了这一点。公元前241年,正当罗马士兵和水手在希腊人占据主导地位的西西里最终取得了罗马第一场海外胜利的时候,在罗马城的某个地方,一位名叫李维乌斯·安德罗尼库斯(Livius Andronicus)的人正忙着将一部希腊语原作改编成第一部在罗马演出的拉丁语悲剧,并在第二年(公元前240年)上演。

李维乌斯·安德罗尼库斯的背景和作品体现了早期罗马文学和作家在文化上具有混合性。除了希腊悲剧,他还把荷马的《奥德赛》改写成了拉丁语版本;他可能来自意大利南部的希腊城邦塔兰托,曾在战争中被俘为奴,后来获释。撰写了第一部罗马史的罗马元老法比乌斯·皮克托尔则体现了另一种混合,此人在罗马出生、长大,但用希腊语写作,然后才将其译成拉丁语。真正有较长篇幅留存的最早文学作品来自公元前3世纪末和前2世纪

图29 公元前3世纪的这只罗马盘子上描绘了背负战舆的大象，身后跟着她的幼崽。无论它们在战场上是否具有什么优势，大象还是很快在罗马大众的想象中占据了重要的位置。

初，即提图斯·马基乌斯·普劳图斯（Titus Maccius Plautus）和"非洲人"普布利乌斯·泰伦提乌斯·阿费尔（Publius Terentius Afer）的26部喜剧（下文分别简称"普劳图斯"和"泰伦斯"），它们是对希腊文原作进行精心改编的罗马化版本，描绘了不幸的爱情故事和由于错认身份而引发的滑稽故事，作品背景常常设在雅典，但也点缀了托加袍、公共浴场和凯旋游行等元素。泰伦斯生活在公元前2世纪初，据说也曾是奴隶，来自迦太基。

立于墓地外的雕像表明，大西庇阿是恩尼乌斯的赞助人之一，后者最著名的著作是公元前2世纪初创作的多卷拉丁语史诗，描绘了从特洛伊战争到当时的罗马历史。他同样来自意大利南部，精通拉丁语、希腊语和母语奥斯坎语（让人想起意大利半岛上语言的多样性）。小西庇阿自诩对文学拥有甚至更加强烈的兴趣，无论是拉丁语的还是希腊语的，他与泰伦斯的关系非常亲密，以至于想象力丰富的饶舌罗马人怀疑后者的一些剧作是由前者代笔的。以泰伦斯这样的出身背景而论，拉丁语对他来说岂不是太高雅了吗？而且小西庇阿以能对希腊语文学经典出口成诵闻名。公元前 146 年，当迦太基被焚毁时，一位目击者看到他流下了眼泪，并听到他很贴切地背诵了荷马《伊利亚特》中关于特洛伊陷落的一句诗。他想到了某一天罗马可能也会遭受同样的命运。不管是不是鳄鱼的眼泪，它们都收到了效果。

这位目击者是小西庇阿最亲密的文人朋友和参谋之一，居住在罗马的希腊人波利比乌斯。此人拥有同时从内部和外部观察罗马的独特视角，对罗马国内外政治做出了敏锐的观察，他将在本章余下的大部分内容中不时出现，因为他是第一个提出了某些我们将试图回答的重要问题的作家。罗马人为何和如何能在如此短的时间内统治了地中海沿岸如此广大的地区？罗马政治体制有何独特之处？或者以波利比乌斯严肃的口吻来说："在不到 53 年的时间里，罗马人史无前例地征服了几乎整个有人居住的世界，并使其接受罗马人独自一家的统治，如果有谁不想知道他们是以何种方式、处于何种政治组织模式下做到的这一点，那该是多么漠然和怠惰呢？"究竟有谁会呢？

征服与后果

波利比乌斯所谓的"53 年"覆盖了公元前 3 世纪末和前 2 世纪初，但罗马人第一次遭遇海外的敌人比这还要早了差不多 60 年。那是一个希腊北部王国的统治者皮洛士（Pyrrhus），他在公元前 280 年渡海来到意大利，支持塔兰托反抗罗马人。他那个自嘲的笑话——战胜罗马人让他损失了许多人，再也承担不起第二回——演变成现代习语"皮洛士式胜利"，表示损失惨重、虽胜

图 30 皮洛士半身雕像，制作于他死后 200 多年，来自赫库兰尼姆城外不远的一座豪华别墅，很可能参照了他生前留下的肖像。我们拥有一些更早的罗马人或他们敌人的"半身雕像"，但都无法可靠地确定雕刻的是哪个历史个体。这是我们第一次看到罗马历史人物的真实相貌。

犹败。从罗马人方面来看，这个习语显得相当中肯，因为皮洛士是他们的劲敌。据说汉尼拔曾称赞他是亚历山大大帝之后最伟大的军事统帅，而据一些充满温情的逸闻所说，他仿佛是个有趣的马戏团长。他第一个完成了将大象带到意大利的壮举，据说他有一次在一位罗马访客面前揭开一块幕布，露出了藏在后面的一头大象，试图以此来让对方仓皇失措，但没能成功。他还是第一个我们能够确知其相貌的罗马历史人物。

从皮洛士入侵到公元前 146 年——这一年，罗马军队不仅在所谓的第三次布匿战争（拉丁语中称迦太基人为布匿人[Punicus]）中最终摧毁了迦太基，而且几乎同时毁灭了富饶的希腊城邦科林斯（Corinth）——罗马与它在意大利半岛和海外的敌人间的战争几乎连年不断。一位古代学者指出，"盖乌斯·阿提利乌斯（Gaius Atilius）和提图斯·曼利乌斯（Titus Manlius）任执政官"的那年（公元前235年）是该时期唯一没有发生冲突的年份。

最著名和破坏性最强的冲突是针对迦太基发起的前两次布匿战争。第一次战争持续了20多年（从公元前264年到前241年），除了罗马人对北非迦太基本土发动的一次灾难性远征，战事大部分在西西里和周边海域展开。战争以罗马控制了西西里告终——撒丁岛和科西嘉几年后也落入罗马人之手——虽然巴巴图斯儿子的墓志铭颇为夸大了他"夺得"该岛的功绩。在近年来的一次重

图31 罗马的北非远征军在第一次布匿战争中遭遇惨败，而马库斯·阿提利乌斯·雷古鲁斯（Marcus Atilius Regulus）的故事给这次惨败添加了一抹英雄色彩。公元前255年罗马战败后，迦太基人放他回国协商停火事宜，条件是他必须返回。在罗马，雷古鲁斯号召人们不要签订任何和约，然后信守诺言，返回迦太基赴死。这幅19世纪的画再现了他不顾家人的苦苦挽留而最后离开罗马的场景。

要发现中，人们从地中海海底捞起了一些罗马与迦太基海军决战的遗物。从2004年开始，在距离西西里海岸不远的地方，靠近传说中双方舰队交锋的地点，探索该地区的水下考古学家找到了沉没战舰（大部分是罗马的，但也包括一艘迦太基战舰）的几个青铜船喙，还有无疑曾被用来盛放船上的供给品的双耳陶罐（见彩图8），以及至少80个青铜头盔，其中一个上面有布匿人的涂鸦痕迹，可能是落水的主人留下的。

第二次布匿战争发生于公元前218年到前201年，地理范围与第一次截然不同。这场战争今天最为人所知的是汉尼拔英勇的失败，他带着大象（更多作为宣传手段而非实用的作战工具）翻越阿尔卑斯山，在意大利重创了罗马人，公元前216年在半岛南部打响的坎尼战役尤为著名。直到没有结果的战争又持续了10多年，汉尼拔本国的政府才将其召回迦太基——他们对他的整个冒险行为越来越感到不安，而且正面临着大西庇阿军队的入侵。但这不仅仅是一场意大利与北非之间的战争。战争始于罗马人和迦太基人在西班牙发生的冲突，罗马人在公元前2世纪的大部分时间里都在那里作战。而汉尼拔从马其顿获得支持的可能性驱使罗马人在希腊北部展开了一系列战争，直到公元前168年马其顿国王珀尔修斯（Perseus）被小西庇阿的生父埃米利乌斯·保卢斯击败。不久之后，罗马人控制了今天我们所说的希腊本土全境。

此外，公元前3世纪20年代，罗马人还与意大利北端的高卢人发生过几次大规模冲突。他们还定期干预亚得里亚海对岸的事务，其中一部分是对付所谓的海盗（对"船上敌人"的统称），后者得到了对岸部落和王国的支持——至少据说如此。公元前

190 年，在"亚洲征服者"西庇阿的统率下，他们彻底打败了叙利亚的安条克"大帝"。此人不仅忙着效仿亚历山大大帝和相应地扩张自己的势力基础，而且还收留了被迦太基流放的汉尼拔，据说后者曾就如何对付罗马人为国王出谋划策。

充满军事活动是罗马人生活的基本特征，和我刚才的做法一样，罗马作家们也以一系列战争为中心组织该时期的历史，并给这些战争起了简称，常常沿用至今。当撒鲁斯特把他关于喀提林阴谋的作品称为《喀提林战争》时，他（可能略带戏谑地）想到了罗马人把战争视为最重要的历史建构原则的传统。这种传统历史悠久。恩尼乌斯创作的关于罗马历史的史诗只留下了只言片语，其中明确提到了"第二次布匿战争"，他作为罗马的盟友参加了这场战争；他在创作这部作品时第三次布匿战争甚至还没爆发。

事实上，罗马人为战争投入了巨大资源，即使最终获胜，他们也付出了巨大的伤亡代价。整个该时期，10% 到 25% 的罗马成年男性每年都在军团服役，这个比例超过了其他任何前工业时代国家，上限数字甚至堪比第一次世界大战的征兵率。参加坎尼战役的军团数是 80 年前森提努姆战役的两倍——这很好地表明了冲突规模在不断扩大，以及装备、供应和牲畜运输等后勤工作面临着日益复杂和严苛的要求。比如，罗马人和他们的盟友投入坎尼战役的军队每天仅小麦就需要约 100 吨。这意味着他们要与当地社群进行交易、安排数以百计的役畜（它们肯定也要消耗自己背负的一部分物资）、搭建物资筹集和分发网络，这些在世纪之初都是无法想象的。

估算伤亡数字更加困难：古代战场上没有系统化的死亡人数

清点；我们必须用怀疑的眼光看待古代文本中的各种数字，它们受到夸张和误解的影响，而且后来的中世纪僧侣在抄写时还可能犯下某些严重的错误。不过，在李维记录的公元前2世纪头30年间爆发的各种战争中（因此不包括与汉尼拔交战时遭受的巨大损失），罗马的全部阵亡人数略多于5.5万。这个数字太低了。他很可能出于爱国倾向而故意对罗马人的损失轻描淡写；除了罗马公民，我们不知道盟军是否也被计算在内；李维列出的清单中必然忽略了一些战斗和小规模交锋；最终伤重不治的人也肯定很多（在大部分情况下，古代武器更容易伤人而非直接致死，伤者随后可能死于感染）。但它能让我们窥见罗马一方在战争中的人员损失。战败方的伤亡人数甚至更难估算，但大概损失更为严重。

不过，我们不能把眼光仅仅盯在这场杀戮的可怕上，而是必须要更深入地观察战争的真实情况和组织方式，探究支撑扩张的罗马内部政治，以及罗马人的野心和古代地中海地区更广泛的地缘政治，它们可能也推动了罗马的扩张。波利比乌斯是我们最重要的向导，但其他同时代的鲜活证据（经常是刻在石头上的文献）也让我们有可能追溯罗马人与外部世界间的某些互动。记录了希腊小城使者在罗马所遭遇的令人困惑的经历的第一手资料留存至今；我们还可以读到罗马人与外邦所签订的详细条约的文本。其中最古老的来自公元前212年，是罗马与一批希腊城市达成的长得多的协议的一部分，其中明确规定了如何在罗马和盟友之间分配战利品：基本上，城市和房屋归希腊人，动产归罗马人。

海外的军事成果对罗马本身也产生了重要影响。文学革命只是其中的一部分。到了公元前2世纪中期，战争收益已经让罗马人在财富上远远超过他们已知的世界中的其他任何民族。成千上万的俘虏沦为奴隶,在罗马人的田地、矿井和磨坊中工作,这些地方以比之前大得多的规模开采着资源,为罗马的生产和经济发展提供了动力。从富饶的东方城市和王国带来(或偷走)的金银条被一车车运往广场上农神庙(Temple of Saturn)的地下室,那里戒备森严,是罗马的"国库"。而剩下的还足以塞满士兵的口袋,从最威严的将军到最粗俗的雇佣兵人人有份。

罗马人有足够多的理由来庆祝。一部分金钱被用于建设新的公民设施,从新添港口设备和台伯河畔的大片仓库到街道两旁新立起的神庙,后者是为了感谢神明的协助,它们确保罗马人获取胜利,带来了这一切财富。不难想象当公元前167年罗马成为免税国时举城同庆的场景:国库如此充盈(这要特别感谢新近战胜马其顿带来的战利品),以至于除了紧急情况,国家暂时对罗马公民停征直接税,虽然他们还要支付一系列其他税赋,比如关税或释放奴隶时的特别税。

不过,这些改变也带来了不稳定。不仅仅是有某些执拗的罗马卫道士对这一切财富和"奢侈"(按照他们的说法)带来的危险影响感到担心。罗马势力的扩张引发了一系列重大的争论和矛盾,其中包括罗马在世界上的地位、罗马人控制了地中海地区如此之多的土地后什么才算是"罗马的"、野蛮和文明的边界如今何在,以及罗马位于边界的哪一边。比如,公元前3世纪末,当罗马官方将大地母女神从今天土耳其境内的高原迎接到罗马,将其庄重地安放在帕拉丁山的一座神庙中时(并配备了专门侍奉她的自我阉割和自我鞭笞的长发祭司团),这在多大程度上是"罗马的"?

换句话说,胜利自身带来了问题和矛盾。甚至"胜利"与"失败"的定义都可能是不确定的。这种不确定性在第二次布匿战争期间的坎尼战役中得到了清晰的体现。它让我们窥见了古代战斗的战略、战术和真实面貌,但在波利比乌斯看来(汉尼拔可能也有同感),它提出的问题是:这场罗马最惨痛的失败是否在某些方面也是对其实力最有力的彰显。

坎尼与战争的模糊面目

公元前216年,罗马官方举行了李维所说的"很不罗马的仪式"。他们在城市中心活埋了两对人类牺牲,分别是高卢人和希腊人。这是罗马人到那时为止最接近人祭的行为,李维在讲述该故事时明显很尴尬。但罗马人并非仅仅这样做过一次:同样的仪式在公元前228年面对北方高卢人的入侵时也举行过,公元前113年再次举行,原因也是类似的入侵威胁。公元前216年举行人祭的起因是那年早些时候汉尼拔在距离罗马东南200英里处的坎尼取得了胜利,罗马人在那个下午伤亡惨重(各种估算数字从约4万到7万不等,换句话说,每分钟就有上百人死亡)。这个残酷的仪式充斥着各种疑团。为何选择高卢人和希腊人?仪式与将违反守贞誓言的维斯塔贞女活埋的类似做法有关吗(后者在公元前216年和113年同样发生过)?它无疑指向汉尼拔的惊人胜利——从他的角度来看是胜利——给罗马带来的恐惧与惶恐。

坎尼战役和整个第二次布匿战争的历史让此后的将军、学者和历史学家着迷。很可能再没有哪场战争在如此之多的书房和教室中被如此频繁地重演,或者被现代世界的军人们——从拿破仑·波拿巴到蒙哥马利元帅和诺曼·施瓦茨科普夫（Norman Schwarzkopf）——如此专心地探究。它的起因至今仍然和过去一样被笼罩在推测和事后猜想中。在后世的罗马人眼中，它成了另一场超级大国间的碰撞和另一段史诗素材。维吉尔的《埃涅阿斯纪》甚至在罗马的史前史中为其安排了神话起源：被情人埃涅阿斯（正在前往建立罗马城途中）抛弃的迦太基女王在葬礼柴垛上自焚身亡，并诅咒了他和他的整个民族。事实上，我们很难弄清罗马人或迦太基人的目标。迦太基在北非沿岸占据了得天独厚的位置，建有引人瞩目的港口和比同时代罗马更宏伟的城市，在地中海西部拥有广泛的贸易利益，很可能有理由对崛起中的意大利对手抱有疑心。古代和现代作家们在不同程度上提到了罗马在西班牙对汉尼拔发起挑衅和第一次布匿战争后汉尼拔对作为胜利者的罗马怀恨在心。根据最新统计，关于这场冲突背后的真正原因，人们给出了30多个版本。

许多分析者认为，罗马人和迦太基人的战略选择特别有趣且发人深省。在汉尼拔一边，这远远不只是那些人们喜闻乐见的疑团，比如他可能选择的是从哪条路线带着大象翻越了阿尔卑斯山，或者传说中他为了砸碎阿尔卑斯山的岩石而在上面浇醋的做法是否可行（很可能行不通）。主要问题永远是，在取得坎尼战役的惊人胜利后，他究竟为何没能在有机会的情况下更进一步拿下罗马城，而是让罗马人恢复了元气。李维想象汉尼拔手下一位名叫马哈巴尔（Maharbal）的军官对他说："汉尼拔，你知道如何赢得胜利，但你不知道如何利用它。"蒙哥马利只是后世许多赞同马哈巴尔观点的将领之一。汉尼拔是一位出色的军人和勇敢的冒险家，大奖已经近在眼前，但出于某种无从知晓的原因（失去勇气或是某种性格缺陷），他没能得到。这正是他的悲剧光辉所在。

  罗马人获得的最终胜利凸显了一场务实得多的两种战略和军事风格之间的冲突，冲突的双方是昆图斯·法比乌斯·马克西姆斯·维鲁克苏斯·昆克塔托尔（Quintus Fabius Maximus Verrucosus Cunctator）——最后3个名字意为"最伟大的，长疣子的，拖延者"，这是一个罗马人喜欢把自吹自擂和实际情况结合起来的典型例子——和大西庇阿。法比乌斯[1]在坎尼战役打响前不久接过指挥权，他避免与汉尼拔正面交锋，而是伺机而动，联合使用游击战术和焦土政策，让敌人疲惫（故此得名"拖延者"）。一些观察者认为，这种老谋深算的战略基本成功了。虽然与大西庇阿关系密切，恩尼乌斯还是将罗马的幸免于难归功于法比乌斯，他写道："只有一个人靠拖延（cunctando）为我们保住了国家。"乔治·华盛顿有时被称作"美国的法比乌斯"，他在美国独立战争初期选择了类似的策略，骚扰敌人而非直接与其交锋，而英国的左翼团体费边社（Fabian Society）也借用了他的名字并以其为榜样，他们的口号是"如果你想要革命成功，你必须和法比乌斯一样学会等待时机"。但总有人认为法比乌斯是个慢性子和犹豫不决的人，而非聪明的战略家，不同于积极得多的大西庇阿，后者最终接过指挥权，他说服元老院允许自己将战线移到非洲并在那里消灭汉尼拔。在描绘那次元老院集会时，李维让谨慎而老迈的法比乌斯和充满活力的政治新星大西庇阿展开了一场辩论（大体上是想象）。辩论不仅凸显了两人在战争策略上的差别，而且展现了他们理解罗马人"德性"的方式的不同。"男子气概"

---

[1] 也译作费边。

一定意味着速度和活力吗？英勇是否也能是缓慢的？

不过，后人记录的用兵之道可能有误导性，特别是在用它重建某一场战役中发生的情况时。策略分析和经常与之相伴的各种出色的军事图表为我们提供了一个经过高度净化的罗马战事版本，并暗示我们对罗马战争的面貌的了解要比事实上更多，甚至对于坎尼战役这样重要的交锋也是如此。诚然，波利比乌斯（他可能请教过目击者）和李维等史学家对其做了详细叙述，但它们在细节上并不一致，条理不够清晰，有时几乎显得荒谬。我们甚至不知道战役具体在哪里打响，之所以会出现关于地点的不同看法，是因为人们试图把古代作家们相互冲突的记录版本与当时地形可能的样子（把附近河流的变道也考虑在内）匹配起来。此外，虽然汉尼拔在坎尼实施的作战计划在现代人这里几乎得到了近乎神话般的赞美，至今仍是军事院校课程的一部分，但那实际上只是巧妙地绕到敌人背后。如果有可能，古代将领们总是会玩这种把戏，因为这给了他们包围敌人的最好机会，也是能大批杀戮或俘虏敌人的唯一可靠方法。

事实上，我们很难想象在投入 10 万人以上的古代战场上还能采用什么更复杂的战术。统帅们如何向军队发布有效指令，或者说他们如何知道战场上的不同区域正在发生什么，这些几乎完全是个谜。再加上操着不同语言的军队（无论是来自不同民族的雇佣军，还是不会说拉丁语的罗马盟友）、奇特的景象（一些高卢人显然赤膊上阵）、骑兵在没有马镫（那是后来的发明）的情况下试图驾驭马匹并作战，而在有的交锋中，受伤的战象会发狂，调头冲向己方的阵线（虽然在坎尼没有发生这种情况，因为汉尼拔的大象到了那时候已经全部阵亡），画面显得非常混乱。当埃米利乌斯·保卢斯表示"知道如何在战场上征服的人也知道如何举办宴会和组织竞技"时,他可能想到了这幅画面。人们通常认为他是在说军事胜利和竞技表演的关系,但他也可能在暗示成功将领所具有的才能并不比基本的组织技能高很多。

不过,在第二次布匿战争乃至罗马军事扩张的更长历史中,坎尼战役之所以是一个关键转折点正是因为罗马人在那里损失了如此之多的人,而且几乎用光了钱。基本的阿斯(as)铜币在战争过程中被减重,从大约300克减少到刚超过50克。李维表示,公元前214年,罗马人民接到直接出资组建舰队的号召:这很好地展示了支持战争的爱国主义和国库的空虚,但也表明尽管遭遇了危机,私人手中还有钱。在那种处境下,换成其他几乎任何一个古代国家都会被迫投降。罗马继续作战,没有什么比这个单一的事实更好地凸显了罗马庞大的公民和盟友人力储备的重要性。从汉尼拔在坎尼战役后的行动来看,他可能也看到了这一点。他没有继续向罗马进军可能并非因为失去了勇气。他意识到罗马的力量是由盟友的人力支撑的,于是转而寻求慢慢地争取意大利的盟友——他取得了一些成功,但不足以削弱罗马的耐久力。

当波利比乌斯选择在他的《历史》中插入一大段讨论坎尼战役时期罗马政治体制优点的题外话时,他一定也是这样想的。他的总体目的是解释罗马人能够征服世界的原因,其中一部分解释来自罗马内部政治结构的优点和稳定性。他的解释是现存最早的差不多同时代人对罗马政治生活做出的描绘(波利比乌斯回顾了大约50年前的事,但也融入了他对自己时代做出的观察);与此同时,这还是对罗马政治如何运作做出的第一次理论分析尝试,至今仍有重要影响。

波利比乌斯论罗马政治

　　波利比乌斯先后以敌人和朋友的身份了解过罗马，在对该城的崛起及其制度的思考上拥有得天独厚的优势。他出生在伯罗奔尼撒半岛一个小城的政治贵族家庭，公元前168年他30多岁时，作为埃米利乌斯·保卢斯打败珀尔修斯国王后的政治清洗或预防措施的一部分，包括他在内的1000名希腊人质被带到罗马。他们大多被置于宽松的软禁之下，分居意大利各地。已经以作家身份闻名的波利比乌斯要幸运一些。他很快结识了小西庇阿（似乎是因为借书而相遇）及其家族，被允许住在罗马。在那里，他成了这个年轻人事实上的家庭教师，变得如"父子般"亲密。200多年后，波利比乌斯为小西庇阿提供的零星建议仍在被人引用或误引。据说他曾敦促弟子说："不要从广场回来，直到你至少交到一位新朋友。"

　　还活着的人质在公元前150年左右得到释放。只有300人仍然活着，据说一名直言不讳的罗马人抱怨说，元老院"讨论某些年迈的希腊人应该被埋在这里还是希腊"是浪费时间。但波利比乌斯很快回到了他的罗马伙伴们身边，随军前往迦太基，并充当了公元前146年科林斯被毁后的谈判中间人。他还继续在写自己的《历史》，最终包括40卷的内容，主要关注公元前220年到前167年的时间，中间曾短暂闪回到第一次布匿战争，并在后记中将故事延伸到公元前146年。无论波利比乌斯的主要目标读者是希腊人还是罗马人，他的作品都成了后世的罗马人在试图理解自己城邦如何崛起时的重要参考点。创作《罗马史》时，李维的书桌上一定放着这部作品。

图 32 这个波利比乌斯的形象是公元 2 世纪时一个自称这位历史学家后裔的人在一座希腊小城留下来的。这是他唯一留存的"肖像",但几乎谈不上如实反映了他的样子。事实上,他被描绘成公元前 5 世纪古典时代希腊武士的样子,比他生活的时代早了 300 年。让情况变得更复杂的是,雕像原作已经失传,只有画中的石膏浮雕存世。

波利比乌斯既是罗马的人质和罗马统治的批评者,又是罗马的合作者,可以想见,现代历史学家会觉得难以准确划定他这两种身份之间的界限。有时,他无疑会在自己的不同效忠对象间巧妙地保持平衡,在向一位显要的叙利亚人质提供幕后建议告诉他如何从被看押的地方溜走的同时,[1] 又在《历史》中小心地强调,发生那次著名的脱逃事件当天,自己"卧病在床",没有出门。但无论波利比乌斯的政治立场如何,他都拥有从两方面了解罗马历史的优势,还有机会询问一些罗马最重要的人物。通过把几十年的亲身经历和在祖国接受的复杂的希腊政治理论训练结合起来,他从得天独厚的视角剖析了罗马的内部组织,强调那是其对外取得成功的基础。事实上,他的作品是现存最早的比较政治人类学

---

[1] 指塞琉古帝国的"拯救者"德米特里一世,当时被父亲塞琉古四世送到罗马当人质。(《历史》31.2)。

研究尝试之一。

他的叙述精彩地把敏锐的观察、困惑和偶尔孤注一掷地用自己的语言对罗马政治进行理论化的尝试结合了起来，这并不让人意外。他细致地审视了周遭的罗马环境和他新交的罗马人朋友。比如，他注意到宗教或者说"敬畏神明"在控制罗马人行为上的重要性，并对罗马人组织机构所拥有的系统效率印象深刻；为此，他对军事安排做了重要讨论（但现在常被忽略），包括扎营的自助规则、执政官的营帐应该扎在何处、如何安排军团的行李，以及野蛮的军纪制度。透过各种罗马制度和最受欢迎的消遣活动的表面，他还非常犀利地看到了它们背后的社会意义。他一定听说过关于罗马人的勇气、英雄主义和自我牺牲的各种故事——人们在营火旁和餐桌上不断讲述和重述它们——他的结论是，它们不仅是为了消遣。这些故事的功能是鼓励年轻人模仿祖先的英勇事迹；它们是他所看到的贯穿罗马贵族社会的效仿、进取和竞争精神的一个方面。

"杰出人物"的葬礼体现了这种精神的另一个方面，尽管有些令人毛骨悚然，他将其变成了一个详尽的案例研究。再一次地，波利比乌斯一定见证了足够多的此类葬礼，能够提炼出它们的更深刻的意义。他描绘说，人们把尸体抬入广场，放到讲坛上，通常设法使其直立，好让大群听众看见。在随后的队列中，家族成员戴着死者祖先形象的面具，身着与每一位祖先所担任公职相应的服饰（紫边托加袍等），仿佛他们都"活着和呼吸着"在场。由一名家族成员发表的葬礼演说首先罗列了讲坛上那位死者生前的成就，随后一一盘点其他在场人物的生涯，他们此时正坐在死者身旁排成一列的象牙椅子（至少表面镶嵌了象牙）上。波利比乌斯最后说："这种仪式最重要的结果是使年轻一代受到鼓舞，让他们愿意为了公共福祉忍受一切，以期赢得属于勇者的荣耀。"

这可能是对罗马文化中竞争的一面相当美好的看法。对共和国来说，无节制的竞争最终更多地起到的作用是摧毁而非维系。即便在这之前，人们也能很合理地想到，每有一个受到鼓舞而去追求达到祖先成就的年轻罗马人，就必然有另一个年轻人无法承受自己身上的传统和期待的重负——如果波利比乌斯选择去思考罗马文化中所有关于弑父的儿子的故事，他可能就会意识到这一点。但西庇阿家族的另一段墓志铭出色地概述了这种看法，我们很容易猜测波利比乌斯可能见过那段文字："我有了子嗣。我寻求达到与我父亲同等的成就。我赢得了祖先的赞誉，他们很高兴我是他们的族裔。我的生涯让我的家族获得荣光。"

不过，位于波利比乌斯观点核心的是更重大的问题。如何在整体上刻画罗马的政治制度？它如何运作？罗马从未有过成文宪法，但波利比乌斯将罗马视为一个实践了希腊古老的政治理想的完美例子：将君主制、贵族制和民主制最好的方面结合起来的"混合宪法"。执政官代表了君主元素，他们完全掌握着军事指挥权，可以召集各个人民大会，并向其他所有的官员下达命令（除了平民保民官）。元老院代表了贵族元素，在当时主管罗马的财政，负责向其他城市派遣使者和接待其他城市的使者，并在事实上监督整个罗马和盟友领土上的法律实施状况和安全。人民代表了民主元素。这并非现代意义上的民主或"人民"——古代世界没有普选权这种东西，女性和奴隶在任何地方都从未拥有过正式的政治权利。波利比乌斯在这里指的是全体男性公民。就像在古典时代的雅典那样，只有他们能选举国家官员，能通过或否决法律，对参战与否做出最后决定，还能组成法庭审判重罪。

波利比乌斯表示，其中的秘密在于执政官、元老院和人民之间形成了巧妙的制衡关系，因此君主制、贵族制和民主制都无法完全占据上风。比如，执政官在战场上虽然像君主一样拥有完全的指挥权，但他们首先必须由人民选出，并且需要依赖元老院提供资金（元老院还决定着某位获胜的将军是否应该在战事结束后享受凯旋式），而任何可能签订的条约必须经过人民投票批准。诸如此类，不胜枚举。波利比乌斯认为，正是贯穿政治制度的这些平衡带来了内部稳定，而罗马以此为基础对外取得了成功。

这个分析堪称睿智，敏锐地注意到了不同政治制度间的细小差异和微妙差别。事实上，波利比乌斯在某些方面试图把他在罗马见证的政治生活硬塞进并非完全合适的希腊式分析模型。比如，他在讨论中使用的"民主"之类的字眼就很具有误导性。"民主"（demokratia）在政治和语言上植根于希腊世界。即便在其有限的古代意义上，甚至是对最激进的罗马人民政治家而言，它在罗马也从来不是一个战斗口号。在现存的大部分有保守倾向的作品中，这个词带有接近"暴民统治"的意思。询问共和时期的罗马政治有多么"民主"这样的问题几乎没有意义：罗马人为自由而战，而非民主。但从另一个角度来看，通过让读者在他们对罗马政治的理解中始终注意到人民的存在，并且不把目光局限于当选官员和贵族元老的权力，波利比乌斯引发了一场至今仍未结束的重要争论。人民的声音在罗马共和国的政治中有多大影响力？谁控制着罗马？我们应该如何刻画这一罗马的政治制度？

把共和时期的政治过程描绘成完全被少数富人主导的景象十分容易。等级冲突的结果并非人民革命，而是创造了一个由富有平民和贵族组成的新统治阶层。大部分公职当选的首要条件是一笔巨额财富。参选前必须通过财务检查，这就将大部分公民排除在外；我们不清楚满足条件所需的具体金额，但可以想见一定被设置在财产估价等级的最高水平上，即所谓的骑士等级。当人民集合起来投票时，投票制度的设计使结果向富人倾斜。我们已经看到过这种制度在选举高级官员的百人队大会上是如何运作的：如果富人百人队联合起来，还没轮到较穷的百人队有机会投票，就能决定结果。另一个主要大会基于地理上的"部落"区划投票，理论上更加平等——但随着时间的流逝，它在实践中也变得不一定平等。在公元前241年最终确定的35个地理区划中（随着公民权被扩大到意大利各地，部落的数量此前一直在增加），只有4个涵盖了城市本身。剩下的31个涵盖了罗马现在辽阔的乡间领土。由于必须亲自到城中投票，有时间和交通工具前去投票的人拥有压倒性的影响力；城中居民的票只对那少数几个城市部落有影响。此外，严格说来，各个大会只是就某个高级官员给出的候选人名单或提议进行投票。没有全体讨论，投票者无法提出建议甚至做出修改，而且人民几乎批准了我们所知的每一份放在他们面前的立法草案。这与我们所理解的人民权力不符。

　　但此事也有另外一面。除了波利比乌斯所强调的人民在形式上拥有的特权，我们还能够看到一个更宽泛的政治文化留下的清晰痕迹，人民的声音在这种文化中是一种关键的元素。穷人的投票会产生重要影响，是热情拉票的对象。富人并不经常团结一致，选举竞争激烈。担任或寻求公职的人非常重视说服民众为他们或他们的法律草案投票，而且投入了大量精力来磨砺能让他们做到这一点的修辞技巧。无视或羞辱穷人会招来危险。在共和时期的政治场景所具有的独特特征中,其中一个是半正式的议事会(contiones),通常在投票大会开始前不久举行,对立官员试图在会上争取民众支持自己的观点(比如,西塞罗在议事会上做了第二次和第四次反喀提林演说)。我们无法确知议事会举办的频率或者有多少人参加。但有几条线索表明,会上弥漫着政治激情、喧嚣的热情和巨大的噪音。在公元前1世纪的一次议事会上,据说叫嚷声非常高,以至于一只不幸从旁边飞过的乌鸦被震晕落地。

关于拉票活动的重要性和紧张程度,以及如何做可能会赢得或失去人民的选票流传着各种逸闻。波利比乌斯讲过一个关于叙利亚国王安条克四世(Antiochus IV,尊号 Epiphanes,意为"著名的",甚至是"神显者")的有趣的故事,后者是被"亚细亚征服者"西庇阿"击溃"的安条克大帝之子。年轻时,他曾作为人质在罗马待了10多年,直到被一位更年轻的亲戚——即后来波利比乌斯授计助其逃脱的那个人——换回。回到东方后,他还带着各种居留罗马期间养成的罗马人习惯。这些习惯大多可以归结为展现亲民姿态:与任何他遇见的人交谈、给普通人送礼和巡视工匠作坊。但其中最引人瞩目的是,他会穿上托加袍巡视市场,仿佛自己是候选人,与民众握手并请求他们为自己投票。此举让住在安条克帝国华丽都城的居民感到困惑,他们不习惯国王做出这种事,给他取了 Epimanes("疯子")的绰号。但显而易见,安条克从罗马人那里学到的一课是,普通人和他们的选票是重要的。

同样意味深长的是关于公元前2世纪西庇阿家族另一位成员普布利乌斯·科内利乌斯·西庇阿·纳西卡(Publius Cornelius Scipio Nasica)的一则逸闻。一天,他为了竞选营造官而外出拉票,在忙着与选民握手时(这在当时和今天都是标准程序),他遇到一位因为做农活而手上长满老茧的人。这位年轻贵族开玩笑说："天啊，你是用手走路的吗？"他的话被人无意中听到了，平民认定他是在嘲笑他们的贫穷和劳动。结果自不必说，他竞选失利。

那么，这是什么样的政治制度呢？不同利益间的平衡显然不像波利比乌斯所描绘的那样不偏不倚。穷人永远无法登上罗马政治的顶峰；平民永远无法在政治上拥有主动权；个体公民越富有就应该拥有更大的政治影响力，这几乎成了公理。但这种形式的不均衡在许多现代的所谓民主国家中似曾相识：在罗马，同样只有通过民众选举和受到普通人的青睐，富人和特权者才能获得所竞争的政治职位和政治力量，但普通人的财力永远达不到使他们能够亲自参选所需的水平。就像年轻的西庇阿·纳西卡吃了苦头才认识到的，富人的成功是穷人给予的礼物。富人必须意识到他们依赖全体人民。

命令他人服从的帝国

波利比乌斯坚信不疑地认为，罗马在海外取得成功的重要基础是由其稳定的"宪法"所提供的。但他亲历过罗马战争的前线，并把罗马视为一个咄咄逼人的强国，拥有占领全世界的帝国主义目标。他在描述第一次布匿战争的结尾处强调："他们提出了一个大胆的目标，想要统治和控制世界——他们实现了目的。"并非所有人都认同这一点。他承认，甚至有一些希腊人表示，罗马人的征服是"机缘巧合或无意为之"。许多罗马人则坚持认为，他们的海外扩张是一系列正义战争的结果，即这些战争得到了神明的必要支持，是出于自卫或为了保护盟友，而后者常常向罗马求助。它们根本不是侵略。

用不了 100 年，罗马会竖起比真人更大的手握球体的罗马将军雕像，如果波利比乌斯能活着看到它们，他必定会觉得自己的观点得到了证明。公元前 1 世纪及之后，许多描述罗马势力的词句背后无疑都隐藏着掌控世界的想法（"一个没有边界的帝国"，就像朱庇特在维吉尔的《埃涅阿斯纪》中所预言的）。波利比乌斯想象罗马人在这个更早的阶段是受那种贪婪的帝国主义意识形态或某种昭昭天命的驱使，但就像他本人对事件的讲述所清楚表明的，这是错误的想法。驱动罗马人的是渗透在罗马社会各层面的对荣耀的渴望、对征服的欲求，以及对胜利所带来的经济利益的纯粹贪恋。当人民被要求投票支持参加第一次布匿战争时，向他们展示获得丰富战利品的前景并非没有理由。但无论在西庇阿们的集会上曾有何种幻想被提出来过，它们通通称不上统治世界的计划。

与我们所熟悉的罗马军团进军、征服和接管外国领土的神话相比，公元前 3 世纪和前 2 世纪的海外扩张要更加复杂，这种情况与罗马人在意大利内部扩大控制范围的情况非常相似。首先，罗马人并非该过程中唯一的行为主体。他们入侵的并不是一个由爱好和平、在贪婪的暴徒到来前一直安于自己的生活的民族组成的世界。罗马人宣称自己只是由于盟友们提出了求助请求而参战（这是历史上一些最典型侵略战争的借口），无论我们可能多么有理由质疑这种说法，但促使罗马人进行干涉的部分原因的确来自外部。

从希腊到今天的土耳其及其周边地区，地中海东部的世界是该时期罗马大部分军事活动的背景。那是一个充满政治冲突、不停变换的盟约关系以及各国间持续不断的残酷暴力的世界，与早期的意大利颇为相似，但规模要大得多。这是亚历山大大帝砸抢式征服遗留的局面，在必须要考虑如何安排自己的战败者之前，他就于公元前 323 年去世了。他的继承者们建起了对立的王朝，相互之间以及同周边的小国与联盟之间的战争和纠纷几乎从不间断。皮洛士就是这些王朝的统治者之一。"神显者"安条克是另一个：在罗马的人质生涯结束并在祖国尝试实行民众政治后，他在公元前 175 年到前 164 年的 10 年统治期间入侵了埃及（两次）、塞浦路斯、犹地阿（还引发了马卡比叛乱）、帕提亚和亚美尼亚。

罗马越是显得强大，交战各派就越把罗马人视为当地权力斗争中的有用盟友，并愈加热情地追求他们的影响力。来自东方的代表不断前往罗马，希望能争取到道义支持或军事干涉。这是该时期历史记述的普遍主题：比如，在埃米利乌斯·保卢斯征伐珀尔修斯的前夕，据说有大批使者试图说服罗马人对马其顿的野心采取行动。但揭示这种"追求"实际上是如何起作用的最生动的例子来自提奥斯，那是位于今天土耳其西海岸的一座小城。那里的一段公元前 2 世纪中期的铭文记录了人们试图将罗马人拉入一桩小纠纷中，我们只知道那是希腊北部的阿布德拉城（Abdera）和当地一位国王科图斯（Kotys）之间的土地权纠纷。

铭文是刻在石头上的一封"感谢信"，由阿布德拉人写给提奥斯城。因为提奥斯人似乎同意派两个人前往罗马（几乎就是现代意义上的游说者），以期争取罗马人在阿布德拉人与国王的纠纷中支持前者。阿布德拉人详尽描绘了这两人如何活动，就连他们经常到元老院关键成员的府邸拜访也记录在内。代表们显然非常敬业，以至于"身心俱疲，两人拜见了罗马的显要人物，通过每天参拜赢得了他们的支持";当两人拜访的一些人似乎支持科图斯时(因为他也向罗马派出了使者),"两人通过罗列事实和每天拜访中庭(atria,罗马建筑的中央大厅)赢得了他们的友谊"。

铭文中没有提到上述活动的结果,这暗示着情形对阿布德拉人不利。但在上文的概述中,敌对双方代表不仅纷纷走进了元老院,而且每天向个别元老游说,从中可以看到人们可以多么积极和不懈地争取罗马人的支持。而希腊世界各个城邦竖立的数以百计的罗马人——作为"拯救者和施恩者"——雕像表明,如果成功的话,这种干预行为会被如何称颂。我们如今无法辨识此类词语背后的所有双重想法:真诚的感激之外无疑也有同样多的恐惧和恭维。但它们很好地提醒了我们,"罗马征服"这种简单概括会掩盖涉事各方的大量观点、动机和抱负。

此外,罗马人并不试图系统性地吞并海外土地,或者建立标准的控制机制。这在一定程度上解释了为何扩张过程可以如此迅速:他们没有建立任何统治的基本架构。他们的确从被击败者那里榨取了物质回报,但采用的是因地制宜的不同方式。他们向一些国家索取巨额现金赔偿,仅公元前2世纪上半叶就共计超过600吨银条。在其他地方,他们接管了之前统治者建立的现成的规范税收制度。有时,他们还会想出新的办法来赚取丰厚收益。比如,曾经属于汉尼拔的西班牙银矿很快被开采出巨量的矿石,以至于今天在格陵兰岛冰盖深处钻取的可确定年代的样本中仍能检测到加工过程所造成的污染。公元前2世纪中期造访西班牙时,波利比乌斯看到仅在矿区的一个区域就有4万名(可能不是真实数字,古人常用"4万"表示"数目很大",类似我们常说的"数百万")矿工,大部分无疑是奴隶。罗马人的政治控制形式同样多种多样——从完全放手的"友谊"条约到扣押作为良好行为的担保的人质,再到几乎是永久驻扎的罗马军队和官员。埃米利乌斯·保卢斯打败珀尔修斯后所发生的事只是为这种一揽子安排可能的样子提供了一个例证。马其顿被拆分为 4 个独立自治的邦国;它们向罗马缴税,税率只有珀尔修斯时期的一半;马其顿的矿井被关闭,以免他们用自己的资源在该地区建立新的权力基地。

这是一个强制的帝国,因为罗马人获得了利益,并试图确保他们在想要按照自己的想法行事时不受阻碍,而且这背后总是伴随着武力威胁。与后来的罗马人所理解的不同,它不是一个吞并式的帝国。它没有详细的法律控制框架、规则或法规,或就此而言的任何卓有远见的抱负。当时,甚至拉丁语中的 imperium 一词的意思也更接近"向服从者发布命令的权力",而非像公元前 1 世纪末那样可以表示"帝国",指罗马直接统治下的整个地区。provincia 后来成了对经过仔细界定、由一名总督管理的帝国区划的标准称谓(行省),但这个词并非地理称谓,而是表示赋予罗马官员的一项职责。这种职责经常可能是负责特定地点的军事活动或行政管理。从公元前 3 世纪晚期开始,西西里和撒丁岛经常被称为行省,从公元前 2 世纪开始,西班牙的两个军事行省成为标准设置,虽然它们的边界并不固定。不过,provincia 同样可以指管理罗马国库的职责——公元前 3 世纪末和前 2 世纪初,普劳图斯在他的喜剧中还开玩笑地用 provincia 一词表示奴隶的职责。并不像后来那样,当时没有罗马人被外派成为"行省总督"。

对罗马人来说,重要的是他们是否能在战场上取胜,然后是否能够(通过劝说、威吓或暴力)在自己选择的地点和时间行使自己的意志,或者选择不这么做。"神显者"安条克与罗马人最后一次遭遇的故事生动地概括了这种 imperium 的风格。安条克第二次入侵埃及时，埃及人向罗马人求助。一位名叫盖乌斯·波皮利乌斯·莱纳斯（Gaius Popilius Laenas）的罗马使者被派遣前去与安条克在亚历山大里亚城外见面。和罗马人长期打过交道的国王无疑期待着相当礼貌的会面。但莱纳斯却向他转交了元老院的决议，要求他马上从埃及撤兵。当安条克请求给些时间与谋士们商议时，莱纳斯拾起一根棍子，在国王身边的尘土中画了个圈。在给出答复前，他不得走出那个圈子。惊愕的安条克顺从地接受了元老院的要求。这是一个命令他人服从的帝国。

帝国的影响

我们只要对提奥斯代表团的故事做一番更深入的分析，就能生动揭示出这也是一个充满沟通、流动、误解和变化观点的帝国。我们很容易同情弱势一方的困境。根据季节、船只质量和是否乐意天黑后继续航行（夜航可以让行程缩短一周，但充满了额外的危险），两人驶过半个地中海可能耗时 2 周到 5 周。当两人抵达罗马时，他们将要面对的这座城市比途中经过的一些更大，但远没有那么漂亮。我们知道，一位差不多同时到达罗马的希腊使者不幸掉进一条露天下水道并摔断了腿——养伤期间，他把大部分时间用来为好奇的听众开设文学理论入门课。

罗马还有奇怪和陌生的风俗。有趣的是，阿布德拉城撰写那段铭文的人甚至没有试图把一些明显的罗马词汇（诸如"中庭"和"恩主"［patronus］）翻译出来，而是仅仅将它们转写成希腊文。

当他们冒险去翻译这种词时，结果可能显得非常奇怪。比如，使者们据说每天向罗马人"参拜"。这里所用的希腊文 proskynesis 的字面意思为"躬身触摸"或"吻脚"。这可能指的是罗马人问候（salutation）的惯常做法，包括门客和依附者早上向恩主问安，但绝非吻脚——虽然这些外邦访客可能是想用该译法表示这种惯常做法所具有的羞辱性。我们只能猜测他们如何与人接触或陈述自己的诉求。许多富有的罗马人会说一些希腊语，可能比提奥斯人的拉丁语水平更高，但不一定很好。我们知道，真正的希腊人会恶意嘲笑罗马人糟糕的口音。

不过，当这两名提奥斯人在城中出现时，一些罗马人可能也会觉得别扭。因为即便外人对罗马势力的关注和认可让人欢喜，但这是一个新的世界，对他们来说可能几乎就像对访客一样令人困惑。一群外国人从你能想象的最遥远地方前来，飞快地说着一种你勉强能听懂的语言，他们显然极其关心一小块你一无所知的土地，极有可能俯身吻你的脚，当你面对这些时会做何感想？就像波利比乌斯所言，如果说罗马人在公元前 168 年之前的 53 年里征服了几乎整个已知世界，那么与此同时，极大地扩张了的疆域也改变了罗马和罗马文化。

进出罗马的人员流动就属于这种改变，其规模在古代世界前所未见。当来自地中海各地的奴隶涌入意大利和罗马本身时，这一定是个有关剥削的故事，但也是一个有关大规模强迫移民的故事。古代作家给出的罗马人在某次战争中抓获俘虏的数量很可能是夸大的（比如，第一次布匿战争中为 10 万人，而埃米利乌斯·保卢斯仅从珀尔修斯国土上的一个地区就俘虏了 15 万人），而且他们中的许多人不会被直接运回罗马，而是在距离被捕地点近得多的地方被卖给中间人。但一个合理的估算是，公元前2世纪早期，作为海外战争胜利的直接结果而来到意大利半岛的新奴隶平均每年超过8000人，而当时城内外的罗马成年男性公民总人口约为30万。后来，他们中的相当一部分会获得自由，成为新的罗马公民。这不仅对罗马经济，也对公民群体的文化和民族多样性产生了巨大影响；罗马人与外来者之间的界限日益模糊。

与此同时，罗马人也涌向海外。几个世纪以来，罗马的旅行者、商人和冒险家不断地探索地中海地区。在公元前3世纪晚期克里特岛上的一段铭文中留下自己名字的雇佣兵——"盖乌斯之子卢基乌斯"——不可能是在这个世界上最古老的行当中谋生的第一个罗马人。但从公元前2世纪开始，数以千计的罗马人长期生活在意大利半岛外。罗马商人们涌向地中海东部，抓住征服带来的商业机会——包括奴隶和香料贸易以及更加普通的军需合同——赚钱。"神显者"安条克甚至为雅典的建筑工程聘请了一位名叫德基姆斯·科苏提乌斯（Decimus Cossutius）的罗马建筑师。此人的后代和释奴有据可查，几十年后仍然活跃在意大利和地中海东部的建筑行业里。不过，生活在外邦的普通罗马人大多是士兵，现在他们一连多年在海外服役，而非像传统上那样只是夏天在罗马的后门驻营。第二次布匿战争后，经常有超过3万名的罗马公民在意大利之外服兵役，驻扎在从西班牙到地中海东部的任何地方。

这带来了一系列新的难题。比如，公元前171年，元老院接待了来自西班牙的使团，后者代表的是4000多个由罗马士兵与西班牙妇女所生的儿子。由于罗马人和西班牙当地人没有正式的通婚权，所以用我们的话来说，这些人没有国籍。他们不可能是唯一遭遇此类问题的人。当小西庇阿后来接管了西班牙的指挥权时，据说他把2000名"妓女"从罗马军营中赶走（我怀疑这些妇女对自己身份的看法可能截然不同）。但在这个案例中，向元老院提出诉求的后裔们自信地要求罗马人给他们一座归他们所有的城市，可能还要求对他们的法律地位做出某种澄清。他们被安置在西班牙最南端的卡泰亚（Carteia），那里获得了拉丁殖民地的身份，被界定为"释奴殖民地"（再次体现了罗马人特事特办的一贯才能）。我们无从知道，元老们讨论了多久才想出这个"释奴"和"拉丁人"的奇怪组合，对于这些法律上是罗马士兵的私生子的人，那是能让他们获得公民权的最合理身份。不过，这无疑表明元老们在尽力解决意大利之外何为或部分为罗马人的问题。

公元前2世纪中期，远远超过一半的罗马成年男性公民可能踏入过外部的世界，在他们去过的地方留下了数量未知的孩子。换句话说，目前为止，在古代地中海世界各国居民中，罗马人突然成了到过地方最多的，也许只有亚历山大时期的马其顿人或迦太基商人可与之匹敌。即使那些从未走出过国门的人也获得了新的想象视野，对海外地点有了新的了解，对自己在世界上的位置有了新的理解方式。

得胜班师的将军们的凯旋式游行提供了一扇令人印象最为深刻的通向外部世界的窗户。当成群的罗马人簇拥在街道边欢迎征服者军队归来时——他们在城中游行，展示着自己的收获和战利品——让人们动容的不仅是惊人的财富，虽然其中一些的确会让任何时代的任何人咋舌。公元前167年，当埃米利乌斯·保卢斯战胜珀尔修斯国王后回到罗马时，在城中展示所有战利品用了足足3天，仅雕塑和绘画就多达250车，还有装在750个巨大容器内的大量银币，需要 3000 人抬着。难怪罗马可以停收所有的直接税。不过，激发民众想象力的还有对外邦风貌和风俗的炫目展示。将军们让人在队列中抬着描绘著名战役和他们所占领城镇的精美画作和模型，好让本国人看到他们的军队在国外做了什么。让人群侧目的有身着"民族服装"和异国礼服的战败东方国王们，有希腊科学家阿基米德（在第二次布匿战争中被杀）制造的一对天球仪，[1] 还有各种异国的动物（有的成了马戏明星）。第一头踏上罗马街道的大象出现在公元前 275 年击败皮洛士后的游行中。就像后来的一位作家所看到的，这与差不多一个世纪前的战利品——"沃尔西人的牛群和萨宾人的羊群"——有天壤之别。

普劳图斯和泰伦斯的喜剧提供了一扇不同的窗户，并带有某些微妙和可能令人不安的反思。诚然，这些根据希腊原作改编，几乎都以男性追求女性为情节的作品今天并不以精妙为人称道。一些以"皆大欢喜"收场的强暴故事可能会让现代读者感到惊骇，其中一个的结尾概括来说就是："好消息——强暴者一直都是她的未婚夫。"此外，最初的表演是在各种公共庆祝活动——从宗教节日到凯旋式"之后的派对"——上进行，它们显然混乱而嘈杂，吸引着城中形形色色的人群，包括女人和奴隶。这与古典时期的雅典形成了鲜明反差，后者的观剧人数虽然比罗马更多，但很可能仅限男性公民，无论他们是否喧闹。不过，所有这些罗马戏剧演出都要求观众必须能面对自己生活于其中的世界所具有的文化复杂性。

---

[1] 马库斯·马克鲁斯（公元前 166 年任执政官）家中有一个他祖父攻下叙拉古时获得的天球仪，据说由阿基米德制造。天球仪原为一对，另一个被他祖父献给了"荣誉与德性"（Honos et Virtus）神庙。见西塞罗，《论共和国》1.21。

一定程度上,这是因为这些作品以希腊为背景。作品预设观众对意大利之外的地方有所了解,至少能认得它们的名字。剧情中经常表现出明显属于多元化的主题。普劳图斯的一部喜剧中有个迦太基人登台,含混不清地说了些可能准确但还是无法理解的布匿语。另一部剧中描绘了几个伪装成波斯人的角色——比起由于演员扮演的波斯人的形象而发笑,由于演员伪装波斯人故意伪装得不好而发笑是微妙得多的反应。不过,以一种在罗马文学史那个如此之早的阶段展现出的惊人老练,普劳图斯甚至进一步利用了自己的作品和他所处的世界所具有的混合特征。

他最喜欢的噱头之一(在多部作品的序言中反复出现)是类似"德墨菲洛斯(Demphilus)写了这个,普劳图斯将其蛮化"的表述,这是指他用(野蛮的)拉丁语翻译了希腊剧作家德墨菲洛斯的喜剧。事实上,这句看上去的玩笑话是对观众发起的巧妙挑战。对于来自希腊的人,这无疑让他们有机会暗笑那些新的、野蛮的世界统治者。对于其他人,这要求他们在概念上做个转变,想象自己在外部世界看来可能是什么样的。想要享受笑声,他们必须明白,罗马人在希腊人眼中可能是蛮族(即便只是开玩笑)。

换句话说,随着帝国疆域的扩大,支撑着古典希腊文化的简单的等级结构("我们高于他们""文明人高于蛮族")被动摇了。罗马人无疑可以轻蔑地对被征服的蛮族不屑一顾,将文明和温文尔雅的自己同粗俗、蓄长发和涂抹靛蓝的高卢人或其他所谓的劣等种族进行对比。事实上,他们的确经常这样做。但从那个时候开始,罗马作品中总是可以看到另一股潮流,它对罗马人在更广阔的世界中的相对位置以及如何平衡罗马人和外来者的美德做了更有颠覆性的反思。3个世纪后,当历史学家塔西佗暗示真正的"罗马"美德存在于苏格兰的"蛮族"那里而非罗马本身时，他发展的是一种可以上溯到帝国及其文学在这个早期阶段留下的思想传统。

如何成为罗马人

帝国的新疆域还有助于"旧式罗马人"的形象的创造，或者说它至少更加清晰地和带着更多意识形态的意义界定了这个形象。即使在今天，脚踏实地、不苟言笑、吃苦耐劳和不掩饰缺点等特征仍然是我们对罗马文化形成的刻板印象的一部分。但它们可能同样主要是该时期的一项创造。

由于攻击各种外国文化（特别是希腊文化）腐化了罗马人的行为和道德传统，公元前3世纪和前2世纪一些最直言不讳的声音变得有名；他们的批评对象包括从文学和哲学到裸体锻炼、奇异食物和脱毛。这些批评者中最著名的是马库斯·波基乌斯·加图（Marcus Porcius Cato，即"老加图"），此人是大西庇阿的同时代人和对手，曾特别指责后者在西西里的竞技训练场和剧场中放纵嬉戏。据说此人还把苏格拉底称为"糟糕的空谈者"，推崇蔬菜、鸭子和鸽子组成的罗马食疗配方（而非任何与希腊医生有关的东西，他们可能会让你送命），并警告说罗马的力量可能由于热情追捧希腊文学而受损。据波利比乌斯说，加图曾表示，共和国堕落的一个标志是漂亮男孩现在比田地更贵、罐装腌鱼比耕夫更值钱。他并非唯一持此观点的人。公元前2世纪中期，另一位显要人物成功说服人们拆毁罗马一座在建的希腊风格剧场，因

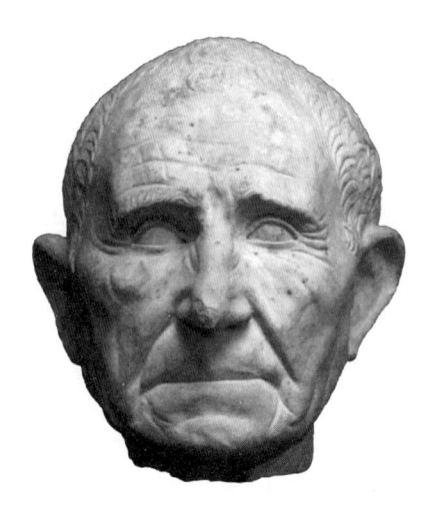

图 33　公元前 2 世纪和前 1 世纪的许多罗马肖像将人物描绘成老迈、皱纹堆垒和饱经风霜的样子。这在今天经常被称为"写实主义"（或超写实主义）风格，但事实上，这是一种高度"理想化"的表现形式。它推崇一种关于罗马人应有相貌的特定版本，不同于许多希腊雕塑所表现的完美青春形象。

为对罗马人来说，像传统中那样站着观剧更好、更有利于性格的塑造，而东方人则堕落地坐着观戏。简而言之，按照这些观点，被视作希腊式"温文尔雅"的东西不过是有害的"软弱"（罗马人称之为 mollitia），注定将损耗罗马人的性格力量。

这只是对来自罗马以外的新潮理念的保守反扑、传统派和新潮派之间的一波"文化战争"吗？可能在一定程度上是这样的，但事情还要更加复杂和有趣。尽管如此义正词严地批评，加图还是教自己的儿子学希腊语，他现存的作品——特别是一篇关于务农和农业管理的专业论文，以及大量来自他的演说辞和他撰写的意大利史的引用——显示，他非常擅长那些他自称鄙夷的希腊修辞技巧。此外，关于"罗马传统"的一些主张几乎只是奇思妙想。没有任何理由可以认为可敬的老年罗马人站着观剧。我们拥有的证据表明情况截然相反。

事实上，加图所说的不苟言笑的老式罗马价值既是对悠久罗马传统的辩护，也是他自己时代的一项发明。文化身份总是一个微妙的概念，我们不知道早期罗马人如何看待自己的独特性格以及自己与邻邦的区别。不过，罗马人严苛简朴的鲜明形象——后来的罗马人热切地将其投射回建邦祖先的身上，直到现代世界它仍是对罗马人特性做出的有力刻画——是这个海外扩张时期的一场剧烈文化冲突的产物，冲突的焦点是，在这个新的和更广阔的帝国世界中，在拥有如此多的其他选择的背景下，身为罗马人意味着什么。换句话说，"希腊性"和"罗马性"既截然相反，又不可分割地交织在一起。

这正是我们在李维等人讲述的故事中所看到的，他用特别令人目眩的方式讲述了在第二次布匿战争行将结束的公元前204年，大地母女神是如何被大张旗鼓地从小亚细亚迎接到罗马的。这是一个极具罗马特色的事件。一本据说可以上溯到塔克文家族统治时期的罗马占卜书建议将库柏勒女神（Cybele，大地母的另一名称）加入罗马众神的行列。罗马崇拜的神明的范围以灵活变化著称，大地母是罗马人祖居地（埃涅阿斯的特洛伊）的守护神，因此她在某种意义上属于意大利。他们派出一个高级代表团接收女神像并将其运回，而且就像神谕中所强调的，他们还选择了"国家最优秀的人"在罗马迎接她，此人恰好是另一位西庇阿。欢迎队伍中还有一位罗马贵妇（有些记述中说是一名维斯塔贞女）与他相伴，神像被从船上抬下后，由其他妇女组成的长长队列手递手地将其从河边送到城中。在女神自己的神庙建成之前，神像被暂时安置在胜利女神庙中。就我们所知，她的神庙将是罗马第一座用混凝土这种最有罗马特色的材料建造的建筑，后来的许多罗马建筑杰作都将以这种材料建成。

没有什么能比这让加图更高兴的了，但一切并非完全像看上

图 34 公元 2 世纪一位大地母祭司的纪念碑。此人的形象与身着托加袍的标准罗马祭司截然不同（见图 61），他留着长发，满身珠宝，使用"外邦"乐器，鞭子和尖头棒暗示着自我鞭笞。

去的那个样子。女神像并非任何罗马人可能期待的样子。这是一大块黑色陨石，而非通常的人形雕像。伴随陨石到来的还有一个祭司团。他们自我阉割，留着长发，使用铃鼓，热衷自我鞭笞。[1]

---

[1] 库柏勒的阉人祭司称为 Galli(Γάλλοι)，传统上认为得名于弗里吉亚（库柏勒崇拜源于那里）两条名叫 Gallus 的小河，传说饮用河水者会陷入宗教狂热。他们可能是在这种狂热下阉割了自己。见奥维德，《岁时记》4.363，4.237；普林尼，《博物志》5.147，11.261，31.9。

这一切是你能想象到的最不符合罗马风俗的样子。后来，人们围绕此事不断提出关于什么是"罗马的"和"外邦的"，以及两者的界限在哪里等令人难堪的问题。如果从罗马人祖居之地迎来的是这种东西，它对身为罗马人意味着什么这个问题意味着什么呢？

第 6 章

新政治

毁灭

即便按照古代的标准，对迦太基实行的长期包围及其于公元前146年的最终毁灭也是可怕的，双方都有暴行被披露。失败方有可能和胜利方一样残忍至极。有一次，据说迦太基人将罗马战俘带到城墙上示众，在他们战友的面前将其活活剥皮和大卸八块。

迦太基坐落在靠近今天突尼斯的地中海沿岸，被周长将近20英里的巨大环形城墙围绕着（高卢人入侵后建造的罗马城墙的长度还不到它的一半）。直到小西庇阿将该城与大海隔断，从而切断了物资供应，罗马人才在经过两年的包围作战后最终让饥饿的敌人屈服，并攻占了那里。唯一现存的描述了这最后时刻的古代文献含有大量耸人听闻的夸张因素，但它也敏锐地意识到，摧毁像迦太基这般坚固的城市一定是多么困难——从中还能窥见一些对伴随着失败而来的屠杀场景的描写，很可能是写实的。在突击时，罗马士兵沿着两旁矗立着多层建筑的街道与敌人厮杀；他们在屋顶间跳来跳去，将屋中人扔到街道上，推倒和点燃他们面前的建筑，直到他们制造的废墟挡住了自己的去路。垃圾清理者随后到来，他们拨开混在一起的建筑材料和人类尸骸，为下一波突击清理出空间。据说可以清楚看到垂死者的腿在废墟上抽搐,他们的头和身体被埋在下面。考古学家在一层层毁灭遗迹中找到的骸骨(更不必说同时出土的数以千计足以致命的石弹丸和陶土弹丸)表明,上述描绘可能并不像我们所希望的那样那么离谱。

记录中有惯常的疯狂劫掠,而且抢走的不仅是珍贵的金银。小西庇阿让人从火焰中抢救出迦太基人马戈(Mago)所著的著名农业百科全书;回到罗马后,元老院把一项艰难的任务交给一个罗马的语言学家委员会,要求他们将共计 28 卷的该书翻译成拉丁语,书中的内容包罗了从如何保存石榴到如何挑选小阉牛的一切。记录中也有神话的回响。小西庇阿看到迦太基被毁灭时引用的感伤的荷马诗句有凄楚的一面,但也是自夸。现在,罗马在由特洛伊战争开启的大国兴衰和大战交织的循环中占据了重要位置。与此同时,迦太基据说在毁灭时和诞生时如出一辙,都有一名男子为了罗马而抛弃了爱人。有个故事说,正如维吉尔的主人公埃涅阿斯在迦太基建立的过程中抛弃了狄多,在该城毁灭时,迦太基统帅哈斯德鲁巴尔(Hasdrubal)最终抛弃妻子投向罗马人。据说他的妻子在像狄多那样扑向葬礼柴垛自杀时谴责了他。

几个月之后,罗马人对科林斯的洗劫几乎同样是毁灭性的,该城距离迦太基将近 1000 英里,是希腊最富饶的城市。它在将伯罗奔尼撒同希腊其他地方分开的狭长地峡两侧都建有港口,得天独厚的地理位置使其获得了大量财富。在"亚该亚征服者"卢基乌斯·穆米乌斯(Lucius Mummius Achaicus,因为战胜了这些"亚该亚人"而后来获此绰号)的统率下,罗马军团攻破该城,洗劫了那里的大量珍奇艺术品,将当地人掳为奴隶,并把城市付之一炬。火势非常大,以至于被融化的金属混合起来据说变成了一种名为科林斯青铜的宝贵材料，极其昂贵。古代专家们完全不相信这个故事，但这幅极其震撼的景象——该城毁灭时的极度高温首先融化了珍贵的青铜，然后是白银，最后是黄金，直到它们融为一体——形象地表明了艺术和征服在罗马人想象中的密切联系。

穆米乌斯与喜爱荷马的小西庇阿截然不同，此人几乎是以一个缺乏文化修养的罗马市侩的漫画形象被载入史册的。波利比乌斯在希腊人战败后不久来到科林斯，他震惊地看到罗马士兵把珍贵画作的背面当成棋盘，这很可能得到了他们统帅的默许。差不多 7 个世纪后还流传着这样的一个笑话：在监督士兵将珍贵古董装船以便运回罗马时，穆米乌斯告诉船长们，如果有什么东西损坏了，他们必须赔偿一件新的。换句话说，他粗鄙得如此可笑，不明白"以新换旧"对于如此珍贵的古董是不适用的。

但就像其他许多故事一样，这个故事也有另一面。至少有一位严肃的罗马评论者曾持有类似加图的立场，表示如果有更多的人像穆米乌斯一样对希腊人的奢华敬而远之，那将使罗马受益。也许穆米乌斯的家族有简朴传统，因为他的玄孙就是那位以节俭和言简意赅著称的加尔巴皇帝，在穷奢极欲的尼禄倒台后，此人在公元 68—69 年做过几个月的统治者。但无论穆米乌斯的真实观点如何，他都对科林斯的战利品做了细心处置。一部分被献给希腊的神庙，既表达了虔敬，也对其他希腊人提出了微妙的警告。还有许多被带到罗马展示，或者被送给意大利的其他城市。与此相关的证据仍在陆续出现。2002 年，人们在清理庞贝城阿波罗神庙（就在广场边）外围的一处雕像底座时，在后来涂上去的石灰层下发现了用当地的奥斯坎语写的铭文，宣称曾经立在底座上的东西是"执政官卢基乌斯之子卢基乌斯·穆米乌斯"（L Mummis L kusul）送的礼物。这一定是来自科林斯的某件精品。

为何罗马人在短短几个月内如此粗暴地对待这两座宏伟而著名的城市后来一直是人们争论的话题。公元前202年，在大西庇阿赢得扎马战役的胜利后，终结了与汉尼拔的交战时，迦太基同意了罗马人的要求。50年后，它才还清最后一笔罗马人索取的巨额赔款。这场最后的毁灭行动只是罗马人以某个捏造的借口展开的复仇之举吗？还是说罗马人有理由担心迦太基的力量会复苏，无论是经济上抑或军事上的？加图是迦太基最高调的敌人，在每次演说的最后，他都会啰里啰唆但极有说服力地加上一句著名的话：迦太基必须被摧毁（其拉丁语原文 Carthago delenda est 至今耳熟能详）。他在元老院玩过的花招之一是让一串甜美成熟的迦太基无花果从自己的托加袍中落下。然后，他表示那些无花果来自只有3日行程之遥的城市。他故意报低了迦太基与罗马之间的距离（最快也要将近5日行程），但这有力地象征了迦太基农产富足，乃是肘腋之患和一个潜在对手——他的意图是引发罗马人对宿敌产生怀疑。

科林斯在罗马人的考量中一定扮演着截然不同的角色。它和其他几个希腊城市无视了罗马人在公元前2世纪40年代给出的一些相当漫不经心和并不非常清晰的指示（试图限制希腊世界的结盟），并在区域政治上遵循着自己的安排。更糟糕的是，科林斯人粗鲁地将一个罗马使团赶回了家。希腊其他地方都没有受到罗马同样的对待。科林斯是被作为公开表示不服从的典型而受到惩罚的吗？即便它的行为在程度上相对并不严重？还是说它真被怀疑可能成为地中海东部的又一个权力基地？或者就像波利比乌斯在《历史》结尾处所暗示的，罗马人是已经开始为消灭而消灭了吗？

无论在公元前 146 年的暴力行为背后隐藏着什么动机，那年的事件很快被视作转折点。从一方面看，它们标志着罗马获取军事成功的顶峰。现在，罗马已经摧毁了它在地中海世界最富有、最古老和最强大的对手们。就像 100 多年后维吉尔在《埃涅阿斯纪》中所说的，通过征服科林斯，穆米乌斯最终为特洛伊战争中被希腊人打败的埃涅阿斯的特洛伊人报了仇。但另一方面，公元前 146 年的事件被视作共和国崩溃的开端，预示着一个充满内战、大规模谋杀和暗杀的世纪的到来，这将导致独裁统治回归。这种观点认为，对敌人产生恐惧有利于罗马，一旦没有了任何重大的外部威胁，"德性之路将被腐败之路取代"。撒鲁斯特对这一点的分析尤其有说服力。他留存下来的另一篇文章以公元前 2 世纪末罗马人与北非国王朱古达（Jugurtha）之间的战争为主题，他在文中反思了摧毁迦太基后所产生的可怕后果：从罗马社会上下的普遍贪婪（"人人为自己"）到富人和穷人的共识被打破，再到权力集中在很少一部分人手中。这些都指向了共和体制的终结。撒鲁斯特对罗马权力的观察堪称敏锐，但就像我们将要看到的，想要解释共和国的崩溃并没有那么容易。

罗慕路斯和雷慕斯的遗产？

在从公元前 146 年到公元前 44 年恺撒遇刺这段时间（特别是最后的 30 年），罗马文学、艺术和文化达到了高峰。诗人卡图卢斯（Catullus）正在创作至今仍能跻身世界上最令人难忘的情诗行列的作品，它们是写给一位罗马元老的妻子的，[1]她的身份无疑被巧妙地用化名"莱斯比娅"（Lesbia）隐藏了起来。西塞罗正在起草将成为后世演讲术试金石的演说辞，并将修辞、良好统治甚至神学的原则理论化。恺撒正在书写他在高卢的战事，这是古代世界留存下来的寥寥无几的将军（或其他任何人）关于军事行动做出的自述之一，他的描绘很好地把自己美化了一番。而罗马城即将从杂乱拥挤的样子变成我们印象中引人瞩目的都城。第一座永久性的石结构剧场于公元前55年开放，拥有95米宽的舞台，连接着一大片由新的步行道、雕塑花园和大理石柱支撑着的柱廊组成的区域（见图44）。剧场现在被埋在现代时期建造的鲜花广场（Campo de'Fiori）附近的地下，它曾经占据着比后来的斗兽场大得多的面积。

不过，许多罗马评论者关注的并不是这些闪耀的成就，而是政治和道德的不断堕落。罗马军队继续在国外取得收益非常丰厚但有时也非常血腥的胜利。公元前61年，格奈乌斯·庞培乌斯·马格努斯（Gnaeus Pompeius Magnus，"伟大的"庞培，他效法亚历山大大帝而给自己起了这个称号）为他战胜本都国王米特拉达梯六世（Mithradates VI of Pontus，此人曾占有黑海周围的大片土地，但还想攫取更多）举行凯旋式。庆祝活动甚至比一个世纪前埃米利乌斯·保卢斯的凯旋式更加壮观。游行队伍携带的"75100000德拉克马银币"相当于帝国一整年的税收，足以养活

---

[1] 一般的说法是克洛迪娅（Clodia），昆图斯·凯基利乌斯·梅特鲁斯（Quintus Caecilius Metellus）之妻。

图 35 位于今天罗马斯帕达宫（Palazzo Spada）的巨型雕像，通常认为是庞培像；手中的圆球是作为世界征服者的庞培的惯常象征。在 18 和 19 世纪，这是一件特别著名的作品，甚至有人错误地以为恺撒就是在这座雕像下被刺杀的。大理石上的一些斑点被一厢情愿地认为是恺撒的血迹。

200 万人一年，其中很大一部分被用于建造前面提到的那座豪华剧场。公元前 1 世纪 50 年代，恺撒在罗马以北指挥的高卢战争（他自己做了记述）将数百万人置于罗马的控制之下，这还不包括据说他在战争期间杀死的差不多 100 万人。不过，罗马的矛头越来越多地从外部敌人转向罗马人自己。与埃涅阿斯的特洛伊人无关，这是手足相残的双胞胎罗慕路斯和雷慕斯的遗产。就像贺拉斯在公元前 1 世纪 30 年代所说的，"无辜的雷慕斯的鲜血"

开始复仇。

在回顾那个阶段时，罗马历史学家对和平政治的逐渐消亡感到遗憾。暴力被越来越习以为常地视作政治工具。传统的约束和惯例——瓦解，直到刀剑、棍棒和骚乱几乎取代了投票箱。与此同时，按照撒鲁斯特的说法，极少数拥有巨大的权力、财富和军事支持的个人统治了国家——直到恺撒正式成为"终身独裁官"，并在几周后被人以自由的名义刺杀。当我们以最简洁和最直接的方式讲述这个故事的要点时，它将由一系列导致该自由国家解体的关键时刻和冲突、一系列标志着政治过程不断堕落的各个阶段的关键点，以及一系列在数个世纪里都将萦绕在罗马人想象中的暴行组成。

第一个事件发生在公元前133年，提出将土地分给罗马穷人这一激进计划的平民保民官提比略·森普洛尼乌斯·格拉古（Tiberius Sempronius Gracchus）那一年决定寻求第二个任期。为了阻止他，未经官方首肯的一群元老和他们的门客阻挠选举，用棍棒将格拉古及其几百名支持者打死，并把他们的尸体扔进台伯河。许多罗马人轻易就忘记了伴随着等级冲突发生的暴力，称此事是"王政垮台后第一次以流血和公民死亡告终的政治纠纷"。很快就有了下一次。仅仅10年后，提比略·格拉古的弟弟盖乌斯（Gaius）遭遇了同样的命运。他提出了一项甚至更加激进的改革方案，包括向罗马公民提供粮食配额补贴，并成功地第二次当选保民官。但在公元前121年，当他试图阻止自己的立法被废除时，他被另一群得到更多官方支持的元老害死。这一次，他的数千名支持者的尸体堵塞了台伯河。类似的事件在公元前100年再次上演，袭击者从屋顶揭下瓦片作为武器，将元老院中的另一些改革者砸死。[1]

随后又接连发生了3次内战或革命起义（两者的界限经常很模糊），在某种意义上形成了一场持续超过20年的时断时续的冲突。首先，公元前91年，一些意大利盟友（socii，于是有了那个古怪和让人误以为有和谐意味的现代名称"同盟战争"[Social War]）向罗马宣战。几年后，罗马人基本上打败了盟友们，在此过程中向其中大部分人授予了完整的罗马公民权。即使这样，根据罗马人的一项估计，这些曾经在罗马的扩张战争中与罗马人并肩作战的人死亡了30万名左右。虽然这个数字可能有所夸大，但仍然表明伤亡规模与对抗汉尼拔的战争相差不远。同盟战争结束前，作为统帅之一的卢基乌斯·科内利乌斯·苏拉（Lucius Cornelius Sulla，公元前88年任执政官）成了神话中的科里奥拉努斯以来第一位率军攻打罗马城的罗马人。苏拉迫使元老院授予自己东方的一场战争的指挥权，4年后获胜归来时，他再次向家乡进军，并使自己被任命为独裁官。在公元前79年辞职前，他提出了一系列保守的改革计划，实行了恐怖统治，并实施了罗马历史上第一次有组织的政敌清洗。数千人的名字（约三分之一的

---

[1] 公元前100年，保民官卢基乌斯·阿普列乌斯·萨图尔尼努斯（Lucius Appuleius Saturninus）提出土地法案，内容包括给老兵分配土地和在意大利北部建立新的殖民地。他不顾元老院的反对，在马略老兵的支持下强行通过了法案，即《阿普列乌斯法》(leges Appuleiae)。同年12月，萨图尔尼努斯的盟友盖乌斯·格劳基亚（Gaius Glaucia）参加执政官选举，但落后于另一位候选人梅米乌斯（Memmius），萨图尔尼努斯和格劳基亚的支持者们当场打死梅米乌斯。元老院随即宣布他们为公敌，两人躲进卡庇托山上的朱庇特神庙，但被马略的军队擒获。马略把他们关在元老院议事厅等待审判，但贵族派激进分子认为那是为了拖延时间，于是爬上元老院屋顶，用瓦片将他们砸死。见阿庇安，《内战史》1.32。

元老都包括在内）上了张布在意大利各地的 proscriptions（也就是"通告"，这个隐晦说法让人不寒而栗），其中许诺为任何足够残忍、贪婪和不顾一切地杀死他们的人提供丰厚的奖赏。最后，这些冲突的余波推动斯巴达克斯（Spartacus）发起了著名的奴隶"战争"，公元前73年打响的这场战争至今仍是整个罗马历史上被美化的程度最高的冲突之一。虽然那一小群逃走的奴隶角斗士很勇敢，但他们肯定得到了意大利许多不满现状的罗马公民的支援；否则，他们基本不可能与军团周旋了差不多两年。这既是奴隶起义也是内战。

公元前1世纪60年代，罗马本身的政治秩序多次崩溃，被成为家常便饭的街头暴力取而代之。喀提林的"阴谋"只是众多此类事件之一。有时骚乱阻挠了选举，有时选民或法庭陪审团的决定据说受到了巨额贿赂的影响，有时谋杀成了对付政治对手的选择。普布利乌斯·克洛迪乌斯·普尔克（Publius Clodius Pulcher）——卡图卢斯的"莱斯比娅"的兄长，在公元前58年设法流放了西塞罗——后来在城郊的一场打斗中被西塞罗一位朋友[1]的一队准军事化奴隶不体面地杀死（此事被堂皇而反讽地称为"波维莱之战［Battle of Bovillae］"）。我们永远无从知晓他的死究竟应该由谁负责，但他的尸身被特别安排在元老院火葬，最后连后者也一起烧毁。相比之下，公元前59年，一位有争议的执政官逃过了一劫：他只是被泼了粪，并在任期剩下的时间内躲在家里。

在上述背景下，庞培、恺撒和克拉苏三人达成非正式协议，决定利用他们共同的影响力、关系和金钱来让政治进程对自己有

---

[1] 提图斯·阿尼乌斯·米罗（Titus Annius Milo）。

利。这个"三人帮"或"三头怪"（就像一位同时代的讽刺作家所说的）第一次有效地将公共决定掌握在私人手中。通过一系列幕后安排、贿赂和威胁，他们确保了执政官职位和军事指挥权落到他们中意的人手中，关键决定将按照他们希望的方式做出。从公元前60年左右（很难确定达成私人协议的准确时间）开始，这种安排持续了大约10年。接着，为了确保个人地位，恺撒决定模仿苏拉的先例，用武力占领罗马。

随后发生的事情脉络很清楚，即便细节复杂得几乎无法看清。公元前49年初，恺撒离开高卢，做出跨越卢比孔河（高卢与意大利的边界）的著名举动，开始向罗马进军。40年的时间让情况发生了巨大不同。当苏拉率军攻打罗马时，只有一位高级军官愿意追随他。当恺撒做同样的事时，只有一人拒绝随行。这个例子很好地象征了道德顾忌在如此之短的时间里被削弱了多少。随后展开的内战蔓延到整个地中海世界，昔日的盟友恺撒和庞培现在成了对立双方的统帅。罗马的内部冲突不再局限于意大利。决定性的战役在希腊中部打响，庞培最终在埃及沿岸遭到谋杀，被他认为是自己盟友的一些骑墙的埃及人斩首。

即便以最概括的方式讲述，这也是一个关于政治危机和血腥分裂的引人入胜的故事。一部分根本问题显而易见。罗马的政治机构规模相对较小，而且从公元前4世纪末开始就很少发生变化，已经很难满足统治意大利半岛的需求，控制和监管一个庞大帝国就更不用提了。就像我们将会看到的，罗马越来越依赖个人的努力和才干，他们的权势、敛财和敌对行为威胁到了共和国的根本原则。在公元前1世纪中期的那座拥有百万人口的大城市中，没有保障机制（甚至没有基本的警力）能阻止政治冲突演变成血腥的政治暴力，而饥饿、剥削和巨大的贫富差距则同时催生了抗议、骚乱和犯罪。

这也是一个古今历史学家们带着后见之明的各种优势和劣势讲述的故事。一旦知道了结果，人们很容易把这个时期描绘成不可挽回地径直走向危机的过程，或者是向着自由国家终结和独裁统治回归的缓慢倒计时。但共和国的最后一个世纪不仅只有喋血事件。就像诗歌、理论和艺术的繁荣所表明的，这个时期的罗马人还在努力解决破坏他们政治进程的问题，并得出了一些他们最伟大的发明，包括国家有一定责任确保公民有够吃的食物这样的激进原则。他们第一次直面应该如何管理和统治一个帝国的问题，而非仅仅是如何赢得一个帝国的问题，并设计出了复杂的实践准则。换句话说，这也是一个充满政治分析和创新的不寻常时期。罗马的元老们没有坐等他们的政治制度陷入混乱，或者只是为了自己的短期利益而引燃危机（虽然的确存在极少数此类行为）。他们中的许多人（来自极为不同的政治派系）试图找到一些有效的补救方法。我们不应允许我们的后见之明、他们的最终失败或者接连不断的内战和刺杀掩盖他们的努力，而这些将是本章和下一章的主题。

我们将更深入地分析该时期一些最著名的冲突和人物，探寻罗马人究竟在为了什么而争吵或争斗。一部分答案将把我们带回民众自由宣言，它们埋藏在对等级冲突做出的描述和重建中。但也存在一些新问题，包括从大规模授予意大利盟友完整公民权产生的影响到帝国的收益应该如何分配。这些主题都不可分离地交织在一起：海外军队的成功（或失败）对本土具有直接影响；隐藏在一些征服战争背后的是庞培和恺撒等人的政治野心；罗马精英的军事和政治角色从来不是泾渭分明的。不过，为了清楚地描述这些关键但复杂的发展，第 7 章将关注罗马之外的情况，以及强大统治者在该时期后期的崛起，特别是庞培和恺撒。在本章中，我们将主要关注与罗马和意大利以及该时期早期相关的问题——用一些仍然主导着叙事的著名名字来说，就是从提比略·格拉古到苏拉和斯巴达克斯。

提比略·格拉古

公元前 137 年，提比略·格拉古——大西庇阿的外孙，小西庇阿的小舅子，迦太基之围的战争英雄（他第一个登上敌人的城墙）——从罗马北上，准备加入西班牙的军团。穿过埃特鲁里亚时，乡间的情形令他震惊，因为土地和羊群是由具有工业规模的庄园里的外国奴隶耕种和牧养的；作为罗马农业传统支柱的小农户已经消失。根据他的弟弟盖乌斯所写的一本小册子（一部晚近得多的传记有所引用），提比略从那时开始下定了改革的决心。就像他后来对罗马人民所说的，许多参加过罗马对外战争的人"被称为世界的主人，却没有自己的一小块土地"。他觉得这不公平。

对于小农户在多大程度上真的已经从当地消失，现代历史学家远没有古代同行那么笃定。不难看出这种农业革命如何可能是罗马战争和扩张的逻辑结果。在公元前 3 世纪末对抗汉尼拔的战争中，双方军队在意大利半岛纵横往来，对农田造成了灾难性的影响。海外军队的服役需要连年从农业劳动力中抽调人力，导致许多家庭农场无人耕种。这两个因素都可能让小农户特别容易遭遇歉收、破产或富人的吞并，后者用在海外征服中获得的财富购买了大片地产，将其变成用供应充足的奴隶劳动力打理的农庄。一位现代史学家表达了与提比略类似的感受，他严肃地总结说：无论带回什么战利品，许多普通士兵事实上"是为了让自己流离失所而参战"。他们中的很大一部分将漂泊到罗马或其他城镇求生，使城市底层阶级的人数大幅增加。

这是一种可信的说法，但没有多少切实证据支持此说。即便不考虑让提比略大开眼界的埃特鲁里亚之旅的宣传基调（他此前没有向北旅行过40英里吗？），人们很少能发现他所描绘的新式农庄的考古学遗迹。相反，有很多证据表明，小规模农场仍然大范围存在。我们甚至无法确定，战争破坏或者未婚年轻男子前往海外是否会像经常想象的那样造成灾难性的长期影响。大部分农业区很快就会从那种创伤中恢复，而且应该还有足够多的其他家庭成员可以充当劳动力；就算不是这样，即便相对贫穷的农民也有能力购买几个奴隶工人。事实上，许多历史学家现在认为，即便提比略的动机是真诚的，他也严重误读了现实。

不过，无论经济现实如何，他都把穷人失去田地视作问题所在。如果关于他们通过在罗马展开涂鸦运动来敦促他"将土地还给穷人"的故事是真的，穷人们自己就也是这么认为的。当提比略在公元前133年当选平民保民官时，他决心解决的正是这个问题。他马上向平民大会提出通过将罗马"公地"分配给穷人来恢复小农户的法案。公地是罗马人在接管意大利的过程中所获土地的一部分。公地理论上向范围广泛的使用者开放，但实际上富有的罗马人和意大利人攫取了大量公地，并将其变成事实上的私人财产。提比略提出将他们持有的土地限制为人均最多500犹格

（iugera，500犹格约合120公顷），声称这是过去的法律上限，其余部分将被割成小份分给无地者。这是一场具有典型罗马风格的改革，把回归传统作为展开激进行动的理由。

上述建议引发了一系列日益激烈的争议。首先，当另一位保民官马库斯·屋大维乌斯（Marcus Octavius）反复试图否决该法案时（几个世纪前，这些"人民的代表"就被授予了某种否决权），提比略无视反对，让人民投票罢黜了他的反对者。方案由此得以通过，并成立了三人委员会来监督土地的再分配，这个小组由关系非常密切的提比略、他的弟弟和他的岳父组成。随后，当通常与富人利益一致的元老院拒绝为行动拨款，只是开出空头支票（这在现代政治纠纷中也是众所周知的一种阻挠手段）时，提比略再次求助于人民，说服他们投票将国家最近的一笔意外所得用作委员会的资金。

公元前133年，帕加马国王阿塔鲁斯三世（Attalus III of Pergamum）恰好去世，他曾指定"罗马人民"为自己的财产和庞大王国（位于今天的土耳其）的继承者——这么做既是出于对罗马在地中海东部势力的现实考虑，也能巧妙地遏阻国内政敌的暗杀。这份遗产为委员会的复杂工作——调查、丈量和勘察、选择新租户和向他们提供基本的农业工具——提供了一切所需资金。最终，当提比略看到自己受到越来越多的攻击，甚至被指责意图称王时（有卑鄙的谣言暗示，他看中了阿塔鲁斯的王冠和紫袍），他决定通过第二年再次参加保民官选举来捍卫自己的地位，因为担任公职者将免受起诉。一些焦急的反对者忍无可忍，他们中的一伙人（包括元老和各种暴徒）手持临时找来的武器，在没有任何官方授权的情况下阻挠了选举。

图36 公元前2世纪晚期的这枚罗马银币描绘了那时大会上的无记名投票过程。右侧的男子站在架起的木板或者"桥"（pons）上，正把选票板放进票箱中。左侧，另一名男子正踏上桥，从下方的助手那里接过选票板。画面上方的"涅尔瓦"（Nerva）字样是负责铸造这枚银币的人的名字。

罗马的选举非常费时。在选举保民官的平民大会上，选民们集中到一处，各个部落依次投票，好几千人一一投下自己的选票。整个过程有时需要超过一天。公元前133年，当暴徒们闯入时，第二年的保民官选举投票正在卡庇托山上缓慢地进行。在随后的冲突中，提比略被人用一条凳子腿重击致死。这伙行私刑的暴徒的主使者是他的表兄，前执政官和大祭司普布利乌斯·科内利乌斯·西庇阿·纳西卡·塞拉皮奥（Publius Cornelius Scipio Nasica Serapio）。据说，他加入战团时用托加袍蒙住了头，罗马祭司在向神明进献牺牲时通常也这么做。他可能试图想让这场谋杀看上去像是宗教仪式。

提比略的死没有让重新分配土地的工作停下。有人接替了他在委员会中的位置，[1] 委员会随后几年间的活动至今可以在一系列界石上找到痕迹，它们标出了新的土地单元的分界线，每块界石上都刻有负责委员的名字。但双方都有更多伤亡。一些格拉古的支持者被元老院建立的特别法庭审判（不清楚是何罪名），至少

---

[1] 普布利乌斯·克拉苏（Publius Crassus），提比略弟弟盖乌斯的岳父。

有一人被绑缚并塞进有毒蛇的袋子里处死——这很可能是一项巧妙发明出来的"传统",被说成是一种古老而可怕的罗马刑罚。西庇阿·纳西卡很快受派出使帕加马而被送走,第二年在那里死去。小西庇阿听到提比略遇害消息的反应是引用了另一句荷马史诗,[1]大意是说后者自作自受。他从西班牙的战场上回到意大利,开始支持被从公地上驱逐的那些富有的意大利盟友。公元前129年,他被人发现死在床上,当天早上他本来要发表支持他们的演说。许多无法解释的死亡引发了罗马人的怀疑。这两件事中都有阴谋论传言。一些罗马人断言(就像他们在没有证据时经常做的那样)有邪恶的女性在暗中操纵:他们宣称,这位迦太基的胜利征服者死于他的妻子和岳母施行的卑鄙家庭谋杀,她们决心不让他破坏提比略·格拉古(她们的哥哥和儿子)的成就。

为何提比略的土地改革遭到如此激烈的反对?各种私利无疑在其中发挥了作用。当时和后来的一些观察者宣称,提比略完全不是真心为穷人的困境着想,而是受到他对元老院的愤恨驱使,因为后者羞辱性地拒绝批准他在西班牙服役时商谈的一份条约。许多富人无疑对失去早就被视作自己私产一部分的土地心怀怨恨,而那些将从分配中获利的人则热情地支持改革。事实上,许多人从罗马城周围涌入城中,特地前来投赞成票。但这场冲突不仅于此。

公元前133年的冲突显示了两种截然不同的对人民权力的看法。当提比略说服人民投票罢黜反对他的保民官时,他的理由

---

1 《奥德赛》1.47:但愿其他这样做的人也遭毁灭(ὡς ἀπόλοιτο καὶ ἄλλος, ὅτις τοιαῦτά γε ῥέζοι)。

大致是"如果人民的保民官不再做人民期望的事，那么他就应该被罢黜"。这提出了一个在现代选举制度中仍然耳熟能详的问题。比如，应该把议员视作必须遵循选民意志的投票者的代表（delegates）吗？还是说他们是代议者（representatives），被选出来在政府面临的多变形势下自己做出判断？就我们所知，这是上述问题第一次在罗马被明确提出，和现在一样，当时想要回答这个问题也并不容易。一些人认为提比略的行为维护了人民的权利，另一些人则认为它们削弱了正式当选官员的权力。

提比略是否应该再次当选保民官引发了争论，其主要原因是类似的两难选择。连任公职并非史无前例，但一些人无疑认为这标志着个人权力的危险累积，是称王野心的另一个暗示。还有人宣称，罗马人民有权选出他们想要的任何人，无论选举惯例如何。此外，如果阿塔鲁斯把王国留给了"罗马人民"（populus Romanus），难道不是应该由他们而非元老院来决定如何使用这笔遗产吗？帝国的收益不该同时造福穷人和富人吗？

率领一群手持棍棒和凳子腿的暴徒的西庇阿·纳西卡算不上有吸引力的人物，而按照古今任何标准，那位负责处理台伯河中尸体的元老得到"维斯皮洛"（Vespillo，意为"抬尸人"）的称号都是一个让人感到不适的玩笑。但他们与提比略的争执是根本性的，主导了共和国剩余时间内罗马的政治争论。西塞罗在下个世纪中叶回顾公元前 133 年时称其为决定性的一年，这正是因为它在罗马的政治上和社会中撕开了一个大口子，在他生前仍然无法弥合。他写道："提比略·格拉古之死乃至在此之前他作为保民官的全部企图将统一的民族分成两个不同派别［partes］。"

这是修辞上的过度简化。认为罗马的富人和穷人间一度存在和平共识，直到后来才被提比略·格拉古破坏的想法最多只是怀旧的虚构。从公元前133年之前大约10年间的政治争执（并不很多）来看，似乎可能已经有其他人对人民的权利提出了类似主张。比如，公元前139年，一位激进的保民官提出确保罗马选举采用无记名投票的法案。几乎没有材料能帮助我们了解提议者的情况或此举必然引发的反对——虽然西塞罗在说"所有人都知道这部投票法让贵族失去了全部影响力"并形容提议者是"一个肮脏的无名之辈"时，提供了一条线索。但这是一项里程碑式的改革和所有公民的政治自由的基本保障，这在古典时代的希腊世界的选举中闻所未闻，无论选举是否为民主的。

不过，公元前133年的事件让双方的对立明确化，一边是人民的权利、自由和利益的拥护者，一边则认为，用他们自己的话说，为了慎重起见，国家应该由"最优秀者"（optimi，实际上几乎是富人的同义词）的经验和智慧来引导。西塞罗用"派别"一词来形容这两个群体（有时被称作"平民派"［populares］和"贵族派"［optimates］），但它们并非现代意义上的党派：它们没有党员、正式领袖或认同的宣言。它们代表了关于统治目标和方法的两种针锋相对的观点，两者的反复冲突将持续近百年。

盖乌斯·格拉古

在罗马世界被引用次数最多的一句嘲讽中，活跃于公元1世纪末的讽刺诗人尤维纳尔把矛头指向"雷慕斯的乌合之众"，宣称他们只想要两样东西：面包和竞技（panem et circenses）。从这句话至今仍然流行就可以看出，它精彩地批评了城市贱民的狭窄眼界，他们在这里被描绘成仿佛是双胞胎兄弟中被谋杀那位的后裔：他们只关心战车竞赛和食物分发，皇帝们通过这些贿赂了他们，并有效地让他们远离政治。它还愤世嫉俗地歪曲了由国家出资向人民提供主要食物的罗马传统，这种传统始于提比略的弟弟，公元前123年和前122年连任平民保民官的盖乌斯·森普洛尼乌斯·格拉古。

盖乌斯没有引入"粮食救济"。准确的说法是，他成功地向平民大会提议，表示国家应该每月以带补贴的固定价格向城中公民出售定量的粮食。即便如此，这项动议的规模和雄心仍然是巨大的。盖乌斯似乎为支持它所需的庞大基础设施做出了计划，包括公共采购、分配设施和某种形式的身份审核（否则你如何将其适用范围局限于公民？），以及在台伯河边的新建公共仓库和其他地方租用的安全场所存储粮食。我们无从确知整个计划的人员配备和组织工作是如何具体安排的。罗马官员只配备了区区几名抄写员、信使和保镖。因此，就像国家的大部分职责一样（甚至包括为从卡庇托山上俯瞰城市的神庙中的朱庇特神像面部重新上色这样微不足道的专业工作），管理和分发粮食的许多工作很可能被交给通过提供公共服务赚钱的私人承包商。

盖乌斯的动议一定程度上是出于为城中穷人着想而提出的。在丰收的年份，西西里和撒丁岛的庄稼差不多能养活25万人——这个数字是对公元前2世纪晚期罗马人口的合理估计，虽然略有保守。但古代地中海世界的收成波动剧烈，粮价有时会飙升到远远超出许多普通罗马人——小店主、工匠和零工——可以承受的水平。甚至在盖乌斯之前，国家有时也会采取预防性措施来避免城市陷入饥荒。希腊北部色萨雷地区（Thessaly）发现的一处铭文记录了公元前129年一位罗马官员来访的重要信息。他态度恭敬，"因为他的国家目前正陷入饥馑"。离开时，他获得了超过3000吨小麦的援助承诺，一些非常复杂的运输安排也已经就位。

不过，盖乌斯考虑的并非完全是慈善目的，甚至不是饥饿的人群可能带来危险（这在罗马不时地得到印证）这样的冷静逻辑。他的计划背后还有分享国家资源的政治议程。这无疑是盖乌斯与他最执拗的敌人——富有的前执政官卢基乌斯·卡尔普尔尼乌斯·皮索·弗鲁基（Lucius Calpurnius Piso Frugi，他名字的最后一部分很贴切地表示"吝啬"）——之间一次有记录的交锋中的要点。法案通过后，盖乌斯看到弗鲁基排队等待购粮，于是问他为何在那里，因为后者如此反对这项计划。弗鲁基回答说："我不喜欢你把我的财产分给所有人的想法，但如果你要这么做的话，我将拿走我的一份。"他可能在用盖乌斯的话回击对方。争论的焦点是谁能有资格获得国家财产，以及私人和公共财富的界限何在。

分配廉价粮食是盖乌斯最有影响力的改革。虽然在随后的数十年间经过修改，有时还被暂停，但它的基本原则沿袭了多个世纪：罗马是古代地中海世界唯一负责向公民提供日常基本食物的国家。相反，希腊人在食物短缺时通常依赖偶尔的救济，或是富人零星的慷慨之举。但分配食物只是盖乌斯的众多创新之一。

与之前所有的罗马改革者不同，盖乌斯提出了不止一项动议，而是10多项。除了神话中的建城祖先们，他是罗马城第一个拥有一套广泛而明晰的方案的政治家，方案涉及的措施涵盖了诸如对死刑判决的上诉权、宣布贿赂违法，以及远比提比略更加雄心勃勃的土地分配计划。这项计划包括将多余的公民大批迁往意大利的"殖民地",甚至史无前例地迁往海外的"殖民地"。在被夷为平地并施以诅咒仅仅几十年后,迦太基就被划定为将要重新令人定居的新城。但罗马人的记忆没有那么短暂,这项计划很快被取消,尽管一些定居者已经迁往那里。今天,我们无法列出盖乌斯在短短两年间提出的所有立法,更不可能确知它们的措辞和目的。除了一部约束罗马海外官员的行为和为受他们伤害者提供补偿措施的法律有大段文本存世外(我们将在下一章详细介绍),现存证据主要来自其他文本的顺带提及或晚近得多的重建。但它们的范围才是关键。在盖乌斯的对手们看来,这带有追求个人权力的危险意味。从总体上看,他的方案的确似乎是在系统化地尝试重新设定人民与元老院的关系。

200多年后,他的传记作者希腊人普鲁塔克(全名为卢基乌斯·梅斯特里乌斯·普鲁塔克斯[Lucius Mestrius Plutarchus])正是这样理解的。普鲁塔克特别挑出了盖乌斯在向罗马广场上的听众讲话时做出的一个无疑有卖弄之嫌的举动。在他之前,发言者都面向元老院,观众挤在元老院前一小块名为集会广场(comitium)的区域。盖乌斯无视这种惯例,在向人群讲话时战略性地背对元老院,而人们现在站在广场的开阔空地上听他演说。普鲁塔克承认,这实际上只是"小小的违规",却表明了一个革命性的观点。此举不仅让听讲的人数可以大大增加,而且标志着人们从元老院支配的目光下获得了自由。事实上,在古代作家的笔下,盖乌斯对地方政治拥有特别犀利的感觉。在另一个故事中,当广场上将要举行角斗士表演时(直到200年后斗兽场建成前,这里一直是首选场地),一群位高权重的罗马人搭建了临时座席来出租牟利。演出之前的那天晚上,盖乌斯让人将座席全部拆除,

图 37 安杰利卡·考夫曼（Angelica Kauffmann）的画作《格拉古兄弟之母科内利娅和她的年幼儿子们》（1785 年）。科内利娅是少数几位被认为对孩子们的公共生涯产生了重要影响的罗马母亲之一。她不像当时许多妇女那样以衣着俗丽闻名。她曾说："我的孩子们是我的珠宝。"在这里，考夫曼想象她正把提比略和盖乌斯（画面左侧）介绍给一位女性友人。

好让普通人有足够的空间观看，而且不必付钱。

与他的哥哥不同，盖乌斯成功地两次当选保民官。但没能在公元前 121 年再次连任，原因不明。那一年，他试图阻止执政官卢基乌斯·奥皮米乌斯（Lucius Opimius）——一个成了保守派英雄的死硬分子——废除他的大部分立法。在此过程中，他被奥皮米乌斯指挥的一个武装团伙杀死，或者是他为了避免被谋杀而自尽。暴力行为并非单方面的。事件的导火索是执政官的一名侍从——他似乎拿着刚刚被献祭的牺牲内脏走来走去，为场景增添了一丝死亡的气息——随口辱骂了盖乌斯的支持者们（"你们这些傻瓜，让体面人过去"），甚至做出了粗鲁的手势。人群冲向他，用写字的笔将他扎死，这清楚地表明他们尚未武装，只是一群文人，但他们并不完全是无辜的受害者。作为回应，元老院通过决议，要求执政官"确保国家不受伤害"，这与公元前63年西塞罗与喀提林发生冲突时的紧急授权如出一辙。奥皮米乌斯借机将自己的支持者们集结成一支业余军队，将3000名盖乌斯支持者杀死，有的当场被杀，有的后来在特别法庭上被判处死刑。此举开创了一个可疑而具有破坏性的先例。

因为在随后的100年间，在面对从公民骚乱到所谓的叛国的各种危机时，这样的决议被多次颁布。它的初衷可能是试图为官方力量的使用设置某种规范性框架。那个时代的罗马没有任何形式的警察，除了有权有势的个人能够集结起来的力量，也没有任何控制暴力的资源。"确保国家不受伤害"的指示在理论上可能是为了在西庇阿·纳西卡未被授权的行动和那些被元老院批准的行动之间划清界限。事实上，这是向行私刑的暴徒提供的许可状，是暂停公民自由的党派借口，是为事先谋划的针对激进改革者发起的暴力行为准备的合法遮羞布。比如，我们很难相信加入奥皮米乌斯的当地支持者的"克里特弓箭手"完全是碰巧在那里。但就像西塞罗所发现的，这种决议总是充满争议，而且总是可能产生反作用。奥皮米乌斯按律接受了审判，虽然被判无罪，但他的名誉从未完全恢复。当他厚着脸皮（或者由于幼稚）通过大肆修缮广场上的和谐女神庙来庆祝他成功镇压盖乌斯的支持者时，一些实事求是的人用凿子总结了这场血腥的灾难，在神庙正面刻上了"愚蠢的不和之举缔造了和谐女神庙"。

战争中的公民与盟友

公元前 2 世纪 20 年代中期，就在盖乌斯开展革命性的改革之前不久，一位罗马执政官带着夫人在意大利旅行，来到了小城泰亚努姆（Teanum，今天的泰亚诺，位于罗马以南约 100 英里）。夫人想要使用通常留给男人们的浴室，于是财务官命人为她准备好浴室，把常去那里的浴客赶走。但她抱怨设施既没及时安排就绪又不够干净。"于是广场上竖起一根桩子，作为城中最高贵的人，泰亚努姆的财务官被抓住并绑在上面。他被人剥光衣服，用棍子打了一顿。"

这个故事之所以能流传至今，是因为盖乌斯·格拉古在一次演说中讲述了它，而公元 2 世纪一位对分析他的演说风格感兴趣的文法学者逐字引述了那篇演说。这是罗马人滥用权力的一个惊人例子，盖乌斯在为自己的另一项提议——在意大利更广泛地扩大罗马公民权——争取支持时也引用了它。他并非第一个提出这个建议的人。他的提议是有关意大利的罗马盟友和拉丁社群的地位愈演愈烈的争议的一部分。争议以许多盟友对罗马宣战告终，这场同盟战争是罗马历史上破坏性最强和最令人困惑的冲突之一。困惑主要来自盟友们的目的。他们是为了迫使罗马人授予他们完整的罗马公民权而诉诸暴力吗？还是说他们想摆脱罗马？他们究竟想要加入还是退出？

从公元前 3 世纪开始，罗马与其他意大利民族的关系开始朝着不同方向发展。盟友们无疑从他们与罗马的联合作战中收获了丰厚的回报，包括胜利后得来的战利品和随之而来的商业机会。距离罗马以南 60 英里的小城弗雷格莱（Fregellae）在法律上是罗

图38 公元前2世纪末普莱内斯特的巨型建筑，后来在其上方修建了文艺复兴时期的宫殿，但它仍然保留着古代神庙的基本形状。下方的斜坡和阶梯式平台仍然清晰可见。

马殖民地，那里的一个家庭为这些作战行动感到相当自豪，以至于用描绘了一些家庭成员在遥远的地方参加战斗的场景的赤陶土饰带装饰自己的宅邸。在更宏大的规模上，许多意大利城镇的非凡建筑为盟友的获利提供了具体的证据。比如，人们在距离罗马刚刚超过20英里的普莱内斯特新建了一座庞大的命运女神庙，这是展示类建筑的杰作，拥有剧场、阶梯式平台、柱廊和回廊，不逊于地中海世界其他任何地方的任何建筑。在爱琴海上的得洛斯岛（当时最大的商业中心之一和奴隶贸易枢纽）行商的罗马和意大利人中，我们可以发现来自该城几个家族的姓氏，这很难说是巧合。

对于得洛斯岛等地的外邦人来说，"罗马人"和"意大利人"几乎没有差别，这两个词基本上被交替用来指代两者。即使在意

图39 普莱内斯特古代神庙的复原图。从图中可以看到，上方宫殿的半圆形状反映了下方命运女神庙的形状。有趣的是，神庙的建成时间比庞培的剧场（见图44）早了50多年，当时罗马本地还没有规模如此宏大的建筑。

大利，界限也正在变得模糊或逐渐消失。到了公元前2世纪初，所有曾经"没有投票权的公民"都已拥有了选票。在同盟战争爆发前的某个时候，罗马人可能已经赞同任何在拥有拉丁身份的社群中担任公职者都应该享有完整的罗马公民权。事实上，人们对直接声称拥有公民权或设法使自己在罗马人口调查中被正式登记在册的意大利人经常睁一只眼闭一只眼。

但这种更深入的融合只是事情的一个方面。从莽撞到残忍的不同个体罗马人据说伤害或羞辱了盟友社群的重要成员，盖乌斯讲的那位意大利财务官的故事只是一系列著名争议事件中的一个。另一位执政官据说把一群当地的显贵剥光衣服施以鞭刑，因为他们在供应安排上出了些差错。无论是否属实（它们最终都来自某个罗马人对其他罗马人无从查证的攻击），这些逸闻都意味着一种充满相互指责、怨恨和恶毒谣言的氛围，而罗马政府的一些专横行为以及首要盟友在政治上感到受排斥和屈居次等地位令情形雪上加霜。元老院开始想当然地以为自己能为整个意大利立法。提比略·格拉古的土地改革虽然可能受到罗马穷人的欢迎，却是对被剥夺了"公地"的意大利富人的挑衅，而且将意大利穷人排除在分地资格之外。一些意大利精英同罗马显要人物有着密切的私人关系（否则他们怎么能争取到小西庇阿的帮助来反对提比略的土地改革呢？），但这无法弥补他们在罗马政治或决策中没有发言权的事实。

公元前 2 世纪 20 年代，有关"意大利问题"的分歧与日俱增，并引发了一波波暴力冲突。公元前 125 年，弗雷格莱人试图脱离罗马，但被几年后杀害了盖乌斯·格拉古的那个卢基乌斯·奥皮米乌斯率领罗马军队击溃。2000 年后，人们从弗雷格莱毁灭后的废墟中挖出了曾经骄傲地纪念那些联合作战的饰带的碎片。与此同时在罗马，人们像在许多现代排外运动中经常发生的那样，开始对外来者涌入城市产生强烈恐惧。盖乌斯的一位反对者在公共集会（contio）上发言时描绘了罗马人被淹没的场景。他告诫听众："一旦你们把公民权给了拉丁人，你们觉得自己还会像现在这样在公共集会上或竞技场中或节日活动中拥有一席之地吗？你们没有意识到他们将会接管一切吗？"有时他们还会采取正式行动，试图遣返移民或阻止意大利人冒充真正的罗马公民。意大利人利益的最重要支持者同样可能会遭遇危险。由于提议在意大利更广泛地扩大公民权，公元前 91 年秋天，马库斯·李维乌斯·德鲁苏斯（Marcus Livius Drusus）在家中被谋杀，他在与一群访客道别时被刺死。

那场谋杀预示着规模大得可怕的全面战争。导火索于公元前

91 年末被点燃，当时一位罗马使者侮辱了意大利中部的阿斯库鲁姆人。作为回应，他们杀死了此人和城中的其他所有罗马人。这场粗暴的种族清洗为接下来发生的事奠定了基调，其性质与内战相去不远。就像一位罗马历史学家后来所总结的："为了不那么让人反感，可以称它为一场对抗盟友（socii）的战争；但事实上，这是一场对抗公民的内战。"战火席卷了半岛的大部分地区，包括庞贝，甚至现在还能在那里的城墙上看到公元前 89 年罗马弹丸留下的撞击痕迹。罗马人为打败意大利人投入了巨大的兵力，产生了极度的恐慌，在付出重大伤亡代价后才取得胜利。一位执政官在战斗中阵亡，当他的遗体被带回时，罗马城陷入了沉重的悲痛，以至于元老院下令，今后的阵亡者将被就地埋葬，一些现代国家也做出过同样的决定。但大部分冲突结束得相对较快，只持续了几年。一个简单的权宜之举显然加快了和平的到来：罗马人向所有不曾拿起武器反对罗马或愿意放下武器的意大利人授予完整的公民权。

这无疑让许多盟友的参战目的看上去仿佛是为了成为真正的罗马人，结束他们在政治上受排斥和屈居次等地位的状况。大部分古代作家正是这样解释这场冲突的。其中一位坚称"他们在寻求那个国家的公民权，他们习惯于用自己的武器捍卫那个国家的权力"，他的曾祖父是为罗马人一方作战的意大利人。关于意大利人成功变成罗马人的一个喜闻乐见的故事着重描绘了一个来自意大利北部皮克努姆（Picenum）地区的人的生涯：婴儿时的他作为囚徒的一员被人怀抱着参加了罗马击败反目成仇的盟友后举行的凯旋式；50 年后，已经是罗马将军的他为自己战胜帕提亚人举行了凯旋式——他是已知唯一在凯旋式队伍的两边都出现过的人，

图40 意大利盟友在同盟战争中铸造的最富有挑衅性的反罗马钱币。罗马狼完全被意大利公牛制服，画面下方是用意大利的奥斯坎语所写的铸币负责人名字。银币的另一面印有酒神巴库斯的头像和同样用奥斯坎语所写的一位意大利主要将领的名字。

从受害者变成了胜利者。不过，罗马作家可能过于轻易地将战争的结果和目的等同了起来，或者把一个更适合后来统一的罗马和意大利的目标赋予了意大利人。

因为，意大利人同时代的宣传和组织活动表明，事实上这是一场脱离运动，旨在完全脱离罗马而独立。盟友们似乎在一定程度上试图建立一个名为"意大利亚"（Italia）的对立国家，都城为一座被重新命名为"意大利卡"（Italica）的城市，他们甚至在铅弹上印上了"意大利人"（Itali）的字样。他们铸造的钱币上展现了一幅令人难忘的画面：象征意大利的公牛刺伤了象征罗马的狼。一位意大利人领袖巧妙地颠覆了罗慕路斯与雷慕斯的故事，称罗马人为"夺走意大利人的自由的狼"。这看上去不像是寻求融合。

解开这个谜题的最简单的答案是把盟友们想象成拥有许多不同目标的松散联盟，有的决心拼死抵抗罗马人，有的则颇为乐意达成交易。这无疑是事实。但此外还存在着更微妙的思考和线索，它们表明，意大利人想要脱离罗马获得独立为时已晚，无论你是否喜欢这一点。钱币上的确印有一些反罗马的图案。但它们完全是按照罗马货币的重量标准铸造的，其他许多设计也直接借鉴了罗马钱币。现在，仿佛意大利人唯一能够用来攻击罗马的文化语言也是罗马人的，这清楚地表明融合程度或者罗马人对意大利的统治已经多么深入。

无论同盟战争的起因是什么，公元前90年和前89年通过的将完整公民权扩大到半岛大部分地区的立法都产生了巨大的影响。现在，意大利成了古典世界有史以来最接近民族国家的存在，而我们在几个世纪前看到的"罗马人"可以拥有双重公民权和双重公民身份（罗马的和他们家乡的）的原则成了常态。如果古代作家们提供的数字完全准确的话，那么罗马公民的数量一下子增加了大约两倍，达到差不多100万以上。由此造成的潜在影响和问题显而易见。比如，关于如何将新公民纳入投票部落引发了激烈争论，有人提议把意大利人归入少数几个额外的部落，并总是最后投票，以此来限制意大利人在大会上的影响力，该提议没有成功通过。但罗马人从未对自己的传统政治或行政制度做出有效调整，使其能够应对新的政治形势。在罗马之外从未有过任何投票注册制度，因此事实上只有那些有金钱和时间旅行的意大利人才能发挥自己新的政治影响力。而将那么多公民正式登记入册似乎让罗马人不堪重负，即便他们曾试图将一部分工作委派给当地官员。公元前70年进行了一次全面的人口登记（"差不多100万以上"的估计正是来自这次登记），但那是直到公元前28年奥古斯都皇帝开始统治前的最后一次官方登记。中间这段空白通常被归咎于政治动荡，但工作的规模和难度无疑也与此有着一定关系。

同盟战争结束差不多 30 年后，西塞罗在公元前 62 年为诗人阿尔喀亚斯——此人已经写诗称颂过一些罗马重要人物的成就（无论是不是一种遗憾，它们都没能留存下来），西塞罗希望他写一首得体的诗来赞美自己对喀提林取得的胜利——做了一次辩护，我们从辩护发言中仍能看到一些棘手问题的生动剪影。阿尔喀亚斯出生在古代叙利亚的安条克，但声称自己是名叫奥鲁斯·李基尼乌斯·阿尔喀亚斯（Aulus Licinius Archias）的罗马公民，理由是他已经移民到意大利，成了赫拉克利亚城（Heraclea）的公民。同盟战争后，该城公民有权获得罗马公民身份。这个身份在法庭上受到了质疑。另一方面，辩护也陷入了困境。没有任何书面证据证明阿尔喀亚斯是赫拉克利亚城的公民，因为该城的档案馆在同盟战争中焚毁了。而他的罗马公民身份也几乎没有书面证据，因为他没有出现在任何人口调查名单上，他辩解说自己在最近的两次调查中都恰好不在国内（我们可能会对此感到怀疑）。因此，西塞罗不得不依赖首先批准他的主张的那位已故大法官的私人记录，并用一些证人为他担保。

我们无从知道陪审团的想法。他们会觉得文件丢失的借口相当牵强吗？还是说他们明白这正是内战后经常出现的意外事故和身份丢失情况？无论如何，"公民权被授予盟友"这句简单的概括下面一定隐藏着各种争议和行政梦魇，西塞罗的辩护是关于它们的宝贵证据。这是罗马人一次特别大胆的举动，即便是被迫做出的；不过，很可能还有许多像阿尔喀亚斯这样的人陷入了由此产生的法律纠葛，而他们没有财力或影响力能让西塞罗这样的人为自己辩护。

苏拉与斯巴达克斯

指挥公元前89年庞贝城之围（当时不满20岁的西塞罗在军中担任级别很低的军官）的罗马统帅是卢基乌斯·科内利乌斯·苏拉·菲利克斯（Lucius Cornelius Sulla Felix），名字的最后一部分表示"幸运"，更加冠冕堂皇的解释则是"维纳斯女神的宠儿"。他面对的是城内组织严密的抵抗，因为人们从街道立面上后来涂抹的石灰下发现了一系列标识，它们显然是为了指示当地军队在何处集结。当苏拉移师更加重要的目标后，庞贝人似乎继续坚守了一段时间，但他对当地的一些涂鸦艺术家产生了足够大的影响，以至于他们在城墙的一座塔楼上刻下了他的名字。

在罗马城内和周围展开的将近10年的公开战事以及短暂而血腥的独裁统治时期中，苏拉将成为有争议的核心人物。他出生在一个败落的贵族家庭，公元前88年当选执政官，当年大约50岁。冲突从他带着自己在同盟战争最后阶段率领的军队入侵罗马那年开始，此举的目的是夺回征伐米特拉达梯王的指挥权，这个可能会带来荣耀和丰厚利益的指挥权曾被授予他，却接着突然被转交给他的一个对手。公元前83年他得胜返回意大利后，冲突继续展开，他用了将近两年时间从趁他外出而掌握了控制权的敌人手中夺回了罗马。在他外出期间，城中的分歧一直通过暴力、谋杀和游击战来解决。对立的将领们被派去指挥对抗米特拉达梯的战争，他们相互之间的矛盾堪比对外敌的仇恨；要不是这种情形如此致命，它甚至略显可笑。

在古代作家们的笔下，公元前1世纪80年代中期的这整个阶段呈现出一幅可怕、嗜血和混乱的画面。苏拉两次入侵罗马时，城市腹地都发生了残酷的厮杀。第二次入侵时，卡庇托山上作为罗马共和国的奠基象征的朱庇特神庙被焚毁，而元老们即使待在元老院中也不安全。其中4人（包括尼禄皇帝的一位祖先）是坐在元老院中时被苏拉的敌人杀害的。与此同时，在对抗米特拉达梯的作战中，一位军队统帅被他的副手杀害，而后者也在遭到大部分士兵抛弃后自杀。虽然一些军官选择押宝他们本该与之交战的敌人米特拉达梯，大部分叛逃者决定加入苏拉的军队。

不过，最可怕的逸闻都与残酷的公敌通告和无情地透着官僚主义气息的记有即将被清洗人员名字的名单所引发的恐怖有关。苏拉的残暴是故事的一部分。他的敌人们几年前开创了将受害者的人头钉在罗马广场讲坛上的可怕先河，而苏拉据说更加过分，把人头作为战利品陈列在自家的中庭里——这是对罗马人在那里

图41 一枚苏拉银币，铸造于公元前84—前83年，图案炫耀地展示了他所享有的神明庇护。银币的一面是维纳斯头像，右侧勉强可以看到她的儿子丘比特手执象征着胜利的棕榈枝。另一面提到了这种庇护所带来的军事成功：IMPER(ATOR)ITERUM记录了他的军队曾两次（iterum）公开高呼他为伟大的胜利者（imperator）；画面中间的象征物中有两套作为战利品的盔甲。

展示祖先头像之传统的可怕戏仿。他还突破了粗俗地引用希腊文学的下限，当有人向他呈上一名特别年轻的受害者的头颅时，他想起了喜剧作家阿里斯托芬的一句话，大意是那个男孩还不会走路就试图奔跑。他为自己撰写的墓志铭中有"对于冒犯了我的人，我没有不如数奉还的"这样的话，与西庇阿家族的墓志铭大相径庭。但这还不是全部。故事的另一部分是，有如此之多的人热情地参与大屠杀、算旧账或者仅仅是为赏金杀人。喀提林犯下了臭名昭著的罪行，他说服苏拉将自己的敌人加入名单，而在完成卑鄙的勾当后，他在圣泉中洗去了手上的杀人痕迹。

我们如何解释这样的暴力？仅仅声称它并不像所描绘的那么可怕是不够的。这只在一定程度上是正确的。流传至今的许多叙事都是基于热衷于夸大敌人残忍程度的不公正描绘之上的。比如，对喀提林的抹黑可能源于西塞罗的宣传。但夸大仅限于一定程度：我们不可能轻易地将苏拉对罗马的两次入侵、朱庇特神庙被焚毁、内讧的军团和公敌通告视为一场宣传战的虚构而不予理会。猜想驱使苏拉做这些事情的背后原因也是不够的。他的动机一直引发着后人的争论。他是个残忍而精于算计的独裁者吗？还是说他在为恢复罗马的秩序做最后尝试？关键在于，无论苏拉的行为的背后原因是什么（今天和过去一样无从知晓），暴力的广泛程度都远远超过了可能被归咎于某个人产生的影响的范围。

该时期的冲突在许多方面是同盟战争的延续：昔日盟友间的内战发展为公民间的内战。在此过程中，遭到破坏的是罗马人与外部敌人（hostes）之间的根本区别。公元前88年，苏拉宣布他在城中的对手为公敌（hostes），就我们所知，这是这个词第一次被公开用来形容罗马同胞，就像这个词后来在西塞罗那里的用法一样。苏拉刚离开罗马，对手们马上也以牙还牙地宣布他为公敌。我们可以在地中海东部的军事溃败中看到这种界限的模糊：旧有的确定信念被彻底颠覆，以至于抛弃了某位罗马统帅的士兵们似乎可以同时把苏拉和米特拉达梯王视为新效忠对象的选项；一支罗马军队居然摧毁了罗马人的祖居之地特洛伊城，这在神话的意义上就是弑父。

同盟战争还在罗马附近留下了大量可以利用的兵力，这些士兵在与意大利亲友的战斗中获得了可观的经验。城中新近上演的暴力先例虽然粗暴而充满争议，但在规模和时间长度上相对有限。但当全副武装的军团取代了谋杀格拉古兄弟支持者们的那种暴徒时，罗马城马上就成了作为苏拉时代鲜明特征的大规模长期战争的战场。罗马几乎回到了早期私人军队的时代，依靠人民不同的投票结果或元老院下达的不同决议，个人统帅们一有机会就利用自己的军团展开派系斗争。

在这种混乱局面中出现了改写罗马政治的不寻常和极端保守的尝试：全方位的变革被伪装成向过去回归。公元前 82 年，当苏拉重新控制罗马后，他马上安排自己被选为"制定法律和恢复共和国（res publica）秩序的独裁官"。独裁官是一种古老的应急职位，担任者可以暂时全权处理危机（有时是军事的，有时不是）。最后一个担任此职的人还要追溯到一个多世纪前的第二次布匿战争末期，当时两位执政官都不在罗马，他被任命为独裁官主持公元前 202 年的选举。苏拉的独裁官职位有两点不同：首先，它没有时间限制；其次，它拥有批准和废除任何法律的不受限制的巨大权力，而且拥有起诉豁免权。苏拉在 3 年任期内正是这么做的，然后他辞去公职，退隐到自己在那不勒斯湾的乡间宅邸，公元前78年在家中去世。鉴于他一生的所作所为，这个结局平和得让人意外，虽然一些古代作家乐于描绘他的死亡场景是多么可怖：据说他的肉腐烂生蛆，蛆虫繁殖地如此之快，以至于无法被驱除。以"独裁者"这个词的现代意义衡量，苏拉是第一位。恺撒将是第二位。这种特别的政治权力是罗马最有侵蚀性的遗产之一。

苏拉推行的改革方案在规模上甚至要超过盖乌斯·格拉古的。他废除了一些受欢迎的新政，包括带补贴的粮食配给。他还引入了一系列法律程序和担任公职的规章制度，其中许多重新确立了元老院作为国家机构的核心地位。他招募了数百名新成员，使元老院的规模从约300人扩大到约600人（从未有过完全固定的数字），他还巧妙地修改了遴选方法，确保这个新的规模在未来得以保持。元老不再由监察官一一招募，从现在开始，任何担任过财务官这一次级公职的人将自动进入元老院。与此同时，财务官的人数从8名增加到20名，这意味着现在基本上能有足够多的新成员顶替每年去世的人。苏拉还坚持要求担任某个公职必须遵循特别的顺序，并设置了最低年龄（比如，任财务官的人不能低于30岁），而且任何人在10年内不能两次担任同一官职。这正是为了防范再次出现像他所享有的那种个人权力的积累。

经过包装，上述改革仿佛是在向罗马的传统习惯回归。事实上，很多方面绝不是这么一回事。此前有过一两次将担任公职的模式规范化的尝试，但越是在罗马早期，此类规则就越发显得灵活。改革还带来了一些意料之外的结果。增加财务官人数解决了招募元老的问题，但也带来了另一个问题。由于执政官人数仍然仅为两名，越来越多的人被带入了政治角逐的底层，但永远无法走上顶峰。诚然，有些人无意登顶，也有人在达到新设定的执政官最低年龄前（通常为42岁）就去世了。但这种制度几乎注定会加剧政治竞争并制造出几十年后的喀提林那样的不满的失败者。

我们可以从苏拉最为臭名昭著的改革方案中一窥他的逻辑。自格拉古兄弟以来，几乎所有的激进改革都是由平民保民官提出的。苏拉一定意识到了这一点，于是他大大限制了保民官的权力。和独裁官一样，这是另一个很可能在苏拉之前的几十年间也经历过大幅重新设计的官职。平民保民官创设于公元前5世纪，旨在代表平民利益，但到了晚近得多的时期，它所享有的一些权利和特权使其成为对任何追求政治权力的人都特别有吸引力的职位。尤其是它有权向平民大会提交法案，并对公共事务拥有否决权。这种否决权最初必然非常有限。无法想象在等级冲突初期，贵族会允许平民的代表阻挠他们的任何决定的落实。但到了公元前133年，当屋大维乌斯多次否决提比略·格拉古的法案时，保民官的干预权几乎不受限制的原则必然已经被提出或确立。

保民官拥有各种政治色彩：屋大维乌斯和用凳子腿杀害提比略·格拉古的暴徒都和提比略一样是保民官。当时的保民官还都很富有，显然不代表来自底层的政治声音。但该职位保留了平民形象。它仍然只对平民开放——虽然贵族只要足够渴望当选，就总能通过被平民家庭收养而绕过这个障碍。它还被多次用来提出受民众欢迎的改革。因此，苏拉试着巧妙地让它变得对任何有政治野心的人都失去吸引力。他取消了保民官能够提出立法的权利，限制了他们的否决权，并规定任何担任过保民官的人今后都无法参选公职，确保使其变成升迁的死胡同。废除这些限制成了苏拉反对者们的主要口号,他退休后不到10年,它们被全部取消,这为下一代出现强大而显赫的保民官铺就了道路。即便后来的皇帝们也自夸拥有"保民官的权力"(tribunicia potestas),以此表明他们关心罗马的普通人。

但回过头来看,保民官问题似乎只是为了转移人们的视线。导致罗马政治产生分裂的是有关政治权力性质的分歧,而非某一职位的特权。从中期来看,苏拉在解散长期为他效劳的军团时做出的一些现实决定要重要得多,虽然它们并不那么惹眼,也没有那么引起公开争议。他将许多老兵安置在同盟战争中与罗马开战的意大利城市,并征用了附近的土地为他们提供生计。这看上去一定像是为了惩罚叛乱者而采取的便利手段,但经常造成两败俱伤:一些当地人失去了生计,而一些老兵更善于打仗而非务农,显然无法靠土地为生。公元前63年,据说这些由老兵转变而成的失败小农纷纷加入了喀提林支持者的行列。甚至在此之前,苏拉安置决定的各种受害者就已经在古代最著名的一场战争中(这在一定程度上要感谢斯坦利·库布里克和科克·道格拉斯[1])扮演了重要角色。

公元前73年,在斯巴达克斯的领导下,大约50名奴隶角斗士带着用厨具充当的临时武器从意大利南部卡普阿的一所角斗士训练学校逃亡。随后的两年里,他们不断集结支持者并抵抗几支罗马军队,直到最终在公元前71年被击溃,战争中活下来的人被残酷地钉在阿皮亚大道旁的十字架上示众。

---

[1] 斯坦利·库布里克(1928—1999),美国导演。柯克·道格拉斯(1916—),美国演员、导演。库布里克在1960年执导了史诗电影《斯巴达克斯》,由道格拉斯主演。

图 42 这幅来自庞贝的简略图画描绘了一个骑马作战的人——奥斯坎语（从右往左书写）标注的名字为 Spartaks，即斯巴达克斯。谨慎的学者可能有理由认为这是角斗士搏斗的场景，而非斯巴达克斯叛乱中的某次交锋。但即便如此，这仍然可能是现存唯一的同时代对这位著名奴隶角斗士的描绘。

现在，我们很难透过古代和现代的夸张宣传看清真正发生了什么。罗马作家极度夸大了斯巴达克斯吸引到的支持者的人数——对他们来说，奴隶起义很可能是世界将要天翻地覆的最可怕征兆——估算数字最高达到了12万人。现代人的叙述常常想要将斯巴达克斯描绘成一个具有意识形态色彩的英雄，甚至把他描绘成是在为废除奴隶制本身而战。这几乎没有可能。许多奴隶想为自己赢得自由，但来自古罗马的所有证据都表明，奴隶制本身被视作理所当然的，甚至奴隶们自己也这样认为。如果他们有什么明确的目标，最可能的猜想是斯巴达克斯和其他逃亡者想要回到各自的家乡——斯巴达克斯很可能来自希腊北部的色雷斯，其他人则来自高卢。但有一点是肯定的：他们抵挡罗马军队的时间长得令人难堪。

应该如何解释这种成功呢？原因不仅是被派去镇压他们的罗马军队缺乏训练。也不完全是因为角斗士们在竞技场上培养出了军纪和战斗技巧，并受到了渴望自由的鼓舞。几乎可以肯定，反叛者得到了意大利自由公民中不满现状者和被剥夺者的增援，其中包括一些苏拉的老兵，他们很可能觉得在战场上比在农田里更加自在，即便要面对的是他们曾经服役的军团。这样看来，斯巴达克斯的起义不仅是一场以悲剧告终的奴隶叛乱，也是20年前开始的一系列内战（以阿斯库鲁姆的罗马人被屠杀作为同盟战争打响的标志）的最后余波。

普通人的生活

该时期政治冲突的故事往往成为不同政治原则间以及对罗马应该被如何统治的截然不同的观点间碰撞的故事。这是一个关于重要理念的故事，而且几乎不可避免地成为关于从小西庇阿到苏拉这样的重要人物的故事。因为我们今天所依据的罗马作家们的记录就是这样讲述的，他们专注于英雄和大反派，以及似乎决定了战争和政治走向的非凡人物。他们还参考了那些人亲笔写下的材料（现已大多失传）：盖乌斯·格拉古的演说辞或者苏拉为自己做出无耻辩护的22卷自传（这是整个古典文学中最令人遗憾的损失），这是他在退隐后写的，偶尔被后世作家提及和查阅。

我们缺失的是这个排外团体以外的人们——普通的士兵或选

民、女性或奴隶（除了关于斯巴达克斯的许多虚构故事）——的看法。在迦太基房顶间跳来跳去的人、为了敦促提比略实行土地改革而在街上涂鸦的人、口无遮拦地侮辱了盖乌斯支持者的人，还有苏拉的5任妻子，他们仍然隐藏在背景中，或者最多只是小角色。即便当普通人真的自己开口说话时，他们留下的文字也常常简短而含糊，一处石头基座上的铭文写道："进献给卢基乌斯之子，卢基乌斯·科内利乌斯·苏拉·菲利克斯，来自他的释奴们"；但人们对于他们是谁、基座上有什么和为何进献仍然莫衷一是。同样无法确定的是，在该时期的大部分时间里，当社会顶层用军团一决胜负时，街上的许多男男女女的生活在多大程度上还能差不多保持正常。还是说大多数人大部分时候都会受到暴力和公民秩序解体的困扰？

我们偶尔可以看到这些冲突给普通人日常生活带来的影响。庞贝是同盟战争后获得罗马公民权的叛乱小城之一，但很快被迫接受了几千名老兵，原属当地人的土地被分给他们。这并非幸福的融合。虽然人数远远少于原有公民，但老兵很快变得盛气凌人。其中一些最富有的人出资新建了一座巨大的圆形剧场，这项设施受到苏拉手下那些可想而知喜欢角斗士表演的粗人的欢迎，但可能也受到了原有居民的欢迎。该时期的公职记录显示，新殖民者设法排斥了城中的古老家族。公元前1世纪60年代，西塞罗提到了庞贝城中存在长期和反复发生的投票权纠纷。几十年后，庞贝的街道上仍能感受到苏拉围城的连锁影响。

不过，关于普通人在这些战争中所遭遇的危险和困境的最生动证据，来自公元前91年同盟战争在阿斯库鲁姆爆发的故事。当包括罗马人和当地人在内的热情观众正在城中剧场内欣赏演出时，焦点突然转移到台下。罗马观众不喜欢一位喜剧表演者的反罗马立场，对他发起了猛烈攻击，导致那位不幸的演员身亡。节目单上的下一位喜剧演员是个拉丁族裔的巡回表演者，他讲的笑话和模仿表演很受罗马观众喜爱。虽然害怕另一边的观众现在可能把矛头对准自己，他还是别无选择地走上了另一个人刚刚遇害的舞台，用话语和玩笑让自己摆脱麻烦。他对观众们说："我也不是罗马人。我周游意大利，通过让人发笑和给人带来快乐寻求恩庇。因此请饶过燕子，神明允许它们在你们所有人的房子上安全筑巢！"这番话语打动了观众，他们坐下来看完了剩下的演出。但这只是短暂的喜剧插曲：很快，城中所有的罗马人被杀戮殆尽。

这是一个悲惨而意味深长的故事，展现了一个面对着普通观众的普通单口喜剧演员的观点。在那个场合，观众们不仅怀有敌意，而且可能行凶。故事有力地提醒我们，在整个该时期，正常公民生活——观剧和欣赏插科打诨——与致命的大屠杀之间只有一线之隔。在大屠杀中，有时连燕子也不会被放过。

第 7 章

从帝国到皇帝

西塞罗对垒维勒斯

公元前70年,在斯巴达克斯的军队最终失利的第二年,当可怖的十字架仍然排列在阿皮亚大道两旁时,西塞罗站到了罗马法庭上,代表西西里富人指控盖乌斯·维勒斯(Gaius Verres)。维勒斯在西西里担任总督期间盗窃并掠夺他们,西塞罗的目标是让他向他们做出赔偿。这个案件开启了西塞罗的生涯,因为他令人惊叹地击败了为维勒斯辩护的一批著名律师和演说家。事实上,西塞罗获得的成功如此不同寻常,以至于本该持续很久的审判开始仅仅两周后,维勒斯就认定自己将注定败诉,趁着法庭因为节日暂时休庭,自愿流亡马西利亚(带着他的许多不法所得)。他在那里一直生活到公元前43年,最终在恺撒遇刺后的又一波由公敌通告带来的大屠杀中被处死。表面上的罪名是他拒绝让马克·安东尼分享他的一些珍贵的科林斯青铜。

案件结束了,西塞罗非常不想浪费自己的辛勤工作,于是让自己在审判开始时的发言和本该在后续审判中发表的申斥维勒斯的演说以书面形式流传。这些演说的全文流传至今,在整个古代世界和中世纪作为如何申斥敌人的模板被不断传抄。演说辞共计几百页,长篇累牍地罗列了维勒斯残酷剥削西西里居民的可怕例证，还闪回到公元前73年他来到该岛前的早年恶行。这是现存对罗马人披着官方身份的外衣能够在海外所犯罪行的最全面记述。在西塞罗看来，维勒斯在西西里和早年海外驻扎地的行为具有可怕地混合了残忍、贪婪和欲望——无论是对女人、金钱抑或艺术品——的特征。

西塞罗洋洋洒洒地详细描绘了维勒斯引诱纯真贞女、贪污税收、从粮食供应中牟利，以及系统性地盗窃一些西西里最著名的艺术杰作，还穿插了受害者的悲惨故事。比如，他提到一个名叫赫伊乌斯（Heius）的人的悲惨经历，此人曾骄傲地拥有包括普拉克西特勒斯（Praxiteles）和波吕克里托斯（Polyclitus）在内的一些古典希腊最著名的雕塑家的作品，这些传家宝被摆在他屋中的"神殿"里。其他罗马人也羡慕这些雕像，甚至向他借过。后来，维勒斯强迫他以荒谬的低价出售雕像。这部罪证集中最骇人的一则逸闻描绘了一位生活在西西里的罗马公民普布利乌斯·加维乌斯（Publius Gavius），他的命运甚至更加悲惨。维勒斯以加维乌斯可能是斯巴达克斯的间谍为由把他投入监狱，对他进行了拷打并将其钉上十字架。罗马公民权本该保护他免受这种可耻的刑罚。因此，当这个可怜的人被鞭打时，他不断呼喊"我是罗马公民"（Civis Romanus sum），但毫无用处。可以想见，当巴麦尊和肯尼迪决定复述这句话时（见本书131页），他们显然忘记了它在古代最著名的用法是被恶棍罗马总督判处死刑的无辜受害者用它发出的不成功的恳求。

当只有一方的观点留存下来，而且大部分是在庭审后写下来的时，评判一桩2000年前的法庭案件是不可能完成的任务。就像起诉方几乎注定会做的那样，西塞罗必然夸大了维勒斯的恶行，辩辞令人难忘，但有时误导性地结合了道德愤慨、半真半假、自我吹嘘和玩笑（特别是关于维勒斯的名字的玩笑，它的字面意思是"猪"或者"槽中的猪嘴"）。他的论证中充满了各种任何称职的辩护者都很可能会加以利用的漏洞。比如，虽然加维乌斯遭受的刑罚非常可怕，但在当时的西西里，任何尽责的罗马官员都不会忽视搜寻斯巴达克斯的间谍；事实上，到处有传言称斯巴达克斯计划渡海进军该岛。此外，无论赫伊乌斯对以如此之低的价格卖掉雕像感到有多么遗憾，西塞罗还是承认它们是被出售而非偷走的（还有，它们真像被宣称的那样是原作吗？）。不过，被告的仓皇逃离暗示摆在他面前的罪名足够真实，使得策略性地主动选择舒服的流亡似乎成了合理的选择。

这起臭名昭著的案件只是共和国最后一个世纪里涌现的许多关于罗马海外统治面临的争议和困境的例子之一。公元前1世纪70年代，随着罗马通过两个世纪以来的争斗、协商、入侵和好运控制了大片土地，罗马的权力性质与罗马人对于自己同现在他们所统治世界之关系的假设正在改变。以最宽泛的方式来说，原始的命令他人服从式的帝国至少部分变成了吞并式帝国。provincial开始表示"行省"，即罗马直接控制下的划定地区，而非仅仅是"责任"或"工作"，imperium现在有时也被用来表示"帝国"。这些术语含义上的改变指向了新的罗马领土概念和新的组织框架，对海外统治的意涵提出了新问题。罗马总督在这些行省应该怎样行事？他的工作该如何界定？行省人民应该有怎样的发言权，特别是在他们要求对由于治理不当而产生的后果做出赔偿时？什么情形可以被算作管理不善？关于行省统治的问题进入了罗马本地政治辩论的核心。这方面的一个宝贵证据是起诉维勒斯时所依据的法律文本。它不以西塞罗那样的华丽修辞著称，但把我们带到了幕后，看到了罗马人如何试图为行省的权利设计法律框架和实践安排。

帝国的指挥、控制和行政权可以被托付给谁的问题甚至更有争议，而且在共和政府最终垮台的过程中至关重要。谁将统治行省、征缴税收、指挥和服务于罗马的军队？以分享和短期掌握权力为原则的传统统治阶层能否应对帝国现在面临的大量行政和军事问题？在公元前2世纪的结尾，"新人"盖乌斯·马略（Gaius Marius）高调地将一连串罗马的军事失利归咎于罗马统帅的腐败，指责他们总是接受大笔贿赂。后来，凭借着在那些人遭遇惨败的地方取得令人瞩目的胜利的能力，他开始了自己的政治生涯，不下7次当选执政官，包括5次连任。

这种反复任职的情况在公元前1世纪80年代末苏拉推行改革时被禁止。但根本问题仍未解决。保卫和监管帝国（有时还包括扩张）的需要鼓励或驱使罗马人将大量财政和军事资源一连多年交给个人统帅，相比国内的贵族派和平民派之争，此举对国家传统结构提出了甚至更加根本性的挑战。到了公元前1世纪中期，依托海外征服，"伟大的"庞培和恺撒成了争夺专制权力的对手：他们指挥着事实上属于自己的私人军队，甚至比苏拉或马略更加彻底地无视共和国原则，他们开创了独裁统治的前景，即便恺撒遇刺也无法阻止。

简而言之，就像本章最后一部分所揭示的，是帝国创造了皇帝，而非皇帝造就了帝国。

总督和被统治者

即便考虑到西塞罗的严重夸大,维勒斯案件也经常被视作该时期罗马海外统治的典型现象:后者可能是个特别烂的苹果,但只是一批普遍不佳的苹果中的一个。有一个根深蒂固的传统假设认为,军事胜利应该成为征服者的战利品或者战败者应该为自己的失败付出代价(就像第二次布匿战争后,迦太基在罗马的要求下做出了巨额赔偿)。一些总督把海外职位视作补偿一些他们在罗马竞选公职时所付出成本的便利机会,更别提在远离罗马同僚的警觉目光时所能享受到的各种欢愉了。

盖乌斯·格拉古在撒丁岛担任过一个低级职位,他在返回后发表的动人演说中严厉指责了同僚们"出发时带着装满酒的双耳瓶,归来时却装满了银子"——既清楚地批评了他们中饱私囊,又暗示他们瞧不上当地的葡萄。以更晚近的帝国时代的标准衡量,罗马的统治大部分采用相当放任的态度:当地人保留了自己的历法、货币和神明,以及各种法律体系和公民政府。不过,在罗马人的统治变得更加直接的时间和地点,它似乎处于无情剥削和马虎随意、资源不足、低效这两极之间。

西塞罗在家书中用生动的细节描绘了公元前 1 世纪 50 年代末他在奇里乞亚(Cilicia)担任总督的经历。这段经历与维勒斯的掠夺形成了鲜明反差,但仍然反映出行省统治的混乱状况,以及普遍、长期和低水平的剥削。奇里乞亚是一片面积约为 4 万平方英里的广大区域,位于今天土耳其南部的偏远地区,兼领塞浦路斯岛。行省内部的沟通非常不可靠,以至于当西塞罗刚到那里时,他无法找到前任,而且驻扎在当地的两个兵力不足、军饷不足和不太听话的军团中有3个分队似乎"失踪了"。他们是否可能与前任总督在一起呢？没人知道。

除了在10多岁时短暂地参加过同盟战争，西塞罗此前没有军事经验，但他抓住机会获得了小小的军事荣耀。在与一些比较有抵抗能力的当地山区居民发生的一场小规模冲突中取胜后，他甚至对在与差不多200年前亚历山大大帝打过仗的同一地点驻营自鸣得意。在写给阿提库斯的信中，他或是带着揶揄的反讽或是多此一举地说："那是个比你我不止好上一点点的将军。"但他的其他大部分时间被用来听取涉及罗马公民的法庭案件、裁决当地居民之间的纠纷、控制自己那一小群下属的行为（他们似乎特别擅长侮辱当地居民），以及处理各种朋友和熟人们的要求。

罗马的一个年轻同僚缠着他要他捕捉几头豹子并送回罗马，前者将在那里举办表演，准备把屠杀这几头野兽设为重头戏。西塞罗推诿搪塞，声称这种动物供不应求，他打趣说：它们一定是做了决定迁往邻近行省来躲避陷阱。马库斯·尤尼乌斯·布鲁图斯（Marcus Junius Brutus）的贷款问题就没有那么好玩了。此人6年后带头刺杀了恺撒，当时他正热衷于放高利贷，忙着以48%的非法利率贷款给塞浦路斯的萨拉米斯人。[1]西塞罗显然同情萨拉米斯人，他撤回了前任借给布鲁图斯的代理人以便帮助他们索取欠款的那队罗马士兵，这些人据说曾包围萨拉米斯的市政厅，饿死了5名当地议员。但后来，他没有继续触怒那位人脉广泛的债主，而是选择对整个问题视而不见。毕竟他首先考虑的主要是在

---

[1] 罗马的法定贷款利率上限通常是每月1%或每年12%，但有人通过借钱给外国人来绕过这个规定（李维，《罗马史》35.7）。海商贷款不受此限（尤里乌斯·保罗，《断案录》2.14.3）。

法律允许的情况下尽快离开行省和不再担任总督（"这工作让我厌烦"）。一年任期届满后，西塞罗辞去职务，将那片广大的地区交给一名下属掌管，他承认后者"只是个孩子，很可能是个蠢货，缺乏权威或自制"：负责的政府到此为止。

但上述令人沮丧的画面只是有关罗马行省管理的故事的一个方面。虽然罗马人无疑向行省的许多居民提出了粗暴的要求——比起得到西塞罗注意的富人，对穷人的要求很可能更加粗暴，几乎所有的古代作家都忽视了他们的困境——但剥削并非不受限制。我们很容易忘记，维勒斯的不法行径的可怕细节之所以能够流传下来，唯一的原因是他由于自己对西西里人的所作所为而受到审判并名声扫地。而盖乌斯·格拉古提到牟利的罗马官员的原因则是为了与自己在撒丁岛的正直行为做对比，因为他"带着装满银子的腰包出发，回来时空空如也"，而且从未碰过妓女或奴隶俊童。腐败、牟利和猎艳是公共批评的对象，经常被用来指责政治对手，被当成诋毁人格的武器。就我们所知，它们不是适合拿来公开炫耀，甚至洋洋得意地自夸的对象。

许多不法行径的故事是公元前2世纪后期范围更大的讨论的一部分，讨论主题为海外统治应遵守的准则和伦理原则，或者说得更普遍些，也就是当外邦人不仅是敌人也是被统治者的时候，罗马应该如何与外部世界维系。这是罗马人对古代世界政治理论独特而新颖的贡献。西塞罗最早的一篇政治论文（公元前59年写给兄弟的一封信）主要关注了行省统治中的诚实、正直、公正和一致性。一个世纪前的公元前149年，罗马设立了一个永久的刑事法庭，主要目的是为被罗马统治者勒索的外邦人提供赔偿和申诉权。此前从未有哪个古代地中海帝国系统地尝试这样做。这可能表明腐败的海外统治很早就开始了，还表明打击腐败的政治意愿由来已久。指控维勒斯的法律最初是盖乌斯·格拉古的改革方案的一部分，这说明人们早在公元前 2 世纪 20 年代就对这个问题投入了大量的关注，对法律做了精准的界定并进行了复杂的思考。

盖乌斯的赔偿法被刻在青铜上，1500 年左右，人们在意大利北部的乌尔比诺（Urbino）附近发现了它的 11 块碎片。有两块后来遗失，只能从抄录副本中得知其内容，但 19 世纪又出土了一块。学者们花了 500 年才把它们像拼图一样重新组合起来，得到了该法大约一半的内容，其中给出了行省居民如何夺回被罗马官员勒索的财物（并获得赔偿）的法律手段。这是了解罗马政府实践和原则的非凡资料，它也让我们意识到，如果没有这样的偶然发现，此类信息很容易从罗马的历史传统中消失。因为，虽然古代作家们偶尔会提到这部法律，但完全没有迹象表明它就像我们现在可以读到的样子。它的细节能够被保存下来得益于公元前 2 世纪末某座意大利小城的议员们，他们决定将这部法律刻在青铜上向公众展示，我们还要感谢文艺复兴时期碰巧发现这些碎片并认识到它们的价值的人。

这是罗马法律最为细致和严密的体现，展现了此前古典世界任何地方都不曾有过的编制法律的成熟技巧，与《十二铜表法》中具有开拓性但颇为原始的努力截然不同。现存的拉丁语文本篇幅大约为现代书本的 10 页，涉及申诉程序的各个方面，从谁被允许提起诉讼（"任何拥有拉丁名字的人或外族，或者归罗马人裁量、支配和统治的人，或者罗马人的盟友"）到诉讼成功后的回报和赔偿（赔偿被设定为遭受损失的两倍，胜诉者将获得完整的罗马公民权）。

其间还谈到了各种问题。有需要者（外族人很可能需要）被承诺将获得诉讼支持（一种形式简单的法律援助）。有的条款规定了如何从维勒斯这样的在宣判前就逃走的人那里拿到钱。该法对如何避免利益冲突也做了严格规定：任何与被告属于同一"俱乐部"的人都不得担任那个案件的 50 名陪审员之一。它甚至对投票的具体方法也做了界定。每名陪审员必须将他们的决定写在一片特定大小的黄杨木上，将其投入瓮中，并用手指盖住自己的决定——他们还要裸露手臂，可能是为了防止他们在托加袍下搞小动作。

很难知道这在现实中是否有效。从公元前 2 世纪 20 年代该法通过到公元前 70 年的维勒斯案之间只有 30 件出头的诉讼留有记录，差不多一半被判有罪。但这些不完全的统计只是故事的一部分。事实上，即便承诺会有诉讼支持，也可能无法鼓励受害者穿过半个地中海，用不熟悉的语言在陌生的属于统治者的法律体系中提出申诉。此外，赔偿只针对经济损失，不包括其他形式的粗暴行为（比如虐待、谩骂或强暴）。不过，该法无疑表明像盖乌斯这样的激进政客开始关注更广阔的世界，他们同时关心罗马公民和罗马帝国臣民中的弱势群体和被压迫者的困境。

向元老发难

不过，这部赔偿法的背后并非只是纯粹的人道主义问题。从公元前 2 世纪 20 年代盖乌斯提出的方案的其他许多内容来看，他也在试图监管元老的活动。他的改革不仅着眼于海外行省的苦难，也事关罗马的内部政治。按照该法的规定，只有元老和他们的儿子可以被起诉，虽然其他许多海外罗马人也能够通过损害当地人的利益来为自己牟利。此外，陪审团必须完全来自一个非元老的阶层，即罗马的骑士等级（equites）。

这是一个术语上的区分，但很关键。骑士位于罗马财富等级的顶端，他们拥有的庞大财产规模将其与绝大部分普通公民区分开来。他们还经常与元老保持着密切的社会、文化和血缘联系。这个群体比元老群体大得多，在公元前2世纪末已经达到好几千人，而元老只有几百人。事实上，在严格的法律意义上，元老只是当选过公职并因此进入元老院的那部分骑士。但两者的利益并不总是一致，而且骑士等级的成分要多样化得多。他们中有来自意大利城镇的许多富人——人数在同盟战争后大幅增加——这些人从来没有梦想过在罗马竞选，也有人选择做政治的旁观者，就像西塞罗那位很有影响力的朋友阿提库斯。还有许多人涉足元老们被明令禁止参与的那类金融和商业活动。公元前3世纪末的一项法律禁止元老拥有大型商船（指能够装载超过300个双耳瓶的商船），虽然照例有多种绕过该障碍的方式。

得益于盖乌斯·格拉古的另一项法律，一些骑士参与了可能带来丰厚利润的行省税收生意。因为他第一个做出安排，让新的亚洲行省的税收和其他许多政府职责一样被承包给私人团体，而后者经常属于骑士等级。这些承包商被称为包税人（publicani）——《新约》的旧版译文中也如此称呼收税人，让现代读者产生疑惑。这种制度非常简单，对罗马政府来说只需很少的人力，并为随后几十年间其他行省的税收安排提供了模板（这在其他的早期征税制度中也很普遍）。罗马会定期拍卖个别行省的特定收税权。出价最高的团体之后将开始收税，超过出价的部分将成为其利润。

换句话说，包税人从行省中征得的税款越多，他们的收益也越高，而且人们无法用盖乌斯的赔偿法起诉他们。罗马人一直通过自己的征服和帝国赚钱，但明确的甚至组织化的商业利益也变得日益重要。

赔偿法在元老和骑士间埋下了不和。该法的初衷是把保护罗马臣民和控制元老的（不当）行为结合起来。通过规定陪审团必须完全由骑士等级组成，它试图确保作为被告的元老和由他朋友组成的陪审团串谋的情况没有出现的可能，只是为了安全起见，亲近支派中有人担任元老的骑士也被禁止参加此类审判。但这样做的后果是让元老与骑士发生冲突，有时还会殃及法律本来希望保护的那些行省居民。比如，经常有人声称，骑士陪审员不仅没有公正地评判元老的腐败，反而非常偏颇地支持包税人，以至于他们经常判决试图打击包税人掠夺行为的无辜行省总督有罪。在一个臭名昭著的案件中，带偏见的骑士陪审团裁定一名元老的勒索罪成立，但后者对自己的荣耀记录、名誉和人气很有信心，选择到他被指犯下罪行的行省流亡。这个故事有特意为元老辩护的意味。但即便如此，此类故事还是指向了一个旷日持久的争议：在对罗马人在海外的行为做出评判时，谁是可以被信任的？是元老还是骑士？在盖乌斯的法律通过后的几十年里，由于改革者们持不同的政治主张，这两个群体来回被指派担任陪审团。

当西塞罗在公元前70年起诉维勒斯时，这个问题仍然悬而未解，这使那次审判具有了额外的政治色彩。10年前，苏拉不出意料地不仅把赔偿法庭交到元老陪审员手中，而且把一系列后来建立的审理叛国、贪污和下毒指控的刑事法庭也交给了他们。到了维勒斯被起诉的时候，反对这种做法的呼声越来越高，西塞罗多次敦促陪审团判被告有罪（至少在书面材料中如此），这在一定程度上是要证明，元老对他们的同僚能够做出公正的判决，是可以被信任的。但这个请求为时已晚。审判结束后不久，新的立法让骑士和元老分享了组成陪审团的权利，这奠定了未来的模式。维勒斯的审判是这个负责勒索案件的法庭上最后一次由元老陪审团裁决元老同僚，这是使它出名的另一个原因。

待售的罗马

在共和国最后一个世纪的广泛的政治争论中，贯穿始终的重要话题是所谓的主要元老的腐败、无能和势利排外。它们是撒鲁斯特的《朱古达战争》的中心主题，这篇论文对罗马在与那位北非统治者——通过谋杀王族成员、阴谋和恣意屠杀，此人从公元前118年开始在北非地中海沿岸扩大自己的势力范围——周旋时长期失败的原因做了令人震惊的分析。论文写于战争结束大约70年后，叙述中带有强烈的偏颇，具有强烈的道德化色彩，内容被高度戏剧化，按照现代人的说法，它在一定程度上是虚构化的重建。在这位元老院"新人"笔下，到处都是对元老享有的特权和贪婪、势利发起的攻击。

公元前2世纪末，罗马在北非的领土分为非洲行省（迦太基旧址周围的土地，由罗马总督按照新的方式直接管理）和其他仍然属于旧式命令他人服从的帝国的地区，包括附近的努米底亚（Numidia）王国。公元前118年，当听话的努米底亚老国王去世后，他的侄子朱古达和一位王位继承的竞争者展开了长期权力斗争。公元前 112 年，朱古达最终杀死了对手，一同遇害的还有当时不幸同时也在同一座城中的大批罗马和意大利商人；通常认为他们是完全无辜的受害者，但撒鲁斯特的叙述暗示，他们可能更像是一支武装民兵。这场屠杀是不稳定的旧式控制给罗马的一个教训：被认为服从的人总是易于变得不服从，而且盟友通过与罗马的长期接触获得了内幕信息。以朱古达为例，他曾在西班牙的小西庇阿军中服役，指挥一支努米底亚弓箭手部队作为盟军作战，这让他获得了关于罗马军事战术的有用经验，并结交了有用的罗马朋友。

多年来，罗马人对朱古达活动的反应不是软弱就是过于谨慎。元老院向非洲派出各种代表团，用相当随意的方式试图让他和他的对手达成协议。直到发生屠杀商人的事件后，罗马才于公元前 111 年宣战并派出军队，统帅很快促成了和约。朱古达被传唤到罗马，但很快被送回国，因为人们发现他图谋杀害在意大利的一个侄子——他害怕此人同样可能成为对手。罗马军队再次前往非洲抓捕他，但成败参半。到了公元前 107 年，朱古达受到一定约束，但仍然逍遥法外。

罗马在北非的经历令人失望，这引出了一些重大问题。元老院能管理帝国和保护罗马的海外利益吗？如果不能，那么需要何种人才，又到哪里去找呢？在一些罗马观察者看来，元老们贪图贿赂是失败背后的一个重要原因，据说朱古达在离开罗马时打趣说："罗马是座待售的城市，只要找到买家就注定将马上陷落。"统治阶层的普遍无能是另一个原因。撒鲁斯特认为，这种无能是他们狭隘的精英主义和拒绝承认自己小团体之外还有人才造成的。公职对平民的排斥早就被打破，但 200 年后——撒鲁斯特接着说——贵族和平民混合组成的新贵族阶层事实上已经变得几乎同样排外。同一批家族一代又一代地垄断了最高职位和最有声望的指挥权,不愿让有竞争力的"新人"加入。元老院被与古时一样的老哥们关系网主导着。

撒鲁斯特的论文着重描述了盖乌斯·马略的故事,这是一位"新人"和经验丰富的士兵,在非洲的朱古达战争中是一位贵族成员昆图斯·凯基利乌斯·梅特鲁斯（Quintus Caecilius Metellus）的副手。公元前108年,当已经担任过大法官的马略决定返回罗马参加执政官选举,希图获取更大的军队指挥权时,他向梅特鲁斯寻求帮助。梅特鲁斯的回答可以算作盛气凌人的势利言辞的经典例子,至少撒鲁斯特给出的版本如此。他冷笑说,对马略这样背景的人来说,成为大法官已经足够好了;他让马略不要有非分之想。撒鲁斯特在《喀提林阴谋》中甚至更犀利地总结了此事:"大部分贵族相信,如果'新人'成为执政官,那么这个职位几乎就被玷污了,无论他多么出色。"马略很生气,但没有被吓退。他返回罗马参加了选举。他成功当选后(后来史无前例地一共7次担任此职),平民大会投票把与朱古达作战的指挥权转交给了他。

我们不能完全从表面上理解撒鲁斯特的叙述。也许朱古达的确善于向元老行贿——罗马法庭判决一个曾前往非洲的代表团受贿罪成立,最终迫使谋杀盖乌斯·格拉古的凶手奥皮米乌斯流亡。不过,每当战争、选举或法庭判决结果不尽如人意时,罗马经常会把受贿作为便利的借口。这种绝对的腐败很可能不像他们所宣称的那么常见。此外,无论统治阶层的核心成员多么势利,新的或略带新意的人才事实上比撒鲁斯特的愤怒断言所说的拥有更大的空间。留存下来的名单显示（该时期的名单大部分准确）,在公元前 2 世纪晚期的执政官中，约 20% 的人来自亲近支派在此前 50 年中没有出过执政官，甚至从未出过执政官的家族。

马略的生涯以出乎他自己的意料的方式对共和国余下的历史产生了巨大影响。首先，当他返回非洲指挥对抗朱古达的战争时，任何自愿参军的公民都被他招募进了军队。在此之前，除了紧急情况下，罗马官方只从拥有一定财产的家庭中招募士兵。因此，兵源问题已经存在了相当长的时间，提比略·格拉古对无地穷人的焦虑背后可能也涉及该问题，因为如果没有土地，他们将无法在军团服役。

通过招募全体应征者，马略解决了这个问题，但在此过程中，他创造了一支有依附性和半职业化的罗马军队，后者在差不多 80 年的时间里破坏了国内政治的稳定。这些新型军团越来越依赖自己的统帅，不仅是为了分到战利品，也为了退伍后的安排，最好能得到一块土地，那将为老兵未来的生活提供某种保障。这种现象产生的影响体现在多个方面。公元前 80 年，苏拉将他的老兵安置在小城庞贝之后所引发的矛盾，只是众多地方冲突、剥削和怨恨的例子之一。老兵们的土地从何而来和由谁买单成了久拖不决的问题。不过，造成最严重后果的还是将领个人和他们的军队间产生的关系。大体上说，士兵们用对统帅的绝对忠诚换取了退伍安置的承诺——这种交易至少是罔顾国家利益，在最坏的情况下则是把军团变成了一心捍卫将领利益的新型私人武装。苏拉和后来恺撒的士兵追随他们的领导者入侵罗马城，这一定程度上正是因为马略所缔造的这种军队和统帅间的关系。

对未来来说，人民在授予马略军队指挥权的过程中所扮演的角色同样非常重要。由保民官提议的平民大会投票推翻了元老院的提名，让马略负责对抗朱古达的战争。这种程序在之前的一两次紧急情况下也启用过。但在公元前 108 年，它强有力地断言只有全体人民而非元老院才有权决定应该由谁指挥罗马的军队。当马略确保了罗马在非洲取得胜利并押着被擒获的朱古达返回罗马后，平民旋即投票罢黜了在与来自阿尔卑斯山对面的日耳曼人交战中遭遇惨败的另一位将军。在恐慌的气氛中（包括在罗马又一次罕见地举行官方人祭），此人的指挥权也被授予马略，后者没有辜负人民的希望，击退了入侵者。

马略的结局令人悲伤。当他已经年近七旬时，保民官试图通过平民大会投票最后一次将军队指挥权交给他，但这次没能成功。公元前 88 年，为了阻止征讨米特拉达梯王的指挥权易主，他的竞争对手苏拉向罗马进军（见本书 239—240 页）。在苏拉东征期间，马略去世了，距离他第七次当选执政官只有几周（他作为"反苏拉"的候选人当选）。有人声称，他在临终时的幻觉中似乎觉得自己赢得了征讨米特拉达梯的指挥权，并向自己的护理人员下达指令，仿佛他们是将要战斗的士兵。这个陷入迷狂的老人的故事让人心生怜悯，但他所拥护的由人民控制海外任免权的原则在随后的几十年间被不断重申。各种人民大会一次次投票将大量资源授予那些说服他们相信自己能够最好地保护或扩张罗马帝国的人。事实上，就像庞培的例子所表明的，他们的投票让专制者掌握了权力：庞培自称"伟大的"庞培，却是其他人的"屠夫"。

"伟大的"庞培

公元前 66 年，距离维勒斯的起诉案仅仅 4 年后，西塞罗在一

图43 一枚米特拉达梯四世铸造的银币上的他的头像。甩向后面的长发让人想起亚历山大大帝的独特发型,这无疑是有意为之。在米特拉达梯与"伟大的"庞培的冲突中,两位想要成为新亚历山大的人相互对决。

场关于帝国安全的公共集会上向罗马人民发表了演说。西塞罗现在已经是大法官,并觊觎着执政官宝座,他的演说是为了支持一位保民官提出的让庞培指挥对抗米特拉达梯王作战的建议,这场战争已经时断时续地打了20多年,结果胜负参半。庞培的权力将包括对地中海东部大片地区拥有无限期和几乎完全的控制,超过4万的大军可供他调遣,他还有差不多独立决定开战或议和以及商谈条约的权利。

西塞罗可能真的相信米特拉达梯对罗马的安全构成了真正的威胁,而庞培是唯一能够保卫罗马的人选。以自己位于黑海边的王国腹地为基地,那位国王的确偶尔会战胜罗马在地中海东部的利益集团,令人胆寒,包括公元前88年那场被高度神化了的著名屠杀,据说有数万名罗马人和意大利人在一天内丧生。通过利用当地居民对出现在那里的罗马人的普遍仇恨并提供额外的激励(任何杀死罗马主人的奴隶都将恢复自由),他对今天土耳其西岸城镇——从北面的帕加马到南面的爱琴海"无花果之都"考诺斯(Caunos)——的罗马居民同时发动攻击,杀死了大约8万到15

万的男人、女人和孩子（罗马人估算的这个数字是高度夸张的）。如果实际数字与之接近，这将是一场冷酷和经过精心策划的种族灭绝，但我们很难不认为，经过公元前1世纪80年代对抗苏拉的战争，米特拉达梯在公元前1世纪60年代可能更多地只能带来骚扰而非危险。此外，他还成了罗马政治圈内理想的敌人，既为可能带来丰厚收益的军事行动提供了借口，又可以被用来指责对手的不作为。西塞罗也多少承认自己受到了罗马的商业群体的影响，东方长期不稳定的局势（无论属于事实还是出于想象）对国家财政产生的不良影响引发了这些人的焦虑，他们担心自己的私人利益一样会受到影响。两者的界限被小心地模糊了。

在为这种特别指挥权辩护时，西塞罗提到了庞培前一年在清剿地中海海盗过程中闪电般取得的胜利，这同样得益于平民大会投票授予的巨大权力。古代世界的海盗既是长期的威胁，又是由于不特指而可加利用的引发恐惧的形象，与现代的"恐怖分子"相去不远，其中包括从流氓国家的海军到小股人贩子的各种类型。庞培在3个月内就消灭了他们（这表示他们可能是比所描绘的更容易对付的目标），然后对他们实行了在古代或现代世界都显得异常开明的重新安置政策。他向这些曾经的海盗提供了远离海岸的小块土地，让他们可以本分地生活。虽然其中一些人可能过得并不比苏拉的老兵更好，但有一个很享受新生活的人作为诗歌配角出现在了维吉尔创作于公元前1世纪30年代末的《农事诗》中。这个老人安分守己地生活在意大利南部的塔兰托附近，现在成了园艺和养蜂专家。他的海盗岁月早已成为往事，如今"在树丛中四处种植草药，在周围种上洁白的百合、马鞭草和纤纤的罂粟，他在精神上像国王一样富有"。

不过，西塞罗的根本论点是新问题需要新的解决办法。米特拉达梯对罗马的商业收益、税收收入和在东方生活的罗马人构成了威胁，要求罗马改变策略。随着帝国过去两个世纪以来的扩张，罗马的传统官职体制已经经历了各种调整，以便应对海外统治的要求和增加可用的人力。比如，大法官人数在苏拉时期增至 8 人；现在还有了将在罗马任期届满后的当选官员派往行省任职一到两年的固定制度，称为同执政官（proconsul）或同大法官（propraetor）。不过，这些官职仍然是临时和短期的，而在面对米特拉达梯这样的敌人时，罗马需要最好的将军，他要对可能受到战争影响的整个地区享有长期指挥权，并且能够不受正常控制约束地掌握所需的财力和兵力。

不出意料，有人对此提出反对。庞培是个激进而野心勃勃的规则破坏者，传统主义者越来越试图加以强调的罗马政治惯例已经大部分被他无视。作为"新人"之子，他利用公元前 1 世纪 80 年代的混乱在军中获得了显赫地位。早在 20 多岁时，他就已经从自己的门客和追随者中挑人组建了 3 个军团为苏拉作战，并很快因为追击苏拉的对手和非洲的各种敌对小君主而获得举行凯旋式的嘉奖。他正是在那时获得了"少年屠夫"（adulescentulus carnifex，不是"另类儿童"[enfant terrible] 的意思）的绰号。当庞培被元老院授予长期指挥权，前往西班牙镇压一位手握重兵但"当地化了"的罗马将领（这是庞大帝国面临的另一重大威胁）[1]时，他还没有当选过任何公职。再次取得胜利后，他最终在公元

---

[1] 昆图斯·塞多留（Quintus Sertorius），罗马在西班牙的同执政官（总督），在当地部落的支持下自立政权，庞培于公元前 76—前 71 年指挥了对抗塞多留的战争。

前70年当选执政官,时年仅仅35岁,跳过了所有的初级职位,完全无视苏拉不久前对担任公职者做出的规定。作为执政官的他将主持元老院,但他对那里的工作一无所知,以至于请求一位博学的朋友为他写了一本元老院工作程序手册。

西塞罗的演说中有一些线索,我们能从中推断出有人对这种新指挥权表示反对。比如,他极力强调米特拉达梯的威胁迫在眉睫("每天都有来信通报我们行省的村子如何被烧毁"),这有力地说明,当时的确有人宣称此事被过分夸大,以便为将新的巨大权力授予庞培提供借口。反对者没能成功,虽然他们一定觉得自己的担心并非没有根据。随后的4年间,凭借着新指挥权,庞培开始重塑罗马帝国东部的版图,从北面的黑海到南面的叙利亚和犹地阿。事实上,他不可能独自完成这一切,一定得到了数以百计的朋友、下级军官、奴隶和谋士的帮助。但在当时,这次对疆界的改写被归功于庞培本人。

庞培的权力在一定程度上是由军事行动带来的。米特拉达梯很快被赶出小亚细亚,退回他在克里米亚的领土,后来在他的一个儿子发动的政变中被逐并自杀;罗马军队还成功包围了耶路撒冷城,那里的敌对双方正在争夺大祭司职位和王位。但这份权力更多地来自他把外交、威吓和对罗马势力的巧妙展示明智地结合起来加以使用。庞培用了几个月时间将米特拉达梯王国的核心部分变成罗马直接统治的行省,他还调整了其他行省的边界,建立了几十座新城市,还确保了当地许多国王和统治者的实力被削弱并按照旧有的方式服从罗马。

公元前61年,庞培返回罗马后在自己45岁生日当天举办了凯旋式(无疑是精心设计的巧合),据说他那天穿着曾经属于亚历山大大帝的袍子。人们无从知道他究竟是从哪里找到的这件赝品或戏服——他也没能骗过许多精明的罗马观察者,他们和我们一样怀疑衣服的真实性。不过,此举可能不仅是为了匹配他从亚历山大那里借来的称号("伟大的"),也为了迎合无远弗届的帝国征服的野心。一些罗马人被打动了,另一些对这番炫示深表怀疑。仅仅 100 年出头后,老普林尼就挑出庞培请人完全用珍珠为自己制作头像的行为表示不赞成,称其为"朴素的失败和奢华的胜利"。但这还不是最重要的。这场庆祝活动是迄今为止用疆域符号对罗马帝国乃至罗马征服世界的野心所做的最有力表达。队列中的战利品之一可能是个大圆球,上面的铭文宣称"这件战利品代表整个人类世界"。[1] 而在一座罗马神殿中,展示庞培功绩的一份清单夸耀他"将帝国的边界扩展到大地的尽头",虽然语气过于乐观,但形象地说明了问题。

第一位皇帝

庞培很有理由被称为第一位罗马皇帝。诚然,他通常是以最终支持共和国事业对抗恺撒日益独立的力量的形象被载入史册的,因而是以帝制的反对者被载入史册的。但他在东方受到的待遇和被授予的大量荣誉(或者是他自己策划的授予行为)贴切地预示了许多属于罗马皇帝形象和地位的标志性元素。几十年后在恺撒

---

[1] 卡西乌斯·狄奥,《罗马史》37.21.2: 所有[战利品]中有一件巨大和装饰昂贵的东西,上面刻着"这是有人居住的世界的"(καὶ ἐπὶ πᾶσιν ἓν μέγα, πολυτελῶς τε κεκοσμημένον καὶ γραφὴν ἔχον ὅτι τῆς οἰκουμένης ἐστίν)。

时期的意大利和罗马，那些成了标准的帝制形式与象征（在他的甥外孙奥古斯都皇帝时期则更加鲜明）几乎都可以在罗马的海外统治中找到原型。

比如，恺撒是第一个还在活着的时候头像就出现在罗马所铸钱币上的人。在此之前，罗马的零钱上只出现过死去已久的英雄的形象，这种创新是恺撒个人权力的醒目标志，被后来所有的罗马统治者沿用。但早在10年前，东方各社区就已经铸造过印有庞培头像的钱币。这种荣誉还伴随着其他夸张的恭维乃至各种形式的宗教崇拜。据说得洛斯岛上有一群"庞培崇拜者"（Pompeiastae）。新的城市以他命名：如庞培城（Pompeiopolis）或者伟人城（Magnopolis）。他被称颂为"与神明相当"或"拯救者"，甚至直接被称为"神"。在莱斯博斯岛上的米蒂莱涅（Mytilene），有一个月份以他命名，就像后来罗马人用恺撒和奥古斯都来命名月份。

许多此类荣誉都各有先例。从马其顿到埃及，亚历山大大帝之后的国王们经常或多或少地用神圣符号来表现自己的权力。相比现代一神教，古代多神教对待神和人的界限要更加灵活和有建设性。此前，地中海东部的罗马统帅有时也会获得设立以他们命名的宗教节日的荣誉，西塞罗在从奇里乞亚写给阿提库斯的一封信中暗示，他拒绝了别人献给自己的一座神庙。不过，庞培的一揽子荣誉达到了前所未有的规模。在东方受到此等尊崇之后，在重组大片土地的过程中享受了独立权力之后，很难想象庞培还能返回罗马成为众多元老中的普通一员。表面上看，他正是这样做的。他没有像苏拉那样向罗马进军。但在表面之下，伴随着庞培的归来，罗马同样出现了改变的迹象。

图 44 近来对庞培剧场的一次重建尝试,该剧场是庞培建筑计划的核心,拥有精致的舞台背景和观众席,根据古人的一种估计,席上可以容纳 4 万人,几乎相当于斗兽场的容量。观众席背后是"胜利的给予者"维纳斯(Venus Victrix)的一座小神庙,显示神明对庞培的支持以及建造费用来自军事胜利。

庞培的庞大建筑计划——包括剧场、花园、柱廊和会议厅,其间都装点着著名的雕塑作品——完全是带有帝国风格的创新。比起之前的将领们为了感谢神明在战场上的帮助而建造的神庙,它的规模要大得多。建筑计划于公元前 55 年完成,是作为后来的罗马皇帝们的标志的一系列宏大建筑群中的第一座,他们试图用耀眼的大理石在罗马城的风景中留下自己的印记,这些建筑构成了我们今天对古罗马形成的印象。此外有迹象表明,庞培甚至在罗马也受到神明般的待遇,与后来的皇帝们极为相似。这已经是西塞罗在公元前 66 年所发表的演说的一个主题,其中反复提到庞培拥有"神圣的"和"神明赐予"的才能,特别强调了他"难以置信和神圣的德性"（incredibilis ac divina virtus）。我们不清楚 divina 在多大程度上表示字面意思，但在罗马世界里，它从未像今天"神圣的"一词的日常使用情况那样变得毫无意义。庞培身上至少有种超越常人的东西。为了祝贺他即将从东方归来，公元前 63 年由两位执政官提议并投票通过了一项授予他的荣誉：庞培每次参加战车竞赛时都可以穿凯旋将军的服装。

这比听上去要重要得多，显然不仅与衣着标准有关。因为按照特定的着装传统，得胜归来的将军们在凯旋式上穿的是卡庇托山神庙中的朱庇特神像穿着的服装。军事胜利仿佛让凯旋将军名副其实地踏入了神明行列，但只有一天——这解释了为什么在战车上站在他身后的那个奴隶要在他耳边一遍遍地轻声提醒："记住你（只）是个凡人。"允许庞培在其他场合穿凯旋式装束相当于在严格界定的仪式场合之外给他赋予了神圣地位。这种做法看上去必然存在风险，因为据说庞培只尝试了一次自己的新特权——但就像一位罗马作家在大约 70 年后犀利地指出的，"一次都嫌多"。[1]

一边是个人的成就与名望，一边是精英阶层名义上的平等和分享权力的原则，如何平衡两者是整个罗马共和时期的一个重大难题。早期罗马的许多神话故事提出了关于勇猛的英雄越众而出独自迎敌的问题。他们应该为不服从命令而受到惩罚，还是由于给罗马带来了胜利而获得荣誉？在庞培之前也有过个人地位同国家的传统权力结构发生冲突的历史人物。马略和苏拉就是典型例子。但比他们更早 100 多年，大西庇阿虽然（或正因为）取得了

---

[1] 维莱伊乌斯·帕特尔库鲁斯，《罗马史》2.40.4。

一系列辉煌的胜利，但还是在事实上的流亡中度过晚年，因为罗马法庭想方设法打压他的声望：他因此被埋在意大利南部，而非在罗马的宏伟的西庇阿家族墓地下葬。甚至有故事说，他声称自己获得了神启，并利用他与神明的特殊关系在朱庇特神庙过夜。但到了公元前1世纪中期，风险变得不可同日而语，罗马的运作规模和责任要大得多，所能利用的财力和人力资源也大为增加，以至于庞培等人的崛起几乎是不可阻挡的。

最终阻止庞培的是他的对手恺撒，后者来自一个古老的贵族家庭，拥护沿袭格拉古兄弟激进传统的政治方案，最终还产生了直接走向独裁统治的野心。但首先，这两人是一个臭名昭著的三角同盟的组成部分。

三人帮

公元前60年，回到罗马两年后，庞培沮丧地发现元老院还没有正式批准他对东方的处置方案，元老院没有一下子批准全部方案，而是一份份地确认，拖延时间。此外，就像当时的任何将领都不得不去做的，他也在为安置自己的老兵寻找土地。而马库斯·李基尼乌斯·克拉苏——斯巴达克斯最终是由此人率领的罗马军队打败的，据说他还是罗马最富有的人——刚刚接受了一批处境艰难的国家包税人的一个案子。这些人对亚洲行省的征税权投标过高，克拉苏正试图让他们获得重新议价的许可。作为三人中经验最少、财力最弱的一个，恺撒希望确保赢得公元前59年的执政官选举和随后的一项重要军队指挥权，而不仅仅是元老院希望由他负责的打击意大利境内盗匪的执法职责。相互支持似乎是实现上述不同目标的最佳办法。于是，在一场完全非官方的交易中，他们集中了各自的资源、势力、关系和野心，在短期甚至更久的时间里获得了各人所需。

对于许多古代观察者来说，这是共和政府崩溃道路上的又一个里程碑。在崩溃后回顾往事时，包括诗人贺拉斯在内的一些人都认为公元前60年不同寻常，按照罗马人的传统纪年，他提到了"在梅特鲁斯担任执政官那年开始的内战"。"小加图"——"老加图"之孙（见本书第199页），恺撒的一位最坚定的敌人——宣称罗马的颠覆并非发生在恺撒和庞培失和之时，而是在他们成为朋友的时候。在某些方面，幕后决定政治过程的想法比此前10年的公开暴力更为糟糕。当西塞罗注意到庞培的一个笔记本上不仅有过去的执政官的名单，而且有未来执政官的名单时，他巧妙地捕捉到了这一点。

上述评论所暗示的那种完全控制并不存在。三人之间有各种矛盾、分歧和对立，即便庞培真有一个罗列了他们所选中的未来执政官的笔记本，选举过程有时也会出乎他们的意料，他们完全不喜欢的其他人也可能当选。不过，他们的确实现了眼前的目标。恺撒在公元前59年顺利当选执政官，除了一系列与早先激进的保民官的方案非常相似的措施，他也提出了代表另外两人利益的立法。此外，他还获得了高卢南部的军队指挥权，而该指挥权很快就扩大到了阿尔卑斯山对面的大片地区。

公元前1世纪50年代的大部分时间里，三人帮的操纵仍然是罗马政治中的一支重要力量，虽然恺撒只是周期性地造访意大利，而公元前55年率军征讨帕提亚帝国——它以今天的伊朗为中心，

图 45 奥古斯都统治时期发行的一枚银币，以纪念帕提亚人交还他们在卡莱战役中夺走的罗马军旗。顺从地交还军旗的那名帕提亚人穿着传统的东方裤子。意味深长的是，另一面上的图案为"荣耀"女神。事实上，这更多地是商定的协议，而非罗马人的军事胜利带来的结果。

在许多方面取代了米特拉达梯成为罗马人的恐惧对象——的克拉苏再也没能返回。一定程度上正是克拉苏的早逝让他在三人中的角色和重要性变得难以评判。但他遭受的失败和被残酷斩首的悲剧，以及典礼使用的军旗被敌人夺走的耻辱引发了持续多年的反响。公元前 53 年，在今天土耳其和叙利亚边界打响的卡莱战役（Battle of Carrhae）中，帕提亚人取得了决定性的胜利。克拉苏的人头被当作战利品送到帕提亚国王的驻地，马上在欧里庇得斯的《酒神女》（有趣的是，这是帕提亚保留剧目的一个组成部分）表演中被用作道具，充当被母亲斩首的悲剧人物彭透斯（Pentheus）的头颅。[1] 罗马军旗一直是帕提亚人引以为傲的战利品，直到公元前 19 年奥古斯都皇帝通过伪装成军事成就的巧妙外交手段才将其

---

[1] 忒拜国王彭透斯禁止本国人崇拜酒神狄俄尼索斯，作为惩罚，狄俄尼索斯引诱他去观看女人们正在举行的酒神仪式。发狂的酒神女们误以为彭透斯是野兽，将其撕成碎片。

迎回罗马。

多亏了西塞罗的书信，公元前 1 世纪中期这个阶段的诸多争议被记录在了生动的细小细节中。有时他每天都会写信，其中充斥着未经证实的传言、事后之明、对阴谋的暗示、半真半假的话、闲话、不可靠的推测和不祥的预感。除了典型的反复念叨"政治形势每天都让我更担心"和"空气中有独裁的味道"，信中还包含了关于借贷这样的更实际的问题的交流，或者恺撒登陆不列颠（虽然非常短暂）这种令人振奋的消息。它们为正在发生的政治事件提供了不寻常的证据，这种情形不仅在古典时代的世界中绝无仅有，而且在 15 世纪之前的世界任何地方都很可能也是如此。但它们也常常夸大混乱和政治崩溃的景象，或者至少描绘了一幅很难比得上更早的时期的画面。如果除了李维等人的回顾性描述，大西庇阿和"拖延者"法比乌斯的私人书信和便条也能留存下来，那么后者的世界会显得多么混乱和残酷无情呢？此外，由于绝大部分材料出自西塞罗笔下，我们很难摆脱他的观点和偏见。

普布利乌斯·克洛迪乌斯·普尔克的政治生涯是一个很好的例子。克洛迪乌斯与西塞罗的首次交锋发生在公元前 62 年末的一桩丑闻中：在由恺撒妻子主持的一个本该仅限女性参加的严肃宗教节日仪式上，有人发现了一名男性。[1] 有人怀疑这是情人约会而非仅仅是恶作剧，为了以防万一，恺撒迅速离婚，留下了"恺撒的妻子必须不受怀疑"的著名理由。许多人把矛头指向克洛迪乌斯，后者受到了审判，西塞罗作为起诉方的关键证人出席。案件以宣判无罪告终，克洛迪乌斯和西塞罗由此成了永远的敌人，后者

---

[1] 恺撒的第二任妻子庞培娅（苏拉的孙女）主持了当年的良善女神（Bona Dea）仪式，克洛迪乌斯被指男扮女装混入仪式现场而受审，最终获判无罪。

不出意料地宣称无罪判决是用巨额贿赂换来的，但该说法可能是错误的。

克洛迪乌斯后来背上了恶贯满盈的恶名，这几乎完全是西塞罗的敌意所导致的。他以疯狂贵族的历史形象为人所知，不仅为了能够参选保民官而安排自己被平民家族收养，而且选择了比自己年轻的养父，侮辱了整个选举过程。当选后，公元前58年，他以西塞罗曾对喀提林的同谋采取铁腕手段为由设法将其流放，并提出了一系列攻击罗马政府整个基础的法律，还用自己的私人武装恐吓路人。直到公元前52年此人因为向西塞罗一位朋友的奴隶挑衅而被杀（所谓的波维莱之战），罗马才得到拯救。没有其他关于克洛迪乌斯的观点留存下来。但几乎可以肯定，故事的另一面将会把他描绘成遵循格拉古兄弟传统的激进改革者（他的一项法律使城中的粮食发放完全免费），死于反动恶徒及其帮凶的私刑。即便是西塞罗出面辩护，也没能确保自己的朋友洗清谋杀罪名，后者最终也流亡马西利亚，成了维勒斯的邻居。

公元前1世纪50年代的政治是正常活动和危险崩溃的混合物，为了让传统政治规则适应新显现的危机，人们做了各种巧妙或孤注一掷的尝试。公元前1世纪50年代末，在距离帕拉丁山上的西塞罗宅邸仅仅几百米外的罗马广场上，骚乱正日益频发，而暴力行为和纵火也与日俱增，元老院也因为举行克洛迪乌斯的葬礼而被烧毁，我们很难理解，西塞罗为何能够安然坐在书房里，用波利比乌斯可能熟悉的方式写作有关罗马政治的理论。也许这是他为恢复秩序（至少在他的头脑中）所做的尝试。也有人采取更加务实的做法，并想出了一些大胆的创新办法。比如，公元前52年，在克洛迪乌斯被谋杀后，庞培当选为唯一执政官。由于对苏拉担任独裁官记忆犹新，元老院没有寻求任命一位独裁官来应对愈演愈烈的危机，而是决定将按照定义总是由两人分享的职位授予一人。这次的赌博赢了。几个月后，庞培不仅牢牢控制了罗马城，而且选择了一位同僚，虽然这人和他是一家人，那就是他的新岳父。[1]

马库斯·卡尔普尼乌斯·比布鲁斯（Marcus Calpurnius Bibulus）采取或被迫接受的策略则效果可疑，此人在公元前59年与恺撒共同担任执政官，对恺撒提出的许多立法表示坚决反对。他受到恺撒支持者的威胁，遭遇了罗马人表达不满时非常常见的做法——泼粪，而且他几乎被困在家中，无法用任何常规方式表达反对意见。于是，他待在家里，放出风声宣布自己正在"观天象"寻找迹象和征兆。这种做法背后有明确的宗教和政治力量。神明的支持是罗马政治的基础，直到可以确定没有出现不祥之兆时才能做出政治决定，这是一条基本公理。但"观天象"永远不能被用作无限期阻挠政治行动的手段，而恺撒的支持者也宣称比布鲁斯正在非法操纵宗教规则。这个问题始终悬而未决。鉴于那个时期充满的不确定和罗马人在用旧规则解决新问题时遇到的困难，这种情况司空见惯，以至于人们在多年后仍不清楚公元前59年全部公共事务的状态。公元前1世纪50年代末，西塞罗仍在质疑克洛迪乌斯被收养的合法性和庞培老兵的安置措施。法律都是符合规定地通过的吗？对于这些，可能会出现截然不同的观点。

不过，该时期最紧迫的政治问题并非直接来自罗马，而是来自身在高卢的恺撒。公元前58年，恺撒带着5年指挥权离开意大

---

[1] 昆图斯·梅特鲁斯·西庇阿（Quintus Metellus Scipio），庞培娶了他的女儿柯内莉亚，后者也是克拉苏的小儿子普布利乌斯·克拉苏的遗孀。

利，公元前56年时又延长了5年——西塞罗对此给予了热情支持（至少在表面上如此），他指出了高卢敌人的威胁，就像他之前强调米特拉达梯的威胁一样。恺撒用7卷《高卢战记》描绘了这些战役，那是把他每年从前线送回罗马的官方报告加以整理后写成的，作品以"整个高卢分为三部分"（Gallia est omnis divisa in partes tres）这个著名而不带感情的句子开篇。该书和色诺芬的《远征记》（Anabasis）——写于公元前4世纪，描述了作者参加一支希腊雇佣军的经历——是仅存的古代战争的详细亲历描述。它并非完全中立的记录。恺撒善于打造个人形象，《高卢战记》对他的行为做了精心辩护，并炫耀了他的军事才能。但该书也是我们所谓的帝国民族志的一个早期例子。西塞罗从奇里乞亚寄出的书信完全没有显示出他对当地环境感兴趣，但恺撒非常关心他所看到的异邦习俗，从高卢人的饮酒习惯（包括一些部落野蛮地禁止饮用葡萄酒）到德鲁伊教的宗教仪式。他的描绘是罗马人对自己显然并不完全了解的民族所做的奇妙想象，但仍然成了现代人在讨论前罗马时代欧洲北部文化时的基本参照点——反讽的是，他正在永远地改变那种文化。

在《高卢战记》的字里行间，任何读者都会看到，引发高卢10年战事的原因既有罗马人对北方敌人真正感到的焦虑，又有恺撒想在军事荣誉上胜过所有对手的欲望。最终，被恺撒带到罗马控制之下的土地超过了庞培在东方获得的土地，他还渡过了罗马人所称的"环洋"（分隔已知世界和广袤未知世界的水道），短暂踏上了遥远而奇异的不列颠岛。这场象征性的胜利在罗马激起了巨大反响，卡图卢斯甚至在一首诗中顺带提及此事，写道"追寻'伟大的恺撒'的记忆：高卢的莱茵河、可怕的海峡和遥远的不列颠"。

在此过程中，恺撒为现代欧洲的政治地理奠定了基础，并在整个地区屠杀了多达100万人。我们不能把高卢人想象成爱好和平的无辜者，被恺撒大军粗暴地蹂躏。公元前1世纪初的一位希腊访客震惊地看到敌人的头颅被随意地钉在高卢人的家门口，虽然他承认没过不久就对此习以为常；高卢雇佣军还曾经在意大利生意兴隆，直到罗马人的势力关闭了他们的市场。但即便是一些罗马人也无法忍受恺撒大批杀戮妨碍自己的人。小加图表示——这无疑部分受到他对恺撒的敌意的驱使，既出于人道主义动机也出于党派矛盾——恺撒应该被交给那些有妇女和孩子被他杀害的部落接受审判。老普林尼后来试图清点恺撒受害者的人数，并用看上去非常现代的口吻指责他犯下了"反人类罪"。

迫切的问题是，当恺撒离开高卢后会发生什么，以及在那里待了将近10年（从公元前58年开始），积累了巨大的权力和财富后，他将如何重新融入普通的主流政治。罗马人一如既往地从典型的法律角度对此展开了讨论。引发激烈的技术性争议的问题包括，他的军事指挥权究竟应该在何时终止，以及随后他是否能被允许直接开始另一个执政官任期。因为在任何身为不担任公职的普通公民期间，他都可能受到起诉，包括质疑他在公元前59年所实行法案的合法性。一方面，有人出于各种理由（无论是个人的还是原则上的）想要打压恺撒的地位；另一方面，恺撒和他的支持者们坚称这种待遇是耻辱性的，他的"尊荣"（dignitas）——一个罗马人特有的概念，结合了影响力、威望和被尊重的权利——受到了攻击。关键问题一目了然。恺撒在距离意大利只有几天路程的地方手握超过4万的重兵，他会效法苏拉或庞培的先例吗？

几乎直到最后决裂前，庞培本人一直小心地置身事外。公元前50年年中，他还在试图为恺撒寻找合理而荣耀的出路。那年12月，元老院以370票对22票通过决议，要求恺撒和庞培同时交出他们的指挥权。事实上，庞培当时身在罗马。但从公元前55年开始，得益于另一项巧妙创新，他还担任着西班牙总督，通过代理人远程处理那里的事务——这种史无前例的安排后来成了皇帝统治的标准做法。作为当时元老院无能的最清晰标志，庞培对一边倒的投票视而不见，而在又经过几轮无果的谈判后，恺撒开始向意大利进军。

掷下骰子

可能是公元前49年1月10日，恺撒仅仅带着来自高卢的一个军团渡过卢比孔河，这条河标志着意大利的北部边界。我们不知道具体日期，甚至不知道这条历史上最具象征意义的河流的位置。它更可能是条小溪，而非大众想象中的湍流。此外，那里的现实环境很可能平平无奇，虽然古代作家们试图用神明的戏剧性现身、异兆和预言性的梦来为其增光添彩。对我们来说，"渡过卢比孔河"意味着"没有了回头路"。但对恺撒来说则并非如此。

根据一位同行伙伴——盖乌斯·阿西尼乌斯·波里奥（Gaius Asinius Pollio），此人是历史学家和元老，还创建了罗马的第一座公共图书馆——的描述，当恺撒犹豫一番后最终走向卢比孔河时，

图 46 这是恺撒的头像吗？找到除了钱币上的小头像之外的恺撒真容一直是现代考古学工作的目标之一。他死后出现了数以百计的"肖像"，但同时代的版本要难找得多。大英博物馆的这尊头像曾被认为很可能是真品，但现在人们怀疑它是伪作。

他引用了希腊喜剧作家米南德的一句话，这句话来自赌博用语，字面意思为"掷下骰子吧"。虽然这句希腊文通常的英语译文（The die is cast.）看上去同样暗示了此举是不可挽回的，但恺撒所表达的不确定性要强烈得多，意思是现在一切都在神明的掌握中。让我们把骰子掷向空中，看看它们会落在哪里！谁知道接下去会发生什么？

接下去的 4 年间爆发了内战。恺撒在罗马的一些支持者赶到意大利北方与他会合，而庞培被拥戴为"反恺撒党"的指挥者，他决定离开意大利，前往他在东方的势力基地作战。公元前 48 年，他的军队在希腊北部的法萨卢斯战役（Battle of Pharsalus）中败北，不久，他本人在试图到埃及避难的时候遇害。尽管以速度闻名（"迅速"［celeritas］是恺撒的座右铭之一），但直到 3 年后的公元前 45 年，恺撒才击败了他在非洲和西班牙的罗马反对者，并平息了米特拉达梯的儿子和篡位者法纳科斯（Pharnaces）制造的麻烦。从渡过卢比孔河到公元前44年3月遇刺，恺撒只短暂地造访过罗马，最长的一次是从公元前45年10月开始在那里待了5个月。从罗马城的角度来看，他成了大部分时间缺席的独裁官。

在某些方面，这场庞培与恺撒的内战和同盟战争一样奇特。无从知晓有多少人被直接牵涉其中。意大利乃至帝国的许多居民首先考虑的很可能是避免不慎被卷入敌对军队的冲突，并远离战争在意大利引发的犯罪浪潮。这些边缘的普通人只会偶尔很不起眼地出现在聚光灯下：法萨卢斯战役后在希腊沿岸仁慈地搭载了狼狈不堪的庞培的商船长盖乌斯·佩提基乌斯（Gaius Peticius）就是一例；阉人祭司索特里德斯（Soterides）是另一个例子，他在石头上刻下了他对自己男性"伴侣"的担心，后者随一批当地志愿者坐船出发后被俘。冲突双方一边是恺撒的支持者，认同他提出的平民派政治方案和明显的独裁倾向。西塞罗认为，穷人的同情和兴趣天然倾向这一边。另一边由形形色色的人组成，他们出于各种理由不喜欢恺撒的主张或者他似乎正在寻求的权力。其中一些人可能高度具有原则性，但也很不务实，就像西塞罗对小加图的评价："他发言时像是生活在柏拉图的理想国，事实上却生活在罗慕路斯的贱民中间。"直到后来，在早期皇帝统治下的浪漫怀旧氛围中，他们才被共同重新塑造为一群统一在与专制斗争的旗帜下的真正的自由斗士和殉难者。反讽的是，他们的名义领袖庞培是和恺撒一样的专制者。就像西塞罗再次指出的，无论哪方获胜，结果都注定大同小异：罗马将被奴役。这场后来被视作自由与独裁间的战争事实上只是在对立的皇帝中做出选择。

不过，一个重要的改变是，罗马内战现在影响了几乎整个已

图47 救了庞培的佩提基乌斯的家族在地中海东部的贸易中活跃了几个世纪。人们在意大利北部发现了他的一位后人的墓碑,上面描绘了一头驮着货物的骆驼,这一定是此人在海外做买卖的一个象征,甚至是商标。

知世界。苏拉和对手的战争只是偶尔波及东方,而恺撒党和庞培党的战争则席卷了整个地中海世界,从西班牙到希腊和小亚细亚都被卷入。一些著名人物在偏远的地方死去。公元前59年恺撒任执政官时的不幸同僚比布鲁斯在科孚岛(Corfu)附近的海上去世,当时他正试图封锁希腊海岸。谋杀克洛迪乌斯的凶手提图斯·阿尼乌斯·米罗结束流亡并参加了庞培党的一场起义,在意大利的

1. 在马卡里描绘的公元前 63 年 11 月 8 日的西塞罗演说场景中，元老院的奢华程度有违事实。画面强调了喀提林（右侧底部）被孤立，其他元老都小心地与他保持距离。当晚，他逃离罗马，加入了支持者的军队。

2. 西塞罗与喀提林的冲突是现代幽默作品的素材。早在马卡里向西塞罗致敬之前 30 年，有人就同样以《西塞罗谴责喀提林》为题滑稽地描绘了该场景。西塞罗被戏谑为 19 世纪的愤慨政客，喀提林成了暴徒——有几位元老已经睡着。

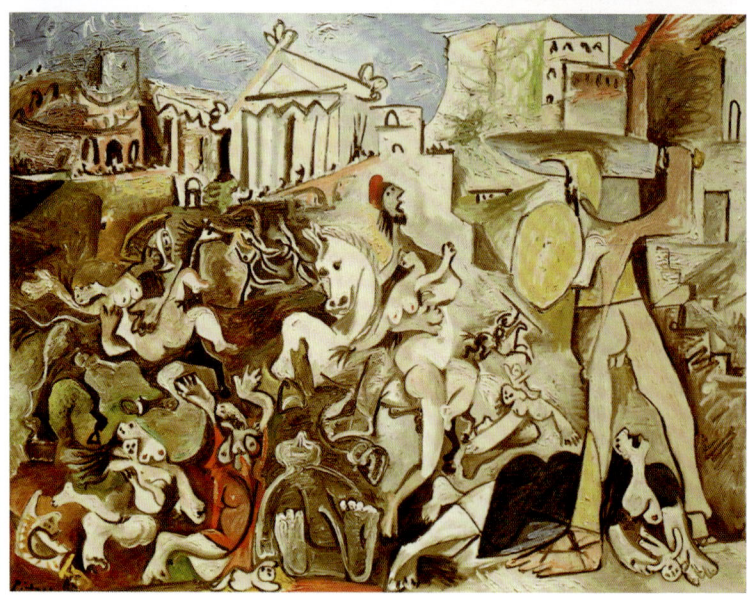

3. 在尼古拉·普桑的《劫夺萨宾妇女》（1637—1638年）中，画面左侧的罗慕路斯站在高处指挥着下方的行动。但在普桑笔下，恐惧和挣扎着的女人们被拖走的场景几近一场暴力的战斗。巴勃罗·毕加索（1962年）增强了故事的恐怖感。女人们的身体近乎四分五裂，与超过真人大小的罗马武士和他们扬蹄践踏的坐骑形成了强烈反差。

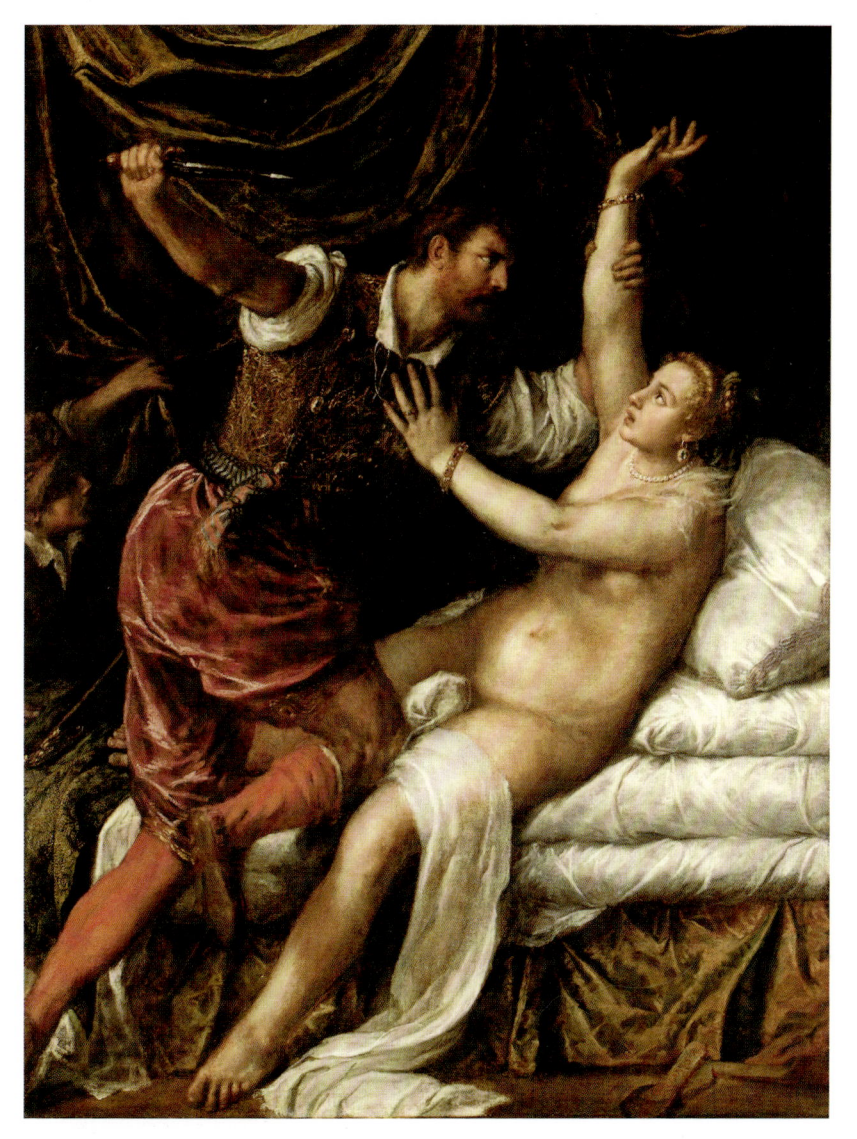

4. 提香版本的《塔克文和卢克莱提娅》（1571年）直面而非掩盖了强暴的残忍。卢克莱提娅被描绘成娇柔弱质，目中含泪；塔克文是个凶暴的侵犯者（他顶起膝盖，匕首闪着寒光）。从背景中的布帘后探出了那名年轻奴隶的手，塔克文威胁说要把他和卢克莱提娅一起杀死，让他们看起来好像犯下了可耻的通奸。

5. 对公元前 4 世纪罗马世纪的一瞥——这是该时期高质量艺术品制作的罕见例证。图中塑像为费克洛尼匣子（Ficoroni Cista）的把手，这个精美的青铜匣子得名于其在 18 世纪时的收藏者。器物上的铭文记录说，匣子由诺维俄斯·普劳提俄斯（Novios Plautios）在罗马制作，是一位名叫丁迪娅·马科尔尼娅（Dindia Macolnia）的妇人送给女儿的礼物。

6. 这幅来自公元前 3 世纪的罗马墓室壁画提供了同时代人描绘的萨莫奈战争场景。画面底部的战斗者中有一人戴着饰有羽毛的巨大头盔。画面上方似乎是城垛外的"投降"场景，有时也有不同解读。它是否可能描绘了右侧身着托加袍的"法比乌斯"正把某种勋章交给左侧的罗马士兵（而非萨莫奈人）呢？

7. 伍尔奇弗朗索瓦墓的战斗场景（公元前 4 世纪中期）暗示了埃特鲁里亚人对罗马历史上某些人物的看法。标注的名字显示，最左侧的人物是 Macstrna 或 Mastarna，根据克劳迪乌斯皇帝的说法，此人就是塞维乌斯·图利乌斯。最右侧的 Aule Vipenas 或 Aulus Vivena（可能是一位失踪的罗马国王）正在杀死敌人。

8. 从西西里沿岸海底打捞第一次布匿战争的遗物：图中是捞起的战舰船喙之一。其中几枚青铜船喙上刻着文字。我们从罗马人的船喙上可以读到官职体系的痕迹："盖乌斯之子，财务官卢基乌斯·昆克提乌斯批准这枚船喙。"在现存的一枚带铭文的迦太基船喙上，我们读到："我们向巴尔祈祷，让这枚船喙刺入敌舰，戳一个大洞。"这体现了民族"风格"的鲜明差异。

9. 对罗马凯旋式游行最著名的现代再现来自安德里亚·曼泰尼亚（Andrea Mantegna），15世纪末，他为曼托瓦的贡扎加（Gonzaga）家族绘制了一系列《恺撒的凯旋式》。这幅画面描绘了恺撒坐在文艺复兴风格的凯旋马车上。站在他身后的奴隶负责在凯旋将军的耳边轻轻提醒说，尽管取得了如此荣耀，他还是一个凡人。

10. 马可·奥勒留的纪念柱，与更著名的图拉真纪念柱遥遥相望，各领风骚。柱高将近 40 米，仍然矗立于罗马城的中心。柱身上环绕着皇帝在多瑙河边作战的场景，这些战事占据了他统治的大部分时间（公元 161—180 年）。柱子的底部描绘了留须的皇帝献祭的场景。第三层（见上图）描绘了一座日耳曼小屋周围的战斗。

11. 卡拉卡拉皇帝一家。在这幅木版画上，父亲塞维鲁皇帝和母亲尤利娅·多姆娜站在他身后。画面前方右侧是年幼的卡拉卡拉，左侧原本是他被害的弟弟盖塔，面容已被抹去。

12. 第一位奥古斯都之妻里维娅的典型形象，用闪亮而昂贵的埃及黑色玄武岩雕成。她的发型非常传统，前面卷起，后面梳成圆髻，代表了旧式的罗马德性。

13. 帝国宫廷奢侈生活的生动遗迹之一是公元 37 到 41 年之间盖乌斯皇帝在阿尔班山（Alban Hills）内米湖（Lake Nemi）上建造的游舫的残骸。虽然在二战中遭到严重破坏，但一些奢华的设施和内饰留存至今——比如这个蛇发女妖美杜莎的青铜头像，原本安装在木梁一头。

14. 罗马宴会场景。来自庞贝城的这幅壁画描绘了罗马宴会上的等级（注意画面底部左侧的一个小个子奴隶正在给客人脱鞋）和对纵欲的想象（画面右侧，一位客人已经恶心欲呕）。虽然这个特殊场景中的聚会看起来只有男性参加，但这不是罗马的惯常景象。

15. 奥斯蒂亚的"七贤酒肆"。图中，伟大的思想家"雅典人……梭伦"（名字用希腊文写在他的两侧）从厕所望向店内，头顶写有他的排便建议："为了排便顺畅（ut bene cacaret），梭伦拍着肚子。"

16. 罗马奴隶的项圈。吊牌上的文字写的是悬赏抓捕逃亡奴隶："我逃跑了，抓住我。把我带回主人佐尼努斯身边，你会得到奖赏。"此类项圈中有的可能是给动物而非人戴的。但我们现在无法确定两者的区别，这个事实意味深长。

17. 在庞贝城附近找到的一副金镯，上面刻着"主人给他的女奴"（Dominus suae ancillae）。这可能是男子爱慕之情的动人象征，暗示了两人关系亲密。但我们只能揣测女奴对礼物（和送礼人）是何态度。

18. 来自庞贝城一家洗衣坊的三个场景。上方画面中，工人们正在踩踏布匹。中间画面中，一名男子正刷着布匹，另一名男子扛着木架，顶部有只猫头鹰（洗衣业的吉祥物），而在角落里，一名带着侍女的顾客正在等待。下方画面中，左侧的女人正在收取衣物，其他衣服挂在头顶的绳索上。

19. 一枚光玉髓印石，用于纪念公元前 31 年的亚克兴之捷。画面中，屋大维被描绘成海神尼普顿的样子，他手持三叉戟，站在海中马车上。制印者或所有者的名字 Popil(ius) Alban(us) 用希腊文刻在顶部。

20. 这件"法兰西大宝石浮雕"制作于提比略统治时期，代表了帝国的世界秩序。现在已经是神明的奥古斯都在天上斜倚着身体。在中间部分，提比略坐在宝座上，身旁是他的母亲里维娅。画面底部是被征服的蛮族的位置。它从13世纪开始就传到法国（因此得名），曾被误以为描绘了《圣经》中约瑟在埃及法老宫廷的场景。

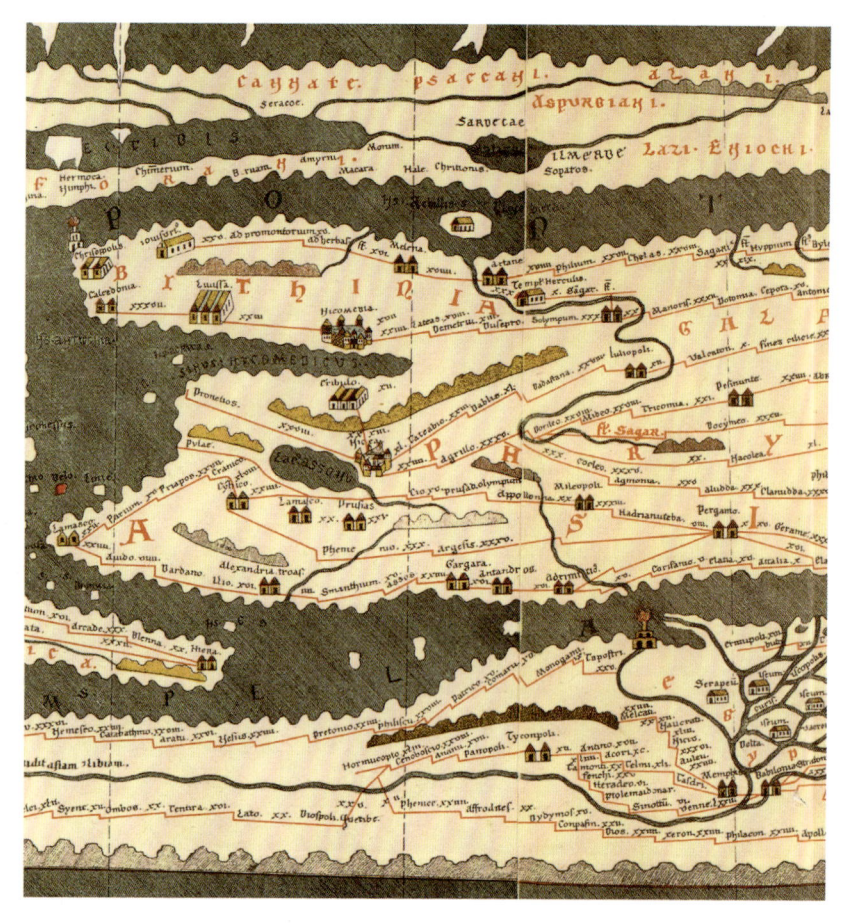

21.《波伊庭格地图》（'Peutinger Table'，得名于其19世纪的拥有者）是13世纪绘制的罗马帝国地图的版本之一，但很可能最终基于公元前1世纪由奥古斯都和阿格里帕展示的地图。在我们看来，这更多地是道路示意图而非地图。地图长近7米，显示了罗马帝国的道路、河流和城镇。图中这块显示了尼罗河三角洲，左侧是克里特岛的一部分，上方是小亚细亚。

脚趾上身中飞石而亡。[1] 看到恺撒注定将成为胜利者后，加图以能够想象的最可怕方式在今天突尼斯沿岸的乌提卡城（Utica）自杀。根据150年后传记作者的描绘，他用剑刺了自己，但没有死。虽然朋友和家人试图救他，但他推开他们请来的医生，从伤口中掏出了自己的肠子。

埃及在其中也是一个重要的配角。公元前48年末，曾经统治罗马世界的庞培正是在那里不光彩地死去的。他上岸时本指望受到热烈欢迎。事实上，他被一位当地王族的心腹斩首，主使者认为除掉这位敌方首领能够取悦恺撒。反思此事时，包括西塞罗在内的许多罗马人都认为，如果庞培在公元前50年的那场重病中死去，他的结局会好得多。结果"他活得比自己的权力更长"。[2] 不过，事后证明谋杀者走了一步错棋。几天后恺撒赶到，当被盐腌过的庞培人头被呈现给他时，他表面上痛哭流涕。不久，恺撒支持那位王族的竞争对手登上埃及王位，也就是克娄帕特拉七世女王，她最为人熟悉的是在下一轮罗马内战中与马克·安东尼缔结了政治上和婚姻上的联盟。但她当时感兴趣的是恺撒，并与其有了一段公开恋情和一个孩子，如果她关于孩子生父的身份所言属实的话。

回到罗马后，恺撒的凯旋队列炫示了来自整个罗马世界的有生命和无生命的战利品（见彩图9）。公元前46年，在他短暂造访该城期间举行的凯旋式上，被示众的不仅有高卢反叛者维钦托

---

[1] 米罗加入了马库斯·卡伊利乌斯·鲁弗斯（Marcus Caelius Rufus）的起义，在包围意大利南部的孔普萨城（Compsa，今天的孔扎德拉坎帕尼亚）时阵亡。
[2] 西塞罗，《图斯库鲁姆辩论集》1.86：如果那时死了，他就会在时运最盛时死去（si mortem tum obisset, in amplissimis fortunis occidisset）。

利（Vercingetorix），还有克娄帕特拉同父异母的姐姐，她在埃及权力斗争中站错了队，被安排在亚历山大里亚灯塔的实用模型旁边展示。仪式上还庆祝了恺撒战胜米特拉达梯之子法纳科斯（后者在黑海附近的一场战役中身亡），一块标语牌上写着世界上有史以来最著名的口号——"我来，我见，我征服"（veni, vidi, vici），旨在刻画恺撒取得成功之迅速。不过，队列中也有令人不安的东西，即因恺撒而死的罗马人的图像。凯旋式本该用来庆祝对抗外敌而非罗马公民取得的胜利。恺撒展示了一系列描绘庞培一边首要人物临死时刻的骇人图画：从小加图掏出自己的肠子到梅特鲁斯·西庇阿投海自尽，不一而足。随着这些画在面前经过，人群流下了眼泪，这反映出许多人都反感这种耀武扬威。回过头来看，这是恺撒不到两年后遭遇的血腥结局的不祥预兆。

3月15日

恺撒于公元前44年3月15日遇刺，在罗马的历法体系中这一天被称为Ides。在地中海世界的某些地方，内战还完全没有结束。庞培之子塞克斯图斯（Sextus）在西班牙仍然掌握着至少6个军团，并继续为了父亲的遗志作战。但恺撒正在集结将近10万人的大军，准备进攻帕提亚帝国，这既是为克拉苏在卡莱遭遇的耻辱性失利复仇，又为从外敌而非罗马同胞身上取得军事荣耀提供了一个可以加以利用的机会。就当他准备在3月18日开赴东方时，对他不满的20名左右元老在另外几十人的积极或消极支持下杀死了他。

刺杀恰好发生在庞培新建的剧场建筑群中的元老院新址，就在庞培的一尊雕塑前，雕塑还溅上了恺撒的鲜血。一定程度上得益于莎士比亚的《尤里乌斯·恺撒》对该主题所做的再加工，以"自由"名义谋杀这位罗马独裁官成了此后对暴政做出的最后反抗和有原则刺杀的模板。比如，威尔克斯·布斯（Wilkes Booth）用"Ides"作为他计划刺杀亚伯拉罕·林肯的日期的暗号，这并非巧合。但对罗马历史的回顾显示，从公元前133年对提比略·格拉古处以私刑开始，这是对受欢迎但可能权力过大的激进政客所展开的一系列谋杀中的最后一起。问题无疑在于：恺撒正在试图做什么？是什么让他令这群元老如此无法接受，以至于刺杀似乎成了唯一出路？

虽然很少在罗马出现，但恺撒启动了庞大的改革方案，规模甚至超过了苏拉的。其中一项至今仍然主导着我们的生活。在一些他在亚历山大里亚遇到的专业科学家的帮助下，恺撒将后来成为现代计时系统的历法引入罗马。传统的罗马历每年只有355天，为了让民用历与自然季节保持一致，多个世纪以来，罗马祭司都要时不时地在一年中加入额外的一个月。无论出于什么原因——可能同时欠缺技术和意愿——他们的计算出现了明显错误。结果造成了历法年和自然年有时会相差许多个星期，导致罗马的丰收节日出现在作物仍然生长的时候，或者在所谓的4月里的天气让人感觉更像2月的。事实上，在共和时期，认为某个日期能准确地反映天气总是危险的。恺撒利用来自亚历山大里亚的知识修正了错误，并从此将一年定为365天，每4年在2月底插入额外的一天。和他与克娄帕特拉的艳遇相比，这是他的埃及之行产生的远为重要的结果。

另一些措施使人想起此前100年间老生常谈的主题。比如，沿袭盖乌斯·格拉古在迦太基成功奠基定居点的先例，恺撒建立了一大批新的海外殖民地来安置罗马城的穷人。这样做可能让他可以将接受免费粮食的人数减少约一半，削减至总共15万人。他还把罗马公民权扩大到波河彼岸的意大利北方偏远地区的居民，并至少提出将拉丁权授予西西里人。此外，他还提出了更加雄心勃勃的罗马政府改造计划，包括试图将罗马和整个意大利的公民组织的各个方面规范化，甚至实施微观管理。计划涉及从谁能在意大利的地方社区中担任公职的问题（掘墓人、皮条客、演员或拍卖人没有担任资格，除非退出所从事的行业）到道路维护（房主有责任维护自家房前的步行街道）和交通管理（载有重物的车辆白天不得出现在罗马，除非为了建造或维修神庙，或者清理拆除建筑后所产生的垃圾）等问题。

除了改写历法，恺撒本人也成了历法的一部分。可能直到他被刺杀之后，"第五月"（Quintilis）才以他的名字被重新命名为"尤里乌斯月"，即7月，在这种事上罗马作家的年代记载并不总是很清楚。但正是这类在他生前由顺从的元老院投票通过所授予的过分的荣誉，加上他或多或少地正式控制了民主程序，引发了致命的反对。此类荣誉远不止钱币上的头像。他还得到允许在自己喜欢的几乎任何场合穿着凯旋装束，包括凯旋桂冠（他可以方便地用其遮掩自己的秃头）。据说人们还承诺为他修建神庙和建立祭司团，而他的雕像也被放进了罗马现有的全部神庙里。他的私宅甚至用三角形山墙装饰，使其看上去犹如作为神明居所的神庙。

在罗马人的语境中，几乎更为糟糕的是他意图称王的强烈暗示。就在他遇刺前一个月,在一个著名但难以说清的场合上,他的忠诚副手和当年的执政官之一马克·安东尼利用牧人节的机会向恺撒进献了一顶王冠。这显然是经过精心排演的宣传,可能旨在试探民意。当恺撒被进献王冠时,围观人群是否会欢呼?如果是的话,那暗示着他应该接受吗?即便在当时,恺撒的回应和这件事的总体信息也存在争议。恺撒是像西塞罗所认为的那样,坚称朱庇特是罗马唯一的国王,因而让安东尼将王冠送到朱庇特神庙吗?还是说王冠被丢给观众,然后被戴在一尊恺撒的雕像上呢?他究竟说了"不,谢谢"还是"好的,请"很不明了,令人生疑。

即便他说了"不,谢谢",他的独裁官身份(从公元前49年开始采用各种不同形式)在一些人看来仍然会构成危害。他首先受命短期担任该职,负责第二年执政官的选举。这完全是传统的程序,虽然他亲自监督选举的做法完全有违传统。公元前48年,当他赢得法萨卢斯战役后,元老院再次任命他担任一年的独裁官。公元前46年,他又获得10年任期。最后,他在公元前44年初成为终身独裁官:在普通的观察者看来,这和国王的差异一定很难分辨。作为独裁官,恺撒有权直接提名"选举"的候选人。此外,比起庞培记录了未来执政官名字的笔记本,他能更有效地从幕后控制其他选举。公元前45年末,他引发了一场特别风波。这年的最后一天传出一位现任执政官的死讯,恺撒马上召开大会,选举自己的朋友盖乌斯·卡尼尼乌斯·雷比鲁斯(Gaius Caninius Rebilus)递补半天的空缺。这招致了西塞罗的一连串笑话:卡尼尼乌斯是个如此异常警觉的执政官,"他在整个任期内都不曾睡觉";"在卡尼尼乌斯的执政官任期内,你可以相信没人吃过早饭"；"卡尼尼乌斯任执政官时，哪两人是执政官？"但西塞罗和许多保守派一样对此感到愤怒。因为这几乎比操纵选举更糟糕，它将罗马共和国的民选官职视若儿戏。

反讽的是，现在看上去可能是恺撒的最大优点的东西恰好与共和国传统最格格不入。他在自己的"仁慈"（clementia）上大做文章。恺撒宽恕了自己的敌人，而不是惩罚他们，他还高调地放弃了对罗马同胞进行残忍报复，只要他们不再反对他（小加图、梅特鲁斯·西庇阿和大部分高卢人完全是另一回事，属于罪有应得）。恺撒还赦免了几位后来刺杀他的人（包括布鲁图斯），尽管他们在内战中站在庞培一边。在许多方面，仁慈是恺撒担任独裁官期间的政治口号。但它引发的反对和赢得的感激一样多，原因仅仅在于，虽然它在很多方面可以被视为一种美德，但完全是君主式的美德。只有有权不这样做的人才有权展现仁慈。换句话说，仁慈是共和国自由的对立面。据说小加图就是为了逃避它才自杀的。

因此，布鲁图斯等人向给了他们第二次机会的人下毒手并不单纯的是忘恩负义。它在一定程度上确实是这样的。一定程度上此举的确是出于自利和不满，受到刺客的"尊荣"感驱使。但他们也在捍卫一种自由观和一种认为共和国传统重要的观点，这种传统可以上溯到神话中，回到布鲁图斯的远祖在驱逐塔克文家族的过程中扮演了重要角色并成为最早的两位执政官之一的时刻。事实上，刺客们后来发行的一枚银币上的设计图案强调了这一点，上面出现了奴隶在获得自由时所戴的独特的自由之帽（pileus）。由此传达的信息是，罗马人民被解放了。

他们真的解放了吗？就像我们将要看到的，这被证明是一种

图48 恺撒遇刺后的那年（公元前43—前42年）发行的罗马"解放者"银币。银币的一面赞美了"解放者"赢得的自由：刚被释放的奴隶所戴的自由之帽两边是刺杀行动中使用的匕首，下方是那个著名日期：EID MAR（3月15日）。另一面上的布鲁图斯本人的头像暗示着截然不同的信息。罗马钱币上的活人肖像被认为是专制权力的标志。

非常奇怪的自由。如果说刺杀恺撒成了有效铲除暴君的模板，那么此事还有力地提醒我们，摆脱暴君并不一定意味着摆脱了暴政。虽然刺客们提出了各种口号、高调呼声和崇高原则，但他们真正带来的和人民真正得到的是一场漫长的内战和永久的独裁统治。不过，这些将是第9章的故事。我们首先必须把目光转向藏在罗马历史的政治和头条新闻背后的一些同样重要的方面。

第 8 章

大后方

公共与私人

罗马历史的一种面貌是关于政治、战争、胜利与失败、公民权和重要人物之间公开发生的一切的历史。我已经勾勒出了那种历史的一个版本，描绘了罗马从台伯河边一座不起眼的小城先后发展为地区性和国际性强国，颇有戏剧性。这个变化过程的几乎每个方面——人民对抗元老院的权利、自由意味着什么和如何被保障的问题、应该还是不应该对被征服领土实施控制、帝国对罗马传统政治和价值的影响（无论好坏）——都引发了争论，有时甚至是名副其实的争斗。在此过程中，人们创造了古典世界中前所未有的公民权形式。希腊人中偶尔也有享有两座城市的公民权的特例。但罗马人坚持认为同时身为两地公民乃属常态的理念（将两地都视作家乡）对他们在战场上和其他地方取得成功至关重要，所产生的巨大影响一直延续到了21世纪。这是罗马人发起的一场革命，我们是它的继承者。

不过，这个故事也有其他难以看清的面貌。对于公元前1世纪之前的普通人、女人、穷人或奴隶，我们只是偶尔可能发现他们在罗马历史的宏大叙事中扮演的角色。我们只看到过几个登场的配角：阿斯库鲁姆舞台上被吓坏的喜剧演员、不明智地辱骂盖乌斯·格拉古支持者的大嗓门仆人、内战中担心朋友安危的阉人祭司，甚至还有在烧毁费德奈那间小屋的大火中被困的可怜的猫。上述所有群体的相关证据后来大大增加，他们将在本书余下的内容中变得更加重要。但在关于最初几个世纪的罗马历史的现存文献中，甚至对罗马精英的关注点的描述也常常是片面的。它们很容易让人觉得故事中的主要角色只关心罗马政治力量之类的大问题，其他问题一概不考虑，仿佛他们的墓碑上所镌刻的令人骄傲的征服战绩、军事才能和当选公职是他们人生的终极目的。

事实并非如此。我们已经窥见了有关他们的生活和兴趣的另一些方面，他们喜欢舞台上上演的男女恋情喜剧，会学习和写作诗歌，还去听来访希腊大使开设的文学课。我们不难想象波利比乌斯在罗马的日常生活中的某些场景，比如他在所参加的葬礼上陷入沉思，或者精明地决定声称自己在另一位人质试图逃跑的那天卧病在床。我们也不难体会老加图在想出从自己的托加袍里丢下迦太基无花果这个花招时的窃喜。但直到公元前1世纪，有关罗马精英在战争与政治之外所关切之事的证据才开始丰富起来。

它们包括从对自己所说语言的好奇（一位博学的学者写了关于拉丁语历史、语法与词源学的25卷著作）到有关宇宙起源这种热门话题的科学猜想和有关神性的神学辩论。提图斯·卢克莱修·卡鲁斯（Titus Lucretius Carus）在哲学诗《物性论》(*De rerum natura*)中雄辩地讨论了畏惧死亡的愚蠢，这是古典文学中的一个亮点，甚至现在仍是一座理智的灯塔（这个论点的一部分是，不存在的人不会悲叹自己的不存在）。不过，有关罗马名人的兴趣、担忧、快乐、恐惧和疑问最经久不衰的洞察无可争议地来自西塞罗的大约1000封往来书信。公元前43年西塞罗去世后，它们得到了编辑整理并被公之于众，此后一直有人阅读和研究。

就像我们已经看到的，书信中包含了大量关于罗马政治最高层的传闻，还罕见地描绘了行省统治的一线情况，来自西塞罗在奇里乞亚的亲身经历。但同样重要的是，在记载了向喀提林摊牌、与三人帮打交道、计划对讨厌的当地人实施军事打击或者决定在内战中效忠哪一边的同时，它们还揭示了西塞罗所关注的其他东西。除了上述政治和军事危机，他同时也担心钱、嫁妆和婚姻（他女儿的和他自己的），对所爱之人的去世感到悲痛，与妻子离婚，吃晚饭时吃了不寻常的食物后抱怨胃部不适，试图追捕逃亡奴隶，还试图添置一些精美的雕塑来装饰自己众多宅邸中的一座。在罗马历史上，这些书信第一次也是几乎唯一一次让我们能够仔细观察罗马正门背后发生的事。

本章将探究西塞罗书信中的一些此类主题。我们将从他在内战和恺撒任独裁官期间的经历说起——时而混乱不堪，时而带有黑色幽默，与"自由"和"仁慈"这些响亮的公共口号的反差大到几乎无法想象——然后转向一些可能被淹没在各种政治争议、外交谈判和军事行动中的基本问题。罗马人的预期寿命是多长？人们在什么年龄结婚？女性有什么权利？支持富人和拥有特权者的奢侈生活方式的钱从哪里来？奴隶们的情况又如何？

内战的其他面貌

公元前49年，西塞罗好几周都举棋不定，虽然现实感告诉他恺撒和庞培半斤八两，但他还是决定不在内战中保持中立，而是加入庞培党,并渡海前往他们在希腊北部的营地。尽管与两派的主要人物都不十分和睦,但他仍然是个足够重要的人物,两边都不希望与他公开成为敌人。不过,西塞罗的一些令人不悦的习惯使其成为庞培阵营中不受欢迎的成员。他的战友们无法忍受他满脸怒容地在营中转悠,同时试图用乏味的笑话缓解紧张气氛。当一个完全不适合的候选人因为"温和与理智"而被任命为统帅时,他反驳说:"那么为什么不雇他做你孩子们的监护者呢?"法萨卢斯战役打响的那天,西塞罗用了波利比乌斯的伎俩适时称病不出。战败后,他没有和某些强硬分子一起从希腊逃往埃及,而是径直回到意大利等待恺撒的赦免。

该时期的西塞罗书信共计约 400 封,显示了内战中的某些俗不可耐和恐怖之处,以及无序、误解、暗箭伤人和个人野心,甚至让这场(或者任何)冲突及其后果显得荒谬。它们有用地平衡了恺撒精心构织的一家之言(即《内战记》,旨在与他的《高卢战记》相呼应)以及恺撒党和庞培党之间的冲突仍然让人想起的那些浮夸修辞和崇高原则。内战也有肮脏的一面。

西塞罗在公元前 49 年举棋不定的部分原因并非政治上的左右为难,而是近乎可笑的野心。他刚刚从奇里乞亚返回,很希望元老院能用凯旋式奖赏自己,以庆祝前一年他在行省取得的一场小规模战斗的胜利。但按照规则,在元老院做出关于奖赏的决定前,他既不能入城,也不能解散自己的官方下属。他对家人感到担心,不确定妻女是否应该留在罗马。她们留在那里对他有用吗?城中是否有足够的食物?当其他富家女性纷纷离城时,她们是否会因为他而产生应该留在城中的错误印象?无论如何,如果想要有机会举行凯旋式,他几乎别无选择,只能在罗马城周围徘徊数月。

官方扈从越来越让他感到不便和尴尬,他们仍然拿着作为对他那场小小胜利之奖赏的月桂叶,但叶子已经枯萎。最终,他接受了不可避免的事实:元老们正在考虑比他的"虚荣小事"(他有时如此称呼此事)更紧要的事;他对凯旋式将不再抱任何希望,加入了庞培阵营。

甚至当他在前线度过了几个月不光彩的生活返回后,他仍然要面对个人决裂、不确定和蔓延的暴力,这些在宏大的内战故事中是不可或缺的日常内容。他与弟弟昆图斯发生争吵,后者似乎想通过说西塞罗的坏话来向恺撒求和。他还对一位友人在希腊遭到杀害感到怀疑,此人是恺撒的重要反对者,在一场宴会后爆发的冲突中被致命地刺中了腹部和耳后。[1] 就像西塞罗所怀疑的,这仅仅是金钱引发的个人争斗吗(因为人们知道凶手缺钱)?还是说恺撒谋划了此人的死亡?撇开暴力不谈,事实证明审时度势和与胜利一方保持良好的个人关系也可能是令人烦恼的。

最令人烦恼的事发生在几年后西塞罗在自己位于那不勒斯湾(罗马城内的许多富人在那里拥有豪华的度假别墅)的海边庄园中宴请恺撒的时候。他在公元前45年末写给友人阿提库斯的一封信中嘲讽地描述了此事所引发的各种麻烦,这封信也是现存对履职时间之外的恺撒做出的最生动的描绘之一(许多个世纪后,戈尔·维达尔[Gore Vidal][2] 认为这是西塞罗政治生涯中一个特别得

---

[1] 马库斯·克劳迪乌斯·马克鲁斯(Marcus Claudius Marcellus,公元前51年任执政官,公元前45年在雅典附近被他的个人马基乌斯·基洛(P. Marcius Cilo)用匕首刺死。见西塞罗,《家书》4.12。

[2] 戈尔·维达尔(1925—2012),美国小说家、评论家、剧作家。

意的时刻）。恺撒带着不少于 2000 人的护卫队同行，即便最慷慨和最宽容的主人也会觉得这是可怕的负担，就像西塞罗所说："这是驻营而非来访。"这还不包括恺撒的奴隶和释奴组成的庞大随从队伍。西塞罗表示，他仅仅为来访的高级扈从就准备了 3 间餐厅，并为级别更低的人做了妥善安排，而恺撒则按照正规的罗马方式在沐浴和享受按摩后才斜躺着用餐。恺撒的胃口很大，一定程度上是因为他采用了催吐法，罗马富人流行用这种规律的呕吐排毒。在彬彬有礼的谈话中，他更喜欢谈论文学而不是"任何严肃的事"（见彩图 14）。

西塞罗没有提到他自己的奴隶和仆从如何应对这场入侵（他可能没有留意），但他暗自庆幸这天晚上平安无事，虽然他并不期望再来一次这样的经历："我的客人不是那种你会对他说'下次来这里时请再次造访'的人。一次足够了。"可以想见，如果接受招待的胜利者是庞培，几乎一定会一样麻烦。

西塞罗的书信还显示，战争的考验和接待独裁官的要求并非他当时面临的全部麻烦。从恺撒渡过卢比孔河到公元前 44 年 3 月 15 日遇刺这段时间里，西塞罗的家庭分崩离析。在那 5 年里，他与一起生活了 30 年的结发妻子泰伦提娅（Terentia）离婚，并很快再婚。他当时 60 岁，新娘普布里利娅（Publilia）大约 15 岁。两人的关系仅维持了几周，他就派人把她送回了娘家。与此同时，他的女儿图利娅（Tullia）同第三任丈夫，恺撒的热情支持者普布利乌斯·科内利乌斯·多拉贝拉（Publius Cornelius Dolabella）离婚。图利娅离婚时已经怀孕，公元前 45 年初，她在生下一个儿子后旋即死去，孩子不久也夭折了。她此前与多拉贝拉所生的孩子是个早产儿，只活了几周就死去了。西塞罗陷入了悲痛，这对他与新娘的关系没有帮助,因为他独自退居一处更偏僻的庄园,以便筹划如何纪念自己的女儿;很快,他开始忙着思考如何让她获得某种神圣地位。就像他所说的,他想要确保她"封神"。

丈夫与妻子

　　罗马的婚姻本质上是简单的私人事务。与现代世界不同,国家在其中扮演的角色很小。大多数情况下,男女双方只要宣布他们是夫妇就被认为结婚了,只要他们(或其中一人)宣布不再是夫妇就被认为离婚了。对于大部分普通罗马公民来说,再举行一两场宴会可能就是全部了。较富有的人常会举办更加正式和昂贵的婚礼,包含了此类重要仪式上我们相对熟悉的元素:特别的服装(新娘的传统服饰是黄色的)、唱歌和队列、新娘会被抱过婚宅的门槛。对富人来说,财产考虑也重要得多,特别是新娘父亲所能提供的嫁妆,嫁妆在离婚时将被返还。公元前1世纪40年代,西塞罗面临的问题之一是他不得不返还泰伦提娅的嫁妆,而手头拮据的多拉贝拉似乎没有返还图利娅的嫁妆,或至少没有全部返还。与年轻的普布里利娅结婚意味着将来可能要赔一大笔钱。

　　在罗马,和过去的所有文化一样,结婚的主要目的是制造婚生子,如果父母都是罗马公民或者满足涉及与外族人"通婚"的各种条件,那么婚生子将自动继承公民身份。这正是萨宾妇女故事的核心所在,它把这座新城最早的婚姻描绘成为了繁衍后代而"合法强暴"的过程。在罗马的整个历史上,同样的信息被一次次展示在妻子和母亲的墓碑上。

公元前 2 世纪一篇纪念某个克劳迪娅的墓志铭完美地刻画了这种传统形象，铭文中写道："这里是一位可爱女性的丑陋墓地……她全心爱着丈夫。她生了两个儿子。其中一个留在了地上，另一个去到了地下。她谈吐优雅，仪态端庄。她管理着家务，还纺织毛线。要说的就是这些。"换句话说，女性的合适角色是忠于丈夫、生儿育女、装点厅堂和管理家务，以及通过纺纱织布来为家庭经济做出贡献。另外一些纪念文字特别赞美了一生只忠于一位丈夫的妻子，强调了贞洁与忠贞等"女性"美德。这与西庇阿·巴巴图斯及其男性后裔的墓志铭形成了反差，后者强调的是军功、担任公职和在公共生活中的重要地位。

我们无从知道，在任一时期，上述罗马妻子的形象在多大程度上更多地属于男人的一厢情愿，而非准确反映了社会现实。罗马无疑存在大量对往昔艰苦岁月的高调怀旧，认为那时的妻子们

图 49　这幅罗马壁画描绘了古代婚礼的理想化场景，神和人同时出现在画面中。披着面纱的新娘坐在画面中央的婚床上，身边坐着的维纳斯女神正在鼓励她。形象颓废的婚神海门（Hymen）靠在床边，他被认为是婚姻的保护神之一。画面的最左端，几个人正在准备为新娘沐浴。

安守本分。公元1世纪的一位作家带着明显的赞赏态度强调:"埃格纳提乌斯·梅特鲁斯(Egnatius Metellus)用棒子打死了妻子,因为她喝了些酒。"他提到的是罗慕路斯统治时期的一个完全神话式的事件。甚至奥古斯都皇帝也利用了纺织毛线的传统主题。类似现代人的摆拍,他让妻子里维娅坐在前厅里的织机旁摆好姿势,让所有人都能看见。但那些往昔的艰苦岁月在一定程度上很可能是后世道学家想象的产物,或者是后来的罗马人用来确立他们拥有老派资格的有用主题。

同样令人生疑的还有另一种形象,即在公元前1世纪非常著名的新式解放女性,据说她们享受着自由的社交和性生活(经常通奸),很少受到丈夫、家庭或法律约束。她们有些人被草率地归为女演员、舞女、交际花或妓女之类不受社会尊重的女性,其中有一位名叫沃鲁米娅·库特里斯(Volumnia Cytheris)的著名释奴,据说她先后做过布鲁图斯和马克·安东尼的情妇,因此与恺撒的刺杀者和头号支持者都上过床。但其中也有许多人是位高权重的罗马元老的妻子或遗孀。

她们中最臭名昭著的是克洛迪娅,此人是西塞罗的死敌克洛迪乌斯的妹妹,也是公元前59年去世的一位元老的遗孀,她的一串情人中包括诗人卡图卢斯。谣传泰伦提娅甚至怀疑过西塞罗与克洛迪乌斯这个妹妹的关系。她时而被攻击,时而受赞美,被视作放荡的引诱者、狡诈的操纵者、受崇拜的女神和犯罪嫌疑人。西塞罗称其为"帕拉丁山的美狄亚",这个称呼将希腊悲剧中杀死自己孩子的情绪激烈的女巫和克洛迪娅在罗马的居所巧妙地联系起来。卡图卢斯在诗歌中将其化名为莱斯比娅,不仅是为了掩盖她的身份,而且暗指古时来自莱斯博斯岛的希腊诗人萨福。他在一首诗的开头写道："莱斯比娅,让我们活着,让我们爱／严厉老家伙们的唠叨／在我们看来只值一文钱……／给我一千个吻。"

虽然材料丰富多彩,但不能从表面上理解它们。其中一部分不过是情色幻想,另一部分是对普遍存在的男权焦虑的经典反映。在古今历史上,一些男人通过同时渴望和谴责离经叛道的危险女性形象来证明自己对女人的主宰,这些女性被加诸于身的多属虚构的罪行、性放荡(这让任何孩子的父亲身份都遭遇了难堪的疑问)和不负责任的酗酒表明,他们需要男性施加严格控制。在意识形态上,埃格纳提乌斯·梅特鲁斯对微醺妻子毫不妥协的故事和关于克洛迪娅的狂野派对的传言是同一枚硬币的两面。此外,在许多事例中,对女性犯罪行为、权力和放纵做出的可怕描绘常常与它们所宣称描绘的女性并不真的有关系,而是以此为载体对截然不同的东西展开辩论。

当撒鲁斯特关注据说在喀提林阴谋中扮演了重要角色的女性时,他把她们视为使喀提林这样的人出现的那个社会不道德、堕落的可怕象征。当他嘲笑一位元老之妻(一位参与刺杀恺撒行动的人的母亲)说"很难确定,她更热衷于挥霍自己的金钱还是名誉"时,[1]他捕捉到了自己眼中的时代精神。而西塞罗则在一个棘手的庭审案件中成功地用克洛迪娅转移了视线:当时他正为一位相当可疑的年轻朋友辩护,此人也是克洛迪娅的前情人之一,被

---

[1] 指森普洛尼亚(Sempronia),德基姆斯·尤尼乌斯·布鲁图斯(Decimus Junius Brutus,公元前77年任执政官)的妻子,她的儿子德基姆斯·尤尼乌斯·布鲁图斯·阿尔比努斯(Decimus Junius Brutus Albinus)参与了刺杀恺撒。见《喀提林阴谋》25。

控谋杀。关于克洛迪娅行为——从连续的通奸到狂野放荡的海边派对——的大部分不光彩细节正是来自他当时发表的辩护词。为了转移其委托人受到的指责,他试图贬损克洛迪娅,将其描绘成善妒的笑柄、委托人受到的不良影响的来源和罪魁祸首。很难想象克洛迪娅是个完全禁欲和深居简出的妻子和寡妇,但如果她读了西塞罗描绘的她在帕拉丁山自家优雅的宅邸中舒舒服服的样子,她能否认出那是自己都是个问题。

不过,罗马女性的独立性显然在总体上比古典希腊或近东世界大部分地区的女性强得多,虽然按照现代标准来看肯定仍显得有限。在与古典时代的雅典女性做对比时尤其让人感到震惊,那里的富家女性据说过着与世隔绝的生活,她们生活在公众的视线之外,基本上与男性和男性社交生活相隔离(不消说,穷人没有钱或空间来实现这种分隔)。诚然,罗马女性也会受到令人不适的限制:比如,奥古斯都皇帝规定她们在剧场和角斗场中只能坐在后排;公共浴场中的女性浴室通常比男性的狭小得多;事实上,罗马人房屋中较为豪华的区域可能主要被男性活动占据。但人们并不认为女性应该从公众视线中消失,家庭生活也似乎没有被正式分成男性和女性空间,拥有按照性别划分的禁区。

女性还经常与男性一起吃饭,而且不像古典时代雅典宴会上的女伴那样仅限于性工作者、交际花和表演者。事实上,维勒斯最早的一桩暴行正与希腊人和罗马人宴会习俗上存在的这种差异有关。公元前1世纪80年代,当维勒斯在小亚细亚任职时(比他在西西里的任期早了10多年),他和一些手下设法让一个不幸的希腊人邀请他们赴宴。喝了很多酒后,他们问主人能否让他的女儿也加入宴席。当那人解释说体面的希腊女性不和男性一起吃饭时，罗马人拒绝相信，开始找他的女儿。在随后的冲突中，维勒斯的一名保镖被杀，主人则被开水浇透，后来以谋杀的罪名被处死。西塞罗浓墨重彩地描绘了整个事件，几乎将其变成强暴卢克莱提娅的重演。不过，此事也涉及罗马人酒后对帝国内部不同文化边界内的女性行为惯例产生的一系列误会。

该时期的一些关于婚姻和女性权利的法律规定反映了这种相对的自由。诚然，纸面上存在一些严厉的规定。男性曾经有权因为妻子喝了一杯酒这样的"罪行"就将其打死的故事可能只是一则怀旧的神话。但有证据表明，处死被捉奸的妻子在法律上属于丈夫的合法权利。不过，我们不曾看到过一例这种情况，而大部分证据反而指向相反的方向。此外，女性不随丈夫的姓，也不完全受制于他的法律权威。父亲死后，成年女性可以拥有自己的财产，可以购买、出售、继承、订立遗嘱或释放奴隶——英国女性直到19世纪70年代才获得其中的多项权利。

唯一的限制是，需要一名指定的监护人（tutor）来批准她的任何一项决定或交易。当西塞罗断言女性天生有"判断力缺陷"时，我们无从知道他是由于自视过高、厌恶女性而有此说还是（就像一些评论者宽宏大量地认为的那样）在开玩笑。但显然没有迹象表明，这种缺陷对他的妻子产生了很大影响：无论是她卖掉一排房屋为流亡中的西塞罗筹款，还是她从庄园收取租金时，都从来没有提到过监护人。事实上，奥古斯都在公元前1世纪末或公元1世纪初实施的一项改革正是允许生了3个孩子的自由女性公民不再必须要有一名监护人，对释奴的要求则是生4个。这是激进传统主义的一项巧妙政策：它允许女性获得新的自由，只要她们履行了传统角色的职责。

奇怪的是，对于婚姻行为本身，女性的自由反而要小得多。首先，她们对于自己是否要结婚无法做出真正的选择。所有自由民女性都要结婚是基本规定。不存在未婚的年长妇女，只有像维斯塔贞女那样的特殊群体才选择或被迫单身。此外，女性在选择丈夫时的自由可能非常有限，权贵家庭里的女性则肯定是这样的情况，她们的婚姻通常被用来当作结盟工具，无论是政治、社交还是金钱方面的。但我们也不能天真地认为，一个想要与邻居达成交易的农民的女儿或者将要得到释放以便嫁给主人的女奴（这种情况并不罕见）拥有大得多的决定权。

联姻成了共和国晚期罗马政治中一些重要发展的基础。比如，公元前82年，苏拉试图通过将继女"送给"庞培为妻来确保后者的忠诚，虽然当时她已经与别人结婚，而且怀有身孕；赌博没能成功，因为那个可怜的女人旋即死于分娩。20年后，通过娶了恺撒的女儿尤利娅，庞培与三人帮中的恺撒达成协议。西塞罗和他的女儿图利娅没有那么高的赌注，但显然西塞罗始终关心着家族前途和良好人脉，即便现实不一定如他所愿。

他承认，如何为图利娅找个丈夫是他在公元前51年离开罗马前往奇里乞亚时最关心的事。在与来自显赫家庭的男性缔结了两次短暂而没有生育的婚姻——分别以丈夫去世和离婚告终——后，必须为她安排第三次。西塞罗的书信让我们可以一窥有关婚事的商讨情况，因为他谈及了一系列合适和不太合适的候选人。某人的求婚似乎没有诚意；某人举止得体；而对于另一个人，他不情愿地写道"我怀疑不能说服我的姑娘"，承认图利娅在婚事上有一定的发言权。但交流是个问题。由于从奇里乞亚到罗马的一次书信往来需要大约3个月，西塞罗很难控制婚事的进程，他或多或少地被迫将最后的决定权留给泰伦提娅和图利娅。她们没有选择他的中意人选,而是选了最近离婚的多拉贝拉,此人同样具有无可指摘的贵族身份,但按照罗马人的记述,他是个迷人的坏蛋和积习难改的引诱者,而且不是一般的矮小。西塞罗最令人难忘的笑话之一是:"谁把我的女婿绑到了剑上?"

此类包办婚姻不一定是无趣和没有感情的结合。庞培和尤利娅一直被认为忠于彼此,当尤利娅在公元前 54 年死于分娩时,庞培痛不欲生,她的去世还导致庞培与恺撒在政治上决裂。换句话说,这场婚姻就其本意而言太成功了。此外,现存最早的几封西塞罗写给泰伦提娅(两人的婚姻可能是类似安排的结果)的信中充满了对强烈的忠诚和爱意的表达,无论其背后是什么样的情感。公元前 58 年,流亡中的他写道:"我的生命之光,我心中的欲望。亲爱的泰伦提娅,我想到你如此痛苦,而从前所有人都向你求助。"[1]

婚姻中同样也存在大量的夫妻间的口角、不满和失望。图利娅很快发现多拉贝拉的魅力难以掩盖他的恶习,两人不到 3 年就分道扬镳。不过,西塞罗亲友圈子里持续时间最长的不幸婚姻要数他的弟弟昆图斯和西塞罗友人阿提库斯的妹妹庞波尼娅(Pomponia)的结合。可以想见,西塞罗在信中将大部分责任归咎于女方(可能有欠公允),但它们也描绘了两人的一些争执,言辞显得异常现代。有一次,当庞波尼娅在客人面前厉声说"我觉

---

[1] 西塞罗,《家书》14.2.2:啊,我的光,我的欲望,从前所有人都向你求助!我的泰伦提娅,现在你如此烦恼,如此沉浸在眼泪和羞辱中!(Hem, mea lux, meum desiderium, unde omnes opem petere solebant! te nunc, mea Terentia, sic vexari, sic iacere in lacrimis et sordibus!)

得在自己家里像个陌生人"时,昆图斯则回以经典的抱怨:"你们看见了,我每天都在忍受什么!"经过24年这样的生活,他们最终离婚。据说昆图斯表示:"没有什么比不和别人睡一张床更好的了。"我们不清楚庞波尼娅对此做何反应。

不过,所有故事中最引人注目的还是西塞罗与当时不满15岁的普布里利娅之间的短暂婚姻。西塞罗和泰伦提娅可能在公元前46年初离婚。无论分手的主要原因是什么——罗马作家们对此做了大量不靠谱的猜测——从现存最后一封西塞罗写给她的信(公元前47年10月)来看,两人的关系已经起了变化。他只给两年未见(部分原因是他和庞培的军队一起身在希腊)的妻子写了寥寥数语,相当于就他即将归来做了一些指示。"浴室中如果没有浴池,那就装一个。"这就是基本要点。仅仅过了一年出头,在考虑了其他可能(包括庞培的女儿和一位他认为"我所见过的最丑陋的"女子)后,西塞罗娶了一位至少比自己小45岁的姑娘。这正常吗?

对罗马姑娘来说,14或15岁左右第一次结婚并不罕见。图利娅11岁时与第一任丈夫订婚,15岁时结婚;公元前67年,当西塞罗提到"亲爱的小图利娅与盖乌斯·卡尔普尼乌斯·皮索(Gaius Calpurnisu Piso)"订婚时,"小"字用得名副其实。阿提库斯在女儿只有6岁时就已经开始为她考虑未来的丈夫。精英们可能很早就会安排这种联姻。但普通人的墓志铭中有大量证据表明,女孩们15岁左右就可能出嫁,有的甚至只有10岁或11岁。在这些婚姻中,夫妻能否圆房是个尴尬和无法回答的问题。男性似乎通常在25岁到30岁之间第一次结婚,因此头婚时与女方年龄相差大约10岁很正常,而有的年轻新娘会与已经第二次或第三

图50 一对罗马夫妇的墓志铭（公元前1世纪）。两人都是释奴：左侧的丈夫奥雷里乌斯·赫尔米亚（Aurelius Hermia）是罗马维米纳尔山上的屠户，右侧的妻子奥雷里娅·菲勒马提温（Aurelia Philematium）被形容为"贞洁、谦卑和深居简出"。最让我们不安的是两人关系的时间表。铭文中说，两人在她7岁时就相遇了，"他把她抱到自己的膝盖上"。

次结婚的更年长男性结婚。无论罗马女性拥有怎样的相对自由，成年男性和我们所说的儿童新娘之间的这种不平衡无疑是使她们处于屈从地位的原因。

尽管如此，45岁的年龄差还是在罗马引发了疑问。西塞罗为何这样做？只是为了钱吗？还是像泰伦提娅所说的，这是老男人愚蠢地犯了花痴？事实上，有人直接向他发问，质疑他究竟为何要在那样的年龄娶一位年轻处女。结婚当天，据说他对其中一人作答："别担心，她明天就会成为成年妇女（mulier）。"引用了这句回复的古代评论家们认为，他用巧妙而幽默的方式回避了批评，对其推崇备至。但我们可能觉得它介于令人不适的粗俗和令人痛苦的冷酷之间——这有力地表明了罗马人和我们自己所处的世界有所不同。

出生、死亡与悲伤

西塞罗的新婚几乎马上被悲剧吞没。图利娅在生下多拉贝拉的儿子后旋即去世。西塞罗似乎深受打击,他撇下普布里利娅,独自到罗马以南离海岸不远的阿斯图拉(Astura)小岛上的宅邸隐居。他与图利娅的关系一直十分亲密,据一些政敌的疯狂传言所说,甚至过于亲密了——利用对手的性生活攻击对方是罗马人最喜欢的伎俩。他与女儿的关系无疑比他与她的弟弟马库斯的关系更亲密,除了其他小缺陷,后者似乎从来不喜欢思想生活,对父亲送他去雅典上的哲学课也不感兴趣。西塞罗声称,图利娅的死让他失去了活着的唯一理由。

生孩子是一项危险的职责。从元老的妻子到奴隶,分娩始终是年轻成年罗马女性的头号杀手。数以千计的此类死亡被记录下来,无论是图利娅和庞培之妻尤利娅这样的贵妇,还是悲伤的丈夫和家人在帝国各地的墓志铭中所纪念的普通女性,都难以逃脱。一名北非男子在回忆妻子时表示:"她活了36年又40天。这是她第十次分娩。第三天她去世了。"来自今天克罗地亚的另一名男子为"他的奴隶同伴"(可能是他的伴侣)竖起了朴素的墓碑,"她在分娩的痛苦中度过了4天,但没能生下孩子,于是她死了"。从更大的范围来看,更晚近历史时期的现有数据显示,每50名女性中至少有一人可能死于分娩,如果她们非常年轻的话,概率会更大。

杀死她们的是西方现代医学几乎已经能够预防的许多分娩灾难,从大出血到难产或感染——尽管由于没有医院,感染的风险会稍小些(在近代早期的欧洲医院里很容易发生孕妇间的相互感染)。大多数女性依赖助产士的帮助。但除此之外,介入性助产术很可能只会增加危险。剖腹产（Caesarian sections，尽管有现代传言说这个词与尤里乌斯·恺撒有关，但实际上无关）只被用来从已死或濒死的女性体内取出胎儿。对于产道完全被堵住的情况，一些罗马医生建议用刀探入母亲体内，将子宫内的胎儿切碎，很少有女性能安全地挺过这种手术。

怀孕和分娩无疑主导着大部分女性的生活，那些被罗马作家们选择描绘成不负责任的荡妇的女性也不例外。一些人最为担心的可能是自己根本无法受孕，或者无法挺过孕期。罗马人几乎普遍把夫妻无法生孩子归咎于女方，这是离婚的标准理由之一。现代人猜测（仅仅是猜测而已），图利娅的第二任丈夫正是以这个理由与她离婚的，因为她直到年近30才生下第一个存活的孩子。不过，除了禁欲，大部分女性在长达几十年的生育期内没有任何可靠的避孕方法。有一些权宜而危险的流产方法。延长哺乳期的女性也许能比不这么做的人（许多富人雇佣奶妈）推迟怀孕。此外，还有推荐使用的各种避孕药剂和器材，有的完全无效（佩戴来自一种多毛蜘蛛头部的小虫），[1] 有的效果存疑（将几乎各种有黏性的东西塞进阴道）。但他们的大部分避孕努力都败给了一个事实：古代医学声称月经结束后那段时间里的女性最易受孕，事实恰好相反。

---

[1] 普林尼，《博物志》29.27：第三种多毛的蜘蛛也叫Phalangium，头很大，据说切开后在里面能找到两条小虫，把它们用鹿皮包好，在日出前让女人佩戴就不会怀孕，就像凯基利乌斯在注疏中说的。效力持续一年。（Tertium genus est eodem Phalangi nomine araneus lanuginosus, grandissimo capite, quo dissecto inveniri intus dicuntur vermiculi duo adalligatique mulieribus pelle cervina ante solis ortum praestare, ne concipiant, ut Caecilius in commentariis reliquit. Vis ea annua est.）

图 51　奥斯蒂亚港一座女性墓葬的陶土板上描绘的罗马助产士工作的场景。孕妇坐在一把椅子上，助产士坐在她身前接生。

安全降生后的婴儿甚至比他们的母亲面临着更大的危险。体弱或残疾的孩子将被"曝弃于野"，这经常意味着被扔到当地的垃圾堆顶上。不想要的孩子也会遭受同样的命运。有线索表明，女婴可能通常不如男婴受欢迎，部分原因是她们的嫁妆，这在相对贫寒的家庭里是一笔不小的预算。在现存的一封来自罗马埃及行省的纸莎草书信中，丈夫告诉怀孕的妻子，如果生了男孩就养着，"如果是女孩就丢掉"。关于这种事的发生频率和受害者的准确性别比例，我们只能猜测，但这常常足以让垃圾堆顶被视为免费奴隶的来源地。

那些被留下抚养的孩子仍然没有摆脱危险。最可靠的估计——主要依据来自情况类似的晚近人口的数据——是，半数孩子将在

图52 这副古罗马的阴道镜与其现代版本惊人地相似。但从受孕如何发生到何时和如何避孕（或者助孕），罗马人对女性身体和生殖周期的观念与我们的截然不同。

10岁前死于各种疾病和感染，包括现已不再致命的常见儿童病。这意味着，虽然出生时的平均预期寿命很可能只有25岁左右，能活到10岁的孩子的预期寿命可能与我们相差不大。根据同一组数据，10岁的儿童平均还能再活40年，而50岁的人还能再活15年。在古罗马，老人并不像你可能想象的那么罕见。但幼儿的高死亡率也会对女性的怀孕和家庭规模造成影响。仅仅为了维持现有人口，每位女性就要平均生育5到6个孩子。事实上，如果考虑到不育和守寡等其他因素，这个数字将上升到接近9个。这很难算得上一个普遍实现女性解放的法门。

上述出生和死亡的特点会怎样影响家庭中的情感生活呢？有时人们会认为，由于这么多孩子没能活下来，父母避免了对他们投入大量情感。罗马文学和故事讲述中有一种令人胆战心惊的父亲形象，强调了他对孩子们的控制而非疼爱，并着重描绘了他能够对孩子的不服从施加可怕的惩罚，甚至是处死。不过，几乎没有迹象表明他们事实上会这样做。诚然，在家庭做出是否要养下去的决定和正式接受新生儿前，后者可能不会被看成一个人；在一定程度上，这正是他们对我们眼中的杀婴行为态度如此随便的原因。但父母为夭折孩子所做的数以千计的动人墓志铭表明，他们绝非缺少情感。北非的一块墓碑上的诗句写道："我的小宝贝，我亲爱的曼尼娅被埋在这里。我给她的爱只有短短几年。她的父亲现在整天为她哭泣。"公元前45年，西塞罗同样一度为图利娅的死而"整天哭泣"。与此同时，他在写给阿提库斯的大量书信中记录了自己的悲痛和纪念活动计划。

除了图利娅是在西塞罗位于罗马城外图斯库鲁姆的乡间宅邸去世的，我们对她亡逝的相关细节并不了解，对她的葬礼也一无所知。西塞罗几乎马上独自隐退到阿斯图拉岛上的藏身所，他在那里读了手头上所有关于丧亲和慰藉的哲学作品，甚至为自己写了一篇关于亲人去世的论文。几个月后，他决定应该回到她去世的房子里（"我准备克服自己的感情，前往图斯库鲁姆的宅邸，否则我永远不会回到那里"）。这时，他已经开始将悲伤导向对她的纪念，纪念她的将不是"坟墓"，而是"圣所"或"神庙"（fanum，在拉丁语中仅限于宗教意涵）。他首先关心的是选址、外观的醒目和未来的维护，并很快计划在城郊（今天的梵蒂冈附近）购买一处庄园作为建筑所在地，并预订了一些柱子。

他强调自己想要让图利娅封神。他可能是指某种一般意义上的不朽，而非真正宣称她将成为女神。不过，这个例子再次表明，在罗马世界中，凡人和神明之间的界限是模糊的，神明的力量和属性可以通过某种方式被用来表达人类个体的卓越和重要性。但具有讽刺意味的是，当西塞罗和朋友们对恺撒被授予的神明般的荣誉越来越感到不安时，他却忙着筹划为死去的女儿赋予某种神圣的地位。圣祠计划最终没能实现，因为整个梵蒂冈地区都被指定为恺撒的城市再发展计划中的重要组成部分，西塞罗失去了他看中的地方。

钱的重要性

阿斯图拉和图斯库鲁姆的宅邸只是公元前45年西塞罗在意大利所拥有的差不多20处房产中的两座。其他的有一些是雅致的住宅。他在罗马帕拉丁山的低坡处拥有一座大房子，距离罗马广场只有几分钟的步行路程，包括克洛迪娅在内的许多罗马顶层精英都是他的邻居；他的其他房产分布于意大利各地，从那不勒斯湾附近的普特奥里（Puteoli，他在那里用一场相当拥挤的宴会招待了恺撒）到更北面的福尔米埃（Formiae，他在那里拥有另一处海边别墅）。有些是战略性地坐落在连接两处更大房产的道路边的小屋或宿处，为他提供了过夜场所，使他不必睡在肮脏的旅店或客栈里，或者叨扰朋友。有些是农庄，虽然也带有豪华宅邸，比如他在阿尔皮农的家族庄园。还有一些房产完全用于出租赚钱，比如"就连老鼠"也会逃走的低档建筑；罗马中部的另外两栋同样用于出租但收益更高的大房子本是泰伦提娅嫁妆的一部分，它们在公元前45年时无疑刚刚因为离婚而被返还。

这些房产投资组合的总价值约为1300万塞斯特斯。在普通罗马人眼中，这已经是个庞大的数字，足以养活2.5万个穷人家庭一年，或者让超过30人满足参选公职所需的最低财产条件。但这无法让西塞罗跻身超级富豪的行列。在反思挥霍无度的历史时，老普林尼提到，克洛迪乌斯在公元前53年用将近1500万塞斯特斯买下了马库斯·埃米利乌斯·斯考鲁斯（Marcus Aemilius Scaurus）的房子，后者是西塞罗的朋友，也是公元前1世纪60年代庞培在犹地阿时手下的一位名声不太好的军官。这座房子的地下室遗址已经得到初步确定，同样位于帕拉丁山的山坡上，距离今天仍然矗立着的提图斯凯旋门不远；遗址包括50个左右的小房间和1间浴室，可能是供奴隶使用的，前几代的考古学家们曾自信地（但错误地）认定那里曾是一所位于城市中心的妓院。克拉苏位于更高的层面上，他的房产价值2亿塞斯特斯，他据此的确可以负担一支自己的军队（见本书第15—16页）。

尽管不乏富于想象力的尝试，但尚没有一处现存建筑被明确认定为西塞罗的房产。但通过他的描绘（包括他的改造计划）和同时代的考古遗址，我们可以对它们的样子有所了解。共和晚期的精英们在帕拉丁山上的奢华宅邸通常保存状况很差，因为在公元1世纪，很快将占据该山的皇宫正好建在它们上方。该时期一些令人印象最为深刻的遗迹来自所谓的"狮鹫之屋"（House of the Griffins）。其中的几个房间无疑属于公元前1世纪早期一座豪宅的底楼，在上方宫殿建筑的地基处仍然部分可见，拥有被粉刷得相当光鲜的墙壁和朴素的马赛克地面。在总体布局和设计上，这里和其他帕拉丁山上的房屋很可能与庞贝、赫库兰尼姆那些保存得好得多的遗址相差不大。

无论是罗马元老还是外省权贵，罗马精英们的宅邸的特点在于，它们并非现代意义上的私宅，并不（或不仅仅）代表着逃避公众目光的场所。事实上，的确有一些是藏身所（比如西塞罗在阿斯图拉的隐居处），而且宅邸的某些部分比其他部分更加私

图 53 上方新增建筑的地基（画面右侧）穿过了共和时期一座房屋里曾经华丽的房间。这座房屋位于帕拉丁山上，被称作"狮鹫之屋"，得名于灰泥墙面上的狮鹫形象，画面远端就可以看到一个。马赛克地面采用朴素的菱形装饰，墙壁上刷了浅色块，仿佛在模仿大理石。前几代的考古学家们猜测这里是喀提林本人的家。

密。但在许多方面，居住建筑被罗马要人用来展现自己的公共形象和名望，许多公共事务也在他们的住所里处理。作为访客穿过正门后通常走进的第一个房间，中庭处于关键位置。这个房间开有天窗，通常采用双层空间，为了给人留下深刻印象，那里装饰着灰泥墙、绘画和雕塑，还能看到远处的动人景致。中庭成了主人与各种下属、请愿者和门客——其中既有需要帮助的释奴，又有往来于各家的中庭、试图亲吻罗马人的脚的来自提奥斯的代表（见本书 190—191，193—194 页）——会面的背景。按照标准设计，在中庭背后，房屋向后方延伸，包括了更多的娱乐室、用餐区域、兼做会客室和卧室的内室（cubicula）和带顶棚的走廊，如果有空间的话还会再加上花园。墙上的装饰与房间的功能相匹配，从大型的展示画到私密的镶板和情色画，不一而足。访客越是能被迎入宅子深处不那么公共的部分，就表明他们越受尊重。主人与最亲密的朋友和同僚可能在"内室"里商谈（罗马人称之为 in cubiculo），那是一种可以在其中睡觉的私密小房间，尽管并不完全是现代意义上的卧室。我们可以猜测，三人帮正是在那里达成协议的。

宅邸及其装饰有助于营造主人的形象。但为了避免蒙上过度奢侈的污点，必须仔细思量这种展示引人瞩目的程度。比如，当斯考鲁斯决定将他买来装饰一座临时剧场（他将在那里举办公共表演）的 380 根柱子中的一些用于帕拉丁山上自家宅邸的中庭时，人们大为惊诧。这些柱子是用卢库鲁斯大理石——最早引进它的人是在庞培之前指挥对抗米特拉达梯的战争的卢基乌斯·李基尼乌斯·卢库鲁斯（Lucius Licinius Lucullus），罗马人用他的名字来称呼这种珍贵的希腊石材——制作的，而且每根都超过 11 米高。许多罗马人觉得斯考鲁斯犯了一个大错，认为他不应该用更适用于纯粹的公共展示的豪华风格装饰自己的宅邸。和撒鲁斯特一样，他们也认为罗马的许多问题是由不道德的挥霍造成的。

我们可以看到西塞罗在书信中不止一次为如下问题感到烦恼：如何恰当地装饰自己的房产，如何展现他作为一个有品位、有学识和了解希腊文化之人的形象，以及如何找到实现这一点所需的艺术品（并非总是成功的）。公元前 46 年，他在面临一个棘手的问题时的反应暴露了他在一些关注点上略显过于挑剔。他的一名非正式代理人为他在希腊买到了一小批雕像，但它们不仅过于昂贵（他表示，这些钱足够他买一间新的小屋了），而且对于实现他预想的目的是完全不合适的。首先，其中有一尊战神马尔斯像，而西塞罗据说想把自己展现为伟大的和平倡导者。更糟糕的是，其中还有一群不羁、迷狂和酩酊大醉的酒神侍者形象，不大可能被用来装饰书房，它们不合他的心意：他解释说，他的书房需要缪斯，而不是酒神侍者。

这些雕像是被西塞罗得偿所愿地设法卖掉了，还是最终被堆放在他的某座宅邸的储藏室，我们没有相关记录。但这个故事为我们指明，在出于公共目的之外，罗马人如何出于私人目的通过与希腊世界展开的繁荣贸易引进艺术品，无论是古物抑或复制品。如今，这种贸易的物质遗迹被没能抵达目的地的货物最好地保存了下来，这些货物来自潜水员们在地中海海底发现的一系列沉没的罗马商船。最惊人的一艘沉船（从船上的钱币判断，很可能在公元前1世纪60年代的某个时候沉没）位于克里特岛和伯罗奔尼

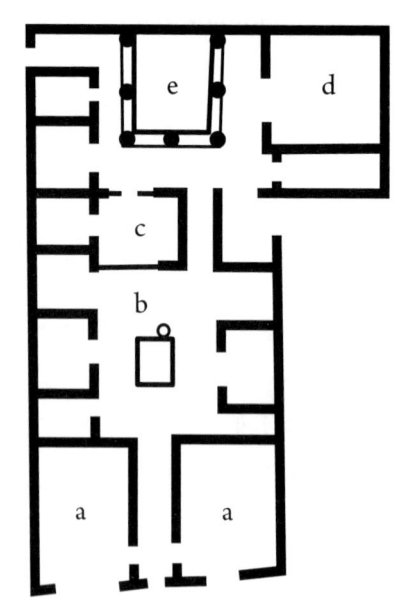

图54 庞贝城"悲剧诗人之屋"的平面图让我们清楚地了解了公元前2世纪和前1世纪中等富有罗马人的家宅的基本布局。两间朝向街面的店铺（a）之间是狭窄的入口，通向中庭（b）。主要的正式接待室（c）面朝中庭；再往后是用餐区域（d）和带回廊的小花园（e）。其他小房间（有的位于楼上）包括兼做会客室和卧室的内室，最受尊崇的客人会被邀请到那里商谈和娱乐。

撒半岛的南端之间，距离安提库特拉岛（Antikythera）不远，因此现代人称其为"安提库特拉沉船"。船上装载着青铜和大理石雕像，包括一尊精致的迷你青铜像，底座上紧发条后可以旋转，还有奢华的家具以及用玻璃和马赛克制作的精美的碗。但其中最著名的要数"安提库特拉机械"，这是一个带有发条装置的复杂青铜设备，似乎被用来预测行星运行和其他天文现象。虽然它还远远谈不上是世界上第一台计算机（某些人如此戏称），但它无疑是为某个热衷研究的罗马科学家的书房准备的。

不过，共和晚期的显要人物和他们的房产间的关系在某些方面颇为奇特。西塞罗和他的朋友对他们的房子有强烈的认同感。除了精心安排摆放雕塑和艺术品，葬礼队伍中所佩戴的祖先蜡制

图 55 安提库特拉沉船上的一些雕像因为部分受侵蚀而呈现出令人难忘的形象。在这尊曾经美丽的雕像样本上，一部分大理石被侵蚀，其他部分则保持了最初的状态，这取决于这些部分是浸在海水中，还是得到了海底泥沙的保护。

面具（imagines）也被展示在贵族家庭的中庭里，他们有时还会为不同的房产准备几套不同的面具或复制品。把家谱树画在中庭墙上是标准做法，作为罗马人成就的终极标志，男性从战场上得来的战利品也可能被钉在墙上供人赞美。反过来，如果政治形势有变，房子可能被当成主人的替代品而遭到攻击，或者成为额外的靶子。当西塞罗在公元前58年流亡后，不仅他在帕拉丁山上的宅邸被克洛迪乌斯带人捣毁，他在福尔米埃和图斯库鲁姆的地产也遭受了相当大的破坏。他不是第一个据传遭受这种惩罚的人。公元前5世纪中期一个名叫斯普里乌斯·麦利乌斯（Spurius Maelius）的激进分子遭到处决，房子也被拆毁，因为他对穷人展现的慷慨引发了关于他意图成为僭主的怀疑（保守罗马人的一个典型推断），这个虚构故事开启了此后一系列此类事件。

但换个角度来看，罗马家庭与房子的关系也出人意料的松散。比如，与传统上非常重视乡间宅邸所有权的传承的英国贵族截然不同，罗马精英一直在买入、卖出和搬迁。西塞罗的确始终保留着阿尔皮农的一些祖产，但他在帕拉丁山上的房子是公元前62年才从克拉苏手中新买下的，后者可能将其作为投资而非居所；在此之前，那里曾是李维乌斯·德鲁苏斯的宅邸的所在地，此人于公元前91年在那里被刺杀。而在公元前1世纪60年代初被西塞罗购入前的25年里，图斯库鲁姆的庄园最初为苏拉所有，后来被转给了极为保守的元老昆图斯·路塔提乌斯·卡图卢斯（Quintus Lutatius Catulus），最后落入一位富有的释奴之手，我们只知道此人名叫维提乌斯（Vettius）。房子被出售后，中庭里的面具很可能被打包带走并挪入新房产。但奇怪的是，按照罗马人的习惯，战利品会被留下，而不会被赢得它们的男性的家庭一起带走。在西塞罗后来对马克·安东尼发起的一次攻击中,他指责后者在曾经属于庞培的房子里生活和醉酒寻欢,来自被俘获船只(可能是在打击海盗时俘获的)的船喙仍然装饰着这所房子的大门。

这种房产买卖模式引发了几个基本问题。首先,涉及的金额一定很大。公元前62年,西塞罗为他在帕拉丁山的新宅付了350万塞斯特斯,关于这笔钱实际上是如何支付的,我们几乎没有任何相关信息。西塞罗不太可能直接让奴隶们推着一车车现金,在武装保镖的保护下穿过街道。相反,整个交易可能使用了金条,这样至少可以减少运钱所用的车辆。不过,更可能的是使用了某种纸面金融或债券,这表明罗马经济背后有一个相对发达的银行和借贷体系支撑着,但现在只有关于这个体系的零星证据留存。

其至更基本的问题是,这些钱首先来自哪里?买下帕拉丁山的房子后不久,西塞罗在写给友人普布利乌斯·塞斯提乌斯(Publius Sestius)的一封信中开玩笑说,由于债务缠身,"如果有哪个阴谋愿意接纳,我很乐意参加"——这是对前一年的喀提林阴谋的揶揄暗指。其中一部分无疑来自借款,但大部分借款显然或早或晚必须偿还;比如,西塞罗急于向恺撒归还一笔将近100万塞斯特斯的借款,以免内战的爆发让事情变得尴尬。那么,西塞罗的收入来源是什么呢?他是如何从外省背景的殷实之家出身变为罗马富人(即便远非最富有的)的呢?我们能根据信中的一些线索勾勒出部分画面。

先来说一个不可能的情况。没有迹象表明西塞罗拥有任何重大贸易或商业利益。严格地说,元老们被禁止从事海外贸易,官方对罗马政治精英所拥有的财富的界定几乎总是依据土地,那被认为是他们的财富的基础。不过,一些元老家族间接地加入商业

图 56　与雅克·库斯托（Jacques Cousteau）合作的一队潜水员在 20 世纪 50 年代勘察了马赛附近的沉船遗址。图中只是该船从意大利运来的一部分双耳瓶。

冒险获利，无论是通过非元老身份的亲戚，还是利用他们的释奴作为前台代理人。上文那个元老普布利乌斯·塞斯提乌斯（西塞罗拿自己的债务跟他开过玩笑）的家族就是一个最好的例子。从西班牙到雅典的地中海地区发现了数以千计的来自公元前 1 世纪早期至中期的双耳酒瓶（高卢南部尤其集中，包括马赛沿岸一艘沉船上的约 1700 个），上面印着"SES"或"SEST"字样。这些酒瓶清楚地表明塞斯提乌斯家族的某些成员与大规模商业出口有联系，因为已知他们在意大利北部城市科萨（Cosa）附近拥有庄园，那里也发现了大批带有同样印记的同类型酒瓶。无论由谁正式主持生意，收益无疑会惠及元老塞斯提乌斯一家。不过，除了政敌们曾经颇为势利地诋毁说西塞罗的父亲经营过洗衣业务（此说不准确），没有线索表明西塞罗参与了类似活动。

西塞罗的一些钱来自房租和农庄产品等非常传统的渠道，再加上属于泰伦提娅嫁妆的一部分的地产。但他还有其他两项重要进项。首先是继承直系亲属之外的遗产。公元前 44 年，他宣称通过这条途径获得总计 2000 万塞斯特斯的巨额收入。我们如今无从确认所有的赠予者。但这些遗产中有许多无疑是他以各种方式帮助过的人的回报，这些人包括发了财的释奴，或者满意他在法庭上的表现的委托人。罗马律师被明令禁止收费，说西塞罗为名人辩护收获的是公共声望并无不妥。但他经常也会通过某种间接形式获得金钱回报。独裁官苏拉的侄子普布利乌斯·苏拉为西塞罗的一次成功法庭辩护犒赏了他，这很可能并不罕见。他借给后者 200 万塞斯特斯用于购买帕拉丁山的房子，而且似乎并未要求偿还。

另一大进项来自西塞罗任职的行省。虽然他自诩（也许是实情）从未违法向行省人民勒索钱财，但当他在公元前 50 年离开奇里乞亚时，他的行囊中还是带着价值超过 200 万塞斯特斯的当地货币。我们无法确知他究竟是如何得到这笔钱的，也许这些是他省下的津贴和那场小小胜利中的获利（包括事后将俘虏作为奴隶出售所得）。西塞罗没有把这笔钱带回意大利，而是在途中将其存在以弗所的一家包税人公司，他显然想要以某种非现金的形式转账。但内战很快打乱了他的长期计划。公元前 48 年初，当庞培需要为战争基金千方百计地筹钱时，西塞罗同意把这 200 万塞斯特斯借给他，可能是希望借此弥补自己在军营中令人讨厌的行为。没有迹象表明他后来拿回了那笔钱。一场对抗外敌的战争的获利最终资助了一场罗马人自相残杀的战争，类似的情况还有很多。

作为财产的人

西塞罗的财产中也有人。他在书信里提到的奴隶共计20人出头：6到7名信童，几名秘书、书记员和"朗读员"（为了方便主人，他们为他大声朗读书籍或文件），还有一名侍从、一个工匠、一个厨子、一个家丁和一到两个会计。事实上，他家的奴仆数量肯定比这大得多。为20处房产服务意味着至少需要200人，即便其中有的只是小屋，有的一连数月闲置不用：他们需要打理花园、修修补补、给炉子添柴和保卫安全，更别提农庄里还有田地要耕作。他们中的绝大部分都没有得到西塞罗的关注，这说明主人对奴隶们是视而不见的。他在信中提到的奴隶大多与写信和送信有关，诸如信童和秘书。

根据一种非常粗略的估算，公元前1世纪中期，意大利可能有150~200万奴隶，约占总人口的20%。这些人共同拥有的单一典型特征是，他们都是其他人的财产。但除此之外，他们的背景和生活方式就像自由公民那样各不相同。不存在标准奴隶一说。在西塞罗的奴隶中，有些可能是战败后在海外沦为奴隶的，有的可能是从在帝国边缘贩卖人口中获利这种无情贸易的产物。还有的可能是从垃圾堆顶上被"拯救的"，或者是家中女奴的孩子，生来就是奴隶。在随后的几个世纪里，随着罗马海外征服战争规模的缩小，这种"家生"奴隶越来越成为奴隶的重要来源，因此女奴们也和自由女性一样承担着生儿育女的责任。更一般地说，奴隶的生活和工作状况各式各样，从残酷和拥挤到几近奢华不等。斯考鲁斯豪宅地下的50间狭小的奴隶卧室还不算最可怕的。在更大规模的工业或农业活动中，有的奴隶几乎处于被囚禁的状态。

许多人被殴打过。事实上，易遭受体罚正是奴隶之为奴隶的本质特征之一，"替罪羊"是他们的一个常用绰号。不过，在现存的证据中，也有很少一部分奴隶显得极其重要，他们的日常生活可能让贫穷、自由而饥饿的罗马公民心生艳羡。以后者的标准而言，生活在豪宅中的富人的助手们（包括私人医生或文学顾问，这些人通常是受过良好教育的希腊人奴隶）过着养尊处优的生活。

自由人口对奴隶和奴隶制的态度同样矛盾而多样化。主人们既鄙视和虐待奴隶，又在某种程度上因为自己的依赖性和脆弱性感到恐惧与焦虑，许多俗语和逸闻刻画了他们的这种心情。"所有的奴隶都是敌人"是罗马人的一条智慧格言。在皇帝尼禄统治时期，有人提出了一个让奴隶穿制服的好主意，但遭到反对，理由是这会让奴隶们看清自己的人数是多么庞大。不过，任何划清奴隶和自由人的界限或者界定奴隶低人一等的企图（他们究竟是物还是人让一些古代理论家困惑不已）必然会被社会实际情况挫败。奴隶和自由民在许多场合中密切合作。在普通的作坊中，奴隶可能成为朋友和亲信，而非仅仅是财产。他们还是罗马家庭的一部分，拉丁语的familia一词总是囊括了家庭中的非自由和自由成员（见彩图16、17）。

对许多人来说，奴隶完全只是一种暂时性身份，这使奴隶的概念变得更加混乱。罗马人有释放大批奴隶的习惯，这可能是出于各种无情的务实考虑。比如，对于没有工作能力的老人，给他们自由比留下他们更节约成本。不过，这是罗马广为人知的开放文化形象的一个重要方面，并让罗马公民成为前现代世界中民族组成最为多样化的群体，但这也进一步造成了文化焦虑。人们问道，罗马人是否释放了过多的奴隶？他们是出于错误的理由而释放了那些人吗？这对罗马性的理念造成了什么影响？

当西塞罗不仅仅是顺带提到自己的奴隶时，往往是因为出了什么问题，他的反应揭示了日常环境中的某些矛盾和紧张情形。公元前 46 年，他给自己的一位友人写了封信，后者当时担任亚得里亚海东岸的伊利里亚（Illyricum）行省总督。西塞罗遇到了一个问题。他的书房管理员，一个名叫狄俄尼修斯的奴隶一直在偷他的书，后来因为害怕被发现就逃走了。有人在伊利里亚（可能那里离此人的家乡不远）发现了狄俄尼修斯，后者显然宣称西塞罗给了他自由。西塞罗承认："这没什么大不了的，但总是有点堵心。"他请友人留心查找，但似乎无果而终。一年后，他从下任总督那里听说，"你的逃亡奴隶"躲到了当地的瓦代伊人（Vardaei）中间，但再无下文，虽然西塞罗幻想着看到此人被带回罗马，作为俘虏出现在凯旋式队列里。

在写给阿提库斯的一封信中，西塞罗表示自己几年前在一名释奴身上遇到过类似的麻烦，此人同样是书房管理员。克律西波斯（Chrysippus）——这是个显得很有文化的希腊名字，以公元前 3 世纪的一位同名哲学家最为著名[1]——受命陪伴西塞罗的儿子马库斯（当时 15 岁左右）和稍年长些的侄子从奇里乞亚返回罗马。途中，克律西波斯抛下了两个年轻人。西塞罗愤怒地表示，且不说各种小偷小摸，让他无法忍受的是此人的潜逃行径，因为释奴即便获得自由后，也应该对前主人尽责。作为回应，西塞罗想利用法律上的技术细节取消克律西波斯的自由，让他重新变成奴隶。当然，这于事无补：克律西波斯已经逃走了。

---

[1] 索里人克律西波斯（Chrysippus of Soli），希腊斯多葛派哲学家。

很难评判西塞罗讲述的这些故事的准确性。在罗马出售偷来的书很容易吗?狄俄尼修斯是在用它们给自己的逃跑筹钱吗?西塞罗相信书还在他身上吗(它们在瓦代伊人中间可能更没有市场)?还是说由于西塞罗对自己的书房充满偏执、有强迫症,因而这起盗窃更多地属于他的幻想?无论事实如何,这些故事都为奴隶的"斯巴达克斯式"不满与抵抗提供了有用的修正。很少有奴隶会和罗马官方正面起冲突,更别说和罗马军团了。大部分奴隶会像这两人一样,仅仅依靠逃跑或躲藏来抵抗他们的主人,当被人盘问时,他们会说自己被释放了,因为盘问者也几乎肯定不了解实情。从西塞罗的角度来看,这表明对某些人而言,家奴真有可能成为内部的敌人(即便大多仅限于小偷小摸)、释放的和未释的奴隶之间的差异在他们眼中比许多现代历史学家所认为的更小。不应让人感到意外的是,虽然 libertus 是拉丁语中对释奴的标准说法,但 servus(奴隶)在很多场合也被用来同时表示两者。

西塞罗与他的奴隶秘书提洛(Tiro)的关系是这幅图景中的一个重要例外,后者在中世纪人的想象中成了一种著名速记方法的发明人。我们对提洛的出身一无所知,除非那则不着边际的罗马传闻所怀疑的是正确的,即鉴于西塞罗如此爱他,他只可能是西塞罗的亲生儿子。此人在公元前 54 年或前 53 年被大张旗鼓地宣布获释,成了名叫马库斯·图利乌斯·提洛的罗马公民。提洛与西塞罗全家的关系常被视作罗马奴隶制"可接受的一面"。

许多写给提洛的家书(没有回信留存)中满是饱含深情的闲聊,还经常对他的健康表示关心。昆图斯·西塞罗在公元前 49 年写道:"你的健康让我们非常担心……你要离开我们那么久,这让人极其挂怀……但务必不要长途跋涉,除非你身体安康。"这样的话很典型。提洛获释那天得到了人们高兴的祝贺，他也洋洋自得。写信人还有一次，正随恺撒在高卢服役的昆图斯写信给哥哥，信中捕捉到了这种地位改变的意义："你认定提洛的地位还应该更高，你宁愿把他视作朋友而非奴隶，我真的对你为他所做的事感到高兴。我读到你的信时兴奋地跳了起来。谢谢。"提洛看上去几乎扮演了名义上的儿子的角色，可以让那个有时失睦的家庭快乐地团结在自己周围。但即便如此，还是有一些矛盾挥之不去，而且提洛的奴仆地位从未被完全忘记。在提洛获得自由许多年后，昆图斯曾在信中向其抱怨说又没收到他的信。昆图斯表示："我在头脑中狠狠打了你一顿，至少默默地斥责了你。"这是无伤大雅的打趣，还是一个拙劣的玩笑？或者说这清楚地暗示，在昆图斯的想象中，提洛始终是可以责打的对象？

走向新的历史阶段——帝国时期

提洛比他的主人活得久得多。就像我们将会看到的，西塞罗在公元前43年12月被残暴地杀害，他的弟弟昆图斯遭遇了同样的命运。提洛继续活着，据说一直活到公元前4年，在99岁时去世。他用那段时间培养并规控西塞罗死后的名声，协助编辑了他的书信和演说辞，并为其写了传记（虽然没能流传下来，但成了后来罗马历史学家的标准信息来源）。他甚至编纂了一大本西塞罗的笑话集。西塞罗的一位后世的仰慕者表示，如果提洛能更精挑细选一些，西塞罗的机智之名可能不会如此受人诟病。

提洛还活着看到了新式的永久独裁统治，看到皇帝稳稳地坐上了罗马的宝座，看到老共和国日益成为遥远的记忆。这种新的统治是本书余下 4 章的主题，我们将探索从公元前 44 年恺撒遇刺到公元 3 世纪初（更具体地说是公元 212 年卡拉卡拉皇帝将罗马公民权授予帝国所有自由居民这一特别的转折点）这 250 年出头的时间。与我们之前探索的差不多 700 年相比，这是一个截然不同的故事。

比起之前的任何东西，我们在某些方面对罗马历史的这后一阶段要熟悉得多。至今仍然矗立在罗马城中的那些著名古代地标正是在那几个世纪里建造的：从公元前 1 世纪 70 年代建造的作为大众娱乐场所的斗兽场，到 50 年后哈德良皇帝统治时期建造的万神殿，后者是唯一我们还能或多或少目睹其原貌的古代神庙——这多亏了它被改成基督教教堂，而且没有经过大规模重建。甚至在位于老城中心的罗马广场（罗马共和国的重大政治冲突是在那里展开的），我们现在看到的大部分地面建筑也建于皇帝们的统治时期，而非来自格拉古兄弟、苏拉或西塞罗的时代。

总体上说，我们关于公元 1、2 世纪的证据要多得多，即便该时期没有像西塞罗那样留下如此生动的细节的个人。这并非因为有大批新的文学、诗歌或历史作品存世，尽管此类作品的确卷帙浩繁，而且体裁日益丰富。我们拥有充满逸闻的皇帝个人传记；有尤维纳尔等人所写的愤世嫉俗的讽刺诗，对罗马人的偏见进行了冷嘲热讽；还有极富新意的小说，包括著名的《萨梯里卡》（*Satyricon*），它的作者"风雅仲裁"盖乌斯·佩特罗尼乌斯（Gaius Petronius Arbiter）曾是尼禄皇帝的朋友，后来成为其受害者。2000 年后，该小说被费德里科·费里尼（Federico Fellini）搬上了银幕。这个猥俗的故事讲述了一群骗子在南意大利的游历，描绘了放纵的狂欢和床上爬满虫子的廉价旅馆，并对一名名叫特里马尔奇奥（Trimalchio）的富有但粗俗的释奴做了令人难忘的刻画和戏谑，一部近代经典小说的书名差点以此人的名字命名：菲茨杰拉德（F. Scott Fitzgerald）的《了不起的盖茨比》(*The Great Gatsby*）曾被暂时定名为《西卵的特里马尔奇奥》(*Trimalchio at West Egg*）。

这种巨变更多地被记录在刻在石头上的铭文里。我们已经分析了几个世纪前的一些铭文，无论是来自西庇阿·巴巴图斯的墓石，还是罗马广场上挖出的那根提到"国王"但文意无法完全理解的石柱。但在早先阶段，铭文数量相对较少。从公元1世纪起，出于谁也无法真正确知的原因，石头和青铜铭文的数量开始爆发式增长。特别是帝国各地留存下来的数以千计的墓志铭，铭文缅怀了相对普通的人，或者至少是那些有足够的闲钱为自己留下某种永久纪念物的人，无论他们多么卑微。铭文有时只提到了死者的职业（"卖珍珠者""鱼贩子""助产士"或"面包师"），有时则讲述了整个一生的故事。一篇特别冗长的碑文缅怀了某个长着白皙皮肤、动人双眸和小乳头的女人，她是一个三角家庭[1]的中心，她的去世使这个家庭分崩离析。在罗马世界各地，数以千计的重要公民雕像的基座上刻着他们的简短生平。此外，帝国偏远社群的人们还骄傲地展示着皇帝的书信或元老院的决议。如果研究早期罗马的历史学家所要做的是尽可能利用每一件现存证据，那么到了公元1世纪，问题已经变成如何选出那些能告诉我们最多信息的证据。

---

[1] 三角家庭（ménage à trois），指一夫多妻或一妻多夫的三人家庭。

不过，在重建罗马故事的这个部分时，一个甚至更大的差异在于，现在我们必须在很大程度上抛开年代顺序的帮助，或者说不受年代顺序的约束。部分原因在于罗马世界的地理跨度。没有任何单一叙事能有用地或发人深省地将罗马的不列颠和阿非利加行省的故事联系起来。现在，出现了关于不同地区的大量微型故事和不同的历史，它们不一定相互吻合，而且——重述必将导致本书毫无启发性。另一个原因在于，随着独裁统治在公元前1世纪末确立，罗马在随后的两百年间没有发生重要的变化。在某种意义上，专制代表了历史的终结。诚然，这段时期的罗马经历了各种事件，包括战争、暗杀、政治对峙、新的倡议和发明，参与者们将会讲述各种激动人心的故事和展开各种争论。不过，在共和国发展和皇帝权力增长的故事中，罗马世界的几乎每个方面都经历了革命性的变化，与之相比，在公元前1世纪末到公元2世纪初期间，罗马的政治、帝国或社会没有发生根本性的改变。

因此，我们将首先在下一章中关注当恺撒遇刺后，奥古斯都皇帝如何成功地确立了永久的独裁统治（也许这是罗马故事中最重要的一场革命），然后分析在随后两个世纪里维系和影响这种制度的结构、问题和矛盾。各种登场角色中将包括持不同政见的元老、罗马酒肆中酩酊大醉的顾客，以及被迫害的（对罗马人来说则是讨厌的）基督徒。重要的问题是：我们如何才能最好地理解皇帝统治下的罗马帝国世界？

第 9 章

奥古斯都带来的改变

恺撒的继承人

当恺撒在公元前44年3月15日被刺杀时,西塞罗很可能正坐在元老院中,目睹了这场混乱和几乎搞砸了的谋杀。大约20名元老以请愿为借口将恺撒团团围住。一名普通元老跪在独裁官脚边并拉住他的托加袍,这是发动袭击的暗号。刺客们没能准确击中目标,也可能他们由于恐惧而动作笨拙。最早刺出匕首的一人完全扑了个空,让恺撒有机会用手头唯一的武器——他锋利的笔——反击。根据现存最早的记述——一位来自叙利亚的希腊历史学家大马士革的尼古拉乌斯(Nicolaus of Damascus)在50年后记录了此事,但可能借鉴了目击者的描述——有几名刺客被"友军火力"所伤:盖乌斯·卡西乌斯·朗吉努斯(Gaius Cassius Longinus)朝恺撒猛扑,结果却刺伤了布鲁图斯;另一个人没有击中目标,而是刺中了同志的大腿。

恺撒倒下时用希腊语对布鲁图斯喊道:"还有你,孩子!"这既可能是一个威胁("我会逮住你的,小子!"),也可能是对这位年轻朋友的不忠感到痛苦懊悔("还有你吗,我的孩子?")。更有甚者,根据一些同时代人的可疑想象,最后这句话表明布鲁图斯事实上是自己的受害者的亲生儿子,这不仅是一场刺杀,而且是弑父。Et tu, Brute?("还有你吗,布鲁图斯?")这句著名的拉丁语是莎士比亚的发明。

目睹此事的元老们纷纷溜走;如果西塞罗在场,他可能也不会比其他人更勇敢。不过,数以千计的人刚刚看完角斗士表演,正从隔壁的庞培剧场涌出,挡住了他们快速逃走的去路。当这些人风闻发生了什么后,他们同样想要尽快安全地赶回家,尽管布鲁图斯向他们保证无须担心,而且说这是好消息而非坏消息。让情况变得愈发混乱的是,当恺撒的一位亲密同僚马库斯·埃米利乌斯·雷必达(Marcus Aemilius Lepidus)离开罗马广场前去调集驻扎在城外不远处的一些士兵时,他几乎撞上了从另一个方向走来准备宣布行刺成功的刺客,这些人身后跟着3名奴隶,正用肩舆将恺撒的尸体抬回家。只有3个人抬肩舆显得很别扭,据说独裁官受伤的双臂骇人地垂在两侧。

当天晚上,西塞罗会见了驻扎在卡庇托山上的布鲁图斯和其他一些"解放者"。他没有参与阴谋,但有人说布鲁图斯在将匕首刺入恺撒身体时喊了西塞罗的名字——无论如何,作为老资格的政客,他在事后可能是个有用的名义领袖。西塞罗的建议很清楚:他们应该马上在卡庇托山上召集元老院开会。但这些人犹豫了,让恺撒的支持者抢在了前头,后者很快利用了民众的情绪。民众显然不站在刺客一边,尽管西塞罗后来幻想大部分普通罗马人最终会相信必须除掉暴君。大部分人仍然倾向于支持恺撒的改革(包括支持穷人、建设海外定居点和不时地发放救济现金),而非听上去美好的自由理念,这种理念可能不过是精英们为自己谋利和继续剥削底层阶级而寻找的托词,受到布鲁图斯压榨的塞浦路斯人对这一点可能深有感触。

几天后，安东尼为恺撒举行了一场惊人的葬礼，包括将一个蜡像悬挂在尸体上方，好让观众更容易看到他受的各种伤和受伤的部位。人群中爆发了骚乱，最后以尸体被草草地在罗马广场火化告终。燃料一部分来自附近法庭的木头长凳，一部分来自乐手们脱下并投入火中的衣服，还有一部分是女人们堆上去的珠宝和她们孩子的小托加袍。

报复行动没有出现，至少一开始如此。在葬礼上发生示威后，布鲁图斯和卡西乌斯觉得为安全起见还是应该离开罗马，但他们并未被剥夺公职（两人都是大法官）。布鲁图斯甚至被允许在缺席的情况下以大法官的身份赞助了一场节日庆典，但恺撒党很快替换了他选中的一部戏剧（主题与第一位布鲁图斯和驱逐塔克文家族有关），代之以时事性没那么强的一部希腊神话主题剧。遵循西塞罗的建议，元老院之前已经同意用批准恺撒的所有决定换取对刺客的赦免。这很可能只是一个不牢靠的休战协议，但暂时避免了进一步的暴力行为。

公元前 44 年，当恺撒的指定继承人从亚得里亚海另一边（他正在那里为入侵帕提亚做准备）来到罗马后，情况发生了变化。无论存在怎样的流言和断言，无论被克娄帕特拉直截了当地取名为恺撒里翁（Caesarion，意为"小恺撒"）的小男孩拥有什么身份，恺撒并没有婚生子。因此，他做出了不同寻常的举动，在遗嘱中收养了自己的甥外孙，指定其为自己的养子和财产的主要继承人。盖乌斯·屋大维（Gaius Octavius）那时只有 18 岁，他很快开始利用养父的著名姓氏，自称盖乌斯·尤里乌斯·恺撒——虽然他的敌人和想要避免混淆的大部分现代作家还是称他为屋大维阿努斯（Octavianus）或屋大维，表示"从前是屋大维家的"。[1]但他本人从未用过这个名字。恺撒为何中意这个年轻人将永远是个谜,但屋大维显然不会让谋杀了现在已经是他官方意义上的父亲的凶手逍遥法外,而且不允许他的众多可能对手中的任何一人(特别是马克·安东尼)继承死去的独裁官的权力。恺撒是屋大维通往权力之路上的通行证,在顺从的元老院于公元前42年正式批准恺撒成为神明后,屋大维很快开始炫耀他新的头衔和身份:"神明之子"。随后爆发了长达10多年的内战。

屋大维——或者"奥古斯都"(一个新创头衔,意思类似"受崇敬者"),这是公元前27年之后他的官方称谓——主宰罗马政治生活长达50多年,直到他于公元14年去世。他远远超越了庞培和恺撒留下的先例,成为第一个真正的罗马皇帝和整个罗马历史上在位时间最长的统治者,甚至超过了神话中的努马和塞维乌斯·图利乌斯。作为奥古斯都,他变革了罗马的政治和军队结构,帝国的统治方式,罗马城的面貌,以及人们对罗马的权力、文化和身份意味着什么的根本认识。

在夺取和掌握权力的过程中,奥古斯都也改变了自己,令人难以置信地从残暴的军阀和叛乱者变成负责任的年长政客,更改称号的精明手段成了上述变化的标志。他早年还是屋大维时的经历充满了暴虐、丑闻和不法。公元前44年,他靠着私人军队和与政变相去不远的策略闯入了罗马政治。后来,他以苏拉发布公敌通告为榜样,与其他人一起制造了骇人的大屠杀。如果罗马人的传统说法可信的话,他名副其实地双手沾满着鲜血。有个可怕的

---

[1] 被收养的罗马人会在原姓氏上添加后缀 -anus,成为表示其与原家族关系的别名,比如前文提到的小西庇阿名字中的埃米利阿努斯就来自他原来的姓氏埃米利乌斯。

故事宣称，他亲自挖出了一名高级军官的双眼，因为他怀疑后者对自己图谋不轨。另一个故事对罗马人的情感形成的冲击只是略小一些，描绘了当其他罗马人因为内战而近乎挨饿时，他如何在奢华的宴会和化装舞会上若无其事地扮作阿波罗。许多善于观察的罗马人都提出过如下问题，即他如何摆脱了这一切并成为新制度的奠基者，而且在很多人眼里成了模范皇帝，经常被人们当作标尺来评判他的继任者们。让此后的历史学家疑惑和产生分歧的不仅是他的激进变革，还有他所建立的统治的性质，以及他的权力和权威的基础。他是如何做到这些的呢？

内战的面目

公元前43年末，在屋大维抵达意大利后仅仅18个月内，罗马的政治就发生了天翻地覆的变化。布鲁图斯和卡西乌斯离开意大利，前往分配给他们的东方行省任职。屋大维和安东尼在意大利北部发生了一系列军事冲突，但随后再次握手言和，与雷必达一起组成"三巨头统治"。这份为期5年的正式协议让三人拥有了相当于执政官的权力，他们可以挑选自己中意的行省和控制选举。罗马被一个军人集团控制了。

西塞罗死了。他错误地对安东尼提出了过于严厉的批评，在作为三巨头主要成就的新一轮大规模谋杀中，他和其他数百名元老和骑士的名字出现在了令人恐惧的清洗名单中。公元前43年12月，正当他坐着肩舆离开一处乡间地产，绝望地试图找地方躲起来时（绝望的部分原因是他家的一名释奴泄露了他的行踪），对手派出的一个特别行刺队割下了他的头颅。这是罗马共和国的又一个象征性结局，在此后的许多个世纪里被人讨论。事实上，西塞罗的最后时光在罗马的演说训练学校里被不断重演，他应该请求安东尼高抬贵手还是应该提出销毁自己的全部作品来换得性命（这甚至更加难以做到），是课堂上一个深受喜爱的辩论话题。事实上，后来的事情更加可怕。他的头和右手被送到罗马，并被钉在罗马广场的讲坛上。安东尼的妻子富尔维娅（Fulvia）也来观看这件战利品，她曾是西塞罗的另一名死敌克洛迪乌斯的妻子。据说她幸灾乐祸地取下头颅，朝上面吐口水，然后拉出舌头，用自己头上的发夹一下又一下地扎它。

现在，任何不牢靠的休战协议都被抛到脑后。公元前42年10月，三巨头的联军在希腊极北端的腓力比城（Philippi）附近打败了布鲁图斯和卡西乌斯，那里也是莎士比亚《尤里乌斯·恺撒》中许多情节聚焦的地点。随后，胜利者们开始更系统化地自相残杀。事实上，当屋大维从腓力比返回意大利主持一场大规模的土地没收计划时（旨在安置成千上万心怀不满的危险退伍老兵），他很快就发现自己正面临着富尔维娅和马克·安东尼的弟弟卢基乌斯·安东尼发起的武装反对。他们站在土地被没收的地主一边，甚至短暂控制了罗马城。屋大维很快把他们围困在佩鲁西亚城（Perusia，今天的佩鲁贾）。公元前40年初，他们因为饥饿而被迫投降，但为各个都宣称自己是恺撒遗产继承人的派别发起内战准备的舞台已经铺就，冲突将持续超过10年，其间有过一些短暂的休战。

人们常常很难弄清各方在冲突中的不同阶段改变目标和盟友关系的原因。西塞罗曾经的女婿多拉贝拉在短短几个月时间内两次更换阵营，对于其中的原因涉及何种犹豫不决、政治重组和个人利益的组合，我们只能加以猜测。他后来率军前往东方征讨"解放者"，在途中诱骗、折磨和处决了不幸的亚细亚行省总督，直到公元前43年在叙利亚与卡西乌斯交锋失败后自杀。一位后来的罗马作者问道："有谁能把这一切付诸文字并让它看起来像是事实而非虚构吗？"显然他认为答案是否定的。不过，虽然许多主要人物的角色令人困惑，但这场冲突提供了罗马历史上前所未有的大量证据，让我们看到此类战争对意大利的其他人群（无论是军人抑或平民）意味着什么，其中包括一些无辜受害者真实或虚构的声音。

被三巨头没收土地的可怜农民们是维吉尔的第一部重要作品《牧歌》(*Eclogues*，字面意思为"精选")的焦点。虽然他后来成为奥古斯都统治时期的"桂冠诗人"之一，但在公元前1世纪40年代末和30年代初，他关注的是内战对意大利乡间牧民曾经无忧无虑的田园生活造成的后果，背景中可以看到屋大维时而发出威胁的强大形象。当他们在自己的田园世界里歌唱生活和爱情时，一些土地被没收的受害农民表达了不满。其中有人抱怨说："一些不敬神和忘恩负义的士兵将夺走我精心耕耘的田地……看看内战让我们这些可怜的公民落了个什么下场。"

有的作家则在公敌通告引发的恐怖中关注了人性的一面，在一系列故事中描绘了巧妙的藏身和令人同情的自杀，还有朋友、家人和奴隶的勇敢忠诚或残忍背叛。一位聪明的妻子通过将丈夫塞进洗衣袋救了他的命；另一位把丈夫推入下水道，臭味成功地逼退了杀手。有对兄弟似乎躲进了一个大炉子，直到被他们的奴隶发现，其中一人旋即被杀（我们通常猜测是为了报复他的残

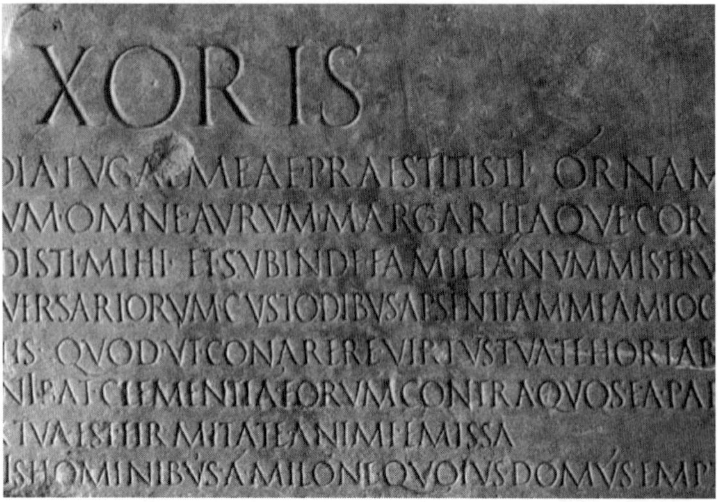

图57 一位忠诚妻子的墓志铭残片。遗憾的是，这对夫妻的名字缺失，但男方显然是显赫的元老。第一行中的 XORIS 是 UXORIS（妻子）一词的残存部分。这段铭文详述了妻子在丈夫逃亡期间为他提供的帮助，比如第二行提到了她送去供丈夫花销的 AURUM MARGARITAQUE（黄金和珍珠）。

忍），另一人成功逃脱——他跳进台伯河自杀，但被一些善良的渔民救起，他们误以为他是意外落水，把他捞了上来。这些文学叙述几乎肯定经过了润色，被加入了英雄色彩。但它们与对一位忠诚妻子行为的描述并无多少不同，后者的事迹被平实地记录在她的墓志铭中。铭文讲述了她如何亲自请求雷必达饶过自己的丈夫，但遭到了粗暴的对待，文中表示她"满身青紫，仿佛她是个奴隶"——这不仅表示那位女性很勇敢，也表示奴隶身份与体罚几乎天然就有联系。

关于普通士兵可能会想些什么，我们也有一些线索。在今天的佩鲁贾城内和周围出土了几十枚小弹丸，当屋大维将卢基乌斯·安东尼和富尔维娅围困在城内时，这些致命的铅弹在两军间来回飞舞。许多铅弹是用模具制造的，上面印着短小的标语，仿佛要向敌人传递信息。这种做法在古代世界并不罕见：先前发现的一些希腊弹丸上印着相当于"打中了"或者"哎哟"的字样，而同盟战争中的弹丸上带有"击中庞培"（指"伟大的"庞培的父亲）或"打中你的肠子"。它们有的语带讥讽，被打进城中（守军最终因为饥饿而投降）的一枚弹丸上的信息是："你饿了，却瞒着我"。还有一些带着粗鲁猥亵的字眼，针对包括男女在内的不同目标可以想见的人体部位："卢基乌斯·安东尼，你的秃头；还有你，富尔维娅，张开屁眼""我对准了屋大维夫人的屁眼"，或者"我对准了富尔维娅的阴蒂"（landica，这是已知该词最早在拉丁语中使用的例子）。军事暴力与性暴力令人不安的叠合，再加上罗马人对发际线后退者的肆意攻击，这些很可能是前线军团中流行的黄段子的典型特征，同时展现出虚张声势、咄咄逼人、对女性的歧视和难以掩饰的恐惧。

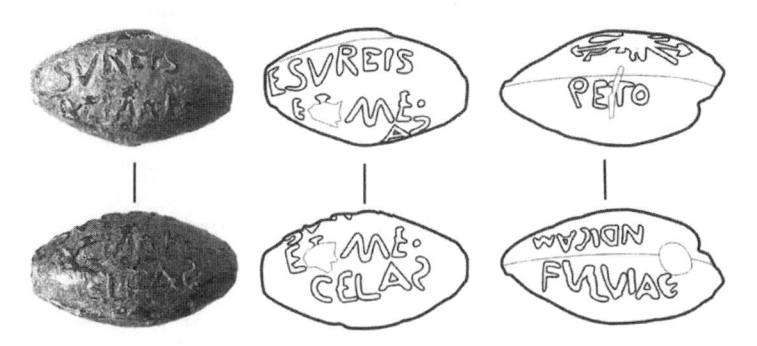

图 58 这些只有几厘米长的小铅弹既能杀死敌人，也向他们传递了信息。Esureis et me celas（"你饿了，却瞒着我"）也有其他的译法，包括某些明显带有情色意味的（"你渴望我……"）。右侧是 landica 一词已知最早的使用的例子，图中文字上下颠倒。

公元前40年初，卢基乌斯·安东尼和富尔维娅承认战败。她在联合军事指挥中扮演了多重要的角色令人生疑，因为对另一方来说，攻击卢基乌斯的最便捷方法之一（就像他们后来攻击他的哥哥的方式）就是声称他和区区一介女流分享指挥权。无论如何，富尔维娅回到了此时在希腊的马克·安东尼身边，几乎是马上就去世了。三巨头看上去一度重归于好，而且作为对未来的保证，丧妻的安东尼娶了屋大维的姐姐小屋大维娅。不过，这只是个空头保证，因为此时安东尼已经身处一段将决定其形象的关系里了；他基本上已经与埃及女王克娄帕特拉同居，后者刚刚给他生了一对双胞胎。无论如何，三巨头联盟很快减至两人，三人中一直地位最低的雷必达在公元前36年遭到了排挤。但当两人在公元前31年最终摊牌时，关键问题已经确定无疑。谁将统治罗马世界？是屋大维还是安东尼（连同伴随在身边的克娄帕特拉）？

恺撒被刺杀时，克娄帕特拉身在罗马，住在独裁官位于城郊的一座别墅里。这是罗马人用钱能买到的最好的宅邸，虽然与她在家乡亚历山大里亚的奢侈宫殿相比很可能不值一提。公元前44年3月15日的事件发生后，她很快整理行囊返回祖国。（西塞罗在给阿提库斯的信中明显轻描淡写地写道："我对女王的离开并不担心。"）不过，出于明显并紧迫的理由，她继续涉足罗马政治：她仍然需要为自己作为埃及统治者的地位寻求外部支持，并为愿意这样做的人准备好了充足的金钱和其他资源。她首先找到西塞罗曾经的女婿多拉贝拉，在其死后又转向马克·安东尼。人们不断地用情色笔调书写他们的关系，无论是被视为安东尼绝望的痴迷，还是作为西方历史上最伟大的爱情故事之一。激情可能曾经是其中的一个元素。但支撑他们的伙伴关系的是更加乏味的东西：

军事、政治和金钱需求。

公元前40年,屋大维和安东尼实际上已经瓜分了地中海世界,只给雷必达留下了一小块地盘。因此,在公元前1世纪30年代的大部分时间里,屋大维管理着西部,镇压任何尚未降服的敌对罗马人——包括"伟大的"庞培的儿子,那是公元前1世纪40年代初的内战遗留的主要问题——并征服了亚得里亚海对岸的新土地。与此同时,安东尼在东方展开了规模大得多的军事行动,把矛头对准帕提亚和亚美尼亚,但结果并不很理想,尽管他有来自克娄帕特拉的资源的资助。

传到罗马的报告夸张地讲述了两人在亚历山大里亚的奢华生活。四处流传着异想天开的故事,描绘了他们堕落的宴会,以及关于谁能举办最昂贵宴席的臭名昭著的打赌。一个深深不以为然的罗马人在记述中记录,克娄帕特拉以花费1000万塞斯特斯胜出(几乎和西塞罗最大的房子一样贵),宴会上还有一个炫耀性的和完全无意义的举动:她把一颗巨大的珍珠用醋溶解后喝下。同样让罗马传统人士感到担忧的是,安东尼似乎开始把亚历山大里亚当成罗马,在对亚美尼亚取得一场小胜后,他甚至在该城举行了独特的罗马凯旋式。一位古代作家描述了反对这种做法的观点:"为了克娄帕特拉,他把自己国家的荣耀和庄严的仪式献给了埃及人。"

公元前32年,屋大维利用上述行为引发的恐惧突然发动干预。当年早些时候,安东尼与小屋大维娅离婚。作为回应,屋大维设法取得了安东尼的遗嘱,并向元老院宣读了其中特别能证明他犯有罪行的部分。遗嘱显示,安东尼承认少年恺撒里翁是恺撒的儿子,并计划将一大笔钱留给克娄帕特拉和他的孩子们,他还希望能和克娄帕特拉一起被葬在亚历山大里亚，即便他死在罗马。罗马街头有传言称，他的长期计划是抛弃罗慕路斯的城市，将国都整个迁往埃及。

在这样的背景下，战争打响了。公元前31年冲突刚刚爆发时，安东尼很可能看起来胜算更大：他掌握的军队和金钱要多得多。但安东尼和克娄帕特拉在希腊北部的亚克兴（Actium，这个名字的意思仅仅是"岬角"）附近输掉了第一场海战，从此再未夺回主动权。作为一次世界历史上的决定性的军事交锋，公元前31年9月的亚克兴战役为罗马共和国画上了休止符，但战斗本身却很不激烈，略显华而不实——不过更为决定性的军事交锋可能也比我们通常想象的更加不激烈和华而不实。屋大维的轻松取胜要归功于他的副手马库斯·阿格里帕（Marcus Agrippa），后者成功切断了对手的供给；也要归功于一些深谙内情的逃兵，他们泄露了敌方的计划；还要归功于安东尼和克娄帕特拉本人，他们干脆消失不见了。屋大维的军队刚刚似乎占得上风，他们就带着一小支舰队匆忙从希腊逃回埃及，抛下了其余的士兵和水手，后者理所当然地不愿继续长久战斗下去。

第二年，屋大维渡海前往亚历山大里亚收尾。在一个经常被写成一出悲喜剧的故事里，以为克娄帕特拉已经死去的安东尼选择了自杀，但他死前才发现前者还活着。大约一周后，据说克娄帕特拉也自杀身亡，她让被藏在果篮中送进她房间的一条蛇咬了自己。根据官方说法，此举是为了不让屋大维有机会将她安排进凯旋队列。据说她反复喃喃自语："我不会被战胜。"但事实可能没那么简单，或者如此具有莎士比亚戏剧的色彩。很难通过让蛇咬自己来自杀，即使是王室的果篮，也很难让能够万无一失取人性命的毒蛇藏身其中。虽然屋大维对他失去这件凯旋式上的重要战利品公开表达了遗憾，但私下里他可能会觉得女王活着比死了更麻烦。就像一些现代历史学家所怀疑的，至少他可能推动了女王的死亡。鉴于恺撒里翁可能拥有的血统，他没有冒险，而是杀害了这个16岁的孩子。

公元前29年夏天，屋大维在凯旋式上用真人大小的复制品展现了女王临死时的样子。即便如此，她还是吸引了人群的注意力。后来的一位历史学家写道："仿佛她和其他俘虏一起在那里。"游行精心排练过，一共持续了3天，表面上是为了庆祝屋大维在亚得里亚海对岸的伊利里亚以及在亚克兴和埃及对抗克娄帕特拉取得的胜利。安东尼或其他任何内战中的敌人都没有被明确提及，也没有像恺撒在15年前的庆祝中那样不明智地展示罗马人死亡时的可怕场景。不过，对于屋大维真正击败了谁或者他的胜利有何后果，并不存在真正的疑问。这既是胜利游行，也是加冕仪式。

输家和赢家

有关屋大维与安东尼之间的战争的故事不只是我们所看到的样子。留存下来的是胜利者屋大维及其朋友们所写的自信的和自我辩白的版本。但通过被蛇咬来自杀有多大可行性只是这段历史应该引发怀疑的一个方面。克娄帕特拉和安东尼的生活方式究竟有多么道德沦丧或反罗马同样需要打上问号。流传至今的各种记述并非纯属臆造。普鲁塔克的《马克·安东尼传》（写于安东尼死后150年，充斥着关于他的奢侈生活的一些最耸人听闻的轶事）

的资料来源之一是某个在克娄帕特拉的厨房中工作过的人——此人很可能在厨房见证了她宫廷中的烹饪风格——的后代。但显而易见，奥古斯都在当时和后来的回顾中（特别是在后来的回顾中）均利用了两者——一边是奥古斯都（他很快将获得这个头衔）本人根深蒂固的罗马、西方的传统，一边是安东尼和克娄帕特拉所代表的"东方式"放纵无度——互相冲突的观念。在双方的口水战和后来为奥古斯都登基所做的辩护中，这成了罗马的美德与东方的危险和堕落之间的斗争。

克娄帕特拉宫廷的奢华被极大地夸大了，在亚历山大里亚举办的相对无辜的活动被扭曲得面目全非。比如，无论安东尼选择如何在亚历山大里亚庆祝他对亚美尼亚取得的胜利，除了罗马批评者所暗示的，没有证据表明庆祝活动类似罗马的凯旋式（现存的零星描述表明，它更像是以酒神狄俄尼索斯的某种仪式为基础的）。就算不是纯属臆造，从安东尼的遗嘱中引用的罪证无疑是带着偏见被挑选出来的。

亚克兴战役同样在后来的描绘中扮演了关键角色。它被塑造为一场远比事实上更加令人印象深刻的交锋，被放大为奥古斯都统治的奠基时刻（通常被认为从公元前31年开始）；后来的一位历史学家甚至暗示，"9月2日"（交锋的具体日期）是罗马人少数值得铭记的一个日子。战场附近建起了一座名为"胜利城"（Nicopolis）的新城市，还竖立了一座俯瞰大海的巨型纪念碑，上面装饰着被缴获的战船的船喙和一条描绘了公元前29年凯旋游行场景的饰带。在罗马也随处可见对这场战役的纪念，包括从纪念雕像到珍贵的宝石浮雕（见彩图19）的各种东西，许多作为胜利方参战的普通士兵自豪地为自己加上亚克提阿库斯（Actiacus）的绰号，意为"亚克兴人"。此外，在罗马人的想象中，这场战役几乎立刻变成了坚定而纪律严明的罗马士兵同乱成一团的东方人之间的冲突。虽然事实上安东尼得到了数百名元老的坚定支持，但人们强调的总是异国的乌合之众和"他们的蛮族财富与怪异武器"（维吉尔语[1]），以及克娄帕特拉是摇动着埃及拨浪鼓发号施令的。[2]

克娄帕特拉是整幅画面中的一个关键元素。她是否真像古代作家们宣称的那样（和富尔维娅一样）在军事指挥中扮演了重要角色值得商榷。但她是个有用的靶子。通过把矛头对准她而非安东尼，屋大维可以将这场战争描绘成他与外敌而非罗马同胞的对垒，而且敌人的统帅不仅是个危险而迷人的君主，在罗马人看来，她还不正常地承担了作战和指挥这些属于男性的职责。安东尼可能看上去甚至成了她的牺牲品，在这位外国女王的诱惑下偏离了罗马人应承担的职责的正道。在屋大维获胜仅仅几年后，当维吉尔在《埃涅阿斯纪》中想象"爱火如炽"的非洲迦太基女王狄多试图诱惑埃涅阿斯违背建立罗马的命运时，从中可以清楚地看到克娄帕特拉的影子。

那么，能否重建这个故事的不同版本呢？在细节上不能。问题在于，胜利者的观点占据了压倒性优势，怀疑标准说法比找到替代版本更容易。不过，的确存在一些关于不同观点的线索。不难看出，如果安东尼在亚克兴获胜，屋大维的形象会变成什么样：一个暴虐的年轻恶棍，具有自我增荣的危险倾向。事实上，一些

---

[1] 维吉尔，《埃涅阿斯记》8.685: hinc ope barbarica variisque Antonius armis.
[2] 同上，8.696: regina in mediis patrio vocat agmina sistro. 这里说的拨浪鼓（sistrum）原为埃及伊西斯女神祭仪上的用具，奥维德《黑海书简》1.1.51-54表示，这位女神的愤怒能让人失明。参见尤维纳尔，《讽刺诗》13.93。

图 59 在亚克兴战役遗址新发现的这块胜利纪念碑残片描绘了公元前 29 年屋大维乘坐凯旋马车参加游行的场景。同坐一辆车的还有他手臂下的两个孩子。他们很可能是他的女儿尤利娅和他的妻子里维娅同前夫所生的孩子德鲁苏斯，但也可能是克娄帕特拉和马克·安东尼的孩子。

关于青年屋大维的最不堪的轶事可能来自安东尼的负面宣传，包括他在化妆宴会上扮作阿波罗；他的传记作者盖乌斯·苏维托尼乌斯·特兰基鲁斯（Gaius Suetonius Tranquillus，以下简称苏维托尼乌斯）明确表示，这种混合了亵渎和放纵的形象是安东尼对他提出的指控之一。

当时的一些人持宿命论或者说是非常现实的态度，认为无论谁获胜都不会有太大区别。一则关于会说话的乌鸦的有趣轶事集中表现了这种观念。故事中说，当屋大维在亚克兴战役后回到罗马时，他遇到一个普通工人，后者教会了自己的宠物乌鸦说："你好，恺撒，我们胜利的统帅。"屋大维被这个把戏深深打动，赏给那人一大笔钱。岂知那人还有一个伙伴和他一起训鸟，但没能

图 60　马库斯·比利埃努斯（Marcus Billienus）的墓碑，亚克兴战役期间此人在第 11 军团服役（legione XI），为了庆祝自己在胜利中所扮演的角色，他自称亚克提阿库斯（"亚克兴人"）。虽然石碑底部缺失，但从残存部分和出土地点来看，他最终在意大利北部的一个老兵定居点担任参事（decurio）。

分到一杯羹。为了达到目的，此人跑去见屋大维，提出应该让自己展示另一只乌鸦。这对投机者原来巧妙地做了两手准备。当第二只鸟被带来时，它叫道："你好，安东尼，我们胜利的统帅。"幸运的是，屋大维被逗乐了，只是要求第一个人把奖赏分给同伴。

　　这个故事的部分意义在于，它展示了屋大维的人情味和对这两个无伤大雅的骗子的慷慨态度。但它也传递了政治信息。这对无甚差别的鸟和它们喊出的如出一辙的口号表明，选择屋大维还是他的对手，区别并没有双方各自的故事通常显示的那么大。面对一方而非另一方的胜利，只要把其中一只会说话的鸟换成另一只就行了。

奥古斯都之谜

　　我们甚至无法猜测，如果安东尼有机会的话他将如何统治罗马。但几乎可以肯定的是，无论谁在漫长的内战后胜出，结局都不会是回归罗马传统的分权模式，而是出现某种形式的专制。公元前 43 年，就连"解放者"布鲁图斯也铸造了印着自己头像的钱币，这清楚地表明了他正在向什么方向发展（图 48）。当时尚不清楚独裁统治将采取何种形式，或者如何使它得以成功。屋大维从埃及回到意大利时无疑还没有可以实施的总体专制计划。但通过漫长的一系列现实试验、即兴采取的措施、失败的开端和错误尝试，再加上很快用新的头衔让与"屋大维"这个名字相联系的血腥记忆成为历史，他最终为如何做罗马皇帝设计出了模板，其中大部分重要细节将在随后差不多 200 年里得到沿用，在更宽泛的意义上，持续的时间更是比 200 年长得多。他的一些创新在今天的政治权力机制中仍被理所当然地视为不可或缺的一部分。

不过，这位所有罗马皇帝的奠基者总是让人捉摸不透。事实上，他在从埃及返回后不久获得的新头衔"奥古斯都"（从现在开始我将这样称呼他）很好地反映出了他的狡猾。这个词让人想起"权威"（auctoritas）和恰当的宗教仪式，因为罗马最主要的祭司群体之一被称为"鸟卜师"（augures）。它听上去让人印象深刻，与另一个据说遭到他的否定的候选头衔"罗慕路斯"相比，它没有与不幸、手足相残或王权相关的意味。此前从未有人被如此称呼，虽然它有时被用作相当夸张的形容词，表示某种东西或多或少显得"神圣"。后来所有的罗马皇帝都把"奥古斯都"作为他们头衔的一部分。但事实上，它并不真的表示任何东西。"受尊崇者"大致是它表达的意思。

甚至在奥古斯都的葬礼上，有人已经开始讨论他的统治究竟是以什么为基础的。这是一种建立在尊重公民、实施法治和赞助艺术之上的某种温和版本的专制吗？还是说这与血腥的暴政相去不远？那位无情的统治者在内战结束后并没有改变多少，一系列引人瞩目的受害者受到处决，有的是因为图谋反对他，有的是因为和他的女儿尤利娅上床。

不管人民爱戴他还是厌恶他，他在许多方面都是让人困惑和自相矛盾的变革家。他是罗马有史以来最激进的创新者之一。他对选举施加了如此之大的影响，以至于大众民主过程濒于消亡：公元前26年为举办人民大会而新建的大型建筑很快被更多地用来举行角斗士表演而非投票，而他的继承者最早做的几件事之一就是将剩下的选举权转交给元老院，人民被完全排除在外。为了控制罗马的军队，他直接任免军团统帅，并亲自总领所有派驻军队的行省的总督。他还试图以全新的介入性方式来细化管理公民的行为，从规范上层阶级的性生活（如果不能生育足够多的孩子就会受到政治处罚）到规定人们应该在罗马广场上穿什么——仅限托加袍，不允许穿戴短袍、裤子或暖和漂亮的斗篷。此外，他前所未有地将罗马传统的文学赞助机制变成了由中央资助的协同活动。西塞罗曾渴望找到诗人来歌颂自己的各种功绩。而奥古斯都实质上已经给维吉尔和贺拉斯等作家定期发工资了，他们在作品中对罗马及其帝国的新黄金时代做了传神而令人难忘的描绘，让奥古斯都位于舞台中央。在维吉尔的民族史诗《埃涅阿斯纪》中——这部作品立刻成为经典，直接进入了奥古斯都时代罗马学生的课表——朱庇特对罗马人做了如下预言："我给了他们没有边界的帝国（imperium sine fine）"。2000年后，它仍然（仅仅）留在现代西方学生的课表中。

但奥古斯都似乎没有废除任何东西。统治阶层还是原来的（没有发生严格意义上的革命），元老院的特权在许多方面得到了加强而非被削弱,执政官和大法官等古老的公职继续惹人垂涎和有人出任。许多通常被归于奥古斯都名下的立法是由那些常设官员正式引入的(至少得到了他们的支持)。一个被反复说起的笑话是,两位提出了"他"的一项促进婚姻的法律的执政官都是单身汉。[1]他的大部分正式权力是由元老院投票授予的,几乎完全遵循共和国的传统模式,唯一的重要例外是他继续使用"神明之子"的头衔。而且,他并不住在宏伟的宫殿里,而是生活在帕拉丁山上那种元老的宅邸里,有时可以看到他的妻子里维娅在那里纺毛线。罗马人在描绘他的地位时最常用的词是"第一公民"(princeps),而非我们所用的"皇帝"。他最著名的口号之一是"公民身份"(civilitas)——"我们都是公民"。

甚至在他看上去面目最为清晰的地方,奥古斯都也会显得难以捉摸,这可能是他的一个神秘之处。他最重要和最持久的创新之一是让自己的肖像遍布罗马世界:人们口袋里零钱上的头像,公共广场或神庙中矗立的真人大小或更大的大理石像和青铜像,戒指、宝石和餐厅银器上的迷你浮雕。规模远远超过了此前的同类。之前最多只发现过可能属于某个罗马人的若干肖像,而且大部分无法完全认定(虽然缺乏证据,但为某个无名头像确定身份或者找到西塞罗和布鲁图斯的相貌经常是无法阻挡的诱惑)。甚至恺撒也不例外,除了钱币上的肖像,对于他生前制作的雕像,只有寥寥几个可备候选,而且都非常可疑。相反,从西班牙到土耳其和苏丹,在罗马帝国内部各地和帝国外部,大约就有250座身着不同装束的奥古斯都的雕像,既有英勇征服者的装束,也有

---

[1] 公元9年的《帕皮乌斯-波派乌斯法》(lex Papia Poppaea),根据当年的两位执政官命名。

图 61 奥古斯都的两种不同形象。在左侧的图中，他以祭司的角色出现，按照献祭时的惯例用托加袍蒙住头。在右侧的图中，他被描绘成半神的英勇武士。他的脚边有小小的丘比特形象，提醒观看者这位皇帝通过埃涅阿斯继承了维纳斯女神自身的血脉。

虔诚祭司的装束，更不用提珠宝和宝石上的肖像了。

这些雕像具有类似的面部特征，因此罗马必然向外分发了标准模型，以便协调一致地将皇帝的形象传递给臣民。它们都采用理想化的年轻人面貌，让人想起公元前5世纪雅典的古典时期艺术，与公元前1世纪初罗马精英肖像所特有的饱经风霜、年迈苍苍和皱纹堆垒的夸张"写实主义"形成了鲜明和意味深长的反差（见图33）。它们的意图都是为了让偏远地区的居民能与他们的统治者面对面，因为其中大部分人永远无缘亲眼见到他。但几乎可以肯定，它们看上去一点也不像真实的奥古斯都。它们与现存他的面容的唯一书面描绘（无论是否可信）不符，后者更愿意强调他的凌乱头发、不整齐的牙齿和厚底鞋（用来掩盖身高不足，后来的许多专制者也这么做）。此外，它们在他的一生中几乎保持不变，因此70多岁时的他仍被描绘成完美的年轻人。这最多只是一种官方形象（说得不好听些，只是一副权力面具），大部分人永远都不可能知道它们与面具背后那个有血有肉的皇帝之间的差异。

难怪一些见多识广的古代观察者认定，奥古斯都的神秘才是问题要点。将近400年后，到了公元4世纪中期，尤里安皇帝为他的前任们写了一部幽默小品，想象他们一起出现在神明的盛大宴会上。这些人成群结队而入，每个人的形象都与当时对他们的夸张讽刺相符。恺撒的权力欲如此疯狂，以至于似乎想要将众神之王和宴会主持赶下座位；提比略看上去脸色阴沉得可怕；尼禄无法忍受没把里拉琴带在身边。奥古斯都像一条难以名状的变色龙般走了进来，这只老奸巨猾的爬行动物不断改变着颜色，从黄到红再到黑，有时阴郁而郁郁寡欢，转眼却开始炫耀爱情女神的各种魅力。主持宴会的神明们别无选择，只能将其交给一位哲学家，好让他变得明智和适度。

先前曾有作家暗示，奥古斯都喜欢这样的调笑。否则，他为何要将自己图章戒指上的图案——作为书信的凭据，相当于古代的签名——设计成整个希腊–罗马神话中最著名的谜样生物斯芬克斯呢？罗马异议人士以及追随他们的一些现代历史学家更进一步，指责奥古斯都的统治建立在虚伪和借口之上，通过滥用共和国的传统形式和语言来为自己相当严酷的暴政提供一件外衣和伪装。

　　上述观点无疑有一定道理。虚伪是权力的常用武器。在很多情况下，奥古斯都的确像尤里安所描绘的那样神秘、狡猾、难以捉摸和言此意彼。但很难说这就是全部。除了一系列谜语、模棱两可的话和借口，新政权必然还有更坚实的立足点。那么它们是什么呢？奥古斯都如何成功地隐藏了它们？这正是问题所在。

　　想要看穿奥古斯都统治的秘密几乎不可能，即便我们看上去拥有一切证据。这是罗马历史上记录最丰富的时期。有同时代人的大量诗歌，虽然大多是对皇帝歌功颂德，但也并不总是如此。奥维德关于如何找到伴侣的滑稽戏谑以《爱的艺术》（*Ars Amatoria*）为题留存至今，但它显然与奥古斯都的道德方案格格不入，成了导致诗人最终被流放到黑海附近的原因之一，而他与尤利娅的关系可能是另一个原因。此外，任何后来的历史学家和古物学家都对奥古斯都感兴趣，或者反思他的帝制风格，或者收集他的笑话和妙语。对驯鸦人的机智应答只是他的迷你笑话集中的一则，其中还包括一些慈爱父亲对喜欢拔下自己灰白头发的女儿所说的幽默段子（"告诉我，你愿意头发灰白，还是变成秃子……？"）。另一则令人难忘的材料是苏维托尼乌斯在皇帝死后差不多100年时所写的口语化和片段式的传记，不仅包括对后者的牙齿和头发的描绘，还有许多更加可靠和不可靠的剪影与片段，甚至还提到他偶尔会犯的拼写错误和对雷雨的恐惧，以及冬天时他习惯于在托加袍下穿4件短袍和1件背心。

　　不过，关于罗马新政治背后的基本要素、争端和决策，上述材料中都没有很好的证据，而且显然都不是同时代的。苏维托尼乌斯之所以摘录那几封奥古斯都的私人信件是因为它们谈到了他在赌桌上的运气或者他的午餐菜谱("在我的马车里吃了些面包和椰枣"),而非政治策略。罗马历史学家们抱怨的问题几乎和现代历史学家所面对的完全一样:在试图撰写该时期的历史时,他们发现许多重要事件是私下展开的,而非像过去那样在元老院或罗马广场上公开进行。很难知道究竟发生了什么,更别提如何解释它们了。

不过,奥古斯都的个人简历留存了下来。他在生命的最后阶段写下的这份文件总结了他的功绩——现存版本的拉丁语标题通常为《功业记述》(Res Gestae),意为"我做了什么"。这是一部自我标榜、经常自行美化的一家之言,小心地掩饰了或完全无视他早年的凶残不法行为。这段在现代出版物中有大约10页篇幅的文字还独一无二地陈述了那条老变色龙想让后世了解到他多年元首生涯中的什么内容,以及他如何界定这个角色和如何宣称自己改变了罗马。我们值得先听一下他有时显得让人吃惊的话,然后再尝试看清它们背后的东西。

我做了什么

考古学上的一次难得的好运让奥古斯都生平故事的这个版本保留了下来。他在遗嘱中要求将它刻在自己庞大家族陵墓入口处的两根青铜柱上,作为他的事迹的永久记录,基本就是他的继承者们的工作说明。原先的铜柱早已被熔炼,可能制成了某种中世纪的弹丸,但为了纪念他对罗马之外地区的统治,文本被抄录在帝国其他地方的石头上。现已发现4个抄录的铭文残本,其中来自安库拉（Ankyra，今天的安卡拉）的一份几乎是完整的。

这个版本被刻在一座向"罗马和奥古斯都"致敬的神庙的墙上，为了方便该地区以说希腊语为主的居民阅读，除了拉丁语原文还有希腊语译文。铭文得以保存下来是因为神庙在公元6世纪被改成基督教堂，后来又成为一座清真寺的一部分。人们从16世纪中期开始解读和抄录这位皇帝的话，由于这些话所处的位置常常非常高，他们付出英勇努力的各种故事四处流传，直到20世纪30年代，土耳其总统凯末尔·阿塔图尔克（Kemal Atatürk）骄傲地让人挖出和保存了全部铭文，以纪念奥古斯都2000周年诞辰。不过，皇帝自述保存得最好的文本来自距离罗马数千英里之外的地方（在古代世界需要一个多月的路程），单单这个事实本身就

图62　罗马的奥古斯都陵，外面曾矗立着记录他功绩的青铜柱。陵墓的规模远远超过哪怕是共和时期贵族的最豪华的墓地，而且在奥古斯都结束漫长统治前很久就立于罗马城中。陵墓之所以早早完工部分是为了预防起见（奥古斯都的健康引发过大量担忧），部分是为了高调地宣示皇帝的权力、王朝野心和对埋在罗马的承诺的恪守。

概括了有关帝国统治及其公众形象的许多信息。

《功业记述》提供了关于奥古斯都的生涯和他那个时代的罗马世界的丰富细节。文中首先微妙而委婉地描绘了他的上台过程,完全没有提及大屠杀(他用"我解放了被分裂势力压迫的国家"来指代他与安东尼或者布鲁图斯和卡西乌斯的冲突)。然后,文中又简单提到一些事,诸如他辉煌的凯旋游行(他吹嘘说"9位国王或国王的孩子们"作为俘虏走在他的马车前面,典型地表现出罗马人对被俘王室成员的兴趣)和饥荒临近时他对罗马粮食供应的紧急管理。在一些现代历史学家看来,那些报告了他对罗马公民进行人口调查的结果的句子最为重要,根据它们的记录,公元前28年的总人口为4063000,公元14年时升至4937000人。这些是我们现在掌握的关于任何时期的古罗马公民规模的最可靠

图63 安卡拉城外的罗马和奥古斯都神庙,《功业记述》最完整文本的出处(可以看到背后的宣礼塔,属于后来在神庙上加盖的清真寺)。拉丁语铭文被刻在主入口的两侧,希腊语铭文刻在一面外墙上。两个版本都不完整,但拉丁语的缺失部分可以通过希腊语的补全,反之亦然。

数据，主要是因为它们被刻在了石头上，因此不会出现被粗心的抄本抄写员很容易抄错的情形。即便如此，这些数字只统计了男性还是也包括女性和儿童仍然引发了激烈争议——换句话说，我们不清楚罗马公民总人口是 500 万人左右（考虑到一些人被漏登），还是超过 1200 万人。

不过，这些内容都不是奥古斯都的重要主题。其他许多可能出现的话题也完全没有出现。他没有谈及自己的家庭，除了有一处提到他两位夭折养子获得的荣誉。文中也没有出现他的道德立法计划或者为提高生育率而做出的尝试，虽然人口调查数字可能是为了展现他在这方面取得的成功——也许实际情况并非如此，因为与皇帝对上层阶级没能生下足够多的孩子而做出的惩罚相比，人口数字的上升可能大部分源于新授予的公民权和更有效的统计。此外，文中对任何一项立法或政治改革都只是一笔带过。相反，区区 3 个主题就占据了大约三分之二的篇幅：奥古斯都的胜利与征服、他对罗马人民的恩惠和他的营建。

《功业记述》花了在现代出版物中超过两页的篇幅罗列了他为帝国新增加的领土、因为他而向罗马臣服的外国统治者，以及蜂拥至罗马来向皇帝权力致敬的使者和请愿者。他略带夸张地宣称："对于罗马人民的行省中所有与尚未服从我们统治的民族相邻的，我都扩大了它们的疆域。"然后，他开始一一列举自己在世界各地取得的帝国成就和军事胜利，在今天看来显得颇为啰唆：埃及成了罗马的财产；帕提亚人被迫归还了罗马人在公元前 53 年失去的军旗；一支罗马军队抵达撒哈拉沙漠以南的梅洛埃城（Meroe），一支舰队驶入了北海；代表团纷至沓来，最远的甚至来自印度，更别提乞求宽恕的各位叛变国王了，他们的名字在罗马人听来带有令人满意的异域风情——"米底国王阿塔瓦斯德斯（Artavasdes king of the Medes）、阿迪亚比尼亚人的阿塔克萨雷斯（Artaxares of the Adiabenians）、不列颠人的杜姆诺贝劳努斯（Dumnobellaunus）和丁科马鲁斯（Tincomarus）"。而这只是一小部分。

在这其中有一些纯属传统的东西。从人们所能追溯的罗马历史最古老时期开始，军事胜利就是政治权力的基础之一。奥古斯都在这方面超过了所有可能的对手，他比此前或此后的任何人都给罗马带来了更多的土地接受统治。但这也是一种新型的帝国主义。在最接近原来标题的地方，铭文开头表示："这就是他如何让世界臣服于罗马人民的统治的。"半个多世纪前，庞培只是暗暗透露了这种野心。奥古斯都则明确地将征服世界变成自己实行统治的根本理由，并且他的目标是建立以罗马为中心的疆域"连成一体"的帝国，而非像过去那样由一个个服从的邦国拼成马赛克的状态。我们无从知道安库拉行省的观众对这一切有何感想。但奥古斯都在罗马城中赞助的其他纪念物也体现了上述理念，其中最著名的是他和同僚马库斯·阿格里帕委托制作和公开展示的世界"地图"。地图已经荡然无存，最可能的猜测是它更加类似带注释的罗马道路示意图，而非描绘了我们所谓的真实的地理（见彩图21）。但无论它的具体样貌如何，这幅地图都符合奥古斯都对帝国的看法。就像普林尼后来在他的百科全书中所说的，地图的目标是"让这座城市（urbs）看到世界（orbis）"，或者将世界展示为皇帝统治下的罗马领土。

在《功业记述》中，记述奥古斯都对罗马普通民众展示的慷慨的篇幅和他的对外征服一样多。他的富有达到了前所未有的高度。他继承了恺撒的遗产，打败安东尼和克娄帕特拉之后夺取了埃及的财富，再加上有时在国有资产和个人财富间不做区分，这意味着他在向民众施惠这一点上无人能够匹敌。他在文中详细罗列了自己定期的现金发放，包括日期、具体的人均金额（经常相当于一位普通工人几个月的工资）和受惠人数。他强调："每次接受我赏赐的人数从未少于 25 万。"他还罗列了其他种类的馈赠和资助。首先是各种角斗士表演、"竞技表演"、猎杀特地从非洲进口的野兽（后来的一位作家提到，有一次在表演中用了 420 头花豹）和一场成为传奇的模拟海战。后者在工程学和创造力上是一项壮举，因为就像奥古斯都骄傲地提到的，海战表演在"台伯河对岸"（今天的特拉斯提弗列［Trastevere］）特别修建的人工湖上进行，湖的长、宽分别超过 500 米和 350 米，参加表演的有 30 条大战船和甚至更多的小船，以及 3000 名水兵（不包括桨手）。按照他本人的估计，罗马人民每年差不多可以期待皇帝出资举办一次大型娱乐活动。这些活动很少像现代电影中的古罗马形象所表明的那样是民众喜欢的连日杀戮表演，但仍然涉及大量的时间、物流和金钱支出，以及许多人和动物的生命。

这一切传递的信息很清楚。皇帝为罗马城的普通人慷慨解囊，而后者则把他看成自己的恩主、保护者和施惠者，这是一条奥古斯都进行统治的原则。他在获得（严格地说是被授予）终身"保民官权"时表达了同样的观点。他把自己同平民派政治家的传统联系起来，后者至少可以追溯到格拉古兄弟，他们维护了街头普通罗马人的权利和福祉。

最后一个主题是他的营建。其中一部分是大规模的修缮计划，包括道路、水道和卡庇托山上的朱庇特神庙，后者是共和国奠基的纪念碑。奥古斯都非常高调地宣称,他在一年里修缮了82座神庙——这个数字与城中的神庙总数相去不远,显然是为了强调他那狂热的虔诚,尽管这也表明修缮每座神庙的实际工作量并不大。不过,与此前和此后的许多僭主、君主和独裁者一样,他也开始建设一个实际上全新的罗马,可谓名副其实地"营建"了自己的统治。《功业记述》详细列举了城市中心的大规模重建,工程中第一次使用了来自意大利北部的大理石以及帝国内最闪耀、绚丽和昂贵的各种石材。改造工程让破败的老城变得有了帝国都城的样子。他建造了巨大的新罗马广场(即便不令旧的相形见绌,至少也毫不逊色)、新的元老院议事厅、一座剧场(即矗立至今的马克鲁斯剧场[Theatre of Marcellus])、柱廊、公共会堂(basilica)

图 64 奥古斯都新罗马广场的想象式复原,广场只有少部分留存(今天的最佳观赏路线是墨索里尼修建的帝国广场大道[Via dei Fori Imperiali],后者穿过了广场的大部分区域)。虽然在细节上肯定不可靠,但这幅画很好地体现了新广场的精致和井然有序,与共和时期的旧广场相当破败的样子形成了反差。

和人行道，以及 10 多座新神庙，其中之一是为了向他的养父恺撒致敬。当奥古斯都说"我见到这座城市时它是用砖头建造的，我离开时它是用大理石建造的"（苏维托尼乌斯的引述）时，他指的就是这些。《功业记述》成了他的罗马城市景观改造地点的地名词典。

《功业记述》还是独裁统治的清晰蓝图。就像奥古斯都所阐述的，他的权力表现在军事征服上，表现在他作为罗马人民的保护者和施惠者的角色上，表现在大规模的建设和重建上。这一切的基础是巨额金钱储备，以及对古老的罗马传统表示尊重。此后 200 年间的每位皇帝都要面临这个蓝图的评判。即便是最不尚武的皇帝也可能用征服来维护自己的统治权，就像一把年纪的克劳迪乌斯皇帝在公元 43 年尽可能地拿"他"对不列颠岛取得的胜利（其实完全是他手下的功劳）大做文章。此外，继任的统治者们还相互竞争谁可以自诩对罗马人民最慷慨，或者谁能将自己的故事最引人瞩目地留在这座城市里。图拉真皇帝以其高耸的巨柱显然成了赢家之一，巨柱上面记录了公元 2 世纪初他对多瑙河对岸地区的征服，并巧妙地用最小的占地面积实现了最大的影响。哈德良以其万神殿成了另一个赢家。神庙建成于公元 2 世纪 20 年代，其混凝土拱顶跨度直到 1958 年前都是世界上最大的（被巴黎的新工业和科技中心打败），原先柱廊中的 12 根柱子均为 12 米高，它们是从一整块灰色花岗岩上凿下的，并特地从 2500 英里外的埃及沙漠中运来。这一切最终都要上溯到奥古斯都。

权力政治

《功业记述》的主旨始终是记录成功和回顾性地炫耀成就，这些成就也为未来树立了一个模板。除了一笔带过地批评了早已死去的内战对手，它回避了任何困难、冲突或竞争的迹象。通过坚持使用一系列第一人称动词（"我出资""我建造""我给予"）和相应的代词（差不多出现了 100 处"我"和"我的"），它比过去的任何罗马公共文件都更加以自我为中心，用一位对自己所掌握的个人权力感到理所当然的专制者的风格写成。不过，这只是奥古斯都的故事的一个方面，从他成功掌权 40 多年后的结尾讲起。但当他在公元前 29 年回到意大利时，故事看上去截然不同，他当时还是屋大维，恺撒的先例还赫然在目。恺撒是他获得权力、合法性和"神明之子"头衔的主要途径，但也是一个对他可能面临的命运的警告。身为被刺杀的独裁官的儿子有利有弊。在那个最初阶段，关键问题很简单：他将如何设计出一种能够赢得人心、平息并未随着战争结束而完全消失的反对声浪并让自己活下去的统治形式？

一部分答案最终在于表述权力的语言。出于在罗马人那里显而易见的原因，他没有自称国王。他还精心设计了拒绝"独裁官"头衔的表演，以便和恺撒的先例保持距离。据说一群抗议者曾把元老们堵在元老院中，威胁说如果不让奥古斯都成为独裁官就要烧毁那里，这个故事为他的拒绝增添了额外的光彩。相反，他选择使用共和国的常设公职来界定自己的全部权力。首先，这意味着他反复当选执政官，在公元前 43 年到前 23 年间共计任职 11 次，此后又两次任职。从公元前 1 世纪 20 年代中期开始，他安排自己被授予一系列以传统罗马公职为模板的正式权力，但并非那些职务本身：他接受了"保民官权"但并不担任保民官，拥有"执政官权"但不担任执政官。

这与共和国传统做法的现实情况大相径庭，特别是当他集多种头衔和公职于一身时：在拥有执政官权的基础上同时拥有保民官权的情况前所未闻；此外，他还执掌着罗马所有主要的祭司团，而不是仅仅一个。无论后人怎样指责他虚伪，他都很难用上述耳熟能详的旧式头衔来假装这是向过去的政治回归。总体而言，罗马人没有那么迟钝，以至于无法注意到隐藏在"执政官权"这块遮羞布背后的专制。关键在于，奥古斯都巧妙地让传统用语为一种新型政治服务，通过系统化地重设旧有的语言来为新的权力轴心辩护并使其变得可以理解。

他的统治还被描绘成是不可避免的，属于自然和历史秩序的一部分：简而言之，那是事物本来状态的一部分。公元前8年，元老院决定（得到了何种授意？）将以恺撒命名的7月之后的"第六月"（Sextilis）改名为8月（August，奥古斯都月）——奥古斯都由此成为常规的时间变迁的一部分，并延续至今。就在前一年，亚细亚行省的总督曾有过类似的计划，他说服当地人将他们的历法同皇帝的生命周期对应起来，以奥古斯都的生日作为新年的开始。那位总督竭力主张，9月23日可以"理所当然地被认为等同于万物的开端……因为[奥古斯都]让整个世界拥有了新的面貌，如果他没有降生……世界将会毁灭"。在罗马，人们所用的语言可能没有那么夸张，但即使在那里，神话和宗教仍能为奥古斯都的地位提供有用支持。皇帝宣称自己是埃涅阿斯的直系后裔，这有助于把他描绘成罗马命运的实现者和天命注定的罗马重建者。

这一点无疑是维吉尔的埃涅阿斯史诗故事中的一个元素，展现了传说中的奠基英雄在皇帝身上的清晰回响。它还生动地体现在奥古斯都的新罗马广场的雕塑设计方案中。引人瞩目的除了埃涅阿斯和罗慕路斯的醒目雕像，还有广场中央站在凯旋马车上的奥古斯都像。周围的柱廊和拱廊下排列着几十座其他雕像，描绘了从卡米卢斯和几位西庇阿到马略和苏拉等"共和国的名人"，每座雕像都附有简介，概括了他们的成名原因。由此传达的清晰信息是，整个罗马历史都通向奥古斯都，后者现在占据着舞台中心。共和国的故事并未被抹去，而是为奥古斯都的权力提供了一个无害的背景，他的权力植根于罗马的起源。换句话说，奥古斯都从之前的罗马政治崩溃的地方开始接手。众所周知，他生于公元前63年，即喀提林阴谋案发的那年。苏维托尼乌斯甚至宣称，他的出生让父亲没有及时赶上西塞罗在元老院为该问题所做的一场盛大表演。但据我们所知，9月23日没有元老院集会。但无论这个故事是否是编造的，关键在于它同时把这一天描绘成共和国政治的结束（表现为喀提林的腐败）和皇帝生命的开始。

不过，这一切中也包括无情得多的现实政治。从维吉尔的诗歌到新广场的华丽雕塑，艺术、宗教、神话、符号和语言在新制度的奠基过程中扮演了重要角色。但奥古斯都也采取了一些更加务实的措施来巩固自己的地位，包括确保军队只忠于他本人、切断潜在反对者在士兵和普通人中的支持网络，以及把元老院成员从由相互竞争的世袭权贵和可能的对手所组成的贵族变成服务国家和遵守荣誉的贵族。奥古斯都着手确保了没有人能轻易效仿他年轻时的做法，即建立私人军队和夺取政权，这是"偷猎者变成狩猎人"的一个经典例子。

他垄断了军事力量,但他的统治完全不像现代的军事独裁。按照我们的标准,当时的罗马和意大利几乎没有驻军。罗马的全部30万人军队几乎都被派驻在外,靠近罗马世界的边界或正在开战的地区,与罗马保持一个安全距离,要不是那里驻扎着人数极少的军队(包括著名的近卫军),那里就是一个非军事区。但奥古斯都扮演了一个在罗马人中前所未有的角色:他是所有武装力量的总司令,由他任命各支军队的主要军官,决定士兵们应该在何地和对谁作战,一切胜利按照定义都归他所有,无论由谁现场指挥。

他还通过切断军队对个人统帅的依赖和效忠稳固了自己的地位,这主要得益于一项简单而有实效的养老金改革。这场改革无疑是他整个统治期间最重要的创新之一。他为参军者确立了统一的期限和条件,将军团士兵的标准服役期定为16年(很快又提高到20年),并由国家出资,保证他们在退伍时能拿到相当于他们年俸大约12倍的现金补偿,或者同样价值的土地。此举一劳永逸地消除了士兵退伍后对将领的依赖,后面这种情况在共和国的最后一个世纪里多次导致士兵对统帅的私人效忠超过了他们对罗马的忠诚。换句话说,奥古斯都一改几百年来罗马军团的半公共、半私人的武装属性,将其完全国有化并使其远离政治。虽然接近罗马权力中枢的近卫军仍然是一股棘手的政治力量,但只有在随后两个世纪中的两次短暂内战中(公元68—69年,以及公元193年),驻扎在罗马城以外的军团才在把他们的候选人推上皇帝宝座的过程中扮演了重要角色。

这项改革也是奥古斯都最昂贵的方案之一,而且几乎无法承担。除非他的计算犯了重大错误,仅从成本就能看出此事在他心目中的优先地位。根据已知军饷数额所做的粗略估算显示，现在每年需要为全军的固定薪俸和退休金支付大约4.5亿塞斯特斯。根据甚至更粗略的估算，这相当于帝国每年总税收的一半以上。有清楚的迹象表明，即便将国家和皇帝的巨额储备加在一起，筹到这笔钱也很不容易。奥古斯都死后不久，日耳曼前线不安分的士兵们的抱怨无疑与此有关，他们不愿在规定的20年期满后继续长时间服役，或者得到一块没有价值的泽地而非像样的农场作为安置地。和现在一样，那时政府减少养老金支出的最便利手段是提高能领取养老金的年龄。

在国内，民众选举逐渐式微并最终被终结，其背后存在着类似的逻辑。这主要并不是对罗马民主的残余部分进行打击，即便那是不可避免的后果之一。更重要的是，这种做法巧妙地使皇帝的潜在对手无法再获得城中任何大规模民众或派系的支持。自由选举曾经为重要政客和人民整体的相互依赖提供了黏合剂。当有抱负的个人仰仗皇帝的首肯而非人民投票才能获得公职和其他晋升机会时，他们就不再有培植民众支持的必要，也没有了如此行事的制度框架。就像《功业记述》或多或少宣称的，此举的目标在于让奥古斯都垄断人们的支持，安全地将元老排挤出局。

但尽管拥有各种专制权力，奥古斯都还是需要元老院。没有独裁者能够真的独自实行统治。与所有现代国家和一些古代国家的官僚体系相比，罗马帝国的行政色彩并不浓厚。即便如此，还是必须有人统率军团、管理行省、负责粮食和水源供应，以及一般性地代表无法事事亲为的皇帝处理事务。就像政权更迭时经常发生的那样，改革派或多或少地被迫依赖一套精心修改过的保守派方案，否则就会像我们在近代史上所看到的那样，导致无政府状态出现。

宽泛地说，奥古斯都用给予荣誉和尊敬（有时还有新的权力）为代价收买了元老院的默许和效劳。许多过去通常对元老院有利的不确定性因素被消除了。元老院决议此前只是建议性的，在迫不得已时可以被忽视或置之不理，当公元前50年元老院命令恺撒和庞培交出兵权时，二人正是这样做的。现在，这些决议被赋予了法律效力，和皇帝的敕令一样，它们逐渐成为罗马立法的主要形式。公元前2世纪20年代时盖乌斯·格拉古在元老和骑士间撕开了裂口，如今这两个群体被正式分开，现在对"元老阶层"新提出的财产要求是100万塞斯特斯，骑士则是40万。此外，元老身份可以在三代内世袭，这意味着元老的儿子和孙子无须担任公职就能保留作为一名元老所拥有的全部特权。特权内容和旨在标榜元老地位的禁令也在增加：一方面，他们被保证可以在所有公共演出中坐在前排观看；另一方面，他们被绝对禁止作为演员登台。

反过来，元老院变得更像是为皇帝效劳的一个行政机构。奥古斯都引入的元老退休年龄只是这方面的一个迹象。元老们还失去了他们最重要的传统荣誉和身份标志。几个世纪以来，罗马人雄心的顶峰和每一位统帅的梦想（甚至包括非常不习兵戈的西塞罗）都是举行凯旋式，他们打扮成朱庇特，带着自己的战利品、俘虏和欢呼雀跃的军队穿过罗马的街道。公元前19年3月27日，尤里乌斯·恺撒昔日的心腹卢基乌斯·科内利乌斯·巴尔布斯（Lucius Cornelius Balbus）庆祝自己代表奥古斯都的新政权对撒哈拉沙漠边缘的柏柏尔人取得了几场胜利，这是普通的元老将军举行的最后一次凯旋式。从此，凯旋式仅限于皇帝和他们的近亲。

分享凯旋式带来的荣誉和瞩目地位不符合专制者的利益，这是共和国终结的又一个醒目标志。

这是另一个把对惯例做出的激进改变描绘成某种无法避免的结果的例子。作为对已逝往昔的赞颂，奥古斯都命人在罗马广场上展示了从罗慕路斯到巴尔布斯的所有凯旋将军的名单（见本书120页）。名单的很大一部分留存至今，据说米开朗琪罗在16世纪时第一个将挖出的大理石小碎块拼接起来，用它们装饰了他为卡庇托山重新设计的市政官员宫（Palazzo dei Conservatori）。名单被刻在4块石板上，得益于刻石匠的精心计算，巴尔布斯的凯旋式被记录在最后一块石板的最底部，再也容不下其他名字。问题的关键不仅是设计上的齐整。由此传递的信息是，这种制度中途从未被打断，它是因为放不下更多名字而自然告终的。

难题和继承人

奥古斯都并不事事如意。甚至在古人对他的统治的一片歌颂中，我们还是有可能窥见某种烦恼得多的描述会是什么样。公元9年，就在他去世前5年，日耳曼尼亚的当地反叛者和自由斗士引发了一场可怕的军事灾难，几乎摧毁了3个军团。这没有妨碍《功业记述》吹嘘他对日耳曼尼亚的平定，但据说这场失败的严重程度迫使奥古斯都停止了征服世界的计划。在国内，他的统治遇到的公开反对比乍看之下更多：冒犯了他的文学作品最终被焚毁，他还很可能由于运气好或其他原因而逃过了各种阴谋。苏维托尼乌斯罗列了一批异议者和阴谋者，但对于失败的政变，我们总是很难知道这些人背后的驱动力是政治因素还是个人嫌隙。他们永远不会得到袭击目标的公正评判，因为这种评判不符合后者的利益。

有一个例子似乎表明，精英的政治角色的改变和奥古斯都对选举的控制是这种不满背后的主要因素之一。流传至今的有关马库斯·埃格纳提乌斯·鲁弗斯（Marcus Egnatius Rufus）的故事在细节上不出意外地显得混乱，但基本脉络足够清楚。首先，埃格纳提乌斯通过独立向人民施惠而挑战了奥古斯都。特别是在公元前22年担任营造官时，此人自费组建了一支原始的城市消防队。奥古斯都反对这个做法，为了挫败埃格纳提乌斯，他决定派自己的600名奴隶担任消防员。几年后，趁着奥古斯都不在罗马，埃格纳提乌斯试图在没有皇帝批准和未达法定年龄的情况下参选执政官。这不可能是一桩针对皇帝的有组织的阴谋：他不在罗马，无法被罢黜，这可能也是为何埃格纳提乌斯觉得自己能蒙混过关的原因。但当他的选举资格遭到否认后，民众爆发了骚乱。元老院做出决定，将他处死，这可能得到了不在罗马的皇帝的首肯。

埃格纳提乌斯·鲁弗斯的元老同僚中有多少人会同情他，我们只能付诸猜测。我们对他的背景一无所知，只能推断他的目标和动机是什么。一些现代历史学家想把他描绘成某类人民的捍卫者，就像克洛迪乌斯和其他共和国晚期的保民官一样。不过，他看上去更可能是在对元老院的独立性遭到侵蚀表达抗议，并主张元老有权与罗马人民保持传统上的联系。

在政治前线之外，对于奥古斯都忙于营造的象征世界和他的罗马新形象，无疑也存在着颠覆性观点。作为奥古斯都的统治无情的一面的受害者，对于在街上发牢骚可能会导致什么后果，诗人奥维德给出了清楚的提示。在黑海边的郁闷流放生活中，他写下了一系列题为《悲歌》(*Tristia*)的诗作，但诗中的讽刺意味常常要超过悲哀色彩。他在诗中肆意攻击了奥古斯都新建广场上一座醒目神庙的装饰，其中包括马尔斯和维纳斯的雕像。作为罗慕路斯之父和埃涅阿斯之母，两者是罗马的奠基神明。他们还是古典神话中最著名的两位神明通奸者。早在荷马史诗中就已经有了维纳斯如何给自己的丈夫伏尔甘（工匠之神）戴绿帽子的故事，后者巧妙地用一张特意设计出来的金属网困住了他们，令二人尴尬地被当场捉奸。被流放的诗人旁敲侧击地指出，用他们来象征皇帝新建的讲究道德的罗马很不合适，通奸在那里是犯罪。一些精心展示自己的公民身份的做法同样适得其反。如果奥古斯都每次进入或离开元老院时真的都要依次呼唤每位元老的名字来向他们致意，那么每次进出时的整轮恭维奉承将耗费大约一个半小时（假设每人需要 10 秒、元老院坐得很满）。在有些人看来，这无疑更像是在展示权力而非公民间的平等。

即便是皇帝本人赞助的维吉尔的史诗《埃涅阿斯纪》也引发了一些棘手的难题。作为奥古斯都的神话祖先且显然有意在一定程度上影射了皇帝的埃涅阿斯，无疑很难被直接归为英雄。与古代读者相比，埃涅阿斯抛弃不幸的狄多并导致她在火葬柴堆上可怕地自杀的情节很可能会让现代读者更为不安：故事传递的信息是，纯粹的爱情不应阻挠一个人对爱国责任的追求，迦太基女王背后的克娄帕特拉的危险形象强调了这一点。但在史诗的最后一个场景中，已经在意大利站稳脚跟的埃涅阿斯让愤怒冲昏了头脑，残忍地杀死了已经投降的敌人，这个结尾始终令人不安。当然，这些矛盾之处让《埃涅阿斯纪》成为一部更有力的文学作品，而非仅仅是歌功颂德的数千行诗。不过，它们仍然引发了有关维吉尔与他的恩主及奥古斯都统治的关系的疑问。当奥古斯都第一次读到或听到最后那些诗句时，他做何感想？维吉尔无从知晓。诗人在公元前19年去世，据说诗作尚未完成最后的修改。

不过，对奥古斯都来说，更重要的难题是如何找到一个继承者。他显然想把自己的权力传下去。他在罗马的巨大陵墓于公元前28年便已完工，强有力地表明他与安东尼不同，将被埋在意大利的土地上，而且他会开辟一个王朝。他还建立了包括他的妻子里维娅在内的皇室的概念。独裁统治经常让女人变得更加重要，这并非因为她们一定拥有哪些正式的权力，而是因为当关于国家的关键决定是由个人在私下做出的时，任何与他关系亲密的人也都会被认为有影响力。比起只能提交官方请求和备忘录的同僚，能给丈夫吹枕边风的女人拥有事实上更大的权力，或者常常被认为如此。有一次，奥古斯都在写给希腊萨摩斯人的信中承认，里维娅在背后为他们说了好话。不过，除此之外，他似乎还更积极地推动她扮演更重要的角色，使其在自己的王朝野心中成为关键人物。

和奥古斯都一样，里维娅在罗马雕塑中也拥有官方形象（见彩图12）。她被授予了一系列法律特权，包括在剧场中坐前排座席和财政的独立，从内战时期开始，她还拥有了以保民官特权为模板的不可侵犯权（sacrosanctitas）。不可侵犯权源于共和时期，旨在保护人民的代表免受攻击。不清楚里维娅事实上获得了何种保护，但重要的创新在于，它显而易见是建立在男性公职权利的基础上的。这让她比之前的任何女性都更多地成为官方的焦点。公元前9年，一首在里维娅的儿子德鲁苏斯去世时写给她的诗中甚至称其为 Romana princeps。[1] 这是通常被用于称呼奥古斯都的 Romanus princeps（罗马第一公民）的阴性形式，意思类似"第一夫人"。这种夸张的称谓也许出自献媚者之手，显然不是女性普遍逐步获得解放的标志，但它表明皇帝的妻子在未来的帝制王朝中会占据重要的公共角色。

麻烦在于，夫妻俩没有孩子。奥古斯都只有一个之前婚姻中所生的女儿尤利娅，而在公元前37年两人结婚时，里维娅已经有了德鲁苏斯，还怀着另一个儿子提比略。无论后来多么受人尊敬，两人的关系在开始时染上了丑闻的污点，被安东尼贴上了可耻的拈花惹草的标签。也许是为了报复奥古斯都四处传播关于安东尼生活不道德的各种恶毒传言，后者宣称这两人是在里维娅丈夫的宴会上相遇的，中途去了旁边的卧室，回来时头发凌乱。不过，无论可耻还是可敬，两人的婚姻没能带来孩子：苏维托尼乌斯称，里维娅和奥古斯都结婚后只有一次早产，生下死胎。

于是，皇帝为了在这种情况下找到合法继承人煞费苦心。亲生女儿尤利娅是他的计划中最重要的工具。她首先被嫁给表哥马克鲁斯，后者在她年仅16岁时就去世了；然后，她嫁给了父亲的朋友和同僚，比她年长20多岁的马库斯·阿格里帕；后来又在看上去仿佛天作之合的安排中嫁给了里维娅的儿子提比略。如果现有的伴侣阻挠了这些安排，奥古斯都会坚持要求离婚。只有很少关于个人为此所付出代价的线索留存下来。当提比略被迫与妻子维普萨尼娅·阿格里皮娜（Vipsania Agrippina，阿格里帕之

---

[1] 伪奥维德，《告慰里维娅》(*Consolatio ad Liviam*) 355-356：如果你承担罗马第一夫人的工作，我们一定能更好地找到德性的榜样（ac melius certe uirtutum exempla petemus/ cum tu Romanae principis edis opus）。

图 65 罗马和平祭坛（Ara Pacis）的一处饰带上的游行场景细部，公元前 13 年建造。这条饰带描绘了皇帝的大家庭，包括画面左侧的阿格里帕。他身后的女人可能是他当时的妻子尤利娅，但更多地被认作李维娅。

前婚姻中生的女儿）分离，以迎娶尤利娅（现在是阿格里帕的遗孀）——这是王朝混乱关系的一个典型例子——时，据说他痛不欲生。传说提比略离婚后有一次碰巧看到了维普萨尼娅，不禁潸然泪下；监视提比略的人让他再也没能见到她。而对尤利娅来说，这一系列包办婚姻可能与她臭名昭著的放荡性生活有关。一个耸人听闻的故事表示，她在罗马广场的讲坛上举办过疯狂派对；作为完美或可怕的对称，那里正是她的父亲倡导打击通奸的地方。不管真假，她的风流韵事都是导致其在公元前 2 年被流放到一个大约半平方英里的小岛且再未回到罗马的原因之一（另一个是谋反）。

上述王朝计划的最终结果是导致我们现在所谓的尤里乌斯 –

克劳迪乌斯王朝（尤里乌斯是奥古斯都的家族姓氏，克劳迪乌斯是里维娅第一任丈夫的）的家谱图复杂到让人晕头转向，以至于无法在纸上清楚画出，更别提详细地回忆了。但即便如此，奥古斯都渴望的继承人或者没能出现，或者过早去世。提比略和尤利娅只生了一个孩子，但夭折了。奥古斯都收养了她和阿格里帕所生的两个孩子，把他们立为继承人（这使家谱图更加复杂）。他们的形象在精心安排下出现在罗马世界各地，看上去与他们养父的形象如出一辙；但其中一个在公元2年病死，另一个还没来得及留下子嗣（妻子同样是亲戚）就在公元4年东征时受伤，不治身亡。最终，在颇费一番苦心后，奥古斯都回到了从一开始就能做出的选择——里维娅的儿子提比略，后者在公元14年继任皇帝。老普林尼忍不住指出此事的另一个反讽之处。新皇帝的生父提比略·克劳迪乌斯·尼禄（Tiberius Claudisu Nero）在内战中曾站在安东尼一边，他的家族曾与其他人一起被围困在佩鲁西亚。普林尼打趣说，奥古斯都死了，"敌人的儿子成了他的继承人"。

奥古斯都已死。奥古斯都万岁！

公元14年8月19日，就在76岁生日前不久，奥古斯都在意大利南部的一处宅邸去世。根据苏维托尼乌斯的说法，他当时正在卡普里岛上度假，和客人们玩了各种有学问的游戏：比如，他坚持让所有的罗马客人穿希腊人的衣服、说希腊语，而让所有的希腊客人模仿罗马人的言谈举止。他的死平淡无奇。回到大陆后，他的胃开始不舒服，最终迫使他躺到床上，并死在了床上。与他的许多同时代人的命运相比，这略显意外。后来有传言说，里维娅为了帮助提比略登基，拿带毒的无花果对他动了手脚，就像有人曾表示她因为害怕其他家庭成员会破坏提比略的登基机会，也加速了他们的死亡。但这只是罗马世界又一例由原因不明的死亡（大部分来自在外征战、分娩和意外）引发的流言，无论是否有任何根据。此外，下毒一直被认为是女性的首选手段。它无须身体力量，只要足够狡猾，而且可怕地颠覆了她们传统上的养育者角色。

另一些人的看法更可信：里维娅在从奥古斯都到提比略的顺利交接过程中扮演了重要角色。看到丈夫死期将近，她派人去召回儿子，后者当时正在相距大约5天行程的亚得里亚海对岸。与此同时，她继续发布关于奥古斯都仍然健康的乐观消息，一直等到提比略到来才宣布死讯。老皇帝究竟于何时去世一直存在争议，但无论那是在提比略到来之前还是之后，他的继承人都马不停蹄地登基了。从皇帝在诺拉（Nola）的去世地点出发，沿途城镇的重要人物一路抬着他的遗体走了100多公里返回罗马。提比略没有举行加冕典礼，无论奥古斯都在公元前29年如何利用了自己的凯旋式，罗马人并没有专门的皇帝登基仪式。不过，当提比略召集元老院，向他们公布奥古斯都的遗嘱、遗赠和对未来的其他指示，并与他们讨论葬礼安排时，他已经作为新皇帝有效地控制了局面。

有一些线索表明，葬礼组织者担心可能会发生什么麻烦。否则他们为何要让军队把守仪式现场和葬礼路线呢？但葬礼上一切风平浪静，在某些方面几乎可能会让150多年前的波利比乌斯觉得眼熟，即便它更有派头。当提比略发表葬礼演说时，讲坛上

图 66 奥古斯都和里维娅的家族与后裔谱系的简化版本。皇帝用黑体标出。由于复杂的收养关系和多次婚姻，再加上许多人物同名，图表几乎让人晕头转向；但这种令人目眩的复杂性是王朝特点的一部分。

盖乌斯·尤里乌斯·恺撒 =

普布利乌斯·科内利乌斯·西庇阿 = 斯克里

保卢斯·埃米利乌斯·雷必达 = 柯内莉亚　　　马库斯·维普萨尼乌斯·阿格里帕 = 尤利娅

- 马库斯·埃米利乌斯·雷必达
- 卢基乌斯·埃米利乌斯·保卢斯 = 尤利娅
- 盖乌斯·恺撒
- 卢基乌斯·恺撒
- "遗腹子"阿格里帕
- 大阿格里皮娜

- 埃米利娅·雷必达
- 德鲁苏斯
- 马库斯·尤尼乌斯·希拉努斯·托夸图斯 = 埃米利娅·雷必达
- **盖乌斯·卡里古拉**（盖乌斯·尤里乌斯·恺撒）
  = 尤尼娅·克劳迪娅
  = 里维娅 / 柯内莉亚
  = 洛莉娅·保琳娜
  = 凯索尼娅
- 马库斯·埃米利乌斯·雷必达 = 德鲁西拉
- 卡西朗吉

德鲁西拉

- 马库斯·尤尼乌斯·希拉努斯
- 卢基乌斯·尤尼乌斯·希拉努斯
- 德基姆斯·尤尼乌斯·希拉努斯·托夸图斯
- 尤尼娅·雷必达 = 盖乌斯·卡西乌斯·朗吉努斯
- 尤尼娅·卡尔维娜
- 鲁贝利乌斯·普劳图斯
- 鲁弗里乌斯·克斯皮努

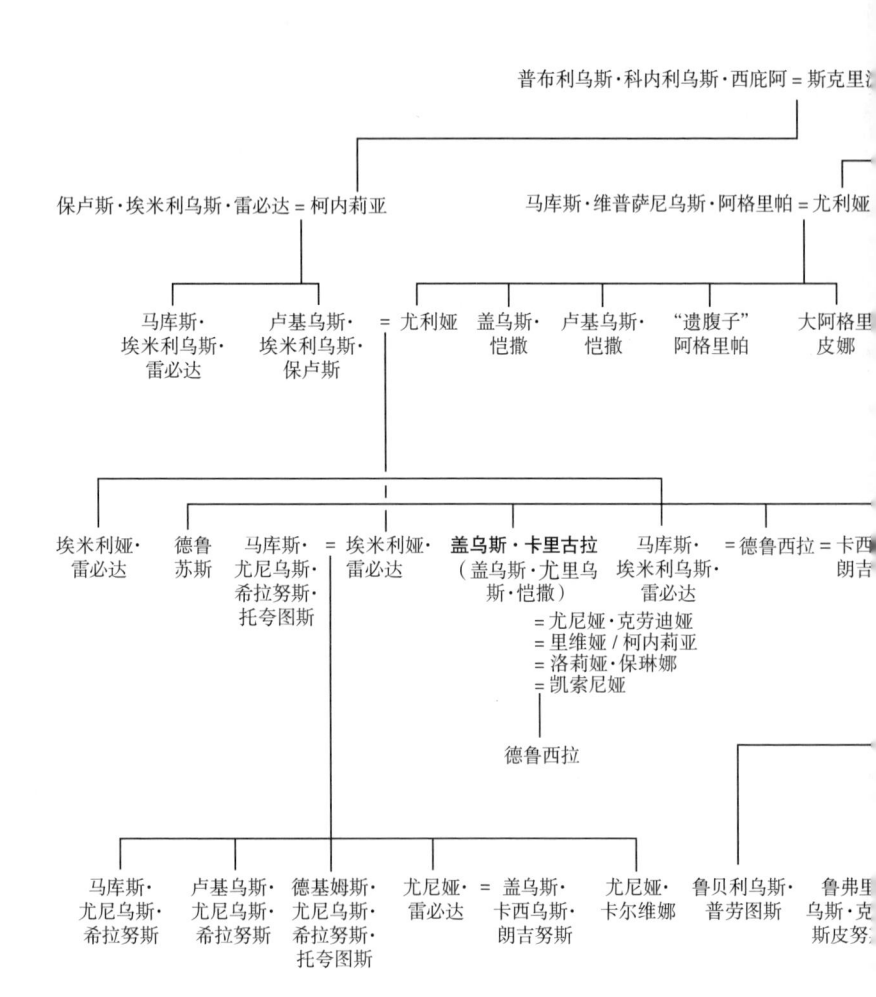

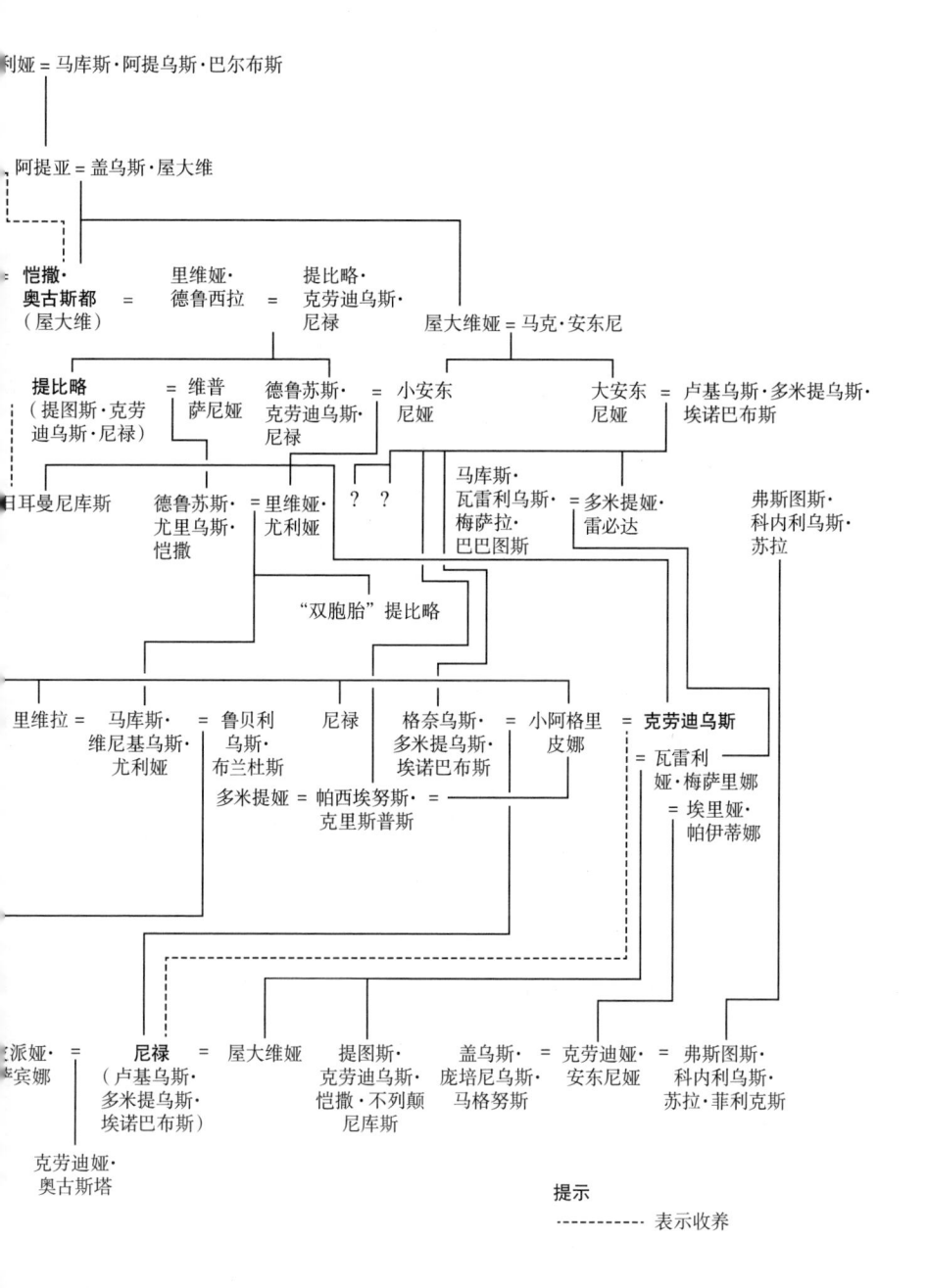

```
利娅 = 马库斯·阿提乌斯·巴尔布斯
         │
  ┌──────┴──────┐
  阿提亚 = 盖乌斯·屋大维
         │
   ┌─────┼─────────────────────────┐
   恺撒·      里维娅·    提比略·              屋大维娅 = 马克·安东尼
   奥古斯都 = 德鲁西拉  克劳迪乌斯·                      │
   （屋大维）            尼禄                            │
       │                                                │
   ┌───┴───┐       ┌────────┐      ┌──────┬──────┐
   提比略  = 维普   德鲁苏斯· = 小安东      大安东   卢基乌斯·多米提乌斯·
   （提图斯·克劳   萨尼娅   克劳迪乌斯·   尼娅        尼娅    埃诺巴布斯
   迪乌斯·尼禄）            尼禄
       │
  ┌────┼──────┬──────┐        马库斯·
  日耳曼尼库斯  德鲁苏斯· = 里维娅· ？ ？   瓦雷利乌斯·  = 多米提娅·   弗斯图斯·
                尤里乌斯·  尤利娅            梅萨拉·       雷必达    科内利乌斯·
                恺撒                          巴巴图斯·                苏拉
                          │
                    "双胞胎"提比略
                          │
  ┌──────┬──────┐    ┌────┴─┬──────┬──────┐
  里维拉 = 马库斯·  = 鲁贝利  尼禄   格奈乌斯·  = 小阿格里   克劳迪乌斯
          维尼基乌斯· 乌斯·          多米提乌斯·    皮娜         │
          尤利娅     布兰杜斯        埃诺巴布斯               = 瓦雷利
                      │                                       娅·梅萨里娜
                      多米提娅 = 帕西埃努斯·                   = 埃里娅·
                              克里斯普斯                        帕伊蒂娜
  ┌─────┬──────┬──────┬──────┬──────┬──────┐
  派娅·  = 尼禄    = 屋大维娅  提图斯·   盖乌斯·    克劳迪娅·  = 弗斯图斯·
  宾娜    （卢基乌斯·        克劳迪乌斯·庞培尤斯·  安东尼娅     科内利乌斯·
          多米提乌斯·        恺撒·不列颠 马格努斯                苏拉·菲利克斯
          埃诺巴布斯）        尼库斯
    │
  克劳迪娅·
  奥古斯塔
```

提示

---------- 表示收养

立起的并非奥古斯都本人,而是他的蜡像。队列中不仅出现了奥古斯都祖先们的形象,还有过去的伟大罗马人,包括庞培和罗慕路斯,仿佛奥古斯都是他们所有人的子孙。尸体被火化后,里维娅——现在被称为奥古斯塔(Augusta),因为奥古斯都在遗嘱中正式收养了她——奖赏那个发誓看到奥古斯都升天的人100万塞斯特斯。奥古斯都现在成了神明。

　　人类身份的老皇帝直到生命最后时刻仍然很神秘。在给里维娅一个长长的吻之前,他对在场朋友说的最后几句话中包括一句含义特别模糊的希腊喜剧引文:"如果我演得好,那么为我鼓掌吧。"人们想知道,那些年里他一直在扮演什么角色?真正的奥古斯都在哪里?谁为他写了台词?这些问题仍然没有答案。奥古斯都如何设法成功地大幅重塑了罗马的政治面貌,如何设法成功地在40多年间坚持自己的道路,又得到了什么支持,这些仍然令人困惑。比如,谁决定了他(或里维娅)的官方形象?新的军队服役和养老金方案背后经历过何种讨论,参与者有哪些?他能活那么久在多大程度上只是凭运气?

　　无论如何,他为皇帝确立的基本框架沿用了200多年,或者说涵盖了本书余下的内容。我们将会看到的每一位后来的皇帝都"是"奥古斯都,至少也是他的模仿者。他们把"奥古斯都"用作自己的皇帝头衔之一,并继承了他个人的图章戒指,后者据说被代代相传。戒指上已经不是他原先喜欢的斯芬克斯。几十年间,他首先将图案改成亚历山大大帝,最终又改成他本人的肖像。换句话说,奥古斯都的头和特有的面部特征成了每一位继承者的签名。无论他们有怎样的癖好、美德、恶习或背景,无论我们如何称呼他们,他们不管怎样都是奥古斯都的化身,在他所确立的专制模式中活动,处理着他未解决的问题。

现在,我们将转向这些新奥古斯都面临的一些问题——首先是又一起死亡。

第 10 章
14 位皇帝

宝座上的人

公元 41 年 1 月 24 日，距离奥古斯都在床上去世将近 30 年和恺撒遇刺将近 85 年后，罗马又发生了一起暴力刺杀。这次的受害者是皇帝盖乌斯——全名为盖乌斯·尤里乌斯·恺撒·奥古斯都·日耳曼尼库斯（Gaius Julius Caesar Augustus Germanicus）——他在 4 年前接替自己老迈的叔祖父提比略登基。不考虑公元 68 年到 69 年内战期间的 3 位短期称帝者，在从奥古斯都去世到公元 192 年康茂德皇帝遇刺这将近 180 年间统治罗马的 14 位皇帝中，他排在第二位。他们之中包括一些罗马历史上最响亮的名字：取代了盖乌斯的克劳迪乌斯，他在罗伯特·格雷夫斯（Robert Graves）的小说《我，克劳迪乌斯》（*I, Claudius*）和《神明克劳迪乌斯》（*Claudius the God*）中担任主角，成了一个有学问且精明的宫廷政治观察者；尼禄以家庭谋杀、弹里拉琴、迫害基督徒和纵火癖闻名；马可·奥勒留是"哲人皇帝"，他的《沉思录》至今仍是畅销书；康茂德在角斗场中的事迹在电影《角斗士》中得到了重现，虽然并不完全准确。尽管现代传记作家想尽了办法，他们中还是有一些人几乎只留下了名字：比如年迈的涅尔瓦，他在公元 1 世纪末曾短暂掌权 18 个月。

提比略
（14—37 年）

盖乌斯
（卡里古拉，37—41 年）

克劳迪乌斯
（41—54 年）

尼禄
（54—68 年）

从尼禄死后到维斯帕先登基之间的 3 位短命皇帝：加尔巴、奥托和维特利乌斯

维斯帕先
（69—79 年）

提图斯
（79—81 年）

图密善
（81—96 年）

涅尔瓦
（96—98 年）

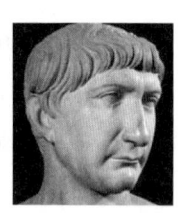

图拉真
（98—117 年）

哈德良
（117—138 年）

安东尼·庇护
（138—161 年）

马可·奥勒留
（161—180 年）

卢基乌斯·维鲁斯，与马可·奥勒留共治（161—169 年）

康茂德
（180—192 年）

图 67

王朝：

尤里乌斯-克劳迪乌斯王朝
（14—68 年）

弗拉维王朝
（69—96 年）

"养子继承王朝"
（96—192 年）

盖乌斯的遇刺是罗马历史这个时期记录最翔实的事件之一，无疑为我们提供了现存关于任何皇帝之死的最详细描述。其篇幅相当于现代出版物的30多页，是一部百科全书式的犹太人史著作中的一段题外话，非常详尽，由提图斯·弗拉维乌斯·约瑟夫斯（Titus Flavius Josephus）在事件发生将近50年后写成。此人是公元1世纪60年代犹太人起义中的一位重要人物（当时名叫约瑟夫·本·马蒂亚斯［Joseph ben Matthias］），后来改变了政治立场（虽然可能没改变宗教立场），最终成为类似驻罗马宫廷的作家。约瑟夫斯认为，盖乌斯的遇刺是上帝的惩罚，因为这位皇帝鄙视犹太人，甚至在第二圣殿中为自己立像。但从具体细节来判断，在重述这个故事时，他的案头放着一本公元41年1月事件亲历者所写的回忆录。

约瑟夫斯对刺杀的描述提供了有关第一位奥古斯都之后的新政治世界的丰富信息，从宫廷阴谋到旧式元老精英的空洞口号，从继承人问题到在任皇帝会遭遇的危险。此外，古人和现代人对盖乌斯的毛病和缺陷以及他遇刺的背后原因和影响所做的各种评价指向了一些重要问题：罗马皇帝的名声是如何创造的、他们的成功与否在过去和现在是如何被评判的，更重要的是，个体统治者的性格和品质、婚姻与谋杀在多大程度上能帮助我们理解皇帝统治下的整个罗马历史。

那么，盖乌斯是如何和为何被杀的呢？

盖乌斯做错了什么？

公元14年，提比略皇帝看似波澜不惊地从养父奥古斯都手中继承了权力，但在生命的最后 10 年里，他变得越来越深居简出，大部分时间在与国都仅仅保持微弱联系的卡普里岛上度过。当盖乌斯在公元 37 年提比略去世后登上皇位时，这看上去一定是个受欢迎的改变。他年仅 24 岁，拥有令任何尤里乌斯 - 克劳迪乌斯家族成员都艳羡的皇位主张权。他的母亲阿格里皮娜是尤利娅之女，因此是奥古斯都的亲外孙女。他的父亲日耳曼尼库斯是里维娅的孙子和奥古斯都的甥外孙，在英年早逝（死因不出意外地引起了怀疑）前曾得到暗示将成为皇帝。因为他的父母，盖乌斯获得了尴尬的绰号"卡里古拉"（Caligula，意为"小靴子"），这是他今天更为人所知的名字。他们在盖乌斯还是小孩子时就带着他行军，给他穿上迷你军装，包括标志性的迷你军靴（拉丁语为 caligae）。

他在位仅仅 4 年后就被 3 名近卫军成员刺杀，过程与恺撒遇刺时一样血腥而混乱。在古代世界，谋杀很少能在安全距离之外成功。杀人通常意味着近距离下手，常常会血溅当场。就像恺撒

图 68　这座盖乌斯的半身像穿着戎装，披着精美的胸甲。他的头上环绕着橡树叶花环，即"公民之冠"（corona civica），传统上在战斗中救了其他公民的罗马人会被授予该奖赏。

和盖乌斯的例子所表明的，当权者面临的最大威胁来自那些被允许与他们最为接近的人，包括妻子、孩子、保镖、同僚、朋友和奴隶。但这两次刺杀的差别同样引人瞩目，标志着从共和国到帝制的时代变迁。刺杀恺撒的是元老同僚，他们借着请愿的机会，在众目睽睽的公开会议上出手。而盖乌斯是独自一人在家中的无人走廊上被大卸八块的，凶手是本该维护政权国内安全的精英部队。当他的妻子抱着襁褓中的女儿前来寻找尸体时，她们也遭了毒手。

约瑟夫斯解释说，皇帝在帕拉丁山观看了每年为纪念第一位奥古斯都所举行的节日上的演出，该节日的日期与第一对皇帝夫妇的结婚纪念日一致。上午的表演结束后，他决定不吃午饭——另一个说法宣称，他因为前晚纵欲过度而感到有些恶心——独自从剧场返回私人浴场。当他沿着两栋建筑（两者都是面积越来越大的"宫殿区"的一部分，宫殿规模已经远远超过奥古斯都相对简朴的居所）之间的通道前行时，3名近卫军成员（相当于我们今天的士官）袭击了他。据说驱使领头的卡西乌斯·凯雷亚（Cassius Chaerea）这么做的原因是个人的不满。他经常出任皇帝的代理人、拷打者和杀手，但据说盖乌斯反而多次公开嘲笑他不够阳刚（"娘娘腔"是皇帝奚落他时最喜欢用的字眼之一[1]）。这是凯雷亚的复仇。

推动这场阴谋的可能还有某些更高的原则，而且它可能在士兵和元老中得到了更广泛的支持。或者说，我们能从许多关于盖

---

[1] 卡西乌斯·狄奥，《罗马史》59.29.2：因为盖乌斯称他"娘娘腔"（γύννις），尽管他属于最强壮的男子（γύννιν τε γὰρ αὐτὸν καίπερ ἐρρωμενέστατον ἀνδρῶν ὄντα ὁ Γάιος ἐπεκάλει）。

乌斯恶行的故事中看出这一点。他与妹妹乱伦和计划让自己的马担任执政官的说法广为流传。根据故事的描绘，他出于虚荣心修建的项目介于违背自然法则和可笑的炫耀之间（想象一下，他身披亚历山大大帝的胸甲，在横跨那不勒斯湾的浮桥上纵马驰骋，不止一位古代作家描绘过这个场景）。他勇敢的士兵遭遇了可耻的羞辱，被派到法国海滩上捡贝壳。他幸灾乐祸地威胁长期受到折磨的罗马贵族，也变得广为人知。一个著名的故事提到，他在宫廷宴会上斜倚在两位执政官中间，突然哈哈大笑。一位执政官礼貌地问道："有什么好笑的事？"他回答说："我只是想到，只要我点下头，就能当场割开你们的喉咙。"即便凯雷亚没有挥刀，其他人也会的。

不过，无论具体动机是什么，这场刺杀都代表了新型的政治：杀手们在关闭的大门后下手，谋杀王朝统治者要求将受害者的直系亲属也一并铲除。没有人追杀恺撒的妻子。此事还表明，虽然奥古斯都基本上成功地让罗马军团远离政治，但只要愿意，驻扎在城中的少数士兵仍能发挥强大的力量。公元41年，不仅一群心怀不满的近卫军成员杀死了皇帝，而且近卫军马上拥立了他的继位者。皇帝最亲密的私人保镖——由日耳曼人组成的一小队私人武装，之所以选择他们，是因为人们认为这些人的野蛮能保证其免受腐蚀——在后续事件中也扮演了血腥的角色。

当谋杀的消息传出后，这些日耳曼人证明了他们粗野而残暴的忠诚。他们在帕拉丁山四处搜查，杀死任何受到参与阴谋怀疑的人。有位元老被杀只是因为当天早些时候他参加宗教祭祀时托加袍溅上了牺牲的血，让人觉得他可能参与了刺杀。他们还恐吓了那些在皇帝离开后仍然逗留在剧场中的人。这些观众被围困在剧场内，直到一位善良的医生出手干预。他前来医治在刺杀事件的余波中受伤的人，以派人去取医疗设备为借口帮助无辜的旁观者撤离。

与此同时，元老院在卡庇托山上的朱庇特神庙（那里是共和国伟大的象征纪念碑）集会，说些有关政治奴役的终结和自由的回归的漂亮话。按照他们的计算，距离失去自由已经过去了100年——他们可能把公元前60年庞培、恺撒和克拉苏组成三人帮视作转折点——因此现在是一个兆头特别好的重获自由的时刻。执政官格奈乌斯·森提乌斯·萨图尼努斯（Gnaeus Sentius Saturninus）发表了最为动人的演说。他承认自己过于年轻，没有关于共和国的记忆，但他亲眼看到了"暴政让国家充满的恶"。盖乌斯的遇刺带来了新的曙光："现在，你们头上没有了可以摧毁城市的暴君……近来滋养了暴政的正是我们的无动于衷……我们因为和平的快乐而软弱，学会了像奴隶一样生活……现在，我们的首要责任是授予杀死暴君的人尽可能高的荣誉。"这番话听上去令人动容，但被证明空洞无物。在萨图尼努斯发言的时候，他始终佩戴着平日使用的图章戒指，上面忠诚地刻着盖乌斯的头像。有人注意到他的发言和饰物间的不一致，于是起身从他的手指上撸走了戒指。

无论如何，整个表演都为时已晚。近卫军已经选定了新皇帝，他们看不起元老院的能力，也无意向共和国回归。故事中说，盖乌斯50岁的叔叔克劳迪乌斯被暴力和骚乱吓坏了，躲进了另一条黑暗的巷道里。但他很快被近卫军发现，克劳迪乌斯担心自己也将惨遭毒手，结果却被拥立为皇帝。他与里维娅和奥古斯都的血缘关系使其成为最有资格的候选人，而且他恰好在场。

随之而来的是紧张的谈判、小心地发布消息和尴尬的决定。克劳迪乌斯给了每名近卫军成员一大笔钱,传记作家苏维托尼乌斯讥讽他是"第一个靠收买获得士兵效忠的皇帝",就好像奥古斯都没有做过类似的事似的。元老们放弃了任何共和自由的想法,很快只要求克劳迪乌斯应该正式从他们手中接过皇位,他们中的大部分人还迅速逃到自家的乡间庄园里躲了起来。凯雷亚和其他凶手没有得到"尽可能高的荣誉",而是被处死。新皇帝的谋士们严肃地指出,虽然谋杀是光荣之举,但还是应该惩罚不忠以儆效尤。克劳迪乌斯不断声称自己是个不情愿的统治者、被违心地推上皇位。事实也许的确如此,但不情愿的姿态对无情野心来说常常是一个有用的掩护。很快,罗马世界各地的雕塑工匠们开始与时俱进,忙着重新加工多余的盖乌斯塑像,将其马马虎虎地改成新皇帝(他叔叔)的面容。

上述事件是奥古斯都去世将近 30 年后罗马专制政治的生动剪影。对于恢复共和国,元老院的纸上谈兵只证明了旧有的统治制度已经一去不复返,几乎只是从未经历过它的人们萌生的怀旧幻想。就像约瑟夫斯所暗示的,任何一边高声倡导回归共和统治一边又骄傲地展示戒指上皇帝头像的人都不明白共和统治意味着什么。刺杀事件后出现的混乱与暴力不仅表明,在一个气氛祥和的上午,一台戏剧表演可以多么轻易地变成一场血腥屠戮,还显示了元老院、士兵和普通民众间各种不同的政治观点。大部分富人和特权者为暴君的死兴高采烈。相反,穷人对他们的英雄遇害感到悲伤。约瑟夫斯特意嘲笑了一些女人、孩子和奴隶的愚蠢,他们"不愿接受事实",而是乐于相信谣言——盖乌斯已经复活,正在罗马广场上徘徊。显而易见,乐意看到他被除掉的人在接下

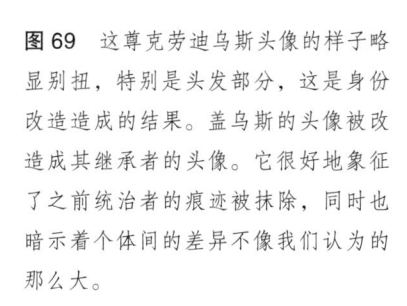

图 69 这尊克劳迪乌斯头像的样子略显别扭，特别是头发部分，这是身份改造造成的结果。盖乌斯的头像被改造成其继承者的头像。它很好地象征了之前统治者的痕迹被抹除，同时也暗示着个体间的差异不像我们认为的那么大。

来应该怎么做上无法达成一致。更多的人则根本不想看到他们的皇帝被刺杀。

这些观点的差异挑战了正统看法，并提出了一些更重要的历史问题。盖乌斯真像他一直被描绘的那样那么可怕吗？普通人真像约瑟夫斯所表明的那样被一位据说对民众特别慷慨的皇帝收买了吗（据说他曾真的站在广场上一座建筑的顶部朝下方的旁观者撒钱）？事实也许是这样。不过，对于许多流传至今的关于盖乌斯的罪恶的标准故事，我们有强烈的理由表示怀疑。

有的故事完全不可信。且不说他在那不勒斯湾上的夸张表演，他真的可能在罗马建造了一座从帕拉丁山通往卡庇托山的大桥而没有留下任何确凿的遗迹吗？我们面前几乎所有的故事都是在那位皇帝死后多年写下的，我们越是仔细检验，那些最夸张的故事就越发不可信。关于贝壳的那个故事很可能源于对拉丁语中musculi一词的误读，它既能表示"贝壳"，也能表示"军用小屋"。

那些士兵是否事实上是在拆除一个临时营地而非捡贝壳呢？此外，关于乱伦的说法最早直到公元 1 世纪末才出现，而最清楚的相关证据似乎是他对妹妹德鲁西拉的死悲痛不已，这很难作为性关系方面的确凿证据。一些现代作家认为他的宴会近乎纵欲狂欢，妹妹在他"下面"，妻子在他"上面"，但这只是对苏维托尼乌斯用词的误译，他指的是罗马餐桌旁的位置，即"上垂首"与"下垂首"。

想象盖乌斯是一个无辜和仁慈的统治者，却遭到了可怕的误解或不断的误读，是幼稚的。但很难不得出如下结论，即无论这些关于他的故事包含了多少真相，它们都包含了事实、夸张、故意误读和纯粹臆造，这些元素不可分割。它们大部分是在他死后创作的，主要是为新皇帝克劳迪乌斯服务，后者登基的合法性在一定程度上依赖于除掉他的前任乃是正当之举。就像让安东尼污名化对奥古斯都有利一样，对盖乌斯横加指责（无论事实如何）有利于克劳迪乌斯的统治，也有利于新皇帝手下那些想要与前任皇帝撇清干系的人。换句话说，盖乌斯可能因为残暴而被刺杀，但同样可能的是，他因为被刺杀而被描绘成暴君。

不过，让我们忽略一切怀疑，假设这些故事完全准确，假设普通民众只是容易上当，假设罗马曾被一个介于临床心理变态和暴君之间的施虐狂统治着。事实上，除了绝对清楚地表明皇帝的地位已经被永久确立，盖乌斯的被杀对帝制的长期历史没有产生重要影响。这是公元 41 年的刺杀者与公元前 44 年的刺杀者的一个共同遭遇，后者杀死一位专制者（恺撒），结果却迎来了另一位（奥古斯都）。无论谋杀盖乌斯引发了何等兴奋，无论当时出现了什么悬念和不确定性，无论对共和主义有过何种逢场作戏（既短暂又不现实），最终的结果是又一位皇帝登上了宝座，与被他取代的那位没有多大区别。与盖乌斯相比，克劳迪乌斯身后的名声更好，书卷气也浓烈得多。这是因为对他的继承者尼禄而言，玷污人们对他的记忆并无明显的好处。但在表面之下，他同样拥有残忍和罪恶的可怕记录（根据一项古代的统计，在他统治期间有35名元老［元老共约600人］和300名骑士被处死），而且他在罗马的权力结构中占据了同样的位置。

  这正是重新雕刻前任皇帝雕像的行为所传递的信息之一。这种聪明的修改背后的驱动力必定部分来自合理的经济考量。任何在公元41年1月将近完成盖乌斯头像的雕刻工匠都不愿看到自己的时间和金钱白白浪费在一个不在位统治者的无用雕像上，更好的做法是快速将其改造成新皇帝的样子。某些改变还可能是某种形式的象征性消除。罗马人经常试图从记录中删去失意者，拆掉他们的房子，推倒他们的雕像，从公共铭文中抹去他们的名字（铭文中常常出现粗暴的凿痕，这反而更多地吸引人们注意那些他们想要忘记的名字）。但与奥古斯都和乌鸦的故事非常类似，另一个关键信息是，皇帝之间的相似性要超过他们的区别，只需稍做些表面调整就能将一个变成另一个。刺杀只是更宏大的帝制叙事中的小插曲。

"好皇帝"和"坏皇帝"？

  罗马从提比略到康茂德经历了3个王朝的14位皇帝，关于这段将近两个世纪的专制统治的标准故事专注于宝座上的统治者的德性与恶习，以及他们对专制权力的行使和滥用。据说尼禄"当罗马着火时仍在弹琴"（更准确的说法是，公元64年，他在罗马城被大火烧毁时仍在不负责任地弹着里拉琴）、曾经失败地企图用一条会散架的船淹死母亲(一桩巧计、残忍和荒谬的奇特组合)，而且他还折磨基督徒，仿佛他们是大火的罪魁祸首（这是罗马人对新宗教的第一波自发的暴力反应），很难想象罗马历史中没有这些故事。不过，尼禄的行径只是皇帝暴虐行径的大量不同变体之一。

康茂德皇帝经常被认为集腐朽专制的各种可怕暴虐于一身，他曾扮作角斗士，挥舞着被斩下的鸵鸟头威胁坐在斗兽场前排的元老。一位目击者在描绘此事时承认自己吓坏了，但同时几乎忍不住发笑，只得从戴着的花冠上扯下一些月桂叶塞到嘴里才没笑出声。深居简出的提比略在卡普里岛游泳池中的奇闻则指向利用皇帝权力行使性压榨，据说他让男孩们（"小鱼"）在水下轻咬他的阳具——鲍勃·古奇奥尼（Bob Guccione）在20世纪70年代拍摄的电影《卡里古拉》中兴奋地重现了这些场景。更令人战栗的是图密善如何将暴虐变成个人消遣的故事。据说他会把自己一个人关在房间里，一连几个小时用笔扎苍蝇玩。有人曾问道："房间里有人和皇帝在一起吗？"一名廷臣犀利地回复说："连只苍蝇也没有。"

偶尔也有一些皇帝具备出众德性的例子。马可·奥勒留皇帝的《沉思录》（尽管其中许多内容是陈词滥调，比如"不要表现得好像你能活1万年，死亡就在你的头顶"）至今仍然拥有大量拥趸、购买者和倡导者，包括一些自助精神导师和美国前总统克林顿。图密善的父亲维斯帕先具有超出常人的常识感，这同样值得广为人知。维斯帕先在公元 69 年取代放纵的尼禄成为皇帝,据说他是帝国财政的精明管理者,甚至对人尿(古代洗衣业和服装加工业的关键原料)收税。他几乎肯定从未说过那句经常被归于他名下的隽语"钱不发臭"(Pecunia non olet),但这句话恰到好处地捕捉到了正确的精神。他还以揭穿皇帝的自负闻名,包括他本人的。在公元 71 年的凯旋式结尾,当 61 岁的他已经在颠簸的马车上站了一整天时,据说他表示:"对于一个在我这般年纪还渴望凯旋式的蠢老头来说,这是自作自受。"

这些皇帝属于罗马世界中被描绘得最为生动的角色。不过,从挥动托加袍到他们的秃顶,各种有趣的具体细节可能会让我们忽略在盖乌斯故事表面之下已经可以窥见的更基本问题。我们在多大程度上可以通过帝王传记来审视罗马历史,或者按照皇帝(或王朝)来分割帝国的故事?流传至今的这些统治者的标准形象有多准确?皇帝的性格解释了什么?君主品质的区别能产生多大的影响?会对谁产生影响?

古代的传记作家、历史学家和政治分析家无疑相信这会产生很大的影响,因此,他们关注每个皇帝的缺陷和弊病、虚伪和暴虐,偶尔也会提及他们的坚忍的耐心或宽容的性情。在系列传记《十二恺撒传》(从恺撒写到图密善,包括公元 68、69 年间的 3 位短暂称帝者)中,苏维托尼乌斯为我刚刚引用的那些有启发作用的个人轶事安排了醒目的位置,而且,他极为关注传主的饮食习惯、着装风格、性生活和妙语(从笑话到遗言)等具有诊断功能的细节。我们在书中读到了提比略有痤疮、克劳迪乌斯反复消化不良和图密善有与妓女一起游泳的习惯这些内容。

即便理智得多的普布利乌斯·科内利乌斯·塔西佗也对此

类个人细节津津乐道。作为一名成功的元老和愤世嫉俗的历史学家，塔西佗在记述到图密善为止的前两个王朝时，对政治腐败做出了古典世界留存至今最有力的分析，虽然他是在公元2世纪初的图拉真统治时期写作的，保持了安全的距离。他无疑具有良好的宏观眼光。他的《编年史》记录了从提比略到尼禄的尤里乌斯–克劳迪乌斯王朝的诸位皇帝的历史，开篇第一句话非常平实："国王从一开始就统治着罗马城（Urbem Romam a principio reges habuere）。"仅仅用了6个词，它就直接挑战了政权的意识形态基础，以及皇帝们对自己不是过去意义上的君主的断言。不过，塔西佗经常把个体君主的性格和罪行作为论述基础。比如，在他笔下，尼禄试图用一条会散架的船来谋杀母亲阿格里皮娜一事被加工成一个巴洛克式的可怕故事，其中有一个恐怖细节包含了人性天真和皇帝无情的元素。当阿格里皮娜顽强地游向岸边时，落水的女仆为了保住性命而高喊自己是皇帝的母亲：这个孤注一掷的谎言只是让她马上被尼禄的亲随杀害。

在以罗马皇帝为主题的近代作品这个伟大传统中，许多都采用了类似的手法，它们围绕着皇室人物的好坏展开。爱德华·吉本（Edward Gibbon）从1776年开始陆续出版《罗马帝国衰亡史》（*History of the Decline and Fall of the Roman Empire*），他的话对后世历史学家的观点产生了重要影响。在展开书名中的主题前，吉本首先短暂反思了早先从提比略到康茂德的独裁统治，并特别赞扬了公元2世纪的皇帝们。他那句令人难忘的格言体现了18世纪的典型自信，至今仍被经常引用："如果有人被要求指出世界历史上人类状况最为幸福和繁荣的时期，他会毫不犹豫地选择从图密善之死到康茂德登基那段时间"——后世的许多人将之称为

"贤帝"时期,即涅尔瓦、图拉真、哈德良、安东尼·庇护、马可·奥勒留和卢基乌斯·维鲁斯在位的时期。

吉本继续表示,这些统治者的性格和权威"让人们的敬意油然而生","他们"为自由的形象而高兴"。他总结说,他们唯一的遗憾必然是,某些不够格的继承者("某些放纵的年轻人或嫉妒的暴君")将很快出现并毁掉一切,就像他们几乎所有的前任那样:"阴郁和毫不留情的提比略、狂怒的卡里古拉、软弱的克劳迪乌斯、放纵而残忍的尼禄……怯懦而不近人情的图密善。"

这番话对将近两个世纪的罗马历史做了专断的概括。在吉本生活的时代,历史学家们会"毫不犹豫"地做出判断,并乐于相信生活在罗马世界可能比在他们自己的世界更幸福。出于多种原因,这番话也很有误导性。各位统治者是很难被归入任何一个标准和刻板的形象的。吉本本人承认,作为他最欣赏的皇帝之一,哈德良可能是个自负、喜怒无常和残忍的人,既是出色的君主,也是善妒的暴君(这些话现在很少有人引用,因为它们会破坏那句格言中的精彩断言)。吉本一定知道哈德良如何因为不认同建筑师的建筑设计而处死了后者的故事;如果属实,这种对皇帝权力的滥用将堪比盖乌斯。

如果哲人皇帝马可·奥勒留的某些现代赞美者回想一下他对日耳曼人的残酷镇压,他们可能会有所动摇。他的纪念柱至今仍然矗立在罗马中心,柱上环绕而上的战争场景骄傲地描绘了这次镇压;虽然不如图拉真之柱有名,但这根纪念柱显然是为了与前者一较高下而建的,并小心地建高了一点点(见彩图10)。

此外,我们在区分各种有关盖乌斯恶行的故事中的事实和想象时,会遇到许多问题。无疑,关于皇帝僭越行为的古代故事为

图70 马可·奥勒留纪念柱上一个典型的描绘罗马暴力的场景。被缚的日耳曼俘虏站成一排,一个个被处死。他们的人头滚落在身体旁边的地上,构成了特别可怕的景象。

我们提供了难忘的洞见,让我们深刻理解了罗马人的焦虑、怀疑和偏见。从罗马作家们究竟如何想象坏皇帝的坏是怎么表现出来的——从与游泳池中的性行为相联系的特别兴奋感(至今仍然如此)到出人意料地对虐待苍蝇行为提出异议(可能是为了表明在图密善的世界里,哪怕伤害再不起眼的东西都会成为他的爱好)——之中,我们可以得到大量关于罗马人的文化假设和更一般的道德的知识。但作为皇帝统治的现实状况的证据,它们仍是准确记述、夸大和猜测的混合物,让人几乎永远无法辨清。

皇宫大门背后发生的事通常是秘密发生的。一部分真相得以泄露,也有一些公开声明,但大部分内容都被付诸阴谋论的猜测。把近乎悲剧的船难说成是流产的谋杀企图并不太难。(说到底,塔西佗是如何知道阿格里皮娜女仆的愚蠢举动的呢？）这类我们将会称之为都市传说的故事比比皆是。在不同统治者的传记中，我们会看到基本雷同的逸闻和看上去属于灵光乍现的隽语。有位皇帝曾语带讥讽地表示，除非有人发现他死了，否则没人相信有一个推翻他的阴谋。这话究竟是图密善还是哈德良说的？也许两人都说过。也许是图密善先这么说的，哈德良复述了它。也可能这是一句描写身居高位者所面临的危险时方便可用的陈词滥调，几乎可以被放到任何一位统治者口中。

更一般地，皇位更迭的方式对每位皇帝的历史形象具有重要影响，因为皇帝的生涯和形象会被重塑，以迎合继任者的利益。罗马历史的基本原则是，遇刺者会被妖魔化，就像盖乌斯那样。而死在自家床上、由儿子和继承人（无论是亲生的还是收养的）接班的则会被誉为慷慨和慈爱之人，被认为致力于罗马的成功，不太看重个人得失。

受到上述想法的鼓励，近年来出现了一系列大胆的修正主义尝试，试图为一些最臭名昭著的暴君正名。尤其是，一些现代历史学家将尼禄更多地描绘成弗拉维王朝（取代了他的维斯帕先是该王朝第一个皇帝）宣传的牺牲品，而非一个自恋和弑母的纵火狂。（据说他在公元64年之所以放那把大火不仅是为了欣赏火景，也是为了给自己准备修建的庞大新宫殿——金宫——腾出空地。）就连塔西佗也承认，幸存者指出，尼禄在火灾后资助了救济无家可归者的活动，而他新宫殿传闻中的豪华（极尽奢侈，包括一个旋转餐厅）也没能阻止节俭的维斯帕先和他的儿子们将其变成自己家的一部分。此外，从公元68年开始，在尼禄死后的20年里，帝国东部至少出现过3位带着里拉琴的假尼禄，这些人自称是皇帝本人并对权力提出主张，他们表示皇帝没有像传言中那样自杀，而是仍然活着。他们很快都被镇压，但骗局本身表明，在罗马世界的某些地区，尼禄受到人们的深切怀念：没人会假扮成普遍遭人憎恶的皇帝来寻求权力。

这种历史怀疑主义是有益的。但它忽略了更重要的一点：无论苏维托尼乌斯和其他古代作家的观点如何，个体皇帝的品质和性格对帝国大部分居民不会产生太大的影响，也不会过多影响罗马史及其重要发展的基本结构。

大城市里的某些精英、皇帝的谋士、元老院和宫廷侍从的确很可能会受到影响。与10多岁的尼禄皇帝打交道很可能要比与之

图 71 尼禄金宫的部分装饰。现存部分大多保留在后来的图拉真浴场的地基中，它们令人印象深刻，但与书面描绘并不完全符合。旋转餐厅的确凿痕迹尚未被找到，虽然许多人乐观地宣称发现了它。保存下来的大部分装饰（对文艺复兴时期的艺术家产生了重要影响，为了描摹图案，他们特意向下挖掘）来自宫殿的仆人生活区。

前的克劳迪乌斯或之后的维斯帕先困难得多。在提比略避居卡普里岛期间，或者哈德良周游罗马世界时（他多次出游，是个老资格旅行家，更多时间待在罗马之外），他们的缺席肯定会给直接相关的行政人员——包括某个时期的苏维托尼乌斯，他曾短暂担任过哈德良的秘书官——带来影响。

不过，在这个小圈子之外，谁占据宝座或者他们的个人习惯与兴趣如何几乎没有什么区别，在罗马城（个体皇帝的慷慨能够惠及城内街上的男男女女）之外必定也是如此。此外，没有迹象显示，统治者的性格会对国内外的统治基本模式产生重要影响。即便盖乌斯、尼禄或图密善真像他们被描绘的那样不负责任、暴虐和疯狂，在占据头条标题的轶事背后，罗马政治和帝国的运转方式也完全或几乎没有区别。在丑闻传说和鸡奸故事之下（它们既让故事变得生动，又模糊了真相）和吉本精心构建的格言之外存在着一个异常稳定的统治结构，而且就像我们将会看到的那样，整个该时期存在的问题与矛盾的内容也异常稳定。为了理解帝制，我们必须了解的是这些，而非统治者个人的癖性。毕竟，从未有哪一匹马真的当上了执政官。

顶层的改变

这并不意味着公元14年到192年间的一切都保持不变。作为皇帝权力的总部，皇宫在该时期得到了大规模扩建；皇帝的行政人员人数大幅增长，变得面目全非；基础结构也变得复杂得多。到了公元2世纪初，臣民眼中的皇帝开始变得大不相同。

第一位奥古斯都曾努力地表现出（一定程度上是表演）自己在生活上基本与传统的罗马贵族没什么不同。但仅仅几十年后，皇帝生活的豪奢风格已经在西方世界无与伦比。罗马的庞贝城清楚地展现了这种改变的幅度。公元前2世纪，庞贝最大的宅邸（我们今天称之为"法恩之屋"[House of the Faun]，因为人们在那里发现了一座跳舞的法恩或萨梯[1]铜像）大致相当于地中海东部某些国王宫殿的规模，这些国王攫取或被授予了一部分亚历山大大帝征服的土地。到了公元2世纪，哈德良在距离罗马几英里外的蒂沃利（Tivoli）修建的"别墅"（现在对其委婉的称呼）已经比庞贝城本身还大。他还在那里为自己重建了一个迷你版的罗马帝国，包括帝国最重要的纪念碑和财宝——从埃及水道到克尼多斯城（Cnidos）著名的阿芙洛狄忒神庙及其甚至更著名的女神裸像——的复制品。

在此期间，奥古斯都在帕拉丁山上的几处宅邸已经发展为真正的宫殿。在最早的几位皇帝中，尼禄尤以无节制地在国内营建而臭名昭著。他的金宫包含了当时顶尖的奢侈装潢和工程技术，但规模本身同样惊人。据说宫殿的居住区和花园横跨了半个罗马城，几乎好比许多个世纪后让凡尔赛宫扩大到巴黎市中心那样。批评者由此创作了一些巧妙的涂鸦。一个爱开玩笑的人写道："整个罗马正在变成一座大屋子。公民们，逃到维伊去吧。"他在回顾几个世纪前提出过的一个建议，公元前390年罗马遭遇高卢人入侵后，有人提议罗马人应该抛弃自己的城市，在昔日敌对的埃特鲁里亚城市维伊安家。不过，虽然尼禄对罗马

---

[1] 法恩（Faun）和萨梯（satyr）分别是罗马和希腊神话中的一种半人半羊的精灵。

图72 蒂沃利哈德良别墅内的一个观赏池边的鳄鱼雕塑，带有埃及风味。这座别墅甚至比尼禄的金宫更为奢华。哈德良没有像尼禄那样因此受到指责，这主要是因为他的营建相对隐藏在郊外，而且看上去没有占据罗马城本身的土地。

的"入侵"是有争议的，但他的宏大营建计划给未来树立了模板。

到了公元1世纪末，皇帝们开始享受新建的一系列豪华的郊外庄园，它们遍布城市边缘的大部分地区（结合了宫殿和被称为horti的游乐园）；他们的中央总部或者"宫殿"（palace，得名于帕拉丁山 [Palatine]）几乎占据了整个帕拉丁山。现在的宫殿包括接见室、正式餐厅、接待套房、办公室和浴场，以及家人、侍从和奴隶的居所——象征性关闭的后门外是伪造的"罗慕路斯小屋"，那里是罗马诞生的地方。多层的宫殿高耸于城市上方，在周围的很大区域里都能看到。此外，它还完全占据了帕拉丁山上的土地，几个世纪来那里一直是元老们最中意的居所。西塞罗在罗马的主要宅邸就在那里，克洛迪乌斯和其他许多罗马共和国政要同样生活在那里。帕拉丁山旧宅保存最好的遗迹现在被埋在后来建造的宫殿地基下，而被从首选地区赶出的精英家族往往搬到阿文丁山，那里早年曾是罗马激进平民的要塞，几乎没有什么比这些更清楚地象征了罗马权力平衡发生的改变。

与皇宫的扩建同时发生的是，在帝国的中央枢纽，皇帝的行政队伍同样经历了扩张。我们对第一位奥古斯都的侍从组织方式细节几乎一无所知，但那很可能是前一个世纪里任何重要元老家庭的扩大版本：大批奴隶和释奴担任着从清洁工到秘书的各种职责，家人和朋友充当谋士、亲信和咨询班子。1726年在阿皮亚大道上发现的一座大型公共墓穴（所谓的"鸽棚墓"［columbarium］）中的被埋葬者无疑给人留下了这种印象。这里最初安放着里维娅的1000多名奴隶和释奴的骨灰，墓中的小牌子上记录着他们的名字和职务。留存下来的那部分提供了关于她的侍从的部分情况：其中有5名医生和1名医务监督、2名助产妇（可能为家庭其他成员服务）、1名卧室侍者（capsarius，可能是古代的"拎包人"）、1名宴席筹备人和1名阉人（职责不明）。这看上去就像是任何一位贵族妇女都可能拥有的奴隶侍从班子，但规模要大得多。他们住在哪里仍然是个谜。皇帝夫妇在帕拉丁山上的宅邸很难挤得下这些人，他们想来肯定住在别的地方。

到了30年后的克劳迪乌斯时代，皇帝拥有了在规模和复杂程度上截然不同的行政组织。一系列新设立的部门或办公室负责不同的行政工作：有分别处理拉丁语和希腊语通信的不同的办公室，还有处理皇帝收到的请愿的、管理账目的，负责准备和安排由皇帝审理的案件的。它们大多由奴隶担纲，人数达好几百，受到部门主管——最初通常为释奴，他们是可靠的管理者，可以基本确保忠诚于皇帝——的领导。不过，当这些人行使的巨大权力开始引发传统精英的争议后，主管改由骑士等级的成员担任。元老们从不喜欢被强大而卑躬屈膝却在他们的地盘上趾高气扬地走来走去（在他们眼中是这样）的下层等级抢戏。

这看上去很像现代的文官制度，但有一个重要区别。在部门主管之下没有清晰界定的等级，也没有我们今天将之与现代西方或古代中国的文官理念联系起来的岗位分级、资质和考核。据我们所知，它仍然建立在类似西塞罗的旧式家庭奴隶的基础上，即便规模要大得多。不过，它也指向了皇帝的工作中经常被各种奢侈和放纵故事所掩盖的另一个方面：文书工作。

大部分罗马统治者在书桌边度过的时间要超过在餐桌边。人们期望他们努力工作、在众人面前行使实际权力、对请愿做出回应、对帝国各处的争端做出裁断和对棘手的案件做出判决，哪怕是那些在外人看来显得相对微不足道的（虽然对涉事各方而言无疑不是如此）也包括在内。一篇长长的铭文提到，有一次，人们请求第一位奥古斯都对克尼多斯城（位于今天土耳其的西南沿海地区，著名的阿芙洛狄忒雕像就来自那里）的一场斗殴做出裁决。这场肮脏的当地斗殴以一个恶棍被一名奴隶不小心从上方窗户中丢下的夜壶砸死收尾，而"受害者"当时正在攻击那座房子。奥古斯都必须决定谁有罪，是攻击者、丢下夜壶的奴隶还是他的主人？

涉及许多此类案件的一袋袋书信被寄到皇宫的收发室，一波波使者前来等待皇帝的答复或接见，在日益庞大的侍从的支持下，皇帝才有处理它们的可能。在这点上，确实有现代文官制度的影子：因为肯定经常有一批奴隶和释奴阅读文件，向皇帝提供合宜的行动建议，而且无疑还要起草许多决定和回复。事实上，对于各行省的地方社群收到并骄傲地铭刻在大理石或青铜上永久展示的"皇帝来信"，很大一部分他几乎只是点头认可和盖上印章。不过，收信人也许不太介意这一点。

生活在行省甚至是意大利的大部分人对皇宫的样子或皇帝

的行政班子如何工作只有（如果真有的话）最模糊的了解。只有很少一部分人能见到活生生的皇帝。不过，他们可能已经一次又一次地看到过他的形象，无论是在钱袋中的钱币上，还是继续在罗马世界大量流传的皇帝肖像。这种氛围与现代的独裁——统治者的面容出现在所有的店铺门面、街角和政府部门内——差别不太大。有时，头像还会被印到宗教祭祀上分发的饼干上，可以吃下去，几个现存的饼干模具说明了这一点。事实上，公元2世纪的学者、教师和廷臣马库斯·科内利乌斯·弗隆托（Marcus Cornelius Fronto）在写给他最显赫的弟子马可·奥勒留的一封书信中，将这种皇帝形象的传播视作荣耀，虽然他对普通民众在自发举动中所展现的艺术才能嗤之以鼻。他写道："所有的银行、商店、酒肆、山墙和回廊上都公开展示着您的肖像，虽然它们绘制得很粗糙、模板与雕刻风格粗陋且几乎毫无价值。"

皇帝的面容无处不在，但表现方式可能截然不同。从公元2世纪初开始，统治者的形象发生了巨大改变，只有睁眼瞎才会看不到这个变化。100多年来，皇帝肖像上没有须毛的痕迹（如果要表现他们在哀悼时，会有一点点胡茬），但随着公元117年哈德良登基，皇帝开始以络腮胡子形象出现，这种潮流在该世纪剩余的时间里得到延续，并且远远超过了本书所涵盖的范围。可以凭此判定现在陈列在博物馆中的所有皇帝头像的年代：如果有胡子就是公元117年之后的。

这种改变不可能只是一时风尚，或者就像一位古代作家在我们预料之中所猜测的，是为了掩盖哈德良脸上的斑痕。但这样做

图 73 镀金的哈德良青铜头像,显示了他独特的须毛。铜像曾被忠诚地在意大利北部的维莱亚城(Velleia,位于今天的帕尔马附近)展示。

的原因仍然令人费解。这是在试图模仿过去的希腊哲学家吗?[1] 众所周知,哈德良非常推崇希腊文化,哲人皇帝马可·奥勒留同样如此。那么,这是在试图给罗马皇权注入思想气息,用希腊人的方式重新表现它吗?还是说情况恰好相反,这是为了向罗马最早期的强硬军事英雄回归,甚至比公元前3世纪的西庇阿·巴巴图斯更早的英雄回归,因为蓄胡子对当时的罗马人来说已经显得不寻常了?我们无从知晓答案,留存至今的古代作品也没有为新添的胡须提供解释。不过,胡须至少暗示了在宫廷内部有人对皇帝

---

[1] 胡子被认为是希腊哲学家的标志,斯多葛主义者爱比克泰德表示,他宁愿去死,也不会剃掉胡子。图密善曾经下令剃掉提亚那人阿波罗尼乌斯的胡子和头发,作为对这位哲学家的最严重羞辱(菲洛斯特拉托斯,《阿波罗尼乌斯传》7.34)。公元2世纪时,从一些讽刺作品中也能看到胡子和哲学家的关系,比如《帕拉丁诗选》11.430 揶揄说,如果有胡子就能获得智慧,那么山羊就是完整的柏拉图了。又如《阿提卡之夜》9.2.1-11 中,赫罗狄斯·阿提库斯也据此拒绝了一位乞丐。而罗马人一般不留胡子,他们在成年时会剃掉胡子,将其献祭给神明,狄奥和苏维托尼乌斯提到了几位皇帝的例子。

的形象非常重视,甚至连须毛也包括在内,而且无论出于什么原因,他们愿意为此与传统决裂。

不过,虽然上述某些发展是重要和可见的,但自从皇帝权力的基本结构被第一位奥古斯都确立以来,无论是谁坐在宝座上,它们在这14位皇帝的整个统治期间没有发生改变:让公元1世纪初的提比略坐上公元2世纪末的康茂德的皇位可能并不会让前者感到犯难。他们都继承了"奥古斯都"的头衔和其他一系列经常很相似的名字。人们总是需要睁大眼睛才能分辨恺撒·普布利乌斯·埃里乌斯·特拉亚努斯·哈德良努斯·奥古斯都(Caesar Publius Aelius Traianus Hadrianus Augustus)和继承他皇位的恺撒·提图斯·埃里乌斯·哈德良努斯·安东尼乌斯·奥古斯都·庇护(Caesar Titus Aelius Hadrianus Antoninus Augustus Pius),这两人更为人所知的名字是哈德良和安东尼·庇护。人们都是用"恺撒"当面称呼皇帝。角斗士在开始战斗前偶尔会向皇帝高呼"恺撒,那些将死的人向您致敬",这种致意方式适用于每一位皇帝。

他们都沿袭了奥古斯都的先例,通过营建确立自己的权力,炫耀对人民展现的慷慨,并展示自己的军事才干——或者说如果不这么做,他们会饱受批评。作为维斯帕先最著名的营建,公元80年在他儿子提图斯统治时期竣工的圆形剧场巧妙地结合了这3种目标。这座剧场最终被称为斗兽场(Colosseum),得名于附近的一座尼禄巨像(在尼禄死后仍然矗立了很久)[1]。它既是一项巨大

---

[1] 尼禄巨像(Colossus Neronis)相传为希腊人泽诺多罗斯(Zenodorus)用青铜建造,高120英尺(苏维托尼乌斯,《尼禄传》31),后来被维斯帕先改成太阳神像(苏维托尼乌斯,《维斯帕先传》18)。公元128年初,为了给新建的维纳斯和罗马神庙腾地方,哈德良将其搬到斗兽场附近。

的建筑工程（耗时将近10年才完工，使用了10万立方米的石材），又纪念了维斯帕先平定犹太人起义军的胜利（建造费用来自战利品），还是引人瞩目的针对罗马人民的慷慨之举（它是有史以来最著名的大众娱乐场馆）。此外，它也是对前任的批判，建造地点特意选在了尼禄曾经的私人花园里。

不过，这14位皇帝也继承了奥古斯都留下的问题和矛盾。因为"奥古斯都的模板"虽然在某些方面持久而牢固，但在其他方面只是岌岌可危地保持着平衡。它留下了一些非常危险的悬而未解的问题。特别是奥古斯都从未解决的皇位继承问题。此外，元老院的角色以及皇帝和其他精英的关系也充满争议。更一般地，如何界定和描绘罗马世界统治者的权力也带来了令人尴尬的问题。比如，标榜"公民身份"（civilitas）或者认为自己只是"同辈中的第一人"（primus inter pares）的观念是否与皇帝的巨大荣耀和近乎神明的身份相符？罗马统治者究竟有多么接近神明？

这些难题就位于许多可怕轶事的表面之下，所有的皇帝和他们的谋士都不得不去尽力解决。比如，几个关于皇位继承人下毒的故事揭示了继承权的不确定。盖乌斯对长期受折磨的执政官开玩笑般的冒犯反映了元老院与统治者之间的紧张关系。因此，现在我们将把目光投向皇权中的这些标志性冲突：继承问题、元老院和皇帝的身份（无论是否具有神性）。对我们理解罗马帝国的政治运作方式而言，它们和巨大的营建计划、军事行动、慷慨的施惠同样重要，远比所有关于犯罪、阴谋或让马担任执政官的猎奇故事还要重要。

继承问题

盖乌斯的遇刺是皇位更迭的一个特别血腥的例子,但罗马的皇权交接经常是残酷的。虽然皇帝的存活率相当不错(将近200年的时间里只经历了14位皇帝,这是稳定性的一项证据),但继承时刻充满了暴力,并被各种不忠指控所包围。在前两个王朝中,公元79年去世的维斯帕先是唯一没有传出死于悖德行为流言的皇帝。盖乌斯、尼禄和图密善显然死于非命。其他所有人的死亡都被谋杀流言所包围。名字、年代和细节有所不同,但故事如出一辙。有人说里维娅为了帮助提比略上台而毒死了奥古斯都;许多人认为提比略是被毒死或闷死的,这样才能给盖乌斯腾地方;据说为了成功地让儿子尼禄成为皇帝,阿格里皮娜用毒蘑菇害死了丈夫克劳迪乌斯;还有人表示提图斯的早逝与图密善有关——相反,《塔木德》中的一则故事则一厢情愿地声称,在提图斯摧毁了耶路撒冷的圣殿后,一只蠓飞入他的鼻孔,一点点吃掉了他的脑子。

这些故事有许多无疑是虚构的。很难相信年事已高的里维娅会不辞辛苦地往还长在树上的无花果上涂抹毒药,然后骗丈夫吃下它们。但无论是否属实,它们都强调了权力交接时充满了不确定性和危险。由此传递的信息是,继承过程几乎永远伴随着一场争斗或有一个受害者。这种模式也让人想起了有关早期国王的神话:他们统治了很长时间,但7人中只有两位善终。为何继承问题如此困难?罗马人找到了何种解决办法?

第一位奥古斯都试图使独裁变成永久性的,并一直由自己的家族掌权。但候选的接班人陆续死亡,而且他与里维娅没有留下子嗣，使他的计划受阻。第一个王朝的继承问题始终令人焦虑，因为尤里乌斯－克劳迪乌斯家族的各个支派提出的权力主张发生了冲突。但问题不仅于此，即便皇帝夫妇生育了半打健康的男孩，它们也不会消失。

罗马人关于地位和财产的继承规则并不固定，在此背景下，奥古斯都试图从零开始创造一套王朝继承制度。重要的是，罗马法律并未设定长子将成为唯一或主要继承人。近代标准的长子继承制确保了对谁应该继位的问题不会产生疑问，虽然将出生顺序作为唯一标准可能导致完全不合适的人登上宝座。在罗马，皇帝最年长的男性孩子在试图接替父亲登上皇位时会有一定的优势，但仅此而已。权力主张若想取得成功，还要依靠幕后操作、关键利益集团的支持、做好登基准备和小心地操控舆论。同样不可或缺的是，需要在合适的时间出现在合适的地方。确保和平交接的唯一可靠方法是新皇帝在老皇帝咽下最后一口气时接过他的图章戒指，没有令人尴尬的间隔。谣言散布者明白其中的关键：在有关尤里乌斯－克劳迪乌斯王朝的大部分下毒指控中，谋杀并非被视作让某个新人选登上宝座的阴谋的组成部分，而是为了获得有利的时机，确保某个已被选定为可能继承者的人无缝接管权力。

确立一个对皇位提出的合法主张的过程充满了这些不确定因素，这也有助于解释罗马宫廷为什么具有特别险恶的形象，似乎那里的每一枚无花果上都蕴藏着危险。那里的怀疑气氛非常浓烈，以至于据说图密善在宫廷墙壁上镶嵌了会反光的石头，以便看清身后来人。由于没有公认的权力交接制度，皇帝的任何亲戚都可以被视作他的潜在对手或可能的继承人，因此，那些在皇族中位于边缘的人处境非常危险。许多故事很可能更多地属于想象而非事实，罗马精英的天性并不特别残酷和无情，即便那是他们在电影和小说中的形象。真正无情的是皇位继承的基本逻辑。在描写公元 54 年尼禄统治之初的事件时，塔西佗以其特有的愤世嫉俗的笔触揭示了这一点。他表示"新皇帝手下的第一个受害者"（暗示后来还有更多）是亚细亚行省总督马库斯·尤尼乌斯·希拉努斯·托夸图斯（Marcus Junius Silanus Torquatus）。塔西佗表示，此人全无野心，而且不知羞耻地对什么都漠不关心，以至于盖乌斯贴切地称其为"金绵羊"。但他的死不可避免，原因不言而喻："他是奥古斯都的曾外孙。"

还有其他通往权力的道路。另一条路正是第一位奥古斯都曾试图切断的：被军队拥立。公元 41 年，罗马的近卫军在把克劳迪乌斯推上宝座的过程中扮演了重要角色。再次引用塔西佗的话：公元 68 年，"帝制的秘密曝光，皇帝可以来自罗马之外的某个地方"。"罗马之外的某个地方"是"行省军团"的隐晦说法，因为想要取代尼禄的 4 位敌对的权力主张者分别得到了不同行省的军队支持。不到 18 个月，与尤里乌斯 – 克劳迪乌斯王朝没有任何血缘关系的维斯帕先在东部省份称帝。不过，他和他的支持者们显然觉得仅凭军事力量不足以确保他的地位。虽然他后来给人留下了脚踏实地的形象，但在统治之初，他对皇位的主张得到了关于他所行神迹的各种流传广泛的报道的支持。在埃及，就在维斯帕先称帝前不久，据说他通过往一个盲人的眼睛里吐口水使其重见光明，通过踏在另一个人萎缩的手上使其恢复健康。无论这些报道是建立在何等精心编排的表演上的（或者与公元 1 世纪那位著名得多的行神迹者有着何等不寻常的相似性），据说多年之后当维斯帕先早已去世时，仍有目击者坚称这些神奇的治愈确有其事。

近卫军继续对皇位继承施加影响；显然，如果遭到城中军队的强烈反对，任何人都无法坐稳宝座。但直到公元192年，他们再没有像公元41年那样发动过公开的政变，行省的军团也再未拥立过皇帝。这在一定程度上是因为从公元1世纪末——之前的皇位继承经历了一段短暂而相对平稳的时期，维斯帕先的两个亲生儿子先后继位——开始，出现了另一条通往宝座的道路：收养。它似乎绕过了之前的某些难题。

在罗马，收养从来不是一个主要被当做让没有孩子的夫妇建立家庭的手段。如果有人想要孩子，他们可以很容易地在垃圾堆上捡一个。在没有儿子健在的情况下，精英阶层一直用收养来确保地位和财产的继承以及家族姓氏的延续。被收养者更可能是出色的少年或青年，而非婴儿，后者的高死亡风险使其成为不明智的投资对象。比如，小西庇阿——波利比乌斯的朋友和公元前146年迦太基的征服者，另一位著名的罗马将领埃米利乌斯·保卢斯的亲生儿子——正是这样成为西庇阿家族成员的。

不足为怪的是，奥古斯都和他的尤里乌斯-克劳迪乌斯王朝继承者们就像其他精英家族有时做的那样，会通过收养在范围更广的亲戚中选定中意的继承人。因此，奥古斯都收养了自己的外孙们，当他们去世后，他又收养了里维娅的亲生儿子提比略；类似地，克劳迪乌斯收养了妻子的儿子尼禄。但从公元1世纪末开始出现了一种新模式。当图密善在公元96年被刺杀后，元老院将皇位授予了年迈且没有孩子的涅尔瓦，后者被认为是个安全的人选。从涅尔瓦到马可·奥勒留，皇位继承人的选择和收养没有明显考虑亲属关系。有的与在位皇帝完全没有血缘或姻亲联系，或者只是远亲，而且来自远离罗马的地方。第一位这样的养子图拉真来自西班牙，其他养子的家族同样来自那里或高卢。他们是早期罗马海外定居者——很可能是与当地的罗马人社群通婚，而非与土著人口结合——的后裔。不过，他们还是以引人注目的方式实现了罗马的融合计划，证明皇帝也能来自帝国的行省。

这种新机制在公元2世纪的大部分时间里得以维持运转，有时被视作政治权力理念的一个重要转变，几乎是一场贤能统治的革命。盖乌斯·普林尼乌斯·凯基利乌斯·塞孔都斯（Gaius Plinius Caecilius Secundus，为了区别于他的叔叔老普林尼，现在通称小普林尼）正是以此证明了该程序的正当性，他在对图拉真皇帝说的一段讲话中表示："当你要把对元老院和罗马人民、军队、行省和盟友的控制交给一个人时，你会指望他来自妻子的肚子，或者只在自家墙内寻找最高权力的继承者吗？……如果他将统治众人，他必须从众人中选出。"同样在图拉真统治时期写作的塔西佗在一段借塞维乌斯·苏尔皮基乌斯·加尔巴（Servius Sulpicius Galba，此人在尼禄死后曾短暂占据皇位）之口说出的话中表达了类似的情感。仅仅在遇害几天前，年迈且没有孩子的加尔巴试图收养家族之外的某个人作为继承者。塔西佗的话显然认同公元69年的那个决定，但它们事实上属于他自己那个时代养子继位的世界，他笔下的加尔巴说："在提比略、盖乌斯和克劳迪乌斯的统治下，我们罗马人成了一个家族的遗产……既然现在尤里乌斯-克劳迪乌斯王朝已经终结，收养制将只选择最好的。因为生为皇帝的子孙完全凭运气，他们并不高人一等。"

这些漂亮话反映了一种对皇帝权力和品性之本质所进行的新的反思。在实践中，收养制有时也的确运转得很顺利。公元98年涅尔瓦去世时,图拉真的继位已经板上钉钉,以至于新皇帝甚至直到一年多后才从日耳曼返回罗马。不过,这种做法并非像某些对其热烈称颂的古代叙述所描绘的那样是完美的解决方案。透过字里行间,我们可以清楚地看到,涅尔瓦是在近卫军的施压下收养图拉真的(普林尼的话别扭地透露了老人"被迫接受"图拉真的事实),与图拉真一起集结在莱茵河畔的军团也很可能发挥了作用。当图拉真在将近20年后去世时,无论事实上发生了什么,关于阴谋的传闻与尤里乌斯-克劳迪乌斯王朝时期的非常相似:有流言说他是被毒死的,直到最后一刻才宣布收养哈德良的消息,有的怀疑图拉真的妻子普洛提娜(Plotina)为帮助哈德良登基而耍了手腕,直到一切就绪才公布死讯。

此外,虽然对贤能政治不乏溢美之词,但收养制还是被视作皇位继承的次优选择。当哈德良写了一首小诗向图拉真致敬时,他更愿意称其为埃涅阿斯的后裔,而非涅尔瓦的养子——有关血统的这种想象也许还暗示了图拉真的海外出身。而在恭维图拉真的话的结尾处,小普林尼表示希望皇帝未来能有子嗣,好让他的继承人真正来自"妻子的肚子"。当马可·奥勒留成了70多年来第一位拥有未夭折子嗣的皇帝时,那个儿子顺利继位,没有假惺惺地表示要寻找最合适的人选。结果是灾难性的。公元192年康茂德遇刺,随之而来的是近卫军和罗马以外的敌对军团的干涉以及新一轮内战,这标志着奥古斯都设计的帝制模板开始失效。

罗马皇帝和他们的谋士从未解决继承问题。他们部分败给了生物学因素,部分败给了始终围绕着何为最优继承原则这个问题的不确定因素和分歧。继承问题总是变成运气、权宜、阴谋、暴力和秘密交易的某种结合体。罗马权力的交接时刻总是它最脆弱的时刻。

元老

在纪元后的前两个世纪里，另一个问题也不断出现在这14位皇帝的故事中，并在古代作家们那里得到了最大的关注，那就是宝座上的人和元老之间的关系，以及元老院如何在专制统治下运作的问题。帝国的运营离不开元老们。在他们之中，有皇帝的大部分朋友、谋士、亲信、座上宾和酒友，也有身份仅次于皇族并可能成为皇帝的有力竞争者、高调的对手和刺客的人。奥古斯都尝试了一种小心翼翼的平衡方法，除了赋予元老院额外的特权和标榜自己的公民身份，他还试图将这个昔日的共和国机构改造得更像是自己新政权的行政部门。

这是一种脆弱的折中方案，导致元老院的政治角色在一个拥有无上权力的专制者统治下缺乏明确定位，非常尴尬。第一位奥古斯都死后不久，提比略便暴露了这个问题，当他出人意料地回归过去的方式，试图让元老们自己做出决定时，他们一次次拒绝从命。按照塔西佗的描述，当有一次皇帝坚持让他们全体（包括他本人）公开投票时，一名言语犀利的元老总结了问题关键所在，他问道："恺撒，您能告诉我您的投票顺序吗？如果您第一个投，我将追随您的意见。如果您最后一个投，我担心可能无意中做了错误的决定。"这番话可能是假装以一种尊重的语气说出的，据说提比略把它解读为元老院的奴颜婢膝，令人无法忍受，每次离开会场时，他都会用希腊语说："这些人真是适合当奴隶！"如果是这样，那么提比略没能意识到他宣称想要的不受约束的元老院与他自己的权力格格不入。

罗马人对该时期的记述大多从元老的视角出发，充分展现了皇帝和元老间的这种对峙和公开的敌意。无论是否准确，他们对每位皇帝统治时期被杀或被迫自杀的人数做了统计，并着重描绘了那些臭名昭著的例子。据说大部分皇帝开始统治时，都会向元老院发出和解的声音，但经过几件事之后，统治者和一些精英成员就会开始公开互相敌视。尼禄在对集会元老发表第一场演说时坚称他们"会保留自己古老的特权"，仅仅几年后，这个承诺在某些人看来就完全变成一纸空文。哈德良登基伊始也信誓旦旦地表示不会不加审判就处死元老，尽管不久就有 4 名前执政官被处决，仅仅是因为有传言说他们对新统治者图谋不轨。很多古代历史学家描绘了帕拉丁山与元老院间那种极端的怀疑气氛，塔西佗不是唯一一个。

即便元老院中最谨小慎微的异议者也总是可能被告密者揭发，据说后者依靠向皇帝泄露那些不太忠诚的人的名字而发了财。也有人不愿谨言慎行，而是公开反对同僚的阿谀奉承和在位皇帝可笑的放纵。比如，在尼禄统治时期，当听到皇帝在一封信中为自己（最终成功）的弑母行为辩护后，节操高尚的普布利乌斯·克洛迪乌斯·特拉西亚·派图斯（Publius Clodius Thrasea Paetus）冲出元老院，拒绝参加每年举行的对皇帝的效忠投票，并明显表现出不愿为尼禄的舞台表演鼓掌。[1] 由于这些和其他"罪行"，他在缺席判决中被判犯了叛国罪，并被迫自杀。塔西佗怀疑这些自我宣扬式的抗议能够起作用。对于特拉西亚的一个举动，塔西佗写道："他成功地让自己陷入危险，却没有为其他人开辟通往自由的道路。"

---

[1] 关于冲出元老院，见卡西乌斯·狄奥，《罗马史》62.15，亦见塔西佗，《编年史》14.12；关于拒绝鼓掌，见《罗马史》62.20。

在这种政治背景下，作为自由共和国与元老权力的捍卫者和专制的反对者，布鲁图斯和卡西乌斯的形象可能就成了异议者的有力象征。就像我们已经看到的，将时钟拨回到"自由"（对某些人而言）的先前不切实际。公元41年，元老院浪费了一次赢得一定掌控权的机会。差不多30年后的公元69年，当刚刚称帝的维斯帕先还在国外时，他们甚至没有尝试去争取，而是（至少在塔西佗的记述中如此）在新皇帝缺席期间忙着彼此算旧账。不过到了这时，共和国理念对许多人来说差不多相当于无害的怀旧，只是某个版本的"美好旧时光"以及与罗马的传统德性有关的著名轶事的一个来源。甚至早在奥古斯都时期，历史学家李维也并没有因为是"伟大的"庞培（恺撒最终的敌人）的著名拥趸而受到制裁，奥古斯都只是取笑了他。

不过，公开赞美刺杀恺撒的人有时可能会使一名元老被判处死刑。公元25年，在提比略统治时期，历史学家奥鲁斯·克雷姆提乌斯·科尔都斯（Aulus Cremutius Cordus）在遭受叛国罪审判后绝食身亡。他的罪名是在所著史书中赞美布鲁图斯和卡西乌斯，并称卡西乌斯为"最后的罗马人"。他的著作也被焚毁。马库斯·阿奈乌斯·卢坎努斯（Marcus Annaeus Lucanus，通称"卢坎"）所著讲述恺撒和庞培之间的内战的长篇史诗（在诗中，两人都有可怕的缺陷，作者认为只有死硬的共和派人物小加图拥有真正的德性）逃过了一劫，并留存至今。诗人后来被卷入所谓的反对尼禄的阴谋并随后自杀，可以说与这些观点不无关系。

皇帝拥有羞辱和伤害他人的权力同样是引发不满的重要主题。盖乌斯关于自己只要点一下头就能处决执政官的"玩笑"和康茂德用被斩首的可怜鸵鸟所做的表演只是一系列喜欢异想天开的皇帝变着花样恐吓或取笑元老的故事中的两个。

历史学家卢基乌斯·卡西乌斯·狄奥（Lucius Cassius Dio）所著的体量庞大的罗马史纲要讲述了从埃涅阿斯到他自己所处的公元3世纪初的故事，书中描绘了一些最令人难忘的事件。作为康茂德统治时期的一名元老，他目睹了这位皇帝在角斗场上的某些夸张表演，但也描述了公元89年图密善想出的一种最奇特的威胁方式。故事中说，皇帝邀请一群元老和骑士赴宴，他们到场时惊讶地发现到处都装饰成了黑色，无论是坐榻、器皿还是侍童。每位客人的名字都被刻在一块犹如墓碑的石板上，而且皇帝整晚的谈话始终围绕着死亡话题。这些人都相信自己活不到第二天。但他们都错了。他们回到家，听到了预料之中的敲门声，却发现来的不是杀手，而是一位皇帝的侍从，他带来了宴会上的礼物，包括刻着他们名字的石板和各自的侍童。

我们很难知道这个故事的寓意或者狄奥是从哪里听说的。如果它是基于事实的，那么我们很想知道故事背后是不是一场诡异的化装晚会（挥霍无度的罗马精英以喜欢用不同颜色标记的精美食物著称[1]，甚至是皇帝的某种哲理展示（"吃吧、喝吧和寻欢吧，因为明天你会死"是罗马人道德说教时最喜欢的一个主题）。不过，狄奥无疑将此视为皇帝乐于以施虐伤害元老的一个例证，并证明了统治者和其他精英间长期存在冲突。这是一个有关罗马人的恐惧的经典故事，因为偏执、怀疑和不信任而雪上加霜。由此传递的信

---

[1] 比如《罗马皇帝传：埃拉加巴鲁斯传》19.2：他在夏天还把宴会布置成各种颜色，今天是葱绿色，另一天是透明的，还有一天是海蓝色，夏天日日都不一样（Deinde aestiva convivia coloribus exhibuit, ut hodie prasinum, vitreum alia, die venetum et deinceps exhiberet, semper varie per dies omnes aestivos）。

息是，被皇帝邀请赴宴从来不太可能是表面看上去的那个样子。

不过，元老院和皇帝的关系也有完全不同的另一面。小普林尼是西塞罗之后最著名的罗马书信作家，现存归于他名下的书信被编为10卷：前9卷包括247封信，第十卷有100多封信，全都是他在涅尔瓦和图拉真皇帝统治时期的元老生涯的记录，并回顾了一些图密善时代的情况。卷1到卷9为写给不同朋友的书信，远比西塞罗的信经过了更多的打磨，很可能有人做了大量编辑工作，它们得到了精心的排序，组成了一幅清晰的自画像。与之相反，卷10可能没有做过很大的修改，完全由小普林尼和图拉真的往来书信组成。其中大部分是公元109年小普林尼作为图拉真的特使被派往黑海边的比提尼亚（Bithynia）担任总督后两人的通信。小普林尼经常给罗马写信，向皇帝咨询行政问题或者向其通报最新情况，特别是诸如当地财政、好高骛远的营建计划或如何在行省庆祝图拉真的生日的信息。最后一项是一种重要的礼仪，即便图拉真这种以务实著称的皇帝也不能免俗。

在整个书信集中，小普林尼都表现得如同有学识、有良心的公仆，无疑是奥古斯都梦寐以求的那种元老。他是一位演说家和律师，主要因为在专门处理遗产纠纷时的法庭表现而扬名。小普林尼的政治生涯始于图密善时期，在随后几位皇帝的统治下得以延续，他承担了一些重要的行政职责（筹集军饷和疏浚台伯河航道），并循序渐进地担任过一系列公职。包含有关孩子和领养的主题的那番话，是他在公元100年正式担任执政官后向图拉真讲的。

小普林尼的书信中也有抱怨和烦恼：他在通信中自始至终系统地攻击了与他发生过冲突的律师同行雷古卢斯（Regulus）的品

格，嘲讽此人的眼罩和妆容[1]；当元老同僚开始在他们的选票上涂写下流笑话时，他一本正经地发火。[2]但书信总体上展现了一个欢乐而略微洋洋自得的元老的生活画面。普林尼描绘了他与皇帝同席的快乐（没有墓碑）、他对位于意大利北部的家乡的施惠（包括捐了一座图书馆）、他对友人和门客的支持，以及他的文学追求和业余历史兴趣；他给友人塔西佗的一封回信事实上是现存关于公元79年维苏威火山爆发的唯一目击记录[3]。（灾难发生时，青年普林尼正好待在附近。多年后，那位历史学家在为自己史书中的这个部分做研究时请他回忆当时的情况。）他甚至与某个钟爱布鲁图斯和卡西乌斯半身雕像的人交好，而且看上去没有因此危及自身安全。[4]

　　小普林尼的生涯最惊人的地方在于，从被刺杀的图密善（首先注意到他并提拔了他）到年迈的涅尔瓦，再到后者尚武的养子图拉真，他在不同的君主和王朝统治下都能取得成功。这种现象并不是那么罕见。他在一封信中描绘了涅尔瓦举办的一次宴会，时间可能是公元97年。席间，人们谈到不久前去世的一位图密善最凶残的支持者。皇帝可能装出了天真的样子问道："如果他还活着，你们觉得他会干什么？"一位头脑清醒的客人答道："他会和我们同席。"言下之意是，只要稍做些调整并适当地中伤前任皇帝，他就能成为受新皇帝欢迎的座上宾，继续在元老的权力阶

---

[1] 《书信集》6.2：他有时围着右眼有时围着左眼画圈，代表原告时画右眼，代表被告时画左眼（oculum modo dextrum modo sinistrum circumlinebat, dextrum si a petitore, alterum si a possessore esset acturus）。

[2] 《书信集》4.25。

[3] 《书信集》6.16 和 6.20。

[4] 《书信集》1.17。

梯上攀爬。就连对图密善特别尖刻的批评者塔西佗也承认，自己的生涯在前者可憎的统治下获得了相当大的成功。这个例子再次表明，个体皇帝的特点并不像传记传统所试图强调的那么重要。

一边是彬彬有礼的共事，一边是恐惧的气氛，一边是放松和自信的小普林尼，一边是行刑队或皇帝残忍的心血来潮的受害者，我们如何解释元老生活这两种画面中的不同呢？是否存在两类截然不同的元老呢？一边是少数可能令人讨厌的不走运者，他们拒绝附和体制，不愿接受皇帝的玩笑和自夸炫耀，公开表达反对并付出了代价；另一边是基本保持沉默的大多数，他们很乐意效劳并获取成功，成为皇帝宫廷的焦点，无论皇帝是谁，他们愿意在需要时投票支持焚书，也不介意是为皇帝祝寿还是监督他们脚下的台伯河的疏浚工程。

一定程度上情况很可能就是如此。在纪元后的前两个世纪里，元老们的人员构成逐渐有了改变。和普林尼一样，绝大部分人来自新的或相对较新的家族，并越来越多地出自海外行省。他们可能对过去的共和国远没有那么多幻想，对皇帝的心血来潮（即便是其中最为恼人的例子）也远没有那么在意，而是乐于做好自己的工作。我们还看到，最顽强的反对皇帝的态度易于在家族中传播，一个异议传统被父亲传给了儿子，有时还传给了女儿。特拉西亚·派图斯的女婿老昆图斯·赫尔维迪乌斯（Quintus Helvidius Priscus）追随了岳父的脚步，并遭遇了几乎一样的命运；比如，他坚持只用"维斯帕先"称呼皇帝，有一次在元老院，皇帝在他的质问下几乎要哭出来。

不过，事实并没有那么简单。当小普林尼在图密善的统治下志得意满时，他没有无忧无虑地忽视某些反对皇帝的人的遭遇。

事实上，他屡次对书信做出精心编排，以突出他与在图密善手下受害的人之间的密切关系。其中有一封令人难忘地记录了一位名叫法尼娅（Fannia）的老妇人的重病（"不断发烧，咳嗽越来越厉害"），后者正是特拉西亚·派图斯的女儿和老赫尔维迪乌斯的妻子。小普林尼借机赞美了她作为一个异议元老家族里的成员的崇高一生，并强调了自己给予他们的支持（"无论时局是好是坏，我都会为他们效劳；我在他们流亡时给予慰藉，在他们回归后为其复仇"）。这与他在图密善手下飞黄腾达的情况并不完全协调一致，尖刻的批评者可能会把小普林尼解读为罪恶的帮凶，在图拉真的新统治下否认过去，编造了对反对者给予的支持。但事实不像表面这么简单。

大部分罗马元老同时选择了合作与持异议，第一位奥古斯都别扭地在元老院拥有权力和为皇帝效劳之间做出了妥协，使这种现象几乎成为不可避免。直言不讳地反对皇帝的人无疑是原则鲜明的男男女女，但他们没有看到（也许我们可以说他们是在故意刁难），让皇帝与元老院维持了脆弱的稳定关系的，正是这种小心翼翼的平衡和微妙的安排。大部分元老不是这种人，他们更加现实，不那么执拗，对自己的道德判断也不那么自信。在晚上和朋友共处时，他们很可能相互讲述那些关于羞辱和滥用权力的可怖故事来消遣，我们今天仍能读到这些故事。他们无疑同情那些为自由殉难之人的英勇反对之举。但与塔西佗和其他大部分古代历史学家一样，他们大体上在过往历史的战场上作战，把矛头对准了现在可以安全地予以妖魔化的皇帝们。而在现实中，他们和小普林尼一样履行着自己的元老职责，和今天我们大部分人相差无几。

天哪，我觉得自己正在成神……

在皇帝与元老中反对他的人之间发生的许多冲突背后有一个重要的问题，那就是如何界定、描绘和理解已知世界的统治者及其家族的权力。在一个巨大的可能性空间内，皇帝只是"同辈中的第一人"的观念位于其中一端，另一端则是神明身份，或者与其非常类似的东西。老赫尔维迪乌斯不知变通地坚持前者，拒绝使用皇帝头衔称呼维斯帕先。对于把神圣荣誉不仅扩大到皇帝也扩大到他们的女性亲属身上的做法，特拉西亚·派图斯表示反对。公元 65 年，他再次公然缺席元老院集会，因为人们将在那里投票决定宣布授予尼禄的妻子波派娅·萨宾娜（Poppaea Sabina）一系列荣誉，后者显然是因为在怀孕时被丈夫踢中腹部而死（这究竟是悲惨的意外还是可怕的家庭暴力仍然众说纷纭、徒劳无益）。其中一项荣誉是她将被宣布成为女神。这对特拉西亚·派图斯而言实在是难以接受。

不过，波派娅并非第一个获此殊荣的人。从公元前 42 年恺撒被宣布成为神明以来，其他几位女性皇室成员也加入了罗马众神的行列。除了第一位奥古斯都和公元 54 年封神的克劳迪乌斯，元老院正式批准的新神明还有盖乌斯的妹妹德鲁西拉，然后是当时被称作"奥古斯塔"的里维娅，还有波派娅的幼女克劳迪娅——公元 63 年，仅仅 4 个月便夭折的她被封神。官方封神让他们都能享有一座神庙和祭司，并接受献祭。人们没有找到小克劳迪娅神庙的任何现存痕迹，但根据狄奥的说法，一座神庙很快被献给波派娅，她的头衔是"维纳斯·萨宾娜"。

把婴儿封为女神必然不仅只激怒了罗马的死硬异议分子。但我们已经看到，在古代地中海世界的许多地方，用神圣的语言和形象来表现至高无上的政治权力是历史悠久的做法。无论是在亚历山大大帝之后统治地中海东部的国王们，还是取代了他们的罗马将军们都获得了按照宗教节日模式制定的个人节日，并使用与神明相同的尊号（如"拯救者"）。为了界定某些拥有远远超过普通人的权力的"超人"、找到一个差不多能用来描绘他们的现有概念，这是一种顺理成章的做法。凯旋式上的获胜将军被装扮成朱庇特、西塞罗试图通过将图利娅神化来转移自己的悲痛，这两个例子同样显示了罗马宗教这种多神教的灵活性。

主要是由于受到古代世界两大一神教（犹太教和由其衍生的基督教）的影响，创造新的神明、调整和扩大神明的队伍，以及人类和神明间界限的变动不居在我们眼中显得有些荒唐。特别是基督徒，他们不仅嘲笑了明显属于人类的皇帝会是神明的说法，而且有时会为拒绝向他致以宗教敬意而付出生命的代价。但这并不意味着皇帝的神明身份在前基督教时期的罗马人那里毫无问题，或者说对于人类统治者（更别提他的家人了）可以在多大程度上接近神明这个问题，他们没有争论和分歧。在横跨人类与神明的边界上，奥古斯都的后继者们没有他做得那么成功，这是他留给他们的另一个别扭的平衡举措。

在皇帝对自己拥有神明身份提出的主张中，有一些一直被认为无可置疑地是错误的。对于罗马帝国的大部分居民来说，皇帝宣布自己是一位活着的神明，仿佛他本人和朱庇特没有什么区别，这是犯了一个愚蠢的范畴错误，也是一种夸张的冒犯。罗马人可不蠢，他们清楚货真价实的奥林波斯神明和活着的皇帝有区别。如果盖乌斯真的（而非别人的恶意诽谤）将罗马广场上的卡斯托尔和波吕克斯神庙变成他在上方的帕拉丁山居所的前厅，并坐在神像中间接受任何愿意向其致敬者的膜拜，那将令人难忘地象征了皇帝的妄自尊大，突破了所有崇拜皇帝的官方礼仪。同样地，皇帝如果试图把死去的婴儿、男友甚至最喜爱的妹妹纳入正式的罗马诸神行列同样是在滥用权力。在这一点上，哈德良并不比尼禄或盖乌斯更好，因为当公元130年他的年轻男伴安提诺俄斯（Antinous）在尼罗河中神秘溺亡后，他将其封为神明。关于皇帝和皇室的神学远比这要微妙得多，必须分成两部分来看：首先是活着的皇帝的神明身份，然后是死了的。

在整个罗马世界，活着的皇帝受到了非常类似神明的待遇。他在向神明致敬的仪式中有了一席之地，人们称呼他时使用了与称呼神明类似的语言，人们还认为他拥有某些类似神明的力量。比如，奥古斯都的名字被加入到某些宗教祷文中。逃亡奴隶可以通过抱住皇帝的雕像寻求庇护，一如抱住神像。在伯罗奔尼撒半岛上的古忒翁城（Gytheum，位于斯巴达附近），一段留存的铭文详细描绘了某个持续数日的固定节日的过程，包括绕城游行、音乐比赛和献祭，致敬对象包括当地的一对施惠者、当时的皇帝提比略及其家人、共和国时期的将军提图斯·昆克提乌斯·弗拉米尼乌斯（Titus Quinctius Flamininus）和各位传统的奥林波斯神明。

对许多人（特别是远离罗马城的）来说，皇帝的形象就像奥林波斯神明一样遥远和强大，他们不觉得两者有太大区别。但在阐述形式上的细节时，人们会在皇帝和奥林波斯神明间仔细地加以区分。比如，在古忒翁和其他地方可以看到一个关键的技术差异。牺牲献祭的对象为传统神明，不过献祭仪式是代表活着的皇帝及其家人或为了保佑他们而举行的；换句话说，皇帝仍然受到奥林波斯神明的保佑，而非与他们平起平坐。在罗马，接受祭祀的往往是活着的皇帝的"力量"（numen），而非他们本人。从更大范围来看，希腊世界授予皇室的一揽子荣誉被称作 isotheoi timai，即"等同于（iso-）神明（theoi）的荣誉（timai）"，但并不完全相同。无视神明和活着的皇帝的区别一直是僭越之举，无论后者可能多么像神。

如果他们死了，情况就不一样了。遵循恺撒的先例，元老院可以选择让去世的皇帝或他的一位近亲加入官方的诸神行列，因为至少在形式上，决定权掌握在元老院手中，元老们无疑很乐于在他们的统治者死后对其行使这种权力。在这种情况下，神明和皇帝的区别变得可以忽略，后者拥有祭司和神庙，以及为他们举行的祭祀，而非代表他们举行的。在一些留存下来的奇妙图像中，成神的皇帝被名副其实地置于奥林波斯天神的行列中（见彩图 20）。但区别并没有完全消失。罗马作家、学者和艺术家不断对从皇帝向神明变换的性质产生疑问，不明白曾经是人的皇帝如何第二天就成了神。类似现代天主教会要求新封圣徒展现经过认证的神迹，他们同样要求要有证据或目击者；一颗彗星的出现似乎证明了恺撒的成神，但里维娅可疑地奖赏了那位愿意声称看见奥古斯都升天的元老一大笔钱的故事表明，该过程存在某种不确定性。

充满疑虑的变换过程足以催生笑话和讽刺。苏维托尼乌斯表示，直到在留下的遗言中，维斯帕先都始终保持了带有自嘲式幽默的务实态度："天哪，我觉得自己正在成神……"变成或没能变成神明的整个过程是一个可能由卢基乌斯·阿奈乌斯·塞涅卡（Lucius Annaeus Seneca）于公元 1 世纪 50 年代中期创作的长篇讽刺故事的主题。此人曾是尼禄的老师，后来成为其受害者，据

图74 安东尼·庇护之柱（已损毁）的基座描绘了皇帝和他的妻子弗斯提娜（Faustina）成神的场景。画面在许多方面都显得古怪。虽然他们被描绘成共同升天，但弗斯提娜比丈夫早死了20年。背负他们的带翅膀的人似乎是为了展现想象中皇帝成神的过程而相当绝望地尝试设计出来的形象。

说因为被连带卷入针对皇帝的阴谋而被迫艰难地自杀。根据塔西佗的一段可怕描述，他由于年纪太大而且体液枯干，发现切开的动脉无法流出足够的血。[1] 这个讽刺故事的题材是克劳迪乌斯皇帝试图跻身神明的行列。在故事开头，他刚刚死去（遗言是："天哪，我觉得自己拉屎了……"），一瘸一拐地升天来到神明中间。起先事情看上去很有希望，特别是当第一个欢迎他的神明赫拉克勒斯

---

[1] 据说塞涅卡首先割开了手臂上的血管，但因为上了年纪，血流得很慢，于是他又割开膝盖后面的血管。后来，他又向一位医生朋友要来毒药服下，但还是无效。最后，他被抬去洗蒸气浴才窒息而死。见塔西佗，《编年史》15.63-65。

引用了一句荷马的诗时，[1] 死去的皇帝非常高兴。不过，当众神开始对他展开评判后，第一次在天界元老院发言的神圣的奥古斯都（暗示成神的皇帝在神明中地位很低）指责克劳迪乌斯特别残忍："元老同僚们，此人看上去连只苍蝇都无法伤害，但他杀起人来就像狗蹲下那么容易。"这暗指了那35名被杀的元老。

在现实的罗马政治中，克劳迪乌斯无疑成了神明；他拥有祭司和一座神庙，后者的遗迹已经被发现。但在这个幻想故事中他没能通过考验，而是接受了为他量身定制的惩罚。鉴于他热爱赌博，他将永远摇一个无底骰壶中的骰子。或者说结局本来会是这样，但盖乌斯皇帝忽然出现，宣称克劳迪乌斯是自己的奴隶，并把他交给一名侍从，让他在皇宫的法律部门永远做一名地位很低的秘书。该情节巧妙地展示了帝制下拥有各种专业部门的新官僚体系。从这个令人捧腹的例子中可以看到，与活着的君主相比，把死去的统治者作为靶子要安全和容易得多。作品描绘了凡人皇帝成为显圣神明的整个不太可能的过程。它还在想象中颠覆了本章开头的刺杀事件。克劳迪乌斯虽然成了皇帝，但盖乌斯在这里笑到了最后。

---

[1] 《奥德赛》1.170：你是何人，来自什么部族，你的城邦在哪里，父母是谁？（τίς πόθεν εἰς ἀνδρῶν; πόθι τοι πόλις ἠδὲ τοκῆες）

第 11 章

有产者与无产者

富人与穷人

无论按照古今的任何标准来衡量，罗马富人的生活方式都是奢侈的。皇帝拥有宏伟的宫殿和成顷的花园，有时还享有旋转餐厅（效果如何或采用何种原理是另一码事）、镶嵌珠宝的墙壁和让大部分罗马的评论家瞠目结舌的消费规模，他们位于等级的最顶端，即便是超级富豪也要甘拜下风。他们的财富来自罗马世界各地在统治者间代代相传的庞大皇家庄园（包括矿井、实业和农场）的收益，也来自国家和皇帝个人资产间界限的模糊，有时据说还来自各种形式的勒索，比如当现金短缺时，他们会强征遗产（见彩图13）。

但许多富裕的帝国居民同样过着特别安逸的生活。一边是罗马人高调反对"奢侈"并推崇旧式的简朴农民生活，一边是挥霍无度和奢侈张扬，两者经常同时存在。反对者总是需要反对的目标，而且无论如何，精致的良好品位（我的）和粗俗的炫耀（你的）之间的区别必然是主观的。

小普林尼——他的叔叔老普林尼尖锐地批评从独脚桌到在一根手指上佩戴多枚戒指的一切奢侈浪费——在一封书信中描绘了自己位于罗马外几英里处的乡间别墅。他表示，这处别墅"既合用，维护起来又不太贵"。尽管他的描绘很低调，但别墅事实上规模宏大，拥有供不同季节使用的餐厅、一个私人浴室套间和泳池、庭院和遮阴的柱廊、中央供暖、足够的流动水源、健身房、带有能俯瞰大海的观景窗的阳光充沛的休息室，以及花园中的藏身所（对于普林尼这样不喜欢喧闹的人来说，当奴隶们在难得的假日聚会时，他可以到那里避开噪音）。

在帝国各地，富人们通过为自己建造庞大而昂贵的宅邸来炫耀财富，衡量标准不是建筑面积，而是屋顶上的瓦片数量（有法律规定，想要成为地方市议员，你需要拥有一座屋顶有 1500 块瓦片的房子）。从丝绸到东方香料，从能干的奴隶到昂贵的古玩，这些人沉迷于许多能用钱买到的带来快乐的东西。他们还通过资助当地社群的设施建设来炫富。皇帝垄断了罗马的公共营建，但在意大利和行省的城镇，男女精英们以非常相似的方式为自己赢得声望。

作为其中的典型，小普林尼把自己的一部分钱花在位于意大利北部的家乡科蒙（Comum）的营建计划中，包括一座耗资 100 万塞斯特斯（相当于成为元老所需的最低财产数量）的新的公共图书馆。他上了年纪的朋友乌米迪娅·夸德拉提拉（Ummidia Quadratilla，公元 107 年左右去世）在她位于罗马以南的家乡做了类似的事。虽然普林尼将其描绘成一个喜欢桌面游戏的严厉老妇人，但现存的铭文显示，她也赞助了一座新的圆形剧场和神庙，还修缮了原有的剧场，并出资（"为当地的市议会、人民和女人"）举办了一场公共宴会来庆祝新设施的建成。而在北非的提姆加德（Timgad）这样的偏僻小城（位于撒哈拉沙漠边缘，公元 100 年作为一个罗马老兵的定居点建立），一对当地夫妇在公元 200 年左右为自己建造了一座至少两层的迷你宫殿,虽然不如小普林尼的别墅那么宏伟,但还是配备了多间餐厅、私人浴场、内部花园、精美水景、昂贵的马赛克地面和为了应付非洲的寒冬而准备的中央供暖。他们还出资新建了一座巨大的神庙和豪华的市场,装饰有他们本人的十几尊雕像。

金钱无法保护富人免受古代生活中的各种不适和艰难困苦的影响。虽然在罗马生活的皇帝与民众保持着安全的距离,而且富人通常偏爱一两片特别的区域(被皇宫吞没前的帕拉丁山就是一个明显的例子),但古代城市大多不像现代城市那样分区。富人和穷人比邻而居,拥有许多瓦片的大房子与小茅屋共同分享着街道或区域。罗马人没有梅菲尔区或第五大道[1]。坐在由一队强壮奴隶抬着的带帘肩舆里出行,也许能让一些贵妇和绅士免受帝国内任何一座大城市最糟糕的公路路面状况之苦。但缺少任何组织化的垃圾收集机制、道路被当成公共厕所(诗人尤维纳尔可能略带讽刺夸张地描绘到,夜壶里的东西被从楼上的窗户里倒到所有路过的行人的脑袋上),再加上手推车和马车为争夺道路空间而产生的噪音和堵塞(街道常常过于狭窄,无法供双向通行),这些至少会一视同仁地对富人和穷人的感官造成冲击,有时甚至构成威胁。虽然经常有人声称带轮子的交通工具白天被禁止出现在城中街道上(好比现代的某些步行区的情况),以此作为那些著名的说明罗马人开化的例子中的一例,但这最多只适用于重型车辆,或者说是古代的重型货车。尤维纳尔对此也同样发出了抱怨,认为任何人都无法忍受重型车辆在夜间发出的噪声:"它甚至能偷

---

[1] 分别为伦敦和纽约的繁华地区。

图 75 建筑师卡尔·弗里德里希·辛克尔（Karl Friedrich Schinkel）用感伤的画面复原了小普林尼的宏伟别墅（1841 年）。几个世纪以来，根据小普林尼自己的描绘（《书信集》2.17）尝试重建别墅的样子或布局是学者们最喜欢的一项消遣活动。

走困倦皇帝的睡眠。"

病菌对富人也不会区别对待。足够富有的人拥有与外界隔绝的乡间别墅，有机会逃过席卷所有城市（特别是罗马）的周期性流行病，他们还会寻找蚊子相对较少的地方度夏。更好的饮食还可能帮助较富有的人熬过勉强糊口的人无法幸免的疾病。但同一种疾病和大致相同的污物对富人和穷人的孩子都是一视同仁的。此外，任何前往公共浴场的人（显然有时也包括自家拥有浴室的人）都有成为那些滋生传染病的温床的受害者的风险。一位理智的罗马医生完全正确地写到，当你有一处开放性创伤时应该避免去浴场，否则可能会感染致命的坏疽。

事实上，即使在皇宫中，死于疾病的皇帝也比被毒死的多得多。从公元 2 世纪 60 年代中期开始的 10 多年里，罗马帝国的许多地方遭遇了一场瘟疫，很可能是天花，明显是在东方服役

图76 今天阿尔及利亚的提姆加德城，从城中的废墟间望去，可以看到那对修建了迷你宫殿的富人夫妇资助的一座大型神庙。提姆加德是世界上最令人难忘的罗马遗址之一，拥有包括一系列设计非常巧妙的公厕和真正从古代留存至今的少数几座图书馆中的一座在内的一切。

的士兵带回来的。作为古代世界最敏锐和多产的医学作家，盖伦（Galen）讨论了个体案例并提供了目击者对包括起疱的皮疹和腹泻在内的症状的详细描绘。人们仍在争论这场瘟疫有多大的破坏性。相关的确凿证据很少，预计的死亡人数从总人口的1%到几乎没有可能的30%不等。但几乎可以肯定的是，在公元169年，卢基乌斯·维鲁斯皇帝（从公元161年开始与马可·奥勒留共治）成了受害者中的一员。

因此，在少数以生物学因素为主的方面，不幸在所有人那里存在一定的公平性。但在大多数方面，罗马世界的有产者和无产者之间存在着巨大的鸿沟：一边是少量拥有大笔富余财富的人，他们的生活方式介于非常安逸和过于奢侈之间，一边是甚至包括非奴隶人口在内的绝大多数人，他们最多只拥有少量余钱（用于买更多的食物、加盖一个房间、购置廉价的珠宝或简朴的墓碑），最糟糕时则穷困潦倒、没有工作和无家可归。

我们非常了解作为罗马世界的特权阶层的有产者。留存至今的几乎所有古代文学作品都是他们创作的。甚至像尤维纳尔之类有时自称社会地位低下的作家事实上也生活优渥，尽管他们对当头浇下的夜壶颇有怨言。此外，从宏大房屋到新建剧场，在考古记录中留下绝大部分印记的也是富人。在帝国各地，富人总数粗略估计可达30万人，包括相对富裕的当地大亨和大城市的财阀——如果算上他们的其他家庭成员，总人数还要大得多。假设公元后前两个世纪里的帝国人口为5000万到6000万人之间，那么作为绝大多数的那99%的罗马人的生存状况、生活方式和价值取向是怎样的呢？

精英罗马作家大多瞧不起这些不如自己幸运和富有的同胞。除了对农民的朴素生活方式的怀旧式赞美——一种对乡间野餐和树荫下的慵懒午后的想象——他们觉得贫穷、穷人乃至诚实地挣得一天的工资都毫无可取之处。尤维纳尔并非唯一将罗马人民优先考虑的事归结为"面包和竞技"的人。马可·奥勒留的老师弗隆托（Fronto）在提到图拉真皇帝时表达了完全一致的观点："他明白最能让罗马人民保持安分的是两件东西：粮食救济和娱乐。"西塞罗对为生计而工作的人表示不屑："对绅士而言，出卖劳动所得的金钱是鄙俗和不可接受的……因为工资实际上是奴隶的枷锁。"在罗马人道德说教的陈词滥调里，真正的绅士被认为应该靠庄园的收益过日子，而非靠出卖劳动，后者本质上是可耻的。这种理念在拉丁语词汇本身那里有所反映：人类的理想状态是 otium（它通常被译为"休闲"，但并不完全准确，而是指一种能够控制自己的时间的状态），任何种类的"买卖"都是其令人讨厌的反义词 negotium（"没有 otium"）。

白手起家的富人同样遭到了势利的嘲笑，被视作小人得势的暴发户。在佩特罗尼乌斯的《萨梯里卡》中，特里马尔奇奥依靠向奴隶出售从培根到香水的各种东西发迹，这个既有趣又令人生厌的虚构形象戏谑了多金而品位不佳的人，此人屡次轻微地偏离了精英的应有举止。他为自己的奴隶设计了过于粗俗的制服（特里马尔奇奥的前门门童穿着绿衣服，系着红腰带，正把剥出的豌豆放进一只银碗）；房屋墙上的装饰画夸耀了他一生的故事，从奴隶市场讲到他在赚钱之神墨丘利的庇佑下获得的今日荣光；他主持的宴会上集中出现了各种令人难以置信的罗马奇异食物，从用蜂蜜和罂粟籽烹制的睡鼠到年代远远超过百年——"奥皮米乌斯任执政官那年"（公元前 121 年）——的佳酿。无知的特里马尔奇奥可能没有意识到，即便酒能保存那么长时间，对佳酿而言，在公元前 121 年处死 3000 名盖乌斯·格拉古支持者的那个死硬保守派的名字很难称得上吉利。

这里的偏见显而易见，但它们更多地告诉我们的是作者的世界，而非主人公的，特别是就像某些现代评论者所指出的，佩特罗尼乌斯对贵族生活方式的戏谑旨在让精英读者们反思自己与这位粗俗的释奴究竟有多大区别。关键问题在于我们能否重建得到普通罗马人认可的他们自己的生活画面，方法又是什么。如果现存文学作品提供的是这种鄙夷的夸张讽刺描绘，那么我们还能把目光投向何处呢？

贫穷的等级

不能把这 5000 万左右的罗马帝国居民归为一类。罗马社会并不是简单地分为一小群非常富有的人和其他在贫困线上挣扎的无差异大众。那些必须被算作非精英的人口拥有不同等级的特权、地位和财富，他们中既有大量的"普通"或"中等"类型，也有赤贫者。事实证明，想要大致了解其中一些类型的人的生活要比另一些类型的要容易得多。

这 5000 万人大部分可能是农民，他们并不是罗马作家幻想出来的，而是帝国各地的小农，在有的年份里种出的东西只能勉强维生，在另一些年份里则稍好些，能出售少量富余产品。对这些家庭来说，除了换了一个不同的收税人、能在更大的经济体中把自己的产品销售出去，以及有闲钱时能够买到种类更多的小饰品，罗马人的统治没带来什么改变。比如在不列颠，从我们对考古遗迹的分析来看，在从铁器时代末（公元 43 年罗马人成功入侵前夕）到罗马人占领时期和直至中世纪的 1000 多年间，农民的生活方式很少出现显著变化。不过，几乎没有表现这些农民及其家庭的态度、志向、希望或恐惧的证据留存下来。对于罗马世界的普通人而言，我们能够在这个层面上有所了解并开始复原其生活方式的只有那些生活在城镇中的。

城市中无疑有极端贫困者。罗马法律明确禁止占用坟墓，一份罗马的法律意见书写道："只要愿意，任何人都可以检举在墓地生活或以墓穴为居所者。"言下之意是，真有无家可归的人——无论是当地人或外来者、公民、新移民还是逃亡奴隶——这么做，在通往帝国大部分大城市的道路两旁的贵族大墓中露宿。也有人

图 77 这幅漫画描绘了罗马势力对行省普通农民产生的影响。后者一如既往地生活在小圆屋中，但在偶尔有需要时会假装接受罗马文化。

似乎喜欢靠着从拱门到水道的任何现成的墙壁建造披屋。另有法律规定，如果它们被认定构成消防隐患，可以将之拆除，如果不存在隐患则可以对其收取租金。许多罗马城镇的周边地区可能与现代的"第三世界"城市的郊区相差不大，遍布违章定居点或棚户区，那里的居民处于饥饿边缘，乞讨差不多是和工作一样的维生手段。罗马道德学家们经常提到乞丐（大意是最好无视他们），而在一组反映当地广场生活的庞贝壁画中，[1] 有个画面描绘了一名带着女仆的时髦贵妇正向一位牵着狗的驼背乞丐施舍小钱，她没

---

[1] 关于这组壁画的详细情况，见比尔德的 *Pompeii: The Life of a Roman Town*, Profile Books, 2010, 72ff.。

图 78 对一幅描绘广场生活场景的壁画（现在已经严重褪色）的临摹，来自庞贝城的尤利娅·菲利克斯之屋（House of Julia Felix, 公元 1 世纪）。这是罕见的关于罗马世界中富人和穷人互动的画面。长胡子的乞丐无疑"穷困潦倒"，褴褛的衣衫无法完全遮盖他的身体，并与一条狗为伴。

有遵从道德学家的建议。

事实上，这种关于赤贫边缘生活的证据比我们可能料想的要少得多。原因显而易见。首先，一无所有者在历史或考古记录中留下的痕迹寥寥无几。临时棚屋组成的村镇不会在泥土中留下永恒的印记；与那些有动人墓志铭相伴的人相比，没有陪葬品并被埋在无标识墓地的人能传递的他们本人的信息要少得多。其次，甚至更重要的是，罗马世界的极端贫困通常能够自我消除：贫困者将会死去。缺乏保障机制的人无法生存。即便是罗马的粮食救济（盖乌斯·格拉古在公元前 2 世纪 20 年代所提出的动议的延续）也无法提供这种机制。救济无疑凸显了国家保障公民获得基本食物的责任。不过，受惠者人数虽多，却仍属于一个有限和享有特权的集体，在公元 1 到 2 世纪仅限 25 万名左右的男性公民，他们能得到大约够两人吃的面包。救济并不能给所有人提供安全保障。

更多的人占据着财富阶梯的上面几级，并留下了自己更清晰的生活痕迹。他们中同样包含了范围很广的特权和安逸等级。其中一头的人生活相对有保障，通常从事加工业、制造业，或者出售从基础款面包到精致服饰的一切，他们的家庭住在多个房间里，有时位于店铺或作坊楼上，可能拥有几个奴隶，即便他们本人是

第 11 章　有产者与无产者　453

图 79　保存完好的公寓楼，位于华丽的罗马卡庇托山旁。今天，巨大的维克多·伊曼纽埃尔纪念碑（画面后方可见）令其黯然失色，大多数行人都会忽视它。

释奴或释奴的孩子（情况经常如此）。在赫库兰尼姆城（与庞贝相邻，同样在公元 79 年的维苏威火山喷发中被毁）中一小片零售门店和公寓区下方发掘出的一个粪坑中，该阶层的生活方式得到了特别详尽的反映。人们仍在分析粪坑的内容物，它们直接来自上方朴素公寓的简陋厕所，经过了大约 150 位居民的消化道。他们吃得不错，品类多样，包括鱼、海胆（有棘刺的残片留存）、鸡、蛋类、核桃和无花果（种子穿过肠道，未被消化）。住在楼上的人还把厕所当作原始的废物处理机，向其中倾倒碎掉的玻璃和陶器，偶尔也失手把宝石丢了进去。这些人有点闲钱，拥有备用餐具和珠宝。

另一头的人的状况要不稳定得多，这些男人、女人和孩子没有固定的谋生手段或特别的技能，不得不试图在酒肆、餐馆或性产业中打零工，在码头当搬运工或者在建筑工地当苦力。此类劳动力的需求很大。根据对维持罗马城中的 100 万人口所需输入的橄榄油、酒和粮食总量所做的一项粗略但可接受的估算，每年用麻袋或双耳瓶将这些东西从船上送到岸边需要超过 900 万次的"搬运人工"。仅这些人工就足够为 3000 人提供约 100 天的工作。但这种工作是季节性的，故而使用临时劳工而非奴隶，这意味着这种生计不稳定。他们许多人显然经常挨饿，现存骨架上的病变（特别是牙齿上的）很能说明问题，表明不仅只有城市中最贫穷的人受到各种形式的营养不良的影响。他们可能生活在古代的"青年旅社"中，按照小时支付租金，或者与其他几个人分享房间、轮流睡觉。他们很可能甚至没有享受过经常被视作对罗马穷人来说最重要和最热衷的许多项娱乐。斗兽场虽然看上去很大，但只能容纳 5 万人左右。在一座拥有百万人口的城市中，这很可能意味着观看角斗士表演和血腥猎兽的观众地位相对优越，而非那些只要下降一级就会在墓地或违章定居点栖身的人。

在罗马及其港口奥斯蒂亚常见的多层宏伟公寓楼（insulae，字面意思为"岛屿"）象征了较普通罗马人中的这种等级结构，并展现了从相当安逸到只是勉强糊口的各种状况。"岛屿"出租的住所密度很高，这就是数字如此之大的人口能够挤进罗马城中一块相对狭小的空间的原因。它们对其所有者而言是诱人的投资机会，并为无情的收租人提供了工作。一位名叫安卡莱努斯·诺图斯（Ancarenus Nothus）的租客是个释奴，活了 43 岁，他和其他人的骨灰被一起埋在罗马城墙外不远的墓中。他的墓志铭用一些仿佛出自亡灵之口的简单句子暗示了常见的抱怨："我不再担心自己将饿死／我不必再忍受腿疼，无须再付房租／我享受着永远免费的食宿。"不过，即便房主对租客们都很苛刻，其中一些人的生活还是比其他人舒适得多。

基本逻辑总是，楼层越低，你的住所就越宽敞和昂贵，楼层越高则越便宜、狭窄和危险，既没有做饭或盥洗设施，在经常发生的火灾中也无法逃生。就像尤维纳尔开玩笑所说的，住在顶层的人（"除了屋顶的瓦片，没什么能为他遮雨"）只是下方起火时最后一个被烧死的。这种逻辑与拥有豪华顶层套房的现代公寓楼恰好相反，罗马城中保存最好的"岛屿"之一完美地反映了这一点。人们至今仍能在卡庇托山下看到这栋公寓楼，距离曾经矗立在那里的闪亮神庙（名副其实的"闪亮"：公元1世纪末，朱庇特神庙的顶部铺着镀金屋瓦）只有几米远。在公寓楼中，带有夹层住所的店铺占据着底层。二层（相当于主楼层[piano nobile]）包含了几间宽敞的公寓；仍然留存的第五层有一系列兼作起居室和卧室的小房间，但每间很可能住着一个家庭而非只住一个人；再往上的情况必然更糟。城市缺少分区意味着卡庇托山上的一些最盛大的公共庆典就在与贫民窟较高楼层咫尺之遥的地方举行。

这些公寓的住户和与他们相似的其他人的世界将是本章余下部分的主题。实际上，我们将要看到的更多的是生活在较低而非较高楼层的人的世界：人们的可支配收入越多，留给我们的证据就越多。我们将关注工作、休闲、文化和焦虑的世界：不仅关注非精英阶层在哪里生活、如何生活，也包括他们如何面对罗马生活中的不平等、能享受到什么乐趣，以及有何资源来应对从遭遇小偷小摸到痛苦和疾病的各种不幸。

工作的世界

西塞罗和大部分精英公开鄙视雇佣劳动。但和现在一样，对罗马世界的大部分城市居民来说，工作是弄清他们的身份的关键。工作通常很艰辛。如果可能，大多数需要固定收入才能生存的人（大部分人属于此类）都会工作到死。享有某种退休安排的军人是个例外，即使如此，其中也通常包括打理一个小农场。无论是奴隶还是自由的，许多孩子身体刚一够格就开始工作。在发掘出的一些年纪很小的死者骨架上，可以看到繁重体力劳动在骨骼和关节上留下的清晰痕迹；在罗马城外不远的一处墓地中（位于古代的洗衣坊和织坊附近），人们发现了一些年轻人的遗骸，他们显然曾多年从事繁重劳动，骸骨显示出了处理衣物时的踩踏工序而非蹦蹦跳跳和玩球类游戏产生的影响。就连孩子的墓志铭也把他们当作工人来纪念。西班牙有一块一个4岁孩子的简陋墓碑，上面描绘了他拿着采矿工具的形象，现代人在情感上可能会希望这是把他视为当地矿井的儿童吉祥物来纪念。但他很可能是个一

图 80 这座风化状况相当严重的纪念碑是少数显然为纪念童工而树立的墓碑之一。这个4岁的孩子手持篮子和铁镐，在西班牙矿井的发掘物中也找到了类似的物品。

线工人。

只有富人的子嗣能在青少年时代学习语法、修辞、哲学和如何演说,女孩们的课程内容包括从读写到纺织和音乐,相对较少。使用童工是正常情况,在大多数罗马人的意识中,这不是一个问题,童工甚至不是一个类别。"童年"的发明和对"儿童"所能从事工作的规定直到1500年后才出现,至今仍是西方人特有的优先关注因素。

他们的墓碑清楚地显示了工作对普通罗马人的个人身份有多么重要。西庇阿·巴巴图斯和像他一样位于社会等级顶层的人强调他们担任过的公职或赢得的战斗,而更多的人则宣扬他们的工作。通过这条途径,仅在罗马城一地,我们就了解到200多种职业。男人和女人(或者受托纪念他们的人)经常用寥寥数语和几幅图像概括他们的生平,包括对工作的描绘和所从事行当的一些

图81 来自意大利北部的一位"紫色染工"的墓碑。他的肖像下方是该行当使用的工具,包括天平、小瓶子和一束束吊着的羊毛。

图 82 这幅大理石浮雕描绘了奥斯蒂亚的一座禽肉摊,可能来自墓地或店招。左起第二位男子似乎正在招揽生意,柜台后的一名女性正在为顾客服务。摊位用笼子搭成(里面有几只兔子),上面坐着一对猴子。

可辨识符号。比如,一位名叫盖乌斯·普皮乌斯·阿米库斯(Gaius Pupius Amicus)的释奴从事"紫色"——这种从小海螺中提炼的染料以昂贵著称,按照法律只允许用于元老和皇帝所穿的衣服——印染,他骄傲地称自己为"紫色染工"(purpurarius),并将本行当使用的各种设备刻在石头上。另一些墓碑上展示了描绘死者——从助产妇、屠户到一个生意特别兴隆的禽肉商人——工作场景的石刻画。

为了展示死者的职业,有时整座墓的设计甚至更加雄心勃勃,仿佛要把男女墓主和工作本身等同起来。公元前1世纪末,一位有魄力的面包师在罗马城墙外不远处的显眼位置为自己和妻子建造了大型纪念碑。马库斯·维吉利乌斯·欧律萨克斯(Marcus Vergilius Eurysaces)可能是一个释奴,而且从墓的规模(高达10米)来看,他在生意中赚了大笔的钱。刻在纪念碑上的墓志铭称他为"面包师和承包人",这至少表明他拥有连锁面包房,并很可能签订了一些利润丰厚的公共面包供应合同。

第 11 章 有产者与无产者 459

整座建筑被设计成面包制作设备的形状，顶部四周的饰带没有像官方纪念碑那样描绘宗教队列或凯旋式之类的东西，而是描绘了欧律萨克斯一间面包房的工作场景，那个身着托加袍指挥操作的人可能就是他自己。如果欧律萨克斯听说过西塞罗对行当和雇佣劳动的本质发表的贬损之词，那么这座墓相当于在向这种势利观点示威。同样地，路过的贵族很可能会觉得它带有

图 83　面包承包商欧律萨克斯的墓；该墓建于公元前 1 世纪，因为被砌入后来城墙的一座塔楼而得以保存。外立面上的奇特圆孔几乎肯定表现的是大型面包房使用的揉面机。

些许特里马尔奇奥的味道。

　　但这里的关键不仅是个人身份，也涉及集体和社会方面，因为行当和手艺为工人们的集体活动、共有身份感以及增进共同利益提供了背景。在帝国各地，地方行业社团（collegia）欣欣向荣，成员中既有奴隶也有自由的，这种组合反映了大多数工作中常见的不同身份的混杂。公元 2 世纪，罗马城外不远处的一个社团规定，任何奴隶成员在获释时需向其他成员献上一双耳瓶美酒，可能是在庆祝聚会上使用。有的社团拥有令人印象深刻的总部，通常设定了明确的行政结构、规则条例、入会费和每年的会费，它们还可能充当了政治压力集团、交谈场所、用餐俱乐部和丧葬保险机构。由于成员向社团缴纳的会费中有一部分被固定用于保证他们能获得体面的葬礼，这可能在一定程度上解释了工作描绘为何在墓志铭中占有重要地位。你在被埋葬时若是一名木匠，葬礼费用将由木匠们支付。

　　这些社团与中世纪意义上的行会相去甚远，它们并不设置从事某项手艺的职业资格，或者要求只雇佣行会成员。它们也不是古代的工会或行业卡特尔，虽然从现存的一份以弗所（位于今天的土耳其境内）当地行省总督的判决来看，那里的面包师们在公元 2 世纪中期的确发起过罢工，引起了骚乱，佩特罗尼乌斯让《萨梯里卡》中的一个角色抱怨说，面包师们（又是他们）伙同当地官员让面包保持高价。但在某个时候，人们编造了此类社团在罗马社会中的历史意义。有一个难以置信但重要的故事称，首创社团的是罗马第二位国王努马，他创设了建筑工人、青铜工匠、陶匠、金匠、染工、制皮匠和乐工的社团。无论是谁想出了这个故事（显然是幻想），他们都让工匠及其组织的谱系几乎上溯到可能企及的罗马历史最古老时期。

在庞贝城仍能找到各行业和工人们的公共形象的证据。其中一例是该城的墙上至今仍能看到的选举口号，这些临时涂写的标语敦促选民在当地议会的选举中支持这位或那位候选人。尽管标准化程度要高得多，通常采用形如"克雷斯肯斯（Crescens）请求让格奈乌斯·赫尔维乌斯·萨宾努斯（Gnaeus Helvius Sabinus）担任营造官"的简单句子，但它们与现代政治海报不无相似之处。该主题的变体包括某种形式的负面宣传（"小毛贼们请求让瓦提亚［Vatia］担任营造官"），但也有一系列标语表示某位候选人得到了某个特定行业群体——包括面包师、木匠、养鸡人、洗衣工和赶骡人——的支持。无法确定这种支持有多么正式。我们不一定非得想象当地社团会举行正式投票来决定支持某人，尽管那不无可能。但至少它们中的一些会联合起来，决定"洗衣工"（或其他任何行当）将支持某一位而非另一位候选人。

庞贝城还罕见地向我们展现了其中一些人的工作环境，特别是洗衣工的。罗马的洗衣和织物加工业（通常被统称为"漂洗"）算不得光彩的行当。漂洗过程使用的主要原料之一是人尿，被归于维斯帕先皇帝所说的关于钱不发臭的笑话便源出于此。在罗马城外的纺织厂附近的墓地中发现的年轻人骸骨显示了相关体力劳动产生的强烈压力和极度劳累。但庞贝城里众多漂洗坊中的一座展现了该行业的另一种形象，专供漂洗工本人观看。在人们（大部分为男性）捶打和加工布匹的工作区域（无论他们使用何种臭气熏天的混合物）装饰的壁画上，描绘的正是那些进行中的复杂而肮脏的工序。当人们每天长时间工作时，他们看到的正是这些画——以一种净化过甚至美化过的形式，他们正在进行的工作被反映给他们（见彩图 18）。

无论正确与否，西塞罗的对手们可能曾嘲笑他是洗衣坊主的儿子。但在庞贝的这处洗衣坊（帝国各地无疑也有许多这样的洗衣房），呈现在洗衣工眼前的画面展现了劳动的高贵、工作的自豪和一份归属感，这些是西塞罗从来无法想象的。

酒肆文化

罗马精英对其他人口不工作时的生活常常甚至更加鄙视和感到焦虑。后者对演出和表演的热情是一方面，但更糟糕的是经常聚集着普通人的酒肆和廉价餐馆。关于你在那里可能遇到的各色人等，人们想象出了可怕的画面。比如，尤维纳尔描绘了奥斯蒂亚港的一家肮脏小酒馆，宣称光顾那里的是杀手、水手、小偷、逃亡奴隶、绞刑刽子手和棺材匠，偶尔还有阉人祭司（可能是从城中的大地母圣祠下班后前来）。后来，公元 4 世纪的一位罗马历史学家也抱怨"最低贱"的人在酒肆度过整晚，让他觉得特别恶心的是玩骰子的人抽鼻子的声音，他们一边聚精会神地盯着赌桌，一边用塞满鼻涕的鼻子吸气。[1]

此外，记录显示，人们不断试图对这些场所实施法律限制或课税。比如，提比略似乎禁止销售面点；[2] 克劳迪乌斯据说完全取缔了小酒馆，并禁止供应煮熟的肉和热水（按照罗马人的标准做

---

[1] 阿米安，《历史》14.6。
[2] 苏维托尼乌斯，《提比略传》34.1。

图84 从庞贝的一家典型的罗马酒肆向外望去的景象。柜台面向街道，台面上的大碗可以盛放向外卖客人出售的食物或饮料。左侧的台阶充当了展示更多食物的货架。

法可能掺了酒，但为何不禁酒呢？）;[1] 维斯帕先据说规定酒肆和酒馆出售的食物仅限豌豆和大豆。[2] 即便这一切不是古代传记作家和历史学家们的想象，它们也只能是没有效果的装模作样，最多只能算象征性的立法，罗马政府没有能力来执行它们。

各地的精英经常对下层等级集聚的场所感到忧虑，虽然那里肯定有不堪的一面和一些粗俗的谈话，但正常酒肆的现实情况不像传言中那么糟。因为酒肆不仅是喝酒的场所，对那些住所里最多只有简陋烹饪工具的人来说，那里还是他们日常生活必不可少的组成部分。与公寓楼的布局一样，罗马人在这方面的特点也正好与我们的相反：拥有厨房和多个餐厅的罗马富人在家里吃饭，而如果穷人不想只吃古代版三明治，他们就必须外出吃饭。罗马城镇里遍布廉价的酒肆和馆子，大批普通罗马人不工作时会在那里度过多个小时。庞贝同样是最好的例子之一。考虑到城中尚待发掘的部分，并抵挡住将任何拥有服务台的建筑都称为酒肆的诱惑（有些考古学家没有抵挡住），我们推测那里有远远超过100

---

[1] 卡西乌斯·狄奥，《罗马史》65.10.3。
[2] 同上，《罗马史》65.10.3。

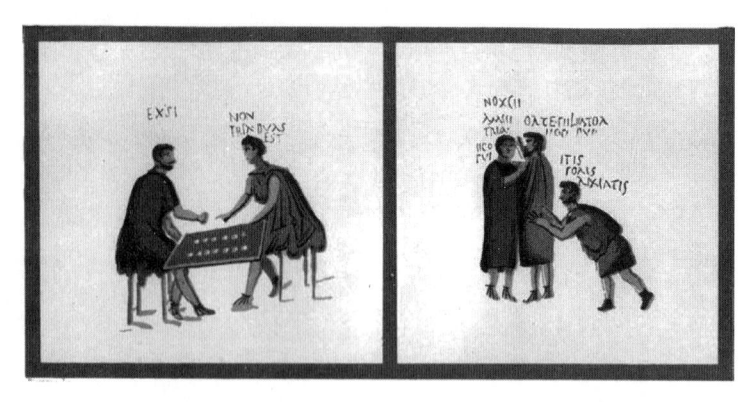

图 85 由骰子游戏引发的酒肆斗殴。在这幅庞贝城萨尔维乌斯（Salvius）酒肆部分壁画的 19 世纪复制品中，左侧画面描绘了争执的起因。一位玩家喊道"我赢了"（Exsi），但对手对点数提出异议。在下一幕场景中，画面右侧的店主不仅叫他们离开，而且把他们推向门口。

处的此类场所，为大约 1.2 万居民和路过的旅人服务。

它们采用相当标准的建筑布局：面向街道的柜台提供"外卖"服务；配备了桌椅的内侧房间提供堂食服务；通常还有食物和饮料的展示架，以及准备热菜和热饮的火盆或炉子。和漂洗坊一样，庞贝几处酒肆里的壁画展现了那里的场景，部分是想象，部分是现实。上面并没有很多罗马作家们所担心的可怕的道德堕落的证据。其中一个画面描绘了用大瓮给客人倒酒，在另一个画面中，人们正在吃快餐，头顶天花板上悬挂着香肠和其他美食。"最糟糕"的标志是一幕赤裸裸的性画面（今天已经很难看清，因为某些现代道德学家污损了它）、一些大意为"我上了女房东"的涂鸦（无从知晓这是事实、吹嘘还是侮辱）以及几幅顾客玩骰子游戏的画面（他们可能在赌钱，无论是否抽鼻子）。在其中一家酒肆的墙上可以看到（画面旁还有"对话泡泡"，具体说明发生的情况），游戏引起一场斗殴和一些明显不体面的言语。对点数产生争议后("不是3点,是2点"[1]),店主不得不介入。当两名客人开始彼此恶语相向时("混蛋,我是3点,我赢了","告诉你,舔鸡鸡的,我才赢了"[2]),店主开始发话,就像店主们总是会说的那样:"你们想打架就滚。"[3]

赌博和桌面游戏是证明罗马精英持有双重标准的最极端例子之一。一些最显赫的贵族热衷游戏。根据苏维托尼乌斯的说法,克劳迪乌斯皇帝是个狂热的爱好者,不仅写了一本关于骰子游戏的书,还让人对他的马车进行了特别改造,好让他能在路上继续玩,而第一位奥古斯都同样对赌博上瘾,但他非常体贴地考虑到朋友的钱包,直接向客人们提供了大批现金作为赌本(虽然在注意到奥古斯都对自己的习惯直言不讳时,苏维托尼乌斯暗示了他个人的不满,并油滑地将其同皇帝据信拥有的另一个爱好——奸污贞女——相提并论)。桌面游戏不仅是男性的消遣。它们也是年迈的乌米迪娅·夸德拉提拉最喜欢的娱乐——小普林尼没有说她是否赌钱。但就像尤维纳尔注意到的(这次他将矛头明确指向了罗马人的虚伪),当普通人沉湎于这些游戏时,精英们会义愤填膺,觉得那是"一种耻辱"。

他们主要的反对理由之一是掷骰子会引发犯罪。庞贝酒肆中描绘的斗殴在很小的规模上展现了这一点;在更大的规模上,由

---

[1] Non tria, tuas est. 画面见图 85。编号 CIL IV 3494,下同。

[2] Noxsi a me tria eco fui/ Or(o) te fellator eco fui. noxsi 为 noxius 的呼格,表示罪犯或犯错的奴隶(《牛津拉丁文词典》,noxius 条下 1b 和 1c)。用名词呼格指代犯罪行为经常出现在低俗语境中,而用形容词进行攻击则出现在较文雅的体裁中。见 E. Dickey. O dee ree pie: the vocative problems of Latin words ending in –eus, *Glotta*, 76 (2000), pp. 32-49。

[3] Itis foras rixsasti.

于"赌徒"(aleatores)在喀提林支持者中非常突出,这暗示了它与阴谋和叛国有关联。但在有钱有势者的头脑中,赌博带来的不稳定影响也是一个重要因素。在一个财富等级总是直接与权力和社会地位相关的世界里,既定秩序若被仅仅因为运气而获得的金钱颠覆,总是会造成危险的混乱,无论这种可能性有多小。特里马尔奇奥的财富已经足够糟糕,但掷一次骰子就可能获得一笔财富的念头更是糟糕得多。因此,人们试图在普通人中控制赌博,将其局限于特定的时间或场合,并对偿还由此产生的债务的法律责任加以限制。这种立法与对酒肆做出的限制一样无效。罗马世界各地都能找到赌桌。留存下来的那些用坚固的石头制成,来自墓地、酒肆和军营,有的被刻在人行道上或是公共建筑的台阶上——可能是为了供有闲暇时间的人消遣。

骰子游戏拥有不同的名字,采用不同的规则和赌桌设计。没人能够详细复原这些游戏究竟是怎么玩的(就像在没有教程、棋子或纸牌的情况下试图弄清楚如何玩"大富翁"游戏)。尽管如此,一种常见的赌桌令人难忘地让我们对游戏的气氛和玩家的态度有所领略。在这种赌桌上玩的游戏显然是在 36 个点上移动棋子,点被平均分成 3 列,每列的 12 个点又平均分成两组。但上面不像现在通常的赌桌那样带有"方格",而是刻了一系列字母,玩家将棋子从一个字母上移到另一个上。这些字母通常经过精心排列,可以连成文字,于是赌桌上出现了一些简洁的口号,口号由 6 个单词组成,每个词为 6 个字母。这些口号是一些有关酒肆文化和玩家本身的格言。

有的略带严厉的说教味道,反思了这些赌桌被设计出来所要进行的活动的消极面。"这些讨厌的点迫使老手都要依靠运气"

（INVIDA PUNCTA IUBENT FELICE LUDERE DOCTUM），或者"赌桌是竞技场，失败者退场，你不会玩"（TABULA CIRCUS BICTUS RECEDE LUDERE NESCIS）。更多的则表现了罗马式的志得意满，即便它们指向的是相当古老的胜利。可能来自公元3世纪的一方赌桌上宣称："帕提亚人被杀死，不列颠人被征服，罗马人玩吧"（PARTHI OCCISI BRITTO VICTUS LUDITE ROMANI）。还有的强调了务实的民众享乐主义，提到了大竞技场中的战车竞赛（"满座的竞技场，民众的喧闹，公民的欢乐"［CIRCUS PLENUS CLAMOR POPULI GAUDIA CIVIUM］）或者甚至更朴素的生活乐趣。在提姆加德的广场台阶上，一方赌桌上总结说："打猎、洗澡、游戏、欢笑，这就是生活"（VENARI LAVARE LUDERE RIDERE OCCEST VIVERE）。

上述口号回击了罗马精英们的某些严厉指摘，描绘了酒肆生活的风趣和热情，以及普通民众能从罗马人身份中获得的快乐（从竞技到征服），还对何为幸福生活和满足提供了不无道理的看法。正是在这样的口号面前，庞贝的普通洗衣工们在晚上来到当地的

图86 "满座的竞技场……"的一个变体。这里的最后一行（右侧缺失）是"大门打开"（IANUAE TENSAE）。

酒肆坐下，喝上一两杯酒（掺了热水），与朋友、赌桌和骰子为伴，梦想通过赌博过上更好的生活。

少数人的确成了幸运儿。庞贝的一处涂鸦记录了邻近城中一位赌桌赢家的喜悦："我在努科利亚（Nuceria）玩骰子赢了855.5第纳瑞斯。没骗你，这是真的。"就像涂鸦者的兴奋所表明的，这是一次几乎难以置信的胜利和一大笔钱；按照4塞斯特斯合1第纳瑞斯，他赢得了将近4000塞斯特斯，大致相当于普通罗马士兵年薪的4倍。这一定给赢家的生活带来了巨大的改变。他本来也不可能穷困潦倒。就像精明的奥古斯都意识到的，赌博总是需要赌本，即便在酒肆和街角，它也是那些有点闲钱的人的消遣。数目这么大的胜利很可能意味着更好的居所、新衣服、更快捷的交通工具（500塞斯特斯就能买一头新骡子）以及更好的食物和酒（根据现存的一份庞贝价目表，1塞斯特斯可以买一杯或一罐最好的法勒努斯佳酿，相当于当地劣酒价格的4倍）。但无论精英们怀有什么样的无端疑虑，这都不太可能破坏社会秩序的基础。

忍受与凑合

无论如何，赢得4000塞斯特斯都是一场罕见的胜利，是当地酒肆中大部分三流赌徒梦寐以求的。对某些人来说，即便赌桌上最简单的口号也只是一种期盼中的生活状态。对生活在提姆加德那样的偏远城镇的人们而言，"打猎、洗澡、游戏、欢笑"可能是基本的娱乐，但对罗马街头的男男女女而言，打猎只是梦想。对住在"岛屿"公寓楼顶的人来说，竞技（"满座的竞技场……"）

只是难得享受的乐事（虽然比角斗士表演更加现实，因为作为战车竞赛的主要场地，大竞技场的容量为 25 万人，相当于斗兽场的 5 倍）。在我们看来，甚至公寓楼更舒适的较低楼层的居民也面临着充满风险的未来，他们的安逸生活总是岌岌可危。一些现代历史学家甚至猜测，赌运气的游戏之所以在普通罗马人中流行，与它们和这些人的生活结构非常相似有一定的关系。对大部分罗马人而言，生活总是一场赌博，赚钱与中彩票相去不远。

某个时刻的生活无忧不能保证以后还能如此。今天赚了一笔小钱的人在明天就可能翻船，可能因为生病而无法工作，或者被经常发生的洪水或火灾毁了家园。罗马城宏伟的遗迹和 19 世纪的防洪设施（很大程度上防止了灾难性的洪水泛滥）让我们忽略了不断降临这里的自然灾害。灾害对富人和穷人产生的影响不同，尽管他们经常是近邻。由于富人的房子建在山坡上，地势高了几米，因此得以避免像低洼处公寓楼中较舒适的那些房间一样被洪水淹没。火灾可能会影响任何人；公元 192 年，一场大火毁了盖伦藏在罗马广场附近的上锁库房中的东西，包括他的一些医学著作、行医工具、药品和其他宝贵物品（直到 2005 年，我们才重新发现了他记述此事的文章手稿，了解到此事）。但高层公寓楼尤其容易发生火灾，特别是当高层住户试图用易倒的火盆做饭或取暖时。

小偷小摸和较严重的罪行可能经常导致这些人失去自己的积蓄、宝贵财产、衣服或从业工具。和现在一样，拥有护卫犬和古代安全系统（依靠奴隶）的富人对入室作案和街头抢劫发出的抱怨最为激烈。穷人是主要的受害者。人们在罗马统治下的埃及发现了一些保存在手写纸草文献上的故事——经常比帝国其他地方刻在石头上的公告更加直接和随意，它们提供了一些关于在当地肆虐的日常犯罪、暴力和暴行的个人描述。比如，有人抱怨说一群少年袭击了他的家并痛打了他一顿（"四肢都挨了打"），还抢走了他的几件衣服（包括一件短袍和一袭斗篷）、一把剪刀和一些啤酒。另一个人声称一群欠他钱的闲汉出现在他家中，他们袭击了他怀孕的妻子，导致其流产，如今"生命垂危"。3000多英里外，在不列颠行省的巴斯城（Bath，当时的苏利斯泉［Aquae Sulis］），一处铭文记录显示不断有衣物和配饰被盗，包括戒指和手套，特别是斗篷。

　　罗马既没有投入财力物力也几乎没有提供常规的公共服务来缓解上述危机。公元1世纪，罗马城出现了小规模的原始消防队，但救火工具只有几条毯子以及几桶水和醋，而且更多地依靠拆毁周围的房子来阻断火势——这是个好主意，除非你住在周围那些房子里。没有可以接受报案或者帮助受害者寻求救济的警察。大多数受害者只能依靠自己强壮的双臂或者朋友、家人和当地自发的治安队来向他们认为应当承担罪责的人讨回公道。没有通过官方渠道处理普通不法行为的有效体系，只有以暴易暴的恶性循环。那位受到攻击后流产的不幸孕妇可能就是这种恶性循环的受害者，尽管她悲伤的丈夫看似无辜，做了催人泪下的叙述。一位罗马店主的故事暗示了另一个循环已经开启。在一个漆黑的夜晚，他跟踪了一个从他的柜台旁偷走油灯的贼。在随后的争斗中，贼掏出一根鞭子抽打店主，后者奋起反击，在搏斗过程中打瞎了攻击者的一只眼睛。[1]

　　尽管在制定法律规则和原则、决断责任问题以及确认所有权

---

[1] 查士丁尼，《学说汇纂》9.2.52.1。

和契约权利时表现出非凡的专业，但罗马法的复杂大厦没有对精英阶层之下的民众产生什么影响，对他们的问题也没有提供什么帮助。当他们试图使用法律时，法律系统有时会直接过载。我们不知道埃及那些普通受害者的控诉后续取得了什么进展，尽管他们的目的是希望向行省官员提出法律诉讼。但我们通过另一份纸草文献得知，公元3世纪初，一位埃及总督（在当地被称为"长官"［prefect］[1]）仅仅3天内就在某地收到超过1800份以陈情或控诉为内容的诉状。它们中的大部分必定被弃之不顾。

大多数时候，官方法律机构对普通人的问题不感兴趣，反之亦然。罗马的法律学者和专家有时会把穷人的不幸作为棘手的案例来研究；比如，他们认同那位店主的行为并不违法，假如真是贼先动用了鞭子。在甚至更少见的情况下，特别是在有关继承和公民身份的问题上，普通人会发现获得法律裁决是有价值的。比如，人们在赫库兰尼姆发现了几份写在蜡板上的文献（仍能看到笔尖在原先蜡层下的木板上留下的划痕），上面记录了一桩现在看来令人困惑的当地复杂纠纷中的若干证词。纠纷的焦点是一名从城里来的女子出生时是奴隶还是自由的。和罗马世界的大部分人一样，她没有正式的身份证明。在这个案例（判决结果不明）中，有人拥有足够的时间、关系和金钱将问题提交到罗马的最高层手中。但通常来说，法律对大部分民众来说可望而不可即，就像我们将要看到的，他们更多地把审判和法律程序视作可怕的威胁，而非一种可能的保护。

那么，如果不是向法律寻求帮助，普通人除了亲友外还能向

---

[1] 埃及作为帝国的重要粮仓，其总督被称为"皇帝的长官"（Praefectus Augustalis），表示代表皇帝个人进行统治。

谁求助呢？他们常常诉诸"替代性"支持系统，求助于神明和超自然力量，以及那些自称能预言未来和问题结果的人，比如收费低廉的算命者——精英们不出意料地对这些人嗤之以鼻。我们之所以知道罗马统治下的巴斯发生过斗篷失窃，唯一的原因是有人来到当地女神苏利斯的圣泉，将诅咒窃贼的话刻在小铅板上并投入水中。我们发现了许多此类铅板，上面刻着愤怒或绝望的信息，一个典型的例子是："布鲁克鲁斯（Brucerus）之子多基利阿努斯（Docilianus）致最神圣的苏利斯女神，我诅咒偷走我带风帽的斗篷的人，无论是男是女，是奴隶还是自由的，愿苏利斯女神置此人于死地，使其无法入眠，现在或将来都没有孩子，直到此人把我的斗篷带来您的神庙。"

作为一种替代性资源和从古典时代留存至今的最奇特文献之一，《阿斯特兰普苏克斯神谕集》（*The Oracles of Astrampsychus*）让我们直抵古代街道上的男男女女生活中的具体问题和焦虑的核心。作品的标题得名于一位传说中的古埃及巫师（他与作品完全无关），序言中（不太可信地）宣称自己出自哲学家毕达哥拉斯之手，是亚历山大大帝成功的秘诀。事实上，这是一套现成的算命工具，很可能出现于公元2世纪，比毕达哥拉斯和亚历山大大帝都要晚几个世纪。书中包含了带编号的92个问题，都是人们可能向算命者提出的，还罗列了1000多种可能的答案。它的原理是让提问人选择最能代表自己诉求的问题，并把编号告诉算命者，后者根据书中的指示——很多都是故弄玄虚，如选择更多的数字、去掉你第一个想到的数字，等等——最终从上千个答案中选出唯一正确的那个。

《神谕集》的编纂者无疑觉得那92个问题归纳了最有可能让

人们向当地提供廉价服务的占卜者求助的诉求。其中有一两个可能表明也有一些相对高端的顾客："我会成为元老吗？"这不太可能是许多人关心的问题，尽管它可能类似现代世界中的"我会嫁给英俊王子吗？"之类的白日梦问题，提出后者的人不太可能遇到任何王室成员，更别提与其结婚了。大部分问题关注普通得多的焦虑。有一些不出意外地同健康、婚姻和孩子有关。第 42 个问题"我的病会好吗？"无疑经常有人选择。有趣的是，"我被下毒了吗？"同样出现在列表中，这种怀疑显然不仅限于皇室成员。第 24 个问题"我妻子怀孕了吗？"同"我会很快被捉奸吗？"和"我会养育这个孩子吗？"构成了微妙的平衡，展现了古人在丢弃新生儿问题上的左右为难。我们还能清楚看到，奴隶同样是目标顾客（"我会获释吗？""我会被卖掉吗？"），而旅行被视作生活中最大的危险之一（"那个旅行者还活着吗？""我出海会平安吗？"）。但人们主要关心的是钱和生计，两者一次次出现在问题中："我能借到钱吗？""我能开作坊吗？""我能还清欠款吗？""我的财产会被拍卖吗？""我能继承朋友的遗产吗？"法律常常作为潜在的威胁被提到："我能避免被起诉吗？""如果有人告发，我会安全吗？"

这个复杂的系统能为上述所有问题提供好的、坏的和模棱两可的答案。如果顾客把回答当真（有些人可能像现在的许多解读星象的人一样充满怀疑），"你不会被捉奸"显然要比"你暂时不会被捉奸，但以后会"好得多。"你没有被下毒，但是被施了巫术"只会引发新的焦虑，而"旅行者活着，正在路上"在大多数情况下足以成为庆祝的理由。答案处处弥漫着一种挥之不去的听天由命的基调："等一等""还没有""耐心点"和"别指望"反复出现在建议中。

在唯一可以声称源于精英世界之外的罗马文学主流体裁——动物寓言——里，也出现了这种基调。此类故事中最著名的那些被归于伊索（Aesop）名下，此人据说是几个世纪前的一名希腊奴隶，许多现代编纂的这些故事的合集仍然以他命名（《伊索寓言》）。但在罗马，另一位关键人物改编了早期的版本，并创作了具有罗马特色的新寓言。他就是皇家释奴费德鲁斯（Phaedrus），在公元1世纪初提比略统治时期写作。他的许多故事犀利地反映了罗马社会的不平等和底层民众的观点，将狐狸、青蛙和羊等世界上的弱小动物同以狮子、老鹰、狼和隼等为代表的强大生物对立起来。

在极少数的情况下，弱势一方也能取得胜利。比如，一只母狐夺回了被母鹰抓走作为雏鸟食物的幼崽：狐狸放了把火，为了救雏鸟，老鹰只好放弃幼崽。但情况通常对弱势一方不利。在一个故事中，牛、山羊和绵羊与狮子结为伙伴，但当它们共同抓住一头美味的身形巨大的雄鹿后，狮子独占猎物，拒绝与伙伴分享。在另一个故事中，鹤把头伸进狼的喉咙里，为其取出卡住的骨头，但狼赖掉了承诺的回报（狼表示，没有趁机把鹤的头咬掉已经足够了）。总体而言，故事中传递的信息同赌博中的乐观幻想形成了鲜明的反差。许多寓言强调，唯一真正的解决之道是忍受自己的命运。青蛙们请求朱庇特赐它们一个王，但后者只给了它们一根木头；当青蛙们请求更好的东西时，朱庇特给了一条蛇，把它们都吃了。一只小寒鸦用美丽的羽毛把自己装扮成大孔雀，但因为冒名顶替而被孔雀们赶走，当它试图回到寒鸦中间时，又因为自视过高而被再次赶走。这是一个特里马尔奇奥故事，只是披着截然不同的外衣，采用了截然不同的视角。

有一点是肯定的：这些可怜的生物都无法得到法律力量的帮助。有个故事骇人地描绘了这一点：一只从异邦归来的燕子在法庭的墙上筑巢并孵了 7 个蛋，母亲外出时，蛇吞噬了所有的雏鸟。[1] 这则寓言的道德教训是，法律也许能保护某些人的权利，但可怜的小燕子们不在此列，它们就在法官的鼻子底下遇害。

燕子与蛇

鉴于罗马世界中的有产者和无产者之间存在巨大鸿沟，为何没有发生更为公开的社会和政治冲突呢？在罗马城中，皇帝和几千名富人（再加上他们的奴隶侍从）成功地垄断了成顷的土地，在城市边缘建有庞大的宅邸和宽敞的游乐园，而将近 100 万人则挤在剩下的空间里。前者是怎么做到的呢？用寓言的方式来说，为什么燕子没有起身造蛇的反呢？

一个答案是，冲突可能比记载中的要多，即便大部分只是游击战，而非彻底的起义：朝路过肩舆的幕帘扔臭鸡蛋，而非协同攻击皇宫大门。罗马作家对较温和的骚乱往往视而不见。但皇帝肯定对自己前去观看公共竞技和表演的路上可能遭受的这种待遇感到担心。此外，虽然公共秩序在帝制时期不像在共和国晚期那样反复崩溃，但还是有证据表明罗马和帝国其他城镇不时会发生暴力骚乱。骚乱的主因是食物供应的中断。公元 51 年，克劳迪乌

---

[1] 这则寓言是伊索的 Chambry 347，不在费德鲁斯的篇目中。

斯在罗马广场受到了投来的面包的袭击（你可能会觉得在食物短缺时期使用这种武器很奇怪），不得不从后门偷偷溜回宫。差不多与此同时，在今天土耳其的阿斯朋度斯（Aspendus），一位当地官员差点被愤怒的人群活活烧死，他们抗议地主因为打算出口而把他们的粮食锁起来。但食物并非唯一的问题。

公元61年，一名显赫的元老被自己的一个奴隶所杀，元老院决定遵循处置此类罪行的惯例，将受害者的所有奴隶连同凶手一起处死（这种惩罚的威胁作用是促使奴隶们相互告发）。这一次，受到牵连的共有400名无辜奴隶。获悉提议的严厉判决后，人们愤怒地冲上街头，展现了奴隶与自由人口间的团结，后者中的许多人也曾经是奴隶。不过，虽然不少元老站在骚乱者一边，尼禄皇帝还是派出军队阻止骚乱，并执行了死刑。

另一个答案是，虽然存在巨大的贫富差距、精英对不太幸运者的鄙视，以及显眼的双重标准，富人至少与罗马的"中产"民众（或者说生活在公寓楼中较低楼层的人）享有比我们所想象的面积更大的文化重合。透过表面来看，事实证明这两种文化要比乍看之下能更好地融合，燕子的观点与蛇的观点并不总是那么截然不同。

我们已经看到了一些相关线索。酒肆中的对话泡泡和文辞巧妙的墓志铭（有时采用诗体，遵循了拉丁语的所有复杂规则）表明，在那个世界里，具备读写能力被认为是理所当然的。近年来，关于罗马帝国究竟有多少识字人口的问题引发了尚无结论的无尽争论。以包括乡村和城镇在内的整个罗马帝国计算，这个数字可能很低，远低于成年男性人口的20%。但在城市社区中，这个比例一定会高得多，那里的许多小商贩、工匠和奴隶需要一些基本的读写和计算能力来让自己胜任工作（接受订单、数钱和组织送货，等等）。此外，有迹象表明，这种"功能性识字"能力甚至给"中产"民众接触我们所认为的高雅古典文化打下了一定的基础。

庞贝的墙壁涂鸦中有 50 多处维吉尔诗歌的引文。这当然并不意味着《埃涅阿斯纪》和维吉尔的其他诗歌全文得到了广泛的阅读。大部分引文来自《埃涅阿斯纪》第一卷（"我歌唱武器和人"［Arma virumque cano］）或第二卷（"所有人都沉默了"［Conticuere omnes］）的开头部分——这些诗句可能已经变得像"生存还是死亡"一样被人随手引用。其中许多可能出自富有少年之手，维吉尔的作品是他们的课本，我们不能想象只有穷人才会在墙上涂写。但认为这些涂鸦全都出自富人之手同样不切实际。

由此可见，维吉尔的诗歌是共享的文化用品，得到了人们的引用和改编，甚至被用于笑话和戏剧中，尽管只是诗中的一些片言只语。有一座庞贝洗衣坊的正面外墙用《埃涅阿斯纪》故事中的一个场景来装饰，描绘了埃涅阿斯带领父亲和儿子逃出特洛伊的废墟，前往意大利建立新特洛伊。不远处，一处涂鸦戏仿了诗歌的开篇名句："我歌唱洗衣工和猫头鹰，而非武器和人"（Fullones ululamque cano, non arma virumque）——猫头鹰是洗衣行业的吉祥物。这很难算得上高雅文化，但的确显示了街坊世界和古典文学世界拥有一个共同的参照系。

一个甚至更惊人的例子来自港口城市奥斯蒂亚一座公元 2 世纪的酒肆的装潢设计。壁画的主题是传统上被称为"七贤"的古代希腊哲人和大师，包括米利都人泰勒斯（Thales of Miletus），这位公元前 6 世纪的思想家以声称水是宇宙本源而著称，还有与他差不多同时代的雅典人梭伦（Solon），这是一位近乎传奇的立法者，以及另一位早期的著名学者和思想家斯巴达人喀隆（Chilon）。部分画面已经缺损，但原先一定包括全部7人，描绘了他们手持书卷坐在精美的椅子上的样子。但出人意料的是，每人身旁的标语并非与他们所擅长的政治、科学、法律或伦理学相关，而是关于排泄的，采用了熟悉的粪便学主题（见彩图15）。

泰勒斯头顶的文字是"泰勒斯建议排便困难者要用力"；梭伦头顶的是"为了排便顺畅，梭伦拍着肚子"；喀隆的则是"狡猾的喀隆教人悄声放屁"。七贤下方是另一排人物，一起坐在多厕位的公共厕所里（这是罗马世界里的一种常见布局）。他们同样说着如厕格言，比如"上蹿下跳，完事更快"和"来了"。

有人将其解读为平民攻击精英文化而开的玩笑。酒肆中的普通男孩看着这些精英思想世界的支柱们表达的如厕智慧，享受到了一些对后者开粪便学玩笑的乐趣。让高雅的思想下降到排泄层面肯定是其中的一个方面，但问题还要更加复杂。这些标语不仅仅预设观众识字，或者至少客人中有足够多的人识字，能够将它们读给文盲听。想要编出或理解这个笑话，你还必须对七贤有些了解；如果你对米利都人泰勒斯一无所知，那么他提出的排便建议也就很难显得好笑。为了抨击知识分子生活的矫揉造作，你必须对其有所了解。

人们可以从很多方面想象这座酒肆中的生活：如厕幽默引发的粗俗大笑、偶尔发生的对喀隆究竟因何闻名的讨论、与店主插科打诨或者与侍者调情。顾客们可能因为各种理由来到这里：享受一顿热气腾腾的美餐、在比家中更加欢乐和温暖的环境中享受夜晚，或者纯粹为了买醉。有人梦想依靠骰子幸运地获得一大笔钱，也有人相信最好还是接受命运，不要在赌桌上输掉仅有的一点点余钱。许多人厌恶富有邻居的傲慢和不屑，讨厌他们的双重标准和生活方式；罗马城市没有分区，这可能体现了平等的一面，但也意味着穷人总是能感受到其他人享受着特权。

无论贫富，所有人都认同富有是令人渴望的状态、要尽量避免陷入贫穷。正如罗马奴隶对未来的憧憬常常是自己获得自由，而非废除奴隶制，穷人对未来的憧憬也不是重塑社会秩序，而是让自己能在更接近财富顶峰的地方拥有一席之地。除了很少的哲学极端派，罗马世界中没有人真的相信贫穷是光荣的——直到基督教兴起后才有所改变，我们将在下一章进一步分析。无论是对在我们那座奥斯蒂亚酒肆中消遣的顾客还是待在自家宅邸中的财阀来说，富人可能无法进入天国的想法都显得荒诞不经。

第 12 章

罗马之外的罗马

小普林尼的行省

公元109年,小普林尼离开意大利和他豪华的乡间别墅,历时至少4周,跋涉了将近2000英里,最终来到比提尼亚行省。他当时年近50,担任过律师和执政官,是图拉真皇帝新任命的行省总督,并特别受命调查当地城市的状况。他管辖的行省幅员辽阔,涵盖了黑海南岸的大片地区,占地超过1.5万平方英里,包括昔日米特拉达梯的本都王国的一小部分。小普林尼的第三任妻子,比他年轻差不多25岁的卡尔普尼娅与他同行(他的几次婚姻都没有留下存活的孩子)。几年后,她因获悉祖父去世而返回罗马。小普林尼再没有回到意大利。他可能在卡尔普尼娅离开后不久死于任上。

小普林尼在比提尼亚任职期间与皇帝的往来书信差不多有100封留存了下来,我们从中可以了解到他身为总督做了些什么,书信内容涉及行省的组织与管理、法律争端、城市改造、财政管理和帝国仪式。无论是谁选取和编辑了这些被公开流传的书信(因为它们肯定不是从小普林尼的文件柜中随机选出的),此人显然很想把他描绘成办事可靠、注重细节的正直之人,对待行省管理非常认真。他经常给人留下完美到令人难以置信的印象。

这些书信显示，他一丝不苟地调查了当地城市的财政，向皇帝通报它们的公共服务状况，并请求从罗马派出建筑师和工程师。对于尼科美狄亚（Nicomedia）的水道、克劳迪奥波利斯（Claudiopolis）的浴场、尼喀亚（Nicaea）的剧场和训练场的状况，小普林尼表示担心；他怀疑，甚至新训练场厚达6米的围墙在结构上也不合理，但需要听取专家的意见。他还想在尼科美狄亚当地建立一支消防队，但图拉真不支持这个方案，给出了一个意味深长的理由——此类组织可能会变成政治压力集团，因此建议他仅仅配置一些消防设备就行了。此外，让小普林尼烦恼的还有如何惩罚试图应征入伍的奴隶（军队招募严格仅限于自由出身者）、是否应该允许尼喀亚市议会挪用任何去世时没有留下遗嘱之人的财产，以及图拉真是否介意在一座埋有人骨的建筑里竖立皇帝雕像。

即便假设宫廷那头立刻回复，小普林尼也至少需要两个月才能收到皇帝的建议。但图拉真的确经常回信，有时显露出来的恼怒口吻表明书信是由他本人口述或起草的，而非仅仅交给某个下属代笔。皇帝气呼呼地说，他当然不介意自己的雕像与人骨为邻；小普林尼到底为什么会想象皇帝会因此感到被冒犯？

2000年后，在小普林尼和图拉真的交流中，最著名的一次是关于一个看上去不起眼但令人尴尬且长久难以摆平的新宗教群体——基督徒——的，这可能会让他俩感到意外。小普林尼承认自己不知道应该如何对付他们。最初，他给了他们几次悔过机会，只处死那些拒绝悔改的人（"他们的执拗和冥顽不灵显然应该受到惩罚"）。但后来，许多名字引起了他的警惕，因为人们开始通过指控敌人是基督徒来算旧账。小普林尼还是允许被调查者悔改，只要他们在皇帝和真神的雕像前奠酒和焚香来证明自己的真心。不过，为了弄清事情到底是怎么回事，他命人拷问了两名基督徒女奴隶（在古代希腊和罗马，奴隶只有在受拷问的情况下所说的证词才被视为合法证据），认定基督教"不过是离经叛道和不服管束的迷信"。他还想让图拉真肯定自己的做法。皇帝差不多正是这样做的，但也提出了警告："不要试图搜捕基督徒，但如果他们受到指控并被判有罪就要严惩不贷。"这是犹太或基督教文学之外现存最早的关于基督教的讨论。

这与150年前西塞罗从奇里乞亚寄出的书信形成了鲜明的反差。对西塞罗来说，行省提供了建立军功的机会，带来了亚历山大大帝式的梦想，并且，那时那里还是男性的世界（在共和时期，总督的妻子似乎被明令禁止陪伴丈夫赴任）。他描绘了一幅充满不确定性和杂乱无章的画面，尽管拥有各种良好的意图，他还是只能缓和而非解决问题。与之相伴的是许多罗马行省官吏持续对当地人口进行低水平剥削。其中就包括刺杀恺撒的凶手布鲁图斯，此人并不是在所有方面都奉行崇高的政治原则：他曾试图向不幸的塞浦路斯人索取48%的利息。小普林尼似乎无意在战场上扬威，而且他有妻子相伴，尽管对于年轻的卡尔普尼娅如何打发时间，我们只能付诸猜测。他的行省井然有序，执行着良好的财务政策并消灭了腐败，当地的公共设施深受总督重视，争端可以依据一个清晰的法律框架得以解决。

但我们不能完全从表面上看待这种反差。与西塞罗写给密友和亲信的书信相比，写给皇帝的书信几乎注定带有不同的特点、给人留下不同的印象。此外，小普林尼采用的特定法律框架的一部分可以上溯到西塞罗的时代：公元前1世纪60年代，在打败罗马长期以来的敌人米特拉达梯后，庞培确立了这个新行省的法规，小普林尼曾多次明确提到它们，即《庞培法》(lex Pompeia)。此外，西塞罗有时也会关注行省城镇中的不正常现象。不过，从奥古斯都的统治时期开始，各行省出现了新的统治风格，小普林尼的书信很好地反映了这一点。

新风格明确了命令权。小普林尼带着图拉真的具体指示来到比提尼亚，他也知道应该向谁报告。我们还能看到，皇帝可以对行省事务做出决定，甚至是有关某些城市的某座建筑的详细问题，共和时期的元老院从未这样做过。诚然，一些不法的总督可能表现得像是迷你专制者，独断专行，他们实行自己的法律，过着奢侈的生活，基本上与首都失去联系；他们不是所有人都完全忠于统治者。不过，总督现在被视作直接对罗马本土更高权威负责的官员。我们将会看到，虽然距离许多行省有几周的行程，但宫廷行政机构有办法及时了解这些官员在远离本土的地方干了什么。

这个新世界是"罗马之外的罗马"，小普林尼是让我们了解那里的好向导。他的书信提出了一些问题：无论对于被统治者抑或统治者、胜利者抑或受害者来说，帝制下的帝国与共和时期的帝国有多大区别？书信展现了官方处理它与基督徒的关系时面临的更广泛的困境（这最终演变成整个罗马世界最具分裂性的冲突之一），并暗示了该时期帝制的基础制度中存在许多重要问题，从士兵在行省行政中扮演的角色到官方交通的组织。但小普林尼也有盲点。

他很少能看到罗马人遭遇的反对一般来自何处，或者这个庞大帝国中的商业机会，也完全没有看到自己的行省与家乡间的文化差异。没人能从信中猜出他的行省主要说希腊语而非拉丁语。

图拉真有一次还对希腊人的健身活动发表了看法，他写道："希腊仔［指说希腊语的行省居民］真是喜欢训练场。"但小普林尼最接近谈及文化多样性的地方是把基督教形容为"离经叛道和不服管束的迷信"，并试图探究其仪式和典礼。

比提尼亚和本都行省（这是它的正式称谓）是一个罗马之外的世界，就像其他一些古代作家所极力强调的，它混合了希腊和其他当地传统的文化，令人目眩，有时带有"异域风情"。散文作家和讽刺作家琉善（Lucian）——他本人就是文化融合的一个显著例子，此人是来自叙利亚的罗马公民，第一语言为希腊语——用一整篇幽默短文描绘了小普林尼去世仅仅50年后在该行省兴起的一种怪异得令人难忘得的神使。它的形象是一条长着人脑袋的会做预言的蛇，变得非常流行，吸引了从马可·奥勒留皇帝以降的罗马精英们的注意。琉善嘲笑这是围绕着一个自制木偶展开的骗钱活动。

图87 公元2世纪的这件雕塑生动地表现了人们想象中的蛇神格吕孔（Glycon）的样子。在质疑崇拜这位神明的行为的一篇幽默短文中，琉善描绘了它为轻信的人群所做的一系列难以置信的表演。

对今天的历史学家来说，关于罗马帝国最重要的问题之一正是如何讨论这种文化差异和怪异之处，以及罗马和意大利之外的居民变得多么像"罗马人"，还有行省居民如何将自己的传统、宗教和语言（某些情况下还包括文学）同强大帝国的这些东西联系起来。小普林尼似乎对此完全不感兴趣。

帝国的边界

第一位奥古斯都扩张帝国的行动在公元9年戛然而止。在巩固罗马人征服日耳曼尼亚的成果的过程中，罗马统帅普布利乌斯·昆克提利乌斯·瓦卢斯（Publius Quinctilius Varus）在距离今天的奥斯纳布吕克城（Osnabrück）以北不远处打响的条顿堡森林战役（Battle of the Teutoburg Forest）中损失了近乎3个军团。罗马人在想象中把这场失利与对抗汉尼拔战争中的坎尼惨败相提并论，用骇人听闻的故事讲述了被俘士兵如何在野蛮的仪式中被献祭，而狂风和暴雨又如何让屠杀变得更加可怕。据说不知所措的罗马人无法射箭和掷出投矛，甚至无法挥舞被浸湿的盾牌。最终的伤亡接近罗马军队总数的10%；近年来，我们在遗址上发现了他们的一些骸骨和役畜，包括有很深的伤痕的头盖骨。取胜的敌方将领是一位名叫阿米尼乌斯（Arminius，今天被亲切地称为"日耳曼人赫尔曼"）的日耳曼叛军，他曾在罗马军中服役，被瓦卢斯视作忠诚的朋友；阿米尼乌斯借前去召集当地的罗马支持者为理由，将瓦卢斯骗进了伏击圈。和其他例子一样，军团最大的敌人是罗马人自己训练出来的。

奥古斯都曾计划将罗马的疆域扩大到莱茵河对岸的日耳曼尼亚东部。人们过去 20 年间对瓦尔德吉尔梅斯（Waldgirmes，距离河东岸 60 英里）的一座半完工的罗马城镇的发掘清楚地显示了他的意图；该城的中央广场已经完工，建有一座皇帝的骑马镀金塑像。城镇没能完工，因为在这次惨败后，奥古斯都放弃了继续征服的计划并向西撤退。他临死时留下指示，要求不再扩张帝国。

不过，遵守这些指示并不那么简单。因为就像我们已经看到的，奥古斯都还留下了建立在征服和传统罗马军事成就之上的皇权模板。此外，他把将罗马帝国扩张到整个世界的想法留给了继承者们和罗马人民。在维吉尔的《埃涅阿斯纪》中，朱庇特预言罗马人将获得"没有边界"的权力，这种想法会仅仅因为一场惨

图 88　来自瓦尔德吉尔梅斯的这个镀金马头（图中正在做保护措施）清楚地显示，在公元 9 年遭遇军事挫折前，该城曾被规划为重要中心，各种标志一应俱全（包括奥古斯都骑马像）。该城被发掘时呈半完工状态。

败就被轻易束之高阁吗？那很不符合坎尼的精神。

在直到公元 2 世纪末的随后 200 年间，巩固和扩张这两种不兼容的帝国目标出人意料地融洽共存。罗马的疆域有所扩大。比如，为了弥补自身完全不尚武的形象，克劳迪乌斯将征服不列颠的功劳归于自己名下，并在公元 44 年举行了凯旋式（将近 30 年来的第一次）。此事具有巨大的象征价值。这是罗马第一次征服环洋（这里指英吉利海峡）彼岸的陌生土地，将百年前恺撒的短暂驻足变成了永久占领。但这很难算得上大规模扩张，在随后的几十年间，罗马人向北朝着苏格兰扩张的进程实际上非常缓慢。公元 1 世纪初，地理学家斯特拉波（Strabo）对吞并不列颠的可行性做了仔细评估，这清楚说明帝国现在拥有一种谨慎的新文化氛围。在盘点了不列颠人的特征（高大、罗圈腿和生性怪诞）和岛上的资源（包括谷物、牛、奴隶和猎犬）后，他表示驻军的成本要超过增加的税收。但克劳迪乌斯需要荣誉。

只有图拉真的军事行动为帝国带来了有一定意义的扩张：公元 101 到 102 年，他征服了今天属于罗马尼亚一部分的达西亚（Dacia），他的纪念柱上对此做了详细描绘；公元 114 到 117 年，他入侵了两河流域并继续进军，最远来到今天的伊朗。这是罗马势力正式向东延伸到达的最远的地方，但没有持续多久。公元 117 年，哈德良在登基仅几天后就放弃了那里的大部分土地。为庆祝这场胜利所举行的凯旋式特别怪异。由于图拉真死在回国途中，一座雕像代替他出现在凯旋马车上——无论如何，征服的土地已经被原物奉还。

对外征服的脚步因为受到很多阻碍而慢了下来。奥古斯都的指示是其中之一，但很少有遗训具有死者生前希望其具有的那种效力。共和时期的竞争性政治文化的终结是更重要的因素。无论是否参加了战斗，皇帝都会把军事胜利的荣耀归于自己名下，他们主要是在同已经死去的前任们竞争，远不如苏拉和马略或者庞培和恺撒间的对决那么激烈。与此同时，越来越多的人意识到，帝国在现实中可能存在边界，虽然《埃涅阿斯纪》中的夸张预言从未被忘却。这并不意味着有一条明确的固定边界。从罗马控制的土地逐渐过渡到非罗马领土的地方，其间总是存在一片模糊的区域，而且总是有些族群并不正式属于行省的一部分，但按照过去的服从模式听命于罗马人。因此，用一条简单的线条标出帝国边界的现代地图更多地会产生误导，而非带来帮助。不过，就像哈德良下令在不列颠北部建造长城所暗示的，边界正逐渐变得更加固定和重要。

我们所谓的"哈德良长城"长度超过 70 英里，从不列颠岛

图 89　在图拉真纪念柱上，军队被描绘成高效的军事机器，对后勤和屠戮一样重视。图中的士兵们正在清理达西亚的森林，身后是他们的要塞。

的东海岸延伸到西海岸。军队为长城的建造投入了巨大人力,但出乎意料的是,我们很难理解它的用途究竟是什么。老观点认为它是阻挡"蛮族"的防御工事,但难以令人信服。诚然,那位提到长城的建造的古代作家(一位在公元 4 世纪末写作的匿名传记作家和幻想家,然而出于某种未知的原因,他假装自己活跃于一个世纪前)说的是哈德良将罗马人同蛮族"隔开"。不过,具有一定勇气且组织有序的敌人只要想翻越,它就很难阻止他们,特别是因为许多地方的墙体只是用泥炭筑就的,而非像大多数照片中所呈现的部分那样是用坚石砌成的。由于长城顶部没有走道,它甚至也很难起到监视和巡逻作用。近来也有人暗示这是关卡,或者是用来控制更一般的人口流动的,但为此建造长城又显得小题大做。它宣示的是罗马对这片土地有控制权,并暗示了它带有某种终点的意味。也许并非巧合的是,差不多与此同时,在其他

图 90　无论原先的用途是什么,哈德良长城仍然矗立在英格兰北部的山丘顶上。它很可能更多地属于象征性而非防御性的屏障。翻过这堵墙并不难,但它无疑代表了某种边界标志。

边界地区也出现了不那么宏伟的长墙、堤坝和要塞,仿佛暗示罗马权力的边界开始变得更加具体有形。

不过,在罗马和帝国其他许多城市游览的人不可能猜到征服世界的计划已经搁浅。各地随处可见罗马获胜、蛮族战败的画面。官方大张旗鼓地庆祝与棘手邻邦达成的外交协定,仿佛那是通过武力实现的。公元66年,在与亚美尼亚国王提里达梯斯(Tiridates)缔结了相当不光彩的和约后,尼禄说服前者跋涉数千英里来到罗马,从皇帝本人手中接过王冠——尼禄身着凯旋将军的装束,据说他为了这一天还让人用金箔覆盖了整个庞培剧场,使其不折不扣地令人目眩。防御内部敌人、反叛者和入侵者取得的胜利被当作罗马自身取得的光荣军事成就来纪念。比如,公元193年建成的马可·奥勒留的纪念柱(小心地比竞争对手图拉真的柱子建高了几米)描绘了虽然成功但代价极高的反击日耳曼入侵者的场景。到处都能看到皇帝身着华丽盔甲的雕像,以及被征服、捆绑和践

图91 描绘罗马军事力量的经典图像。左侧是第一位奥古斯都,脚边有一只鹰(罗马军团的象征),右侧的形象代表了"胜利女神"。两者之间是一副作为战利品的盔甲(见图41),有个赤裸的战俘被压在下面,双手绑在背后。这是一组描绘了罗马皇帝和他们的帝国的浮雕画之一,来自今天土耳其的阿芙洛狄西亚斯(Aphrodisias)一座敬献给各位奥古斯都的神庙。

踏的蛮族。也许这是调和第一位奥古斯都的矛盾遗产的最简便方法：艺术和象征有效地弥补了现实生活中不再有那么多蛮族遭到践踏的事实。

帝国的管理

即便在罗马人的想象中并非如此，但在实践中，公元后前两个世纪中的帝国更多地不是征服和平定的战场，而是需要管理、监督和征税的领土。小西庇阿和穆米乌斯可能会吃惊地发现，在尤里乌斯·恺撒的动议下，他们于公元前146年摧毁的迦太基和科林斯被当成老兵定居点加以重建，它们到了公元1世纪末已经成了一个截然不同的罗马世界中最繁荣的两座城市。

这并非任何皇帝的宏大计划的结果，而是源于逐步的改变过程，以及一系列较小的调整和变迁。就我们所知，即便在帝制时期也很少出现类似帝国运营的一般性政策或是军事部署的总体性战略这种东西。奥古斯都关于大体上停止继续征服的指示是一个罕见的例外。虽然像哈德良长城这样的大规模营建计划无疑来自高层决定，但皇帝的介入大部分采用图拉真介入比提尼亚事务的模式，即只有当问题被提出时才进行处理。皇帝的确代表了命令体系中新的层级，但他的角色主要是回应式的，而非战略家或制订长期规划者。换句话说，小普林尼并非像其书信的现代读者有时认为的那样，是一个喜欢小题大做的神经质的人并不断对他的老板提出各种无关紧要的问题。他遵循了罗马帝国行政的逻辑，即除非你提出请示，否则皇帝不会做出决定。

要回答公元后前两个世纪中的行省统治是否优于共和时期最后一个世纪的这个问题，取决于你是谁或你在哪里。人们很容易会把勤勉的小普林尼与西塞罗（或者以勒索著称的维勒斯）加以比较，根据某些完全不具代表性或者被误读的个案而认定其间有了巨大改善。有些地方无疑得到了改善。大型包税人公司逐渐被弃用，它们总是想着怎么从行省人民身上榨取尽可能多的钱。虽然新制度仍然非常复杂，而且包税人继续在其中占有一席之地，但征税更多地成了当地人的职责，这也是成本最低的选择。此外，皇帝还在大多数行省任命了名为经管官（procurator）的专业财政官，负责照看皇家庄园和监督征税。他和他的由皇家奴隶与释奴组成的部属（称为 familia Caesaris）还会监视总督的所作所为，据说有时返回罗马后会告密。但事实上，当地的统治标准一如既往地形式多样。

发生在行省的勒索和渎职行为也会继续受到审判，这既反映了法律得以正常执行，也同样清楚表明一直存在无视法律的情况。多种行省人民日常遭受的剥削被视作理所当然。当提比略皇帝从行省收到超额税贡时，他很好地总结了罗马统治的基本伦理："我希望给我的羊剪毛，而不是把毛剃光。"根本就没有考虑过把行省的羊毛留在羊身上。满足罗马官员交通食宿的需求是常有的麻烦事。总督的部属没有自己的官方车辆。去罗马送信的信使或在各城市间旅行的总督通常会要求当地提供交通工具，包括马匹、骡子和车辆。他们只会付一小笔钱，但当地人别无选择，只能满足对方的要求。难怪许多罗马的随员试图利用这一点，而非亲自做安排，后者往往昂贵而不便。在妻子的祖父去世时，小普林尼给了她一张官方旅行券，好让她迅速赶回意大利。他在事后觉得有必要向图拉真通报这个违规举动，但他当时仍然还是这么做了。

任命总督的新方法可能会让更负责的人被选中。现在，选择权直接或间接地掌握在皇帝手中，而非通过抽签和元老院中的政治诡计选出。不过，候选人的能力或行省人民的利益并非皇帝唯一的选择标准，甚至可能不是他经常考虑的因素。如果图拉真的确希望找一名谨慎的管理者来调查比提尼亚当地统治的问题，那么小普林尼是正确的人选。但有一个耳熟能详的笑话（可能是真事）表示，尼禄任命自己的朋友马库斯·萨尔维乌斯·奥托（Marcus Salvius Otho）——此人与皇帝有很多共同爱好——担任位于今天葡萄牙和西班牙的卢济塔尼亚行省（Lusitania）总督，只是为了方便自己在罗马与奥托的前妻波派娅（Poppaea）偷情。虽然任命通常不像这样荒唐，但除了皇帝的一些指示（mandata），没有任何迹象表明会对赴任总督进行就职培训或介绍情况。我们只能好奇，当新总督被派到从未去过的偏远北方行省时究竟将如何进行统治，他不懂当地的语言，只听说过有关那里的奇特习俗的传言，除了一位小心翼翼的经管官，他在当地举目无亲——而且按照规定可能要任职长达5年左右。在他看来，这无疑像是走进了黑暗的未知世界。

可以肯定的是，罗马人很少试图将自己的文化准则强加给当地人或者废除当地的传统，即便是在帝国的控制相对无忧的这个时期。他们的确试图铲除不列颠的德鲁伊教。关于当地人祭的报告可能被极度夸大了，而且这种仪式在罗马无论如何也并非前所未见，但罗马官方不会允许那些陌生的异邦祭司这样做。此外还有基督徒的特殊情况。但那些都是例外。帝国的东半部分在日常活动中继续使用希腊语而非拉丁语。当地的历法也没有被大幅调整，除了偶尔将其与皇帝的生命周期对应起来或者庆祝他的成就。周游帝国不仅意味着穿越我们所理解的时区，也意味着在拥有全然不同的日期或钟点计算方式的地区之间穿行（如何写日记是个谜）。从衣物（裤子和希腊斗篷）到宗教的一切都保持着当地传统。这个世界里充满了形形色色的神明和节日，任何描述都难掩它们的怪异。与埃及的阿努比斯（兼具胡狼和人的形象）或者所谓的叙利亚女神（琉善在文章中也讽刺了她，她的仪式据说包括让参加者爬上女神神庙中的巨型石质阳具这一环节）相比，长着人脑袋会讲神谕的蛇就显得不那么怪异了。

罗马人很可能不想强加任何文化准则。但即便有过强加的打算，他们也不具备实现的人力。一个合理的估算是，整个帝国的精英罗马行政官员在任何时候都不到 200 人，再加上可能有数千名的皇帝的奴隶，他们被从帝国中心派出，管理着一个超过 5000 万人口的帝国。小普林尼只提到过自己的副手（legatus）和经管官。那么他们是怎么做到的呢？

答案之一是军队。在实行帝制的最初几十年间，士兵越来越多地从意大利之外招募（行省人民实际上保卫着帝国），并越来越多地驻扎到罗马世界的边缘（按照奥古斯都的模式让他们安全地远离罗马）。除了前线工作，他们在行政事务中也开始扮演重要角色。过去 40 年间从温多兰达（Vindolanda）一处小兵营——就在哈德良长城的南面，驻扎着守卫长城的一支罗马军队——发掘出的书信和文献生动地展现了这一点。它们来自公元 2 世纪初，原本写在蜡上，在留存的下方木板上留下了依稀的痕迹。这里是罗马世界的另一端，但这些文献与小普林尼和图拉真的通信大致同时。

我们熟悉的罗马兵营生活画面是只有男性、高度军事化，这些文献则给我们留下了非常不同的印象。当然，它们包含的信息暗示了小规模的武装冲突和一些对当地人的不敬之词的存在。图拉真表示"希腊仔［Graeculi］真是喜欢训练场"，一些守卫长城的士兵则说"不列颠仔［Brittunculi，同样为显得自视高人一等的指小词］投矛时不骑马"。不过，特别有意思的是有关温多兰达的日常家庭生活和家政方面的内容。有封信是兵营指挥官的妻子向一位女性友人发出的生日宴会邀请。此外，尽管法律禁止现役士兵结婚，但发掘出的大量女性和儿童的皮鞋证明营地里有女性。当然，鞋子无法告诉我们它们的主人在那里到底做什么或者逗留了多久。不过，看上去那里很可能有家庭生活。

一份"兵力报告"同样提供了很多信息，上面登记了在营地中和因其他任务离开的士兵的数目。752人中有一多半外出或无法工作。他们中有337人正在邻近的一处营地，31人生病（眼睛发炎是比受伤更大的问题），还有将近100人忙着其他职责：46人在300英里外的伦敦担任总督保镖；有一人或数人被派往某个未具名的"办公室"；几位百夫长（军士）在乡间的其他地方办事。这正是图拉真在写给小普林尼的书信中提到的他担忧的事情之一：太多的士兵离开自己的部队，去忙别的事。

罗马人成功统治的另一个答案是，罗马通过在罗马世界各地资助或建造城镇，使当地人口在帝国的运营中扮演了重要角色。在罗马人到来前，城邦（polis）是希腊和东方的基本制度，此后仍然如此，有时还得到了罗马人的大笔注资。比如，哈德良皇帝资助了雅典的大规模营建计划。在帝国的北部和西部，情况有所不同，按照罗马人的模式从无到有建立新城是罗马征服对行省地貌产生的最重要影响。

在皇帝下令撤退前,这正是奥古斯都的军队在瓦尔德吉尔梅斯所做的事情。此外,今天不列颠岛上包括伦敦在内的许多城镇的选址和规划都要归功于罗马人。其中一些比其他的更加成功。维利科尼乌姆(Viriconium,今天的罗克赛特[Wroxeter],位于英格兰和威尔士交界处)罗马浴场中的那座地中海风格的户外泳池背后无疑有一个悲哀的故事,泳池没能挺过许多个寒冷的冬天,很快成了城中的垃圾堆。大部分人一如既往地继续在乡间生活,城市生活习惯对他们而言几乎没有意义,或者说完全没有。但和帝国东部一样,基本自治的城镇组成的网络成了帝国西部的行政基础。只有当情况被认为出了问题时,像小普林尼那样的人才会介入。这是一种前所未有的城市化规模。

一边是罗马总督和他的小队部属,一边是广大的行省人口,生活在这些城镇中的行省或"本土"精英充当了两者的关键中间人。他们让大部分征税工作得以完成,并确保了当地人口保持可以接受的忠诚度,或者至少避免了骚乱。当紧张的新总督走进这个行省时,迎接他的很可能也是他们中的一些人。在帝国的不同地方,此类安排和相遇的详细情形可能会截然不同。罗马统治下雅典的文学沙龙与罗马统治下科尔切斯特(Colchester)[1]的啤酒馆几乎没什么共同点。但同样的基本逻辑在帝国各地发挥着作用:旧有的当地统治集团被改造成服务罗马人的统治集团,当地领袖的权力被用来满足帝国统治者的需要。

在不列颠,一位名叫托吉杜布努斯(Togidubnus)的当地统

---

[1] 英国东南部古城,曾是罗马不列颠行省的治所。

治者是个典型的例子。他在公元 43 年克劳迪乌斯的军队入侵时站在罗马人一边，而且可能在此之前就已经是某种形式的盟友了，因为虽然不列颠遥远闭塞，但当地贵族和欧洲大陆间至少从公元前 1 世纪 50 年代恺撒入侵时就开始建立了联系。托吉杜布努斯可能是奇切斯特（Chichester）附近一座大别墅的主人，今天那里被相当堂皇地称作费什本罗马宫（Fishbourne Roman Palace）。其中的联系纯属猜测，但他无疑被授予了罗马公民权，并由此获得了新的罗马名字：提比略·克劳迪乌斯·托吉杜布努斯。有清楚的证据表明，在新行省被平定的地区，他继续扮演着当地的权威来源的角色。

对于这种统治体系背后的起因，基本的需求至少与观念想法一样重要。在仍处于交战状态之外的地区，罗马人的数量实在太少，无法以其他任何方式进行统治。不过，与臣民精英的合作越

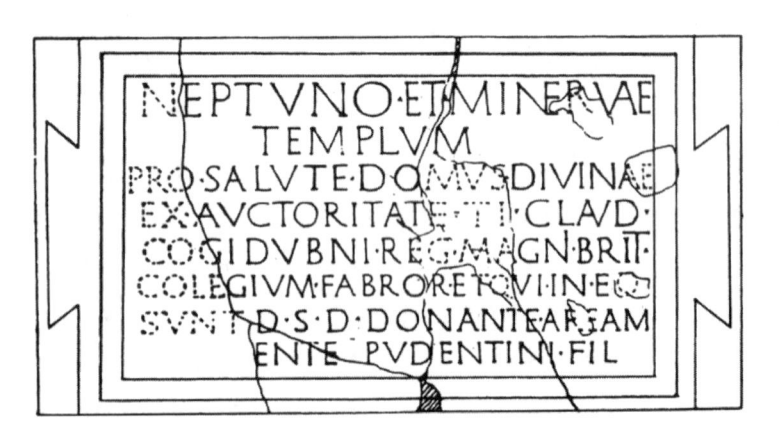

图 92　来自英格兰南部奇切斯特的这段公元 1 世纪的铭文记录了一座神庙被献给尼普顿和密涅瓦，目的是"为了皇室（字面意思为"神圣的家族"[domus divinae]）的安康"。神庙在提比略·克劳迪乌斯·托吉杜布努斯（铭文中被复原为 Cogidubnus，拼法不确定）的监督下建成。

来越多地成为帝国统治的主要特点。反过来，无论在文化还是政治上，精英们也越来越多地将自己的利益与罗马人的等同起来；他们开始觉得自己与罗马人的计划休戚相关，是参与人员而非局外人。后来，其中一些最成功的和罗马公民一样在罗马中央政府占据了一席之地。对这些人和他们的家族而言，经历罗马人的统治在一定程度上是"成为罗马人"的经历。

罗马化与抵抗

该过程今天常被称为罗马化，历史学家塔西佗对此发表了一些独特的敏锐、愤世嫉俗的看法。塔西佗的观点来自他为岳父格奈乌斯·尤里乌斯·阿格里古拉（Gnaeus Julius Agricola）所写的小传，后者从公元 77 到 85 年担任不列颠总督，是一段超长的任期。塔西佗的叙述大多是关于阿格里古拉在行省的成功军事行动的，以及他如何将罗马势力向北扩张到喀里多尼亚（Caledonia，今天的苏格兰），还有图密善皇帝的嫉妒，后者拒绝授予他应得的荣誉和荣耀。传记不仅是一首献给塔西佗这位杰出的亲戚的赞歌，也是对专制的批评，它传达的总体信息是，帝制没有给传统的罗马德性和军事才能留下空间。不过，塔西佗有时也会关注阿格里古拉在行省实行统治的民事方面的内容。

有的话题很平常，放到小普林尼的书信中也不会显得异样，后者是塔西佗在公元 2 世纪的文人圈中的朋友。阿格里古拉受到了对家人管束严格的赞誉（"对许多人来说，这工作和统治行省一样难"）。他还整治了军队征用中的一些不法行为，并出资在不列颠城镇中新建了神庙和罗马风格的公共建筑。更令人意外的是，他还制定了一项当地的教育政策，要求行省头面人物的子嗣务必接受"博雅教育"（liberal arts，字面意思是"适合自由人的思想追求"）和拉丁语教育。此外，就像塔西佗所指出的，不列颠人很快穿起了托加袍，并在柱廊、浴场和宴会的影响下迈出了堕落的第一步。他精炼地概括说："这被称为文化，却是奴役的一部分。"（Humanitas vocabatur, cum pars servitutis esset）这句话对现代人理解罗马帝国运营方式所做出的尝试产生了巨大影响，无论是好是坏。

一方面，这是对罗马在帝国西部的统治做出的最犀利的分析（东部情况有所不同，不会有罗马官员梦想以此等方式向希腊人灌输"文化"）。无论塔西佗多么看不上这些可怜的行省居民的幼稚无知（他们没有留下关于自己如何看待塔西佗这些话的书面记录），无论他对伪装成文雅的奴役多么愤世嫉俗，他还是一眼就看到了文化与权力的联系，并意识到不列颠人通过成为罗马人完成了征服者想要完成的工作。但在其他方面，对于真实情况，塔西佗的评论给人留下的印象带有严重的误导性。

首先，如果阿格里古拉真像塔西佗暗示的那样推行了有组织的教育计划，向不列颠社会中的高层人物反复灌输罗马人的习惯，那么就我们所知，他是唯一这样做的行省总督。罗马化通常不是上层直接强加的，更多地是行省精英选择接受某种版本的罗马文化的结果。它是自下而上的，而非自上而下。塔西佗无疑会反驳说，鉴于双方军事和政治力量的比较完全对罗马人有利，这并非一项真正自由的选择。的确如此。但在日常层面上，行省相对富足的城市人口成了他们自己进行罗马化的推动者，而非罗马人协调一致的文化重塑或教化行动设立的目标。

考古学证据清楚地显示，在包括建筑和城市规划、陶器和餐具、织物、食物和饮料的一切东西上，他们都选择了新的罗马风格。甚至在公元 43 年被征服前，不列颠墓葬中就已经能找到一些精美的罗马器物；而早在公元前 1 世纪初，那位在高卢惊骇地看到敌人的头颅被钉在小屋外的希腊游客也注意到，较富足的当地人已经开始痛饮进口的葡萄酒（尽管恺撒说当地人讨厌葡萄），将传统的高卢啤酒留给不那么富有的人。到了公元 2 世纪初，在罗马统治下的科尔切斯特，啤酒馆的数量要比葡萄酒肆少得多；或者说，至少从留存下来的用于运输葡萄酒的罐子碎片来看是这样。此外，另一个源于罗马帝国的漫长传统也拉开了帷幕：今天的法国地区第一次开始大量酿造葡萄酒，超过了意大利的佳酿。

上述现象的背后是多种力量的动态组合：一方面，罗马的势力让罗马文化成为渴望的目标；另一方面，罗马人传统的开放性意味着那些希望"按照罗马方式行事"的人将会受到欢迎——当然，这也有助于维持罗马统治的稳定。主要的受益者（或者说塔西佗眼中的受害者）是富人。但他们不是唯一为自己创造罗马身份的人。

来自高卢南部的陶器令人吃惊地展现了一种不同的成为罗马人的方式，在公元 1 世纪和 2 世纪的繁荣时期，那里以工业化规模生产了最具"罗马"特色的闪亮红色餐具。窑厂遗址发现的名单上保存着许多个体陶匠的名字。关于究竟如何解读这些名字仍然存在争议，但它们似乎混合了典型的拉丁人名（Verecundus，Iucundus）和凯尔特人名（Petrecos，Matugenos）。陶器本身上的情况则不是这样：当这些人将自己的名字印到准备作为自己的手工产品出售的盘子和碗上时，许多名字被罗马化了。Petrecos 自称Quartus，Matugenos成了Felix。这种做法可能是由狭隘的商业动机引起的。购买高卢南部生产的罗马风格陶器的顾客可能会被货真价实的罗马陶匠的名字所吸引。但同样可能的是，对于本行当的公共面貌，这些成功但相对卑微的工匠至少在一定程度上自视为罗马人，并接受了某个版本的罗马性。

"版本"是对此的正确表达。因为塔西佗的分析中存在的另一个问题是，他暗示了"本土"与"罗马"文化的简单对立，或者可以用单一序列来描绘罗马性的程度：喝葡萄酒的新罗马公民托吉杜布努斯比陶匠佩特雷科斯更具罗马性，后者在成品上用了拉丁式化名，但在其他许多方面可能完全是凯尔特式的。事实上，罗马与帝国中其他文化之互动的异乎寻常之处既在于其各异的形式，也在于由此产生的各种截然不同的混合版本的罗马（有时是"非罗马"）文化。在整个罗马世界，从当地接受、适应或抵抗帝国势力的特定尝试中，出现了各种不同的文化混合物。

这类混合物的标志包括罗马皇帝在埃及行省的形象，他们在那里都被描绘成传统上埃及法老的样子，或者罗马统治下的英格兰南部城市巴斯的一座苏利斯－密涅瓦神庙门楣上的惹眼雕像。在某些方面，后者是你所能期望的最清晰的罗马化案例。雕像为一座古典神庙的一部分，在罗马人征服前，这种设计前所未见。神庙是为了纪念凯尔特女神苏利斯（现在被认为相当于罗马的密涅瓦）而建的，包括各种直接借鉴自传统罗马设计的元素，从环形的橡树叶花纹装饰到作为配角的胜利女神形象。但与此同时，这也是一个行省文化没能变成罗马文化的醒目例证，或者更可能的情况是，它拒绝这种变化。

此类互动中最引人瞩目的案例来自希腊世界的各个行省，那

图 93 身着法老装束的图拉真像,来自埃及丹德拉(Dendera)附近的哈托尔神庙(Temple of Hathor)。它的罗马或埃及色彩有多么浓烈取决于观众的眼睛:这是图拉真被吸收进了埃及文化,还是他把自己塞进了行省社群的风俗中?

图 94 在巴斯这座神庙的门楣上,一边是严格的古典框架,一边是中央的长胡子形象,两者并不契合。它曾被认为是凯尔特人描绘的古典神话中的蛇发女妖戈耳工,但戈耳工是女性,而图中形象似乎是男性。或者说这是俄刻阿诺斯[1]的面容?

---

[1] 俄刻阿诺斯(Oceanus),希腊神明,环洋的人格化。

里兴起的一场不寻常的文学和文化复兴是我们现在所谓的"殖民地邂逅"的结果之一。在罗马海外军事扩张的初期（从公元前3世纪开始），罗马的文学和视觉艺术在与希腊模板和先驱的对话中发展起来。公元前1世纪末，诗人贺拉斯夸张地将该过程概括为简单的文化接管："被征服的希腊征服了野蛮的胜利者，给粗俗的拉丁姆带去了艺术。"（最好用拉丁语来说：Graecia capta ferum victorem cepit et artes intulit agresti Latio）事实上，就像贺拉斯本人的诗歌所显示的，这是一种复杂得多的相互关系，独特地结合了向希腊文化致敬、雄心勃勃地改造希腊文学模板，以及赞颂拉丁传统。但无论如何，他说的不无道理。

在公元后前两个世纪的罗马帝国，这种邂逅发生了不同的转变。不仅仅是许多希腊人就像许多不列颠人那样接受了罗马风格的洗浴和观看角斗士表演之类的习惯。东方当地文化的改变完全不像西方那么剧烈，但有教养的希腊人不一定会看不起粗俗罗马人的血腥娱乐。有明显的证据显示，希腊人的剧场和竞技场也被加以改造后用于举行角斗士和狩猎野兽表演，为了固定保护观众免受野兽攻击的安全网而留下的痕迹是清晰的标志之一。但最引人瞩目的发展是大量希腊语作品的涌现，在其中，以戏谑的讽刺、被动的抵抗、好奇或赞美等各种形式，罗马的力量或者隐约出现在背景中，或者被直接提及。现存的绝大部分古代希腊语作品都来自帝制的这个时期。仅以其中一人为例来说明它们的规模：公元2世纪的传记作家、哲学家、随笔作家和著名的希腊德尔斐神谕所的祭司普鲁塔克的作品篇幅相当于留存至今的公元前5世纪的作品总和，包括埃斯库罗斯的悲剧和修昔底德的史著。

涉及帝国的希腊语作品既有对罗马统治的精心赞颂，也有明显的否定。比如，公元144年，普布利乌斯·埃里乌斯·阿里斯提德（Publius Aelius Aristides）——他更为人所知的身份是一个疑病症患者，为自己的疾病撰写了多卷本的作品[1]——当面向安东尼·庇护皇帝发表了《罗马颂词》（Speech in Honour of Rome）。这篇演说在当时可能很受欢迎，但今天读来非常令人反感，甚至那些习惯于在颂词中寻找弦外之音的人也不例外。文中表示，罗马超越了此前的所有帝国，将和平与繁荣带给了整个世界，"愿全体神明和他们的族裔被召唤，保佑帝国和罗马城永远繁荣，只有当石头在海上漂浮时才是终结之日"。[2] 差不多与此同时，保萨尼阿斯（Pausanias）撰写了10卷本的《希腊志》（Periegesis），书中对待罗马统治的态度完全相反，用沉默来抹除其存在。无论他有过什么样的经历（我们对保萨尼阿斯的生平几乎一无所知），当他引领着旅行者游览从德尔斐到伯罗奔尼撒南部的希腊纪念碑、风光和制度时，他直接略去了沿途大部分由罗马人建造或是罗马人资助建造的建筑。与其说这是一部现代意义上的导游手册，不如说是试图在书中将时钟回拨，重新创造一个"没有罗马"的希腊。

不过，最系统化的尝试来自多产的普鲁塔克，他试图界定希腊和罗马间的关系、剖析两者的不同点和相似点，并思考了一种希腊-罗马文化可能具有的样子。在多卷随笔作品——主题形形色色，包括如何听演讲、如何分辨谄媚者和朋友，以及他所在的德尔斐神谕所的习俗——中，他探究了区分（或统一）这两种文化的宗教、政治和传统方面的细节。让他好奇的是，为何罗马人

---

[1] 在6卷本的《神圣故事》（Hieroi Logoi）中，阿里斯提德记录和解读了自己在医神阿斯克勒庇俄斯的神庙中做的一系列梦。

[2] 阿里斯提德，14.228。

把午夜作为新一天的开始？为何罗马妇女在哀悼时穿着白色的衣服？不过，特别发人深省的要数他的《比较传记》，这是一系列两两成对的传记（现存22对），每一对由一位希腊人和一位罗马人的生平故事组成，篇尾做了简短的比较。被他放在一起的有罗慕路斯和具有同等传奇色彩的希腊人忒修斯这两位奠基祖先，有西塞罗和雅典人德摩斯梯尼（Demosthenes）这两位演说家，有恺撒和亚历山大大帝这两位著名的征服者，还有两位同样著名的叛徒：科里奥拉努斯和他的同时代人，充满魅力但不可靠的雅典人阿尔喀比亚德（Alcibiades）。

现代历史学家常常把各对传记拆开，把它们作为个体的生平故事来看待。此举完全违背了普鲁塔克的初衷。这些作品并非仅仅是传记，它们一致尝试通过比较来评价希腊和罗马的伟人（都是男性）、思考两种文化的相对优势和缺点，以及成为"希腊人"或"罗马人"意味着什么。它们体现了巧妙的两面性，既把罗马国民与古希腊英雄归为一类，又从另一个角度出发，将来自古希腊历史上的人物与当时统治世界的人做了比较。从某个方面来说，它们实现了250年前由波利比乌斯提出的计划，后者作为身在罗马的人质和西庇阿家族的朋友，第一个尝试对罗马及其帝国做出跨文化的政治人类学分析，并试图系统地解释希腊为何输给了罗马。

自由流动

无论是卑微的陶匠还是古代的理论家，界定了罗马帝国的这种文化互动不是发生在人们的头脑中的。它也不仅事关各地适应罗马势力所采取的不同方式，尽管那是重要的一部分。帝国内部还存在大规模的人员和商品流动，在强化了文化多样性的同时，这既给某些人带来了巨大的收益，又让另一些人成为受害者。在这个世界里，人们能够以前所未有的规模在离开出生地数千英里的地方安家、立业或落葬，罗马城的人口依赖帝国边缘种出的基本食物生活，而贸易将各种新的味道、气味和奢侈品（香料、象牙、琥珀和丝绸）从地中海的一头带到另一头以及之外的地区，受益者不仅是超级富豪。在庞贝城一座相当普通的房子里发现的珍贵财产中有一小尊来自印度的精美象牙雕像，而温多兰达的一份文献显示，有大批来自远东的胡椒被卖给了那里的驻军。

从帝国其他地方通往意大利的道路是这种流动的重要干线。罗马城需要的一切都被吸入了这座大都市。人也是其中的一种商品。虽然城市已经人满为患，但高死亡率（死因包括疟疾和各种感染，以及古代生活中其他的常见危险）意味着总是有容纳更多人的空间、对人口有更大的需求。其中一些是奴隶，有的是在战争中被俘的，但现在更多的是人口拐卖这种不光彩行当的受害者，这导致罗马世界边缘的生活很不安全。另一些则怀着希望或出于绝望而移民到罗马城。他们的故事大多已经不为人知，但一位名叫美诺菲洛斯（Menophilos）的年轻人——他"来自亚细亚"，擅长音乐（"我从未口出不逊，我是缪斯的朋友"），在罗马去世——的简短墓志铭暗示，某些心怀天真抱负的人以为国都的街道是用黄金铺成的。

帝国内的天然产品、奢侈品和珍玩同样涌入了罗马，标志着这座城市所享有的帝国权势地位。公元71年的凯旋式上展示了犹地阿的香膏树。从狮子到鸵鸟，这些在非洲捕捉的各种异国动物

图 95 来自庞贝城一座房子里的印度小雕像,无疑是珍贵的财产。它如何从印度来到这里是一个谜。它也许是直接由前往东方的商人带回的,也许几经转手,这得益于罗马和外部世界的一系列间接联系。

在斗兽场中被屠杀。来自罗马帝国各处偏远采石场的色彩绚丽的大理石装饰着国都的剧场、神庙和宫殿。被践踏的蛮族形象并非象征罗马主宰地位的唯一标志。当罗马人在城中最宏大的建筑内行走时,他们脚下的彩色地面起到了相同的作用:这些石头相当于帝国的的地图,宣示了罗马的帝国身份。

它们还暗示了,皇帝愿意为展示自己能对遥远疆土实行控制而付出大量精力、时间和金钱。仅举一个例子:支撑哈德良万神殿(公元 2 世纪 20 年代竣工)门廊的是 12 根巨柱,每根高 40 罗马尺(约 12 米),用一整块埃及灰色花岗岩雕制而成。这种材料在现代人看来算不得什么,但许多皇家建筑都使用了这种极其尊贵的石头,部分原因是它只产自一个遥远的地方,即距离罗马 2500 英里之遥、位于埃及东部沙漠腹地的克劳迪乌斯山(Mons Claudianus,得名于第一个在那里采石的皇帝)。开凿此等尺寸的

图 96　哈德良的万神殿，支撑门廊的是来自埃及的石柱。这座建筑有点名不副实。虽然它现在的样子是哈德良建造的，但山墙上的青铜文字宣称，这是奥古斯都的同僚马库斯·阿格里帕修建的。阿格里帕无疑与原来的神庙有关，但哈德良彻底重建了它，提到阿格里帕是为了公开表示虔诚。

石柱并将其整块运往罗马极其困难，需要投入大量的劳力和金钱。

在过去 30 年间对克劳迪乌斯山的发掘中，人们找到了一座兵营、几个采石工人居住的小村子和一个供给与运输中心。那里还发现了数以百计的书面文件，经常刻在再利用的碎陶片上（蜡板的实用替代品），它们给出了与当地的组织及其遇到的问题相关的信息。饮食供应只是其中第一个问题。那里有一个提供从酒到黄瓜各种食品的复杂供应链，但并不总是有效（其中一封求援信表示："请给我两条面包，因为粮食还没运到我这里。"），水要接受配给(其中一份文件是向在采石场工作的917人分配水的名单)。工作非常辛苦。万神殿的每根柱子都需要3个人花上一年多时间才能凿出并削制完成,而且某些文件证明,有时半完工的石料会开裂,不得不从头开始。运输是下一个问题,特别是因为采石场距离尼罗河将近100英里。一封来自克劳迪乌斯山的纸草书信乞求当地官员提供粮食,因为采石场已经准备好了一根50罗马尺高的柱子(重100吨),但将其运往尼罗河边的役畜已经快没食物吃了。即使在万神殿的例子中,显然也不是一切如愿:最后完工的建筑上有一些别扭的设计,似乎表明哈德良的建筑师本来希望使用12根50罗马尺高的柱子,但最后不得不做出调整,因为采石场只能提供12根40罗马尺的。

在罗马世界流动的商品中,从克劳迪乌斯山运来的石料是

图97 克劳迪乌斯山遗址,万神殿柱子使用的著名灰色花岗岩(花岗闪长岩)就采自那里;30英里外,位于沙漠中的斑岩山(Mons Porphyrites)出产的斑岩同样被用于罗马的重要建筑工程。这些是名副其实的军事行动,服务于罗马的国家营建需要。

不寻常的例子。它主要由帝国行政部门经手，并得到了军队的支持；很难不怀疑此举的意图部分是为了展示罗马人有能力完成看似不可能的任务——这是用反证法证明了罗马的力量。不过，在从绝对必需品到较易承受的奢侈品的其他许多市场中，帝国内的贸易欣欣向荣，产生了巨额的利润。在各种商业活动中都很走运的人留下了一些生动的剪影。公元2世纪中期的一份纸草文件罗列了一条从印度南部驶往埃及（目的地可能是罗马）的船上的物品和它们的现金价值。商品税后价值超过600万塞斯特斯，相当于当时一座体面的元老庄园（小普林尼曾以300万塞斯特斯买下了一座庞大但略嫌破旧的庄园，包括周围的土地），货物中有大约100对象牙、成箱的橄榄油和香料，很可能还有大量的胡椒。一个名叫弗拉维乌斯·泽乌克西斯（Flavius Zeuxis）的人可能不属于此类，但人们在今天土耳其南部的古代纺织城希洛波利斯（Hieropolis）发现了他的墓志铭。铭文中炫耀说，他一生中共72次绕过伯罗奔尼撒半岛南端的马里阿海角（Cape Malea），前往罗马销售他的布料。不清楚他的72次旅行是指单程还是来回，但无论如何，这都是值得夸耀的生平成就。

在这些个人企业家之上，基本供应的事实和数据揭示了更大的图景，它们远没有那么富有魅力，但更加令人印象深刻。罗马台伯河边的一座小山今天被称为"陶片山"（Monte Testaccio），它比其他任何东西更好地展现了维持城中上百万人口生活的主食贸易的规模，以及为维持这个规模提供支持的交通设施、航运、仓储和零售网络。这座小山不像看上去那样是天然的，而是罗马人的垃圾堆遗迹，堆积了5300万只装橄榄油的双耳陶瓶（每只容量约60升）的碎片。陶瓶几乎均为公元2世纪中期到3世纪中期的大约100年间从西班牙南部进口的,油被倒出后,陶瓶马上被丢弃。作为庞大出口贸易的一部分,它把西班牙那个地区的经济改造成了单一农业(只种植橄榄),并向罗马城提供了某种生活必需品。据粗略估计,罗马城每年的基本需求为2000万升橄榄油(除了烹饪,还用于照明和清洁)、1亿升葡萄酒和25万吨粮食。这一切几乎都是从意大利以外地区运往罗马的。

不过,帝国的流动性不仅限于大都市中心和罗马世界其他地方之间的干线。公元后前两个世纪中,帝国最主要的发展之一是它成了人们可以穿越、环绕和在其中流动的疆域,路线常常绕开罗马;交通不仅只在中心和边缘间展开。我们可以使用许多方法来追踪这种流动。最新的方法包括用日益精细的方式检验人骨证据,特别是口腔部分。现代科学分析显示了童年成长期的气候、

图98 陶片山是世界上最令人吃惊的山丘和垃圾堆之一,几乎完全由打碎的双耳瓶组成,瓶中曾经盛放着西班牙的橄榄油。它们无法被重复使用,因为油会渗入容器缝隙并发臭。

水源和饮食的独特印记如何在成人的牙齿上留下痕迹，这就为任何一位死者在何处长大提供了线索。此类研究仍然亟待完善，不过它们似乎表明，很大一部分城市人口（比如在罗马统治下的不列颠）在气候不同的地区成长和死去，但目前很难分辨成长地究竟是温暖的不列颠南部沿海，还是高卢地区寒冷的北方或惬意的南部。

其中一些人的旅程可以从最终在哈德良长城附近落脚的人们的故事中找到痕迹。经常有人想象一群来自明媚的意大利的可怜士兵被迫忍受不列颠北部的雾气、风霜和雨水，但这幅画面很有误导性。驻军大多来自英吉利海峡对岸同样多雾的地方，即今天的荷兰、比利时和德国。不过，在长城周边的这个社群里，各个级别上都有个体来自遥远得多的地方，甚至来自帝国的另一头。其中包括一位骑兵的释奴维克托（Victor），墓志铭中将其称为"摩尔人"，还有行省中最显赫的罗马人之一，在公元139年到142年间担任不列颠总督的昆图斯·罗利乌斯·乌尔比库斯（Quintus Lollius Urbicus）。得益于一些幸运的遗存，我们仍能找到他在不列颠北部赞助的营建工程，以及他在罗马世界另一头的家乡委托修建的家族墓地（位于今天阿尔及利亚北部的提蒂斯［Tiddis］）。

最令人难忘的是巴拉特斯（Barates）的故事，此人来自叙利亚的帕尔米拉（Palmyra），公元2世纪时在哈德良长城附近工作。我们无从知晓让他跋涉了4000英里来到这里（很可能是本书中提到的最长的旅程）的原因；可能是因为贸易，也可能是因为他与军队有某种联系。但他在不列颠待得足够久，娶了一个名叫雷吉娜（Regina，意为"王后"）的不列颠女释奴。当她在30岁时去世后，巴拉特斯在罗马的阿尔贝亚（Arbeia，今天南希尔兹［South

图 99 墓碑上的雷吉娜像与在帕尔米拉发现的许多雕像相似。但下方的拉丁语铭文表示："帕尔米拉人巴拉特斯为释奴妻子雷吉娜竖立此碑，她30岁，来自卡图维劳尼（Catuvellanunian）部落。"虽然并不完全清楚，但她几乎肯定曾是巴拉特斯本人的奴隶。这块纪念碑的制作方式是一个有趣的谜。巴拉特斯向当地工匠提供了他想要的样式的草图吗？还是说，南希尔兹的某位工匠已经熟悉了这种风格？

Shields]）要塞附近竖立了一块墓碑以示铭记。墓碑上的"王后"（墓志铭中说她在伦敦以北不远的地方出生和长大）被描绘成一位高贵的帕尔米拉女主人；在拉丁语铭文的下方，巴拉特斯还用他家乡的亚兰语刻了她的名字。这块纪念碑巧妙地集中体现了界定罗马帝国的人口流动和文化融合，但也提出了甚至更加诱人的问题。"王后"如何看待自己？她会把自己看作帕尔米拉贵妇吗？这对夫妇如何看待他们生活于其中的"罗马"世界呢？

他们制造荒凉，却称其为和平

罗马统治的某些方面无疑遭到了强烈反对。融合、流动、奢侈品和商业收益只是帝国故事的一个方面。另一个方面包括不服从、逃税、消极抵抗和民众抗议,经常既针对罗马人,也同样针对当地精英。但在公元后前两个世纪里,对罗马人"占领"的公开武装反抗似乎很少见。一些英勇反抗不可战胜的罗马势力的人(尽管最终总是注定失败)成了现代国家的传奇式男女英雄,无论是"日耳曼人赫尔曼"还是布狄卡(Boudicca),后者威严的青铜塑像骄傲地矗立在泰晤士河畔的议会大厦外。而马萨达(Masada)要塞今天成了以色列的国家纪念碑,公元73年,长期被围困的960名犹太反抗者最终在那里选择了自杀而非屈服。但这些只是例外。罗马帝国看上去不是一个到处爆发起义的帝国。

这种印象可能有一定的误导性。和许多现代国家一样,将有原则的政治反抗贬低为背叛、骚乱或单纯的犯罪符合罗马当局的既得利益。我们无从知晓在世界许多地方给罗马总督们带来麻烦的所谓强盗有何志向,也无法指明拦路抢劫和在意识形态上持有异议的分界线究竟在哪里。在克劳迪乌斯统治时期,当一名罗马士兵在圣殿中暴露下体时,耶路撒冷的犹太人动用了暴力,这仅仅是一场骚乱吗?还是说应该将其视作方兴未艾的起义火花,被行省的罗马当局以数千名犹太人的生命为代价镇压了下去?此外,渴望军事荣誉的皇帝们可以很便利地将镇压内部起义描绘成昔日传统中的对外征服。公元71年,在最终取得马萨达之捷前,罗马人为纪念维斯帕先和提图斯对犹太人取得胜利而修建了凯旋门,从中看不出这是一场镇压内部叛乱者而非征服外部敌人的胜利。

我们所知道的叛乱并非由具备高度原则或思想狭隘的民族主义者发起的。摆脱罗马人从来不同于现代意义上的独立运动。推动它们的也不是受到排斥的底层阶级或宗教狂热者。宗教经常肯定叛乱者的志向,并提供了把他们团结起来的仪式和符号——从

图 100 罗马广场附近的这座凯旋门纪念了维斯帕先和提图斯对犹太人取得的胜利。拱门通道旁的这幅浮雕画描绘了凯旋游行,作为战利品的一部分来到罗马的七枝烛台被高高举起。

犹太人的弥赛亚式希望到阿米尼乌斯据说在条顿堡森林中举行的人祭——但叛乱并不就是宗教起义。它们通常由行省贵族领导,标志着当地精英与罗马当局间的共谋走向终结。换句话说,它们是罗马人因为依赖合作而付出的代价。罗马人某些孤立的煽动或挑衅举动会破坏微妙的权力平衡,叛乱通常由此引发。

公元66年爆发的犹太人叛乱主要源于犹地阿统治阶层间的分歧以及他们和罗马当局的相互不信任。总督下令将行省的一些犹太人(也是罗马公民)施以鞭刑和十字架刑,此举被视作严重挑衅。世界其他地方的大部分最著名的叛乱领袖都曾与罗马当局有着非常密切的关系。公元9年血洗了瓦卢斯军团的阿米尼乌斯以及公元69年和70年领导了又一场日耳曼人叛乱的尤里乌斯·基维利斯（Julius Civilis）都曾是罗马公民并在罗马军队中服过役，他们还都是当地的贵族成员。公元60年，布狄卡在不列颠发动的起义同样符合这种模式。

布狄卡（也作Buduica，我们不清楚她的名字究竟怎么拼写，不过她自己也很可能不知道）并非罗马人的宿敌，而是来自精英合作者家族。她的亡夫普拉苏塔古斯（Prasutagus）是英格兰东部的不列颠人领袖和罗马人的盟友，相当于一个不那么显赫的提比略·克劳迪乌斯·托吉杜布努斯。他去世前将自己的部落王国一分为二，分别留给了罗马皇帝和女儿们，这种明智的分割旨在确保和平的延续。但根据罗马作家们的说法，某些罗马人在接受遗赠时的行为成了叛乱的导火索。他们表现出不顾一切或无所顾忌的粗暴：士兵们洗劫了普拉苏塔古斯的财产，强暴了他的女儿，还鞭打了他的遗孀。作为回应，布狄卡聚集起自己的支持者并展开了攻击。

就像此类叛乱中经常发生的，起义者在短期内取得成功并造成了罗马人的恐慌，但罗马人的大胜早晚都会到来。布狄卡的民兵很快摧毁了新行省的3座罗马城镇，将它们烧为灰烬，并残忍地杀死了那里的居民。一位罗马历史学家的记述在厌女思想和爱国主义中混合了想象（希望如此），他表示布狄卡的士兵们将敌方女性吊起来，割下她们的乳房并将其缝进受害者的嘴里，"让她们看上去仿佛吃了它们"。[1] 不过，当正在250英里外的威尔士作战的行省总督得到消息后，他马上回师剿灭了不列颠起义者。塔西佗给出了带有自夸成分的极不可信的数字：不列颠方面阵亡

---

[1] 卡西乌斯·狄奥，《罗马史》62.7。

8万人，罗马方面仅仅损失400人。[1] 布狄卡服毒自杀，根据一种荒诞不经的说法，她被埋在北伦敦国王十字车站的10号站台附近某个地方。

我们只能猜测布狄卡的意图。她的真实故事被古代和现代编造的神话所掩盖。对罗马作家来说，她是一个既恐怖又充满魅力的人物，是一个尚武的女王、中性人和蛮族版的克娄帕特拉。几个世纪后，某个不可能知道她相貌的人如此描绘道："她身材很高，体态犹如男性，目光犀利，嗓音刺耳，大片红发垂到臀部。"[2] 过去的几个世纪里，她在英国不仅成了民族英雄（她较不光彩的方面被乐观地视作出自罗马人的宣传），还被塑造成有朝一日将超越古罗马的大英帝国的祖先。她位于泰晤士河畔的塑像底座上刻着"你的后裔将统治连恺撒也不知道的地区"，暗示一个帝国将被另一个甚至更大的帝国取代。

布狄卡或其他任何反叛者的话都没能流传下来。现存最接近这种视角的是约瑟夫斯所写的多卷本犹太史，此人一度曾是罗马的反叛者，后来在位于罗马的舒适书房里出于自我利益的需要记述了那场以马萨达之围告终的叛乱。无论是作为叛徒、寻求避难者还是有远见的政治家，他都在那里安顿了下来，得到维斯帕先皇帝的庇护。不过，这只是一个非常特殊和偏颇的例子。在塔西佗和其他罗马作家的历史作品中，罗马统治的许多最著名的反对者的确发表了大段讲话。比如，布狄卡谴责了罗马"文明"不道德的奢侈和罗马人缺乏阳刚之气，并对不列颠人丧失自由表示遗憾——女儿们被强暴和她本人被鞭笞象征了这种损失。为了鼓动

---

[1] 塔西佗，《编年史》14.37。
[2] 卡西乌斯·狄奥，《罗马史》62.2。

图 101 伦敦泰晤士河堤上的布狄卡塑像（她的名字在这里采用拉丁语拼法，写成 Boadicea），由托马斯·索尼克罗夫特（Thomas Thorneycroft）制作。作品出色地描绘了一位武士女王，但几乎每个细节在考古学上都不准确，包括固定在车轮上的致命镰刀。塑像从 19 世纪 50 年代开始制作，但应该在哪里安放它引发了大量争论，直到 1902 年才向公众展示。

追随者们，日耳曼人尤里乌斯·基维利斯将罗马的统治比作奴役而非结盟，并列举了帝国权力强加的不公平的苛捐杂税。而最让人难忘的是，在塔西佗为岳父所写的传记中，一个罗马的敌人在与阿格里古拉开战前发表了一番精心编排的演讲，他在其中挑战了罗马的统治及其意义。他坚称，罗马人是世界的劫掠者，对统治和利益贪得无厌。他用一句经常被引用并至今仍然切中要害的话概括了罗马人的帝国计划："他们制造荒凉，却称其为和平（atque ubi solitudinem faciunt, pacem appellant）。"

这些当地反叛者几乎肯定没有在战斗前夕说出过如此精辟的话。无论如何，编造它们的罗马历史学家不可能知道他们在那些场合说了什么，而且生活在布狄卡等人统治下的这种想法会让他们感到恐惧。但他们完全明白对罗马统治提出的政治反对可能是什么样的和如何表达它。虽然我们无疑会对无缘见到帝国行省异议分子的真正观点感到遗憾，但也许更重要的一点是，罗马作家们能够想象反对他们自己的帝国权力的话可能是什么样的，这是罗马文化和权力的一个显著特征。公元前1世纪末，在回顾公元前146年迦太基和科林斯被罗马人摧毁时，历史学家撒鲁斯特将其视作罗马走向堕落的转折点，并能够试图再现朱古达国王对罗马人的一些看法（渴求权力、腐败和非理性地反对君主制）。大约一个世纪后，塔西佗等人用生动的细节想象了那些反叛罗马的行省居民可能说过的话。没有什么比这些由罗马作家本人借助罗马反叛者之口所说的话更好地批评了罗马帝国的权力。

麻烦的基督徒

理解古代罗马人与麻烦的基督徒之间的冲突时所面临的问题则恰好相反。基督教在公元4世纪成为罗马帝国的"官方"宗教，这确保了来自罗马基督徒作家的证据、论点和自辩大量留存下来，而传统罗马"异教徒"对这种新宗教的反对意见则几乎都失传了。小普林尼和图拉真的通信已经是现存非基督徒对这种新宗教的最冗长的讨论之一。公元3、4和5世纪的基督教作品是为了满足胜利者的需要而篡改历史的最极端例子。它们构建了一段基督教必胜的历史，描绘了其获胜的过程，他们既战胜了异教徒对手（尽管遭到了罗马官方的残酷迫害），也战胜了所有向即将成为基督教正统的观点发起挑战的内部敌人（即后世的基督徒所称的"异端"）。

事实上，在公元1世纪30年代初某个时候耶稣被钉十字架后的200年间，很难弄清基督教的情况。它最初是犹太人的一个激进派别，但无从知晓它如何和何时明确与犹太教分离。甚至无法确定"基督徒"何时开始成为他们对自己的称呼，这可能原本是外人给他们起的绰号。他们在很长时间里人数不多。最可能的估计是，公元200年时，在罗马帝国的5000万到6000万人口中有大约20万基督徒，尽管他们可能比这个数字所表明的更为引人注目，因为他们绝大部分集中在城镇。"异教徒"（pagan）一词是他们对所有非基督徒或犹太人的称呼，包含了从"外人"到"乡下人"等意思。此外，他们对上帝和耶稣的本性以及基督教的基本信条持有各种观点与信仰，它们非常艰难地被逐渐精简为一系列（仍然不是唯一的）我们今天所知的基督教正统思想。耶稣曾经结婚生子吗？钉十字架究竟发生了什么？他是否死了？此类问题让许多人感到疑惑，这并非没有理由。

在公元后前两个世纪里，罗马当局一次次对基督徒施加惩戒。该时期没有普遍或系统化的迫害，直到公元3世纪中期前都没有这方面的迹象。事实上，大部分早期基督徒的生活未受国家干预的影响。但他们有时会成为替罪羊，就像尼禄决定将公元64年的罗马大火归咎于他们时的情形。也许他们被选中当替罪羊并不意外，因为一些基督徒预言世界将很快在火焰中终结。普林尼与图拉真的通信表明，一些罗马法律或明或暗地禁止该宗教，但我们只知道这些。当罗马人决定惩罚从高卢到非洲的帝国不同地区的基督徒时，我们也能看到小普林尼式的不确定和困惑。

在一位女基督徒对自己受审过程的记述中，一个特别意味深长的时刻得到了描绘。公元203年，她被判决丢进罗马统治下的迦太基的圆形剧场中喂野兽。维比娅·珀佩图阿（Vibia Perpetua）是个新近皈依的基督徒，当她被捕并被带到行省的经管官（代替不久前去世的总督行使职权）面前时，她大约22岁，已婚并刚刚生下孩子。她的回忆录是整个古代世界留存至今的女性对自身经历最为详尽、个人化和亲密的叙述，描绘了她对孩子的担心和被丢给野兽前在狱中所做的梦。甚至在这篇记述中，我们也能看到，审判者感到沮丧并急于让她悔过。他劝说道："可怜一下你白发苍苍的父亲和你幼小的孩子，只要为皇帝的安康进行一次献祭就行了。"她回答说："我不会这样做。"这时，审判者提出了正式的问题："你是基督徒吗？"当她表示"我是基督徒"（Christiana sum）时，她被判处死刑。经管官显然感到困惑，在圆形剧场中目睹她死去的观众似乎同样如此。罗马的血腥表演遵循一套相当严格的规则。被处死的只会是野兽、罪犯和下层奴隶，而非年轻的母亲。事实上，当看到与珀佩图阿一同殉难的菲丽基塔斯（Felicitas）的胸部滴下乳汁时，"人群被这种景象惊呆了"。那么，罗马人究竟为什么要这样做呢？

无论法律条文或者个人审判的具体情形如何，罗马传统价值和基督教之间都存在无法调和的冲突。罗马人不仅信奉多神教，而且与对待外族时非常相似，他们对待外来神明也以吸纳为手段。早在公元前4世纪初占领维伊后，罗马就经常接受被征服者的神明。这种做法多次引发过争议和担忧，埃及女神伊西斯的祭司们就不止一次被驱逐出罗马城。但基本规律是，随着罗马帝国向外扩张,它的神明群体也得以扩大。而基督教在理论上是排外的一神教,拒绝承认多个世纪以来确保罗马取得成功的神明们。事实上,在每一位勇敢赴死(在罗马人眼中则是顽固)的珀佩图阿背后,很可能有数以百计的普通基督徒选择向传统神明献祭,事后交叉手指请求宽恕。但这种权宜做法在名义上是不可行的。

在某种意义上,犹太教同样如此。但犹太人成功地在罗马文化中找到了生存空间,这显得异乎寻常,在某些方面颇为出人意料。对罗马人来说,基督教要糟糕得多。首先,它没有大本营。在罗马人井然有序的宗教地理中,他们认为神明应该来自某个地方:伊西斯来自埃及、密特拉来自波斯、犹太人的上帝来自犹地阿。基督教的上帝则没有根据地,而是宣称自己是普世的,并寻求更多的追随者。各种神秘的开悟时刻可能会为伊西斯教那样的宗教吸引来新的崇拜者,但界定基督教的完全是一种全新的精神皈依过程。此外,一些基督徒宣扬的价值观让希腊-罗马人关于世界和生活在其中的人类某些最基本的假设面临被颠覆的威胁。比如,贫穷是善,或者身体应该被驯服或排斥,而非被呵护。上述因素有助于解释小普林尼和像他那样的人所产生的担忧、困惑和敌意。

与此同时,基督教的成功植根于罗马帝国,植根于其广袤的疆域,植根于它所推动的流动性,以及它的城镇和文化融合。从小普林尼的比提尼亚到珀佩图阿的迦太基,基督教从位于犹地阿的几处小型发源地扩散开来,这主要得益于罗马帝国开创的遍及地中海世界的交流渠道,以及通过这些渠道实现的人员、商品、书籍和观念的流动。反讽的是,罗马人唯一致力于消灭的宗教正是依靠他们的帝国获得了成功，而且完全是在罗马世界中发展起来的。

公民

那么，基督教真是罗马的宗教吗？既是又不是。因为这显然取决于我们如何理解"罗马的"——在从政治控制到艺术风格、从地点到时期的许多方面，都可以使用这个可塑性强而又难以捉摸的形容词。对于有多少"罗马人"生活在"罗马的不列颠"这个问题，如果我们指的只是那些在罗马出生和长大的，那么正确答案可能是"大约5人"。但如果把每位士兵和一小批帝国行政人员（包括奴隶）都算在内，那么答案同样可能是"大约5万人"。如果我们把罗马行省的居民都算成某种意义上的罗马人，那么答案将更可能是"300万人"，虽然他们大部分生活在城镇之外，很可能不知道罗马究竟在哪里，与罗马权力的直接接触也不过是口袋中偶尔揣着的小额零钱。

罗马公民权仍然是一个重要概念。对帝国越来越多的居民来说，成为罗马人意味着成为罗马公民。在公元后前两个世纪里的各个行省，有多种方式可以实现这一点。在罗马军队服役的非公民退伍时将成为公民；帝国各座城镇的地方官员基本上自动被授予公民权；有时，整个社群或个人（比如提比略·克劳迪乌斯·托吉杜布努斯）会因为他们提供的特别服务而成为公民；如果获释，罗马公民的奴隶将立即成为罗马公民，无论他们生活在哪里。那时不存在我们将之与获得公民权联系在一起的测试或检验，无需向国旗致敬、宣誓效忠或支付费用。公民权是一种馈赠，根据近年来最可靠的估算，到了公元200年，大约20%的自由人口已经成为罗马公民。换句话说，很可能有至少1000万的行省罗马公民。

公民权带来了罗马法律下的各种具体权利，涵盖了从契约到惩罚的广泛主题。公元1世纪60年代，圣徒彼得被钉十字架，而圣徒保罗则享有被斩首的特权，仅仅因为后者是罗马公民。对一些人而言，公民权是跻身罗马中央政府精英阶层的第一步，甚至还能引导他们通向元老院和皇宫。从家族来自西班牙的图拉真到第一位来自非洲的皇帝塞普提米乌斯·塞维鲁（公元193到211年在位），公元2世纪期间有几位皇帝出身意大利以外。

出身行省的元老也越来越多。其中包括来自北非的不列颠总督罗利乌斯·乌尔比库斯，以及家族来自高卢南部的阿格里古拉。还有许多人骄傲地在家乡的石刻铭文中展示他们在国都取得的成就（"全亚细亚行省第五个进入元老院的"）。一些皇帝推动了这种潮流。公元48年，在支持允许来自高卢北部（罗马人称之为"长毛高卢"）居民进入元老院的演说中，克劳迪乌斯明确为这个提议做了辩护，他回顾了罗马自建城之初向外邦人的开放，并抢先反驳了一种显而易见的反对理由："高卢人曾经在一场持续10年的战争中给现在已经是神明的恺撒带来了巨大的麻烦，如果有人拘泥于这个事实，那么他应该想想，他们在此后的100年里都是忠诚和值得信赖的。"到了公元2世纪末，超过一半的元老来自行省。他们的家乡在帝国版图上的分布并不均衡（没有人来自不列颠），而且就像最早的几位"外来"皇帝，他们中的一些人可能并非"土著"，而是早先在行省定居的意大利人的后裔（但并非全部，甚至不是大部分）。事实上，行省人现在统治着罗马。

这并不意味着罗马的统治阶层是温和而开明的文化熔炉的一部分。用我们的话来说，他们相对无视种族。今天我们仍在讨论来自非洲的皇帝塞普提米乌斯·塞维鲁的种族起源，这是因为古代作家没有留下相关评论。但罗马精英们无疑对来自行省的元老心怀鄙视。他们找不到去元老院的路成了人们的笑柄。就连塞普提米乌斯·塞维鲁据说也为姐姐的糟糕拉丁语口音感到尴尬，把她送回了家乡。而促使克劳迪乌斯发表演说支持让"长毛高卢"进入元老院的，正是元老们对该提议的普遍反对。不过，至少到了公元2世纪，罗马世界的中心有大批男男女女从两方面看待帝国，他们有两个家（罗马和行省），在文化上是双语的。

盖乌斯·尤里乌斯·佐伊洛斯

我们将以一个双语者的故事结束本章。盖乌斯·尤里乌斯·佐伊洛斯（Gaius Julius Zoilos）并非一个耳熟能详的名字。此人不像波利比乌斯、西庇阿·巴巴图斯、西塞罗或小普林尼，他没有留下文字（除了石头上的片言只语），在罗马世界现存的作品中也从未被提及。但罗马历史的不同时期在不同的人身上有所表现。作为释奴、皇家代理人和家乡的富有施惠者，佐伊洛斯表现出了罗马帝国的许多主题。与此同时，他还有力地提醒我们，很多罗马人的生活故事几乎被历史埋没，至今仍在被复原中。

我们对佐伊洛斯的全部了解来自对今天土耳其南部的罗马小城阿芙洛狄西亚斯的发掘（大多在过去50年间所进行的工作），那里无疑是他的家乡和归宿。当地发现了他精美的墓，从中可以窥见他的外貌，尽管大部分面容令人扼腕地没能保存下来。未来的皇帝奥古斯都在公元前39年或前38年写的一封信中提到了他，这封信被阿芙洛狄西亚斯人刻在城市中心的一块石头上，原话是"你知道我多么喜爱我的佐伊洛斯"。佐伊洛斯在城中资助的营建项目包括一个剧场的新舞台和对主神庙的大幅修缮，作为施惠者和慈善家，他的名字被刻在了上面。我们可以通过这一切复原他的生涯轮廓。

他生于公元前1世纪上半叶，出生时几乎肯定是自由的，名字仅仅是佐伊洛斯，但后来沦为奴隶——可能落入了海盗或人贩子之手，但更可能是在该时期发生的大量冲突中的某一次里沦为战俘。他最终作为尤里乌斯·恺撒的奴隶和代理人来到罗马，恺撒给了他自由，还有罗马公民权和盖乌斯·尤里乌斯·佐伊洛斯这个罗马名字。他随后又与第一位奥古斯都亲密合作，后者对他足够了解，以至于表达了喜爱之情。后来，已经变得极其富有的佐伊洛斯回到了家乡，他的财富很可能来自恺撒的连奴隶和释奴也能分一杯羹的战利品。在那里，他按照传统方式通过大兴土木让自己获得显赫地位。他可能在奥古斯都统治期间去世，当地用公费为他修建了壮观的墓。如果在罗马找到的一段为"佐伊洛斯之子"撰写的墓志铭指的是他的儿子（罗马世界中也有其他人叫佐伊洛斯），那么他的家庭中就有人没有随着父亲返回阿芙洛狄西亚斯。因为铭文"佐伊洛斯之子提比略·尤里乌斯·帕普斯（Tiberius Julius Pappus）"所缅怀的是公元1世纪中期的皇家图书馆馆长，他经历了提比略、盖乌斯和克劳迪乌斯的统治。

佐伊洛斯在阿芙洛狄西亚斯的墓最好地刻画了帝国的文化，巨大的方形墓碑底部周围装饰着精美的饰带，虽然已经残缺不全，但仍能从中看到佐伊洛斯带有关键差异的多种形象。在纪念碑保存最完好一面的两幅画面中,墓主人(清楚地标有名字)正在接受加冕。左侧画面中,向他致敬的是手持盾牌的"勇气"(Andrea)和"荣誉"(Time)这两位罗马神明,而右侧画面中则是当地的"人民"(Demos)和"城邦"(Polis)。但两幅画中佐伊洛斯装束的差异才是关键。在左侧,他身着独特的罗马托加袍,一只手举起,仿佛要对观众讲话,另一只手可能拿着卷轴。在右侧,他穿

图 102 对佐伊洛斯墓浮雕的复原,包括保存最为完好的墓主人形象(左图)。在浮雕的左侧,他以典型的罗马人形象出现(身着托加袍,正在演说)。而在右侧,他很像希腊人。

着希腊斗篷（Chlamys），头戴典型的希腊式帽子。

纪念碑突出了佐伊洛斯的成功、财富、社会流动和他穿越了罗马世界的活动。但最重要的是，它显示佐伊洛斯用两种截然不同的形式创造了自己的身份，两者被并排放在一起。在罗马帝国的文化中，你可以同时身为希腊人和罗马人。

后记

罗马的第一个千年

公元212年，卡拉卡拉皇帝宣布，罗马帝国境内的所有自由民都将成为罗马公民，无论他们生活在从苏格兰到叙利亚之间的任何地方。这是一个革命性的决定，一举消除了统治者与被统治者间的法律差异，把已经延续将近千年的过程推向顶峰。超过3000万的行省居民一夜间成了法律上的罗马人。这是世界历史上最大的授予公民权的单次行动之一，即便其规模并非绝无仅有。

多个世纪以来，一些被打败的敌人已经成了罗马人。奴隶获释时获得了罗马公民权。随着时间流逝，包括军人和平民在内的大批行省居民成了罗马公民，以奖赏他们的忠诚、服务和合作。此举并非完全没有引起争议或冲突。并非所有被授予公民权的人都想得到它。一些罗马人也没有掩饰自己对外来者的怀疑，无论他们是不是公民。（讽刺诗人尤维纳尔抱怨说："我受不了满是希腊人的城市。"）而作为罗马历史上最血腥的战争之一，公元前1世纪初所谓的同盟战争的部分起因在于，罗马的某些意大利盟友觉得自己受到排斥，想要获得公民权。但基本模式是清晰的。公元212年，卡拉卡拉完成了罗马神话中由罗慕路斯在近1000年前开启的过程（从公元前753年算起）。为了建立新的城市，罗马的缔造者只能向所有到来者授予公民权，把外邦人变成罗马人。

卡拉卡拉选择在此时这样做的原因此后一直困扰着历史学家们。他是公元 192 年 12 月 31 日康茂德遇刺后上台的新王朝的第二任统治者。自从公元 68 年尼禄死后发生短暂冲突以来，罗马第一次爆发内战，包括近卫军和行省军团在内的各支军事力量都试图将自己的候选人送上皇位。其中之一是来自北非大莱普提斯（Leptis Magna）的卢基乌斯·塞普提米乌斯·塞维鲁，他在多瑙河畔统帅的军队拥护他回师罗马。直到公元 197 年，塞维鲁在称帝后的最初几年都在忙于消灭反对者。卡拉卡拉是他的儿子和继承人，从公元 211 年开始统治，他的官方名字是马库斯·奥雷利乌斯·安东尼努斯（Marcus Aurelius Antoninus）。因为，作为对皇位继承中的收养做法的可笑滥用和不顾一切寻求合法性的手段，塞普提米乌斯·塞维鲁安排自己和家人被早已死去的皇帝马可·奥勒留收养。"卡拉卡拉"这个绰号来自他经常穿着的一种风格独特的军用斗篷（caracallus）。

卡拉卡拉并非作为一位有远见的激进改革者而被人铭记。他最为人所知的一点是赞助了当时罗马最大的公共浴场，高耸的砖墙至今仍为夏日露天歌剧季提供了令人难忘的背景。但从中很难看出其统治更加血腥的方面。公元 211 年，他以谋杀弟弟兼对手盖塔（Geta）拉开了统治的序幕。在对标志着罗马城诞生的那次手足相残的卑鄙重现中，据说卡拉卡拉派出一伙士兵，结果了畏缩在母亲怀中的弟弟的性命。卡拉卡拉的统治在公元 217 年终结，年仅 29 岁的他被一名侍卫所杀，后者利用皇帝在路边解手的机会下了刀。当时的近卫军首领马库斯·奥佩利乌斯·马克里努斯（Marcus Opellius Macrinus）短暂地接替他登上皇位。马克里努斯很可能与刺杀有牵连,他是第一个并非元老出身的罗马皇帝。

卡拉卡拉不光彩的生涯经常让人觉得,公民权敕令背后一定藏有邪恶或者至少是自私的动机。包括卢基乌斯·卡西乌斯·狄奥和爱德华·吉本在内,许多历史学家都怀疑,此举是由筹钱的需要促成的,因为这些新公民将自动有义务缴纳罗马的遗产税。若是如此,那么这种方式显得极为笨拙。如果你想做的只是增加税收,没有必要授予3000多万人公民权。

无论背后隐藏着什么,敕令都永远改变了罗马世界,这也是我的罗马故事要在这里,或者说在罗马第一个千年的末尾结束的原因。几个世纪以来,与罗马人和被统治者间的界限有关的重要问题一直主导着政治和辩论,现在它有了答案。罗马的"公民权计划"历经千年终于完成,新的时代拉开了序幕。但这并非一个多种文化平等相处的和平时代。因为,一种特权障碍刚刚被消除,另一种截然不同的障碍便取而代之。一旦被授予全体,公民权就变得无关紧要。公元3世纪,重要的是"较尊贵者"(honestiores,指富有的精英,包括老兵)和"较卑贱者"(humiliores)的区别,它再次把罗马人分成两个群体,两者在权利上的不平等被正式写进了罗马法。比如,就像曾经的全体公民那样,只有"较尊贵者"才能被免除特别残忍或不体面的惩罚,诸如十字架刑或鞭笞。"较卑贱的"公民发现自己可能会遭受从前仅限于奴隶和非公民的刑罚。财富、阶级和地位的分界线成了自己人和外人间的新界限。

公民权敕令只是公元3世纪一系列让罗马世界变得面目全非的改变、破坏、危机和入侵之一。罗马的第二个千年——直到公元6世纪时成为东罗马帝国都城的君士坦丁堡在1453年陷落于奥斯曼土耳其人之手后才最终结束——建立在全新的原则和新的世界秩序上，而且在大部分时间里基于一种不同的宗教。第一位奥古斯都建立的专制制度以可以追溯到罗马历史第一个千年中最古老时期的政治语言和制度为基础，在公元 14 年他去世后的近 200 年间，我所称的奥古斯都帝制模板提供了一个相对稳定的政治框架。不过，虽然奥古斯都的继任者提比略皇帝可以很容易地接替公元 2 世纪末的康茂德，但如果再晚上几十年，他可能就不知道该如何当一个皇帝了。事实上，第二个千年的罗马是以旧名字作为伪装的新国家。那个千年是一个漫长而缓慢的衰亡阶段，还是充满一系列最终将古代世界变成中世纪的零星文化和政治变革的时期，抑或一个艺术、建筑和文化反思特别活跃的时期，一切都取决于你的看法。

今天的历史学家们经常谈到公元 3 世纪的"危机"。他们指的是公元 192 年康茂德遇刺后奥古斯都的模板开始崩溃的过程。皇帝的数量是该过程一个显而易见的标志。从公元 14 年到 192 年的近 180 年间，除去尼禄死后的短暂内战时期 3 位不成功的称帝者，只有 14 位皇帝。而在从公元 193 年到 293 年的 100 年间出现了超过 70 位（根据你是否将许多容易被遗忘的共治皇帝、篡位者或"冒牌货"计算在内，名单会有所不同）。但更重要的是，任何想要将军队排除在拥立皇帝过程之外的尝试都彻底失败。公元 3 世纪中期，几乎所有登上宝座的人都得到了这支或那支军队的支持。内战基本上持续不断。此外，传统的登基程序被公然颠覆。塞普提米乌斯·塞维鲁宣布自己和家人被 10 多年前去世的皇帝收养成为继承人，这种做法甚至超出了最灵活的罗马收养标准。

与此同时，罗马城失去了权力中心的光辉。皇帝经常不待在那里，而是和军队一起身处上百英里之外。他们没有时间、动力或金钱来遵循奥古斯都的模板，无法用砖块和大理石在城中留下自己的印记，或者扮演民众的施惠者。自从公元 3 世纪 10 年代卡拉卡拉修建了巨大的浴场之后，都城在 80 年间几乎没有任何重要的皇家营建计划，直到戴克里先（Diocletian）皇帝在 3 世纪 90 年代修建了更大的公共浴场（很大一部分仍然矗立在罗马的主火车站之外）。皇帝经常不在罗马还加速了元老院的式微。当宝座上的人不见踪影时，皇帝和元老共有的公民身份就无从谈起，两者也没有微妙的磋商，甚至不会有高尚而不切实际的元老愤而离场和坚决反对。皇帝越来越多地通过敕令或书信遥控统治，并不考虑元老院。非元老的马克里努斯登上了皇位（后来还有更多这样的皇帝），这个例子同样明确表示元老院可以被绕过。

人们仍在激烈地讨论这些改变的背后是什么，以及什么是因、什么是果。来自帝国以外的更加高效和常常高度"罗马化"的"蛮族"群体的入侵是原因之一。公元 2 世纪末的大规模瘟疫同样产生了影响，即便按照保守的估计，死亡人数也一定严重削弱了罗马的人力。此外还有奥古斯都模板中的微妙平衡，它没能确立明确的继承规则，而且在皇帝和元老院之间做了难堪的妥协。一旦失败后，它就分崩离析了。但无论原因为何，从公元 3 世纪"危机"中走出的罗马与我们在罗马第一个千年中所探索的任何东西都截然不同。

罗马城不可挽回地失去了帝国首都的地位，在公元 5 世纪三度被入侵者攻陷，那是 800 年前它被高卢人洗劫后的第一次。罗马世界开始被地区性都会控制，比如拉文纳（Ravenna）和君士坦丁堡（Constantinople，今天的伊斯坦布尔）。帝国的东、西部分被分开统治。此外，在公元 3 世纪末对基督徒发动系统化迫害后，普世的帝国决定接受这种普世的宗教（反之亦然）。在公元4世纪初建立了君士坦丁堡的君士坦丁皇帝是第一个正式皈依基督教的罗马皇帝，公元337年，他在临终前接受了洗礼。在某种意义上，君士坦丁沿袭了奥古斯都的模式，通过大兴土木让自己登上了权力顶峰，但他建造的是教堂。

在这个新罗马，并非一切都发生了变化，而且改变显然不是同时发生的。直到公元5世纪开始后很久，无论是不是基督徒，罗马人仍会在斗兽场观看表演，很可能是猎兽而非角斗。此外，君士坦丁堡的皇帝们还按照旧有的施惠模式赞助大众娱乐活动，经常是战车竞赛。不过，许多政治延续的迹象都是表面性的，甚至是误读。作为遵守传统的姿态，君士坦丁堡有了自己的元老院，但这是一座为一个已经成为化石的机构修建的建筑。公元8世纪，当一位无疑非常糊涂的注疏者试图解释这座建筑的名字时，他认为那一定是某个名叫塞纳图斯（Senatus）的人建造的。

在罗马城，公元315年为纪念君士坦丁皇帝战胜他的一名内部对手而建起的凯旋门最好地展现了世界发生的改变。它仍然矗立在老罗马广场和斗兽场之间，由于曾经成为一座文艺复兴时期的要塞的一部分而留存下来。乍看之下，它显得完全是传统的，让人想起为纪念罗马的诸多军事胜利而建造的凯旋门，并被后来的帝国纪念碑所模仿，无论是巴黎的凯旋门，还是伦敦海德公园角的惠灵顿凯旋门。上面装饰的一系列场景使用在罗马专制时代头两个世纪中耳熟能详的元素颂扬了君士坦丁的权威。在这些场景的描绘中，皇帝与蛮族敌人交战、对军队讲话、宽恕俘虏、向传统神明献祭、接受胜利女神的桂冠和赈济人民。这一切都可能是150年前雕刻的。

图 103 君士坦丁凯旋门。这一侧里面几乎所有可见的雕像都来自早先的纪念碑。其中两边拱门上方的圆形浮雕来自哈德良的纪念碑,顶部的长方形浮雕来自马可·奥勒留的纪念碑。同样位于顶部的立姿蛮族像来自图拉真的纪念碑。

事实上,大部分的确如此。除了少数几块朴素的浮雕,这些雕像都是从早先纪念图拉真、哈德良和马可·奥勒留的纪念碑上撬下或凿下的。皇帝们原先的面容被大致改造成君士坦丁的样子,各个部分被重新拼接后放到新凯旋门上展示。这是一项昂贵和具有破坏性的怀旧活动。在某些古代观察者看来,此举也许成功地将新皇帝纳入了昔日的光辉传统。但最重要的是,这种小心的重塑显示了古罗马的第一个千年(本书的主题)和第二个千年(这个故事需要留待另一个时间、另一本书和另一位作者)间的历史距离。

就此结束

过去的 50 年间，我生命的很大一部分是与这些"第一个千年的罗马人"共同度过的。我尽自己所能地学习了他们的语言。我读了他们留给我们的大量作品（还没有人能够全部读完），还研究了多个世纪以来关于他们的数以十万计的书籍和论文，从马基雅维利和吉本到戈尔·维达尔和其他人的。我试图解读他们刻在石头上的文字，还在罗马不列颠行省潮湿、多风和乏味的考古遗址中名副其实地挖出过文字。长久以来，我一直困惑于如何最好地讲述罗马的故事，并解释为何我认为它很重要。我还是每年排队走进斗兽场的 500 万人之一。在那里，我付钱让自己的孩子们和打扮成角斗士的小贩合影。我给他们买了塑料的角斗士头盔，并选择对现代世界的暴行视而不见，向他们保证我们今天不再做如此残忍的事。对于我和其他任何人来说，罗马人不仅是历史和研究的主题，还是想象和幻想、恐惧和欢乐的对象。

我不再像过去那样天真地认为，我们能直接从罗马人那里——或者说从古希腊人乃至其他任何古代文明那里——学到很多。无须了解罗马军团在两河流域或是面对帕提亚人时遇到的困难，我们就能明白为何今天对西亚进行军事干预可能是不明智的。我甚至不确定那些自称遵循了恺撒战术的将军是否只是出于自己的想象。虽然就像我试图所解释的，罗马人在公民权上的某些做法听上去很有吸引力，但想象它们在许多个世纪后还适用于今天的情况则是愚蠢的。此外，和我们一样，"罗马人"对于世界如何或应该如何运营也意见不一。没有简单的罗马模式可以遵循。事情能那样简单就好了。

但我越来越相信，通过与罗马人的历史，与他们的诗歌和散文、争议与争论打交道，我们能够学到很多关于自身和过去的东西。西方文化拥有非常多样化的遗产。幸运的是，我们不仅是古典时代的继承者。然而，至少从文艺复兴以来，我们关于权力、公民权、责任、政治暴力、帝国、奢侈和美的许多基本假设是在同罗马人和他们作品的对话中形成的，并得到了检验。

我们不想把西塞罗作为榜样，但就像我在本书开头所描绘的，他与破产贵族或民众革命者的冲突仍然是我们有关公民权利观点的基础，并为政治异议者提供了一句口号："喀提林啊，你要考验我们的耐心到什么时候？"而塔西佗借罗马在不列颠的敌人之口所表达的将"荒凉"伪装成"和平"的看法仍然回响在对帝国主义做出的现代批判中。此外，被归于那些最令人难忘的罗马皇帝们的骇人罪行不断提出过度专制和恐怖统治的分界线何在的问题。

无论我们将罗马人英雄化抑或妖魔化，都是在伤害他们。但如果没能认真对待他们，或者终止与他们进行的长期对话，那么我们就会伤害自己。我希望本书不仅是"古罗马史"，也是和"罗马元老院与人民"对话的一部分。

扩展阅读

撰写罗马史的书目超出了任何个人的能力。下面是对进一步探索我所讨论的话题的建议，并对我提到的一些较为冷门的文本和材料做了说明，包括某些我个人所欣赏的对相关主题的新旧贡献。在各章下，我首先给出重要的主题研究，然后列出具体观点的出处或可能不太容易找到的信息。

一般书目

我引用的几乎所有古代文学作品都有很好的现代译文。哈佛大学出版社的洛布古典丛书（Loeb Classical Library）几乎只收录了一小批主流的古典作家，采用希腊语或拉丁语同英译对照的形式。企鹅经典系列更有选择性，不包含希腊语或拉丁语原文，但价格更加亲民。文本越来越多地可以从网上免费获得。最有用的网站是 *Lacus Curtius*（http://penelope.uchicago.edu/Thayer/E/Roman/home.html）和 *Perseus Digital Library*（www.perseus.tufts.edu/hopper/collections）。两者都收录了原文或译文，经常两者都能找到。我在这里给出的提示主要针对上述标准系列中无法找到的译文。

古代铭文和纸草可能更加难找。它们的原文经常被收录在从19世纪开始编纂，至今仍在进行中的大规模铭文集中（考虑到便于现代不同的国家理解，它们最初完全用拉丁语写成）。主要的铭文集《拉丁铭文集成》(*Corpus Inscriptionum Latinarum*) 也有网站 (http://cil.bbaw.de/cil_en/index_en.html)。虽然内容专业，但现在大部分已有英译。牛津古代文献研究中心 (www.csad.ox.ac.uk/) 让我们得以一窥来自纸草的生动证据。这些文献还有一些根据时代或主题选取的规模较小的译文集，将在下面列出。

任何敢于撰写千年罗马历史的人都会追随杰出前辈的脚步。爱德华·吉本的《罗马帝国衰亡史》开头部分仍然是对公元后前两个世纪最令人难忘的叙述；David Womersely (Penguin, 2000) 编辑的单卷缩写本便于携带，并配有很好的导言，但省略了该时期的大量段落。两套多名作者撰写的有用丛书涵盖了本书所涉及的时期。劳特里奇古代世界史中的两种尤为重要：T. J. Cornell, *The Beginnings of Rome: Italy and Rome from the Bronze Age to the Punic Wars* (c. 1000-264 BC) (1995) 和 Martin Goodman, *The Roman World, 44 BC–AD 180* (2nd edition, 2011)。在爱丁堡古罗马历史丛书 (Edinburgh UP) 中，请特别注意 Nathan Rosenstein, *Rome and the Mediterranean 290 to 146 BC: The Imperial Republic* (2012), Catherine Steel, *The End of the Roman Republic 146 to 44 BC: Conquest and Crisis* (2013) 和 J. S. Richardson, *Augustan Rome 44 BC to AD 14: The Restoration of the Republic and the Establishment of Empire* (2012), Clifford Ando, *Imperial Rome AD 193 to 284* (2012) 差不多从我停笔的地方写起。*Cambridge Ancient History* (Cambridge UP, 第 2 版, 1990 年首印) 中相关的重要部分 (卷 7.2–11) 包括了甚至更多的详细叙述和分析。对于篇幅较短的作品，下列这些让我受益良多：Christopher Kelly, *The Roman Empire: A Very Short Introduction* (Oxford UP, 2006),

Simon Price 和 Peter Thonemann, *The Birth of Classical Europe: A History from Troy to Augustine*（Viking, 2011）, Brian Campbell, *The Romans and Their World: A Short Introduction*（Yale UP, 2011）, Greg Woolf, *Rome: An Empire's Story*（Oxford UP, 2013）以及 Peter Garnsey 和 Richard Saller, *The Roman Empire: Economy, Society and Culture*（Bloomsbury, 2nd edition, 2014）。上述作品为我在本书中的讨论提供了基础。

罗马宗教的大部分方面可以参阅 Mary Beard, John North 和 Simon Price, *Religions of Rome*（Cambridge UP, 1998）, 我还在自己的 *The Roman Triumph*（Harvard UP, 2007）一书中讨论了凯旋式的细节和历史。Walter Scheidel, Ian Morris 和 Richard P. Saller 主编的 *The Cambridge Economic History of the Greco-Roman World*（Cambridge UP, 2007）中的论文提供了关于罗马世界的经济和人口的最新讨论，尽管本书中所有的人口估算都只应该被视作（粗略的）估算。

对于一般性工具书，Simon Hornblower, Antony Spawforth 和 Esther Eidinow 主编的 *The Oxford Classical Dictionary*（Oxford UP, 4th edition, 2012, 有在线版本）收录了数以百计的古典人物、地点和话题的可靠条目（是送给任何对罗马历史感兴趣之人的好礼物）。在地图方面，Richard J. A. Talbert 主编的 *Barrington Atlas of the Greek and Roman World*（Princeton UP, 2000）堪称典范，而且有廉价的 app 版本。*Orbis* 免费在线地图（副标题为相当冗长的"Stanford Geospatial Network Model of the Roman World"）可以让你在罗马世界中规划路线和测量距离，并显示从 A 地到 B 地的时间和花销（http://orbis.stanford.edu/）。本书中的旅途时间均基

于该网站。对于计划游览罗马古代遗址的人，Amanda Claridge, *Rome: An Oxford Archaeological Guide*（Oxford UP, 2nd edition, 2010）是首选的导览手册。

前言

Vivian Nutton 在 P. N. Singer 主编的 *Galen: Psychological Writings*（Cambridge UP, 2014）中翻译了那位罗马医生（盖伦）的文章。来自格陵兰岛冰盖的专业数据可参见 S. Hong et al., 'Greenland ice', *Science* 265（1994）和 C. J. Sapart et al., 'Natural and anthropogenic variations', *Nature* 490（2012）。Andrew Wallace-Hadrill, *Herculaneum: Past and Future*（Frances Lincoln, 2011）描绘了赫库兰尼姆的粪坑。

第 1 章

我最喜欢的现代西塞罗传记仍然是 Elizabeth Rawson, *Cicero: A Portrait*（Allen Lane, 1975; 重印本, Bristol Classical Paperbacks, 1994）。Catherine Steel 主编的 *The Cambridge Companion to Cicero*（Cambridge UP, 2013）是对最新研究的出色指南。Thomas Habinek, *The Politics of Latin Literature: Writing, Identity, and Empire in Ancient Rome*（Princeton UP, 1998）精辟地讨论了西塞罗谴责喀提林时所用的修辞。公元前 2 世纪的那位客居希腊历史学家是波利比乌斯，他在第 5 章中扮演了重要角色。John R. Patterson, *Political Life in the City of Rome*（Bloomsbury, 2000）正是对这方面的简明指南。关于该时期罗马的城市生活状况，John E. Stambaugh, *The Ancient Roman City*（Johns Hopkins UP, 1988）是

有用的介绍。

撒鲁斯特在《喀提林阴谋》31 中借喀提林之口称西塞罗为"房客";西塞罗关于老鼠的笑话见他的《致阿提库斯书》14.9;他在流亡时的凄惨自怜反映在他写给妻子的信中,收录于《家书》第 14 卷,而那首关于他执政官任期的诗歌的自夸片段大部分保存在他的《论神性》中。尤维纳尔在《讽刺诗》10.122 和他的仰慕者昆体良在《演说术原理》11.1.24 抨击了西塞罗的 O fortunatam natam... 这句诗,而 Sander M. Goldberg, *Epic in Republican Rome*(Oxford UP, 1995)等为其做了辩护。写给卢克伊乌斯的信件是《致友人书》5.12;西塞罗希望为自己的执政官任期写诗的希腊人是阿尔喀亚斯,他将在第 6 章中出现。Alvaro Sanchez-Ostiz 在'Cicero graecus', *Zeitschrift für Papyrologie und Epigraphik* 187(2013)中分析了纸草上这些演说辞的双语残篇;曼利乌斯的故事和他的虚构讲话见李维,《罗马史》6.11-20;喀提林作为配角出现在《埃涅阿斯纪》8.666-700。Keith Hopkins 在'Taxes and trade', *Journal of Roman Studies* 70(1980)中清楚地解释了对货币供应的计算,关于古代历史观点中对钱币使用的更一般反思,见 Christopher Howgego, *Ancient History from Coins*(Routledge, 1995)。对西塞罗利用这场阴谋为自己牟利的指控来自伪撒鲁斯特的《斥西塞罗》2。中世纪和文艺复兴时期的喀提林传统是 Patricia J. Osmond, 'Catiline in Fiesole and Florence', *International Journal of the Classical Tradition* 7(2000)的主题。

第 2 章

R. Ross Holloway, *The Archaeology of Early Rome and Latium*

（Routledge, 1994），Christopher J. Smith, *Early Rome and Latium: Economy and Society c. 1000-500 BC*（Oxford UP, 1996）和 G. Forsythe, *A Critical History of Early Rome: From Prehistory to the First Punic War*（Univ. of California Press, 2005）是对本章和下面几章所涉及时期的有用介绍。T. P. Wiseman 的 *Remus: A Roman Myth*（Cambridge UP, 1995）精彩地（虽然最终并不令人信服）讨论了罗慕路斯和雷慕斯的神话，并在 *Unwritten Rome*（Exeter UP, 2008）中探索了该城最古老历史中的相关主题；罗马的特洛伊故事是 Andrew Erskine, *Troy Between Greece and Rome: Local Tradition and Imperial Power*（Oxford UP, 2003）的主题。G. Miles, *Livy: Reconstructing Early Rome*（Cornell UP, 1997）剖析了李维的叙述。Emma Dench 的 *Romulus' Asylum: Roman Identities from the Age of Alexander to the Age of Hadrian*（Oxford UP, 2005）对奠基传说在罗马身份中的角色做了出色的讨论。

西塞罗被视作新罗慕路斯是 Ann Vasaly, *Representations: Images of the World in Ciceronian Oratory*（Univ. of California Press, 1993）的主题之一；伪撒鲁斯特《斥西塞罗》7用"阿尔皮农的罗慕路斯"讥讽了西塞罗。关于青铜母狼是中世纪作品的观点，见 Anna Maria Carruba, *La Lupa capitolina: Un bronzo medievale*（De Luca, 2007）。西塞罗版本的奠基传说见《论共和国》2.4–13。恩尼乌斯创作了关于劫掠萨宾妇女的悲剧，那行引文见洛布系列的 *Remains of Old Latin*（Harvard UP, 1935）第一卷。尤巴的估算记录在普鲁塔克《罗慕路斯传》14；撒鲁斯特《罗马史》那段话的译文见 Patrick McGushin, *The Histories* 2（Oxford UP, 1992）；关于罗慕路斯血统的看法出自一位早期罗马历史学家，引自奥鲁斯·格里乌斯的《阿提卡之夜》13.23.13；奥维德的玩笑见《爱的艺术》1.101-134。关于埃格纳提乌斯的少量信息见 T. J. Cornell 主编的 *The Fragments of the Roman Historians*（Oxford UP, 2014）；狄俄尼修斯在《罗马古事记》1.87 中给出了他对罗慕路斯反应的看法；贺拉斯对内战的反思见《长短句集》7。P. S. Derow 和 W. G. Forrest 在 *Annual of the British School at Athens* 77 (1982) 中讨论了"希俄斯岛的一处铭文"，铭文现在保存在希俄斯考古博物馆。克劳迪乌斯演说的译文见 David C. Braund, *Augustus to Nero: A Sourcebook on Roman History 31 BC-AD 68*（Croom Helm, 1985；重印本, Routledge, 2014）。Michel Austin, *The Hellenistic World from Alexander to the Roman Conquest: A Selection of Ancient Sources in Translation*（Cambridge UP, 2nd edition, 2006）引用了马其顿国王的话（保存在铭文中）；尤维纳尔的嘲讽见《讽刺诗》8；罗慕路斯的"贱民"是西塞罗《致阿提库斯书》2.1 中的一句俏皮话。见过罗慕路斯茅屋的是狄俄尼修斯（《罗马古事记》1.79），Catharine Edwards 在 *Writing Rome*（Cambridge UP, 2006）中对其做了讨论。对罗马起源年代的争论是 Denis Feeney, *Caesar's Calendar: Ancient Times and the Beginnings of History*（Univ. of California Press, 2007）中的重要主题。关于"罗慕路斯的命运"成为威胁语，见普鲁塔克，《庞培传》25。狄俄尼修斯在《罗马古事记》1.72.5 提到了罗慕路斯与奥德修斯，在 1.64.4-5 提到了罗慕路斯墓；Andrew Erskine 在 'Delos, Aeneas and *IG* XI.4.756', *Zeitschrift für Papyrologie und Epigraphik* 117 (1997) 中讨论了得洛斯的使者。狄俄尼修斯试图在《罗马古事记》1.10 解释 Aborigines。关于博学的瓦罗对 Septimontium 的讨论，

见他的《论拉丁语》6.24。Rosanna Cappelli, *Fidene: Una casa dell'età del ferro*（Electa, 1996）描绘了费德奈的小屋。Albert J. Ammerman, 'On the origins of the Forum Romanum', *American Journal of Archaeology* 94 (1990) 重新分析了罗马广场的荆笆墙。对黑石的各种解读见费斯图斯《论词的意义》184L（没有现成译文）和狄俄尼修斯《罗马古事记》1.87 与 3.1。

第 3 章

James H. Richardson 和 Federico Santangelo 主编的 *The Roman Historical Tradition: Regal and Republican Rome*（Oxford UP, 2014）收录了关于该时期和共和国早期的重要论文。罗马历法的使用方式是 Jörg Rüpke, *The Roman Calendar from Numa to Constantine: Time, History and the Fasti*（Blackwell, 2011）的主要主题。关于对埃特鲁里亚的介绍，见 Christopher Smith, *The Etruscans*（Oxford UP, 2014）和 Jean MacIntosh Turfa 主编的 *The Etruscan World*（Routledge, 2013）。对于"自由"在整个罗马历史上的核心角色的新讨论，见 Valentina Arena, *Libertas and the Practice of Politics in the Late Roman Republic*（Cambridge UP, 2012）。Ian Donaldson, *The Rapes of Lucretia: A Myth and Its Transformation*（Oxford UP, 1982）分析了后世围绕着卢克莱提娅故事产生的争论。

G. Dumézil, *Archaic Roman Religion*（Chicago UP, 1970）对罗马广场的铭文提出了"排泄物解读"。关于 19 世纪对罗马国王所持怀疑态度的一个经典称述，见 Ettore Pais, *Ancient Legends of Roman History*（Dodd, Mead, 1905）。法比乌斯·皮克托尔对人口的估计引自李维,《罗马史》1.44。写给提奥斯城的书信译文见 Beard, North 和 Price, *Religions of Rome*, 卷 2（见上文的一般书目），书中还有关于安提乌姆日历的更多细节。李维在《罗马史》1.18 中驳斥了努马是毕达哥拉斯弟子的说法。关于装饰圣约翰·拉特朗教堂的青铜，见 John Franklin Hall, *Etruscan Italy: Etruscan Influences on the Civilizations of Italy from Antiquity to the Modern Era*（Indiana UP, 1996）。Kathryn Lomas, 'The polis in Italy'讨论了早期埃特鲁里亚的拉丁人名字，收录于 Roger Brock 和 Stephen Hodkinson 主编的 *Alternatives to Athens: Varieties of Political Organization and Community in Ancient Greece*（Oxford UP, 2002）。弗朗索瓦墓是 Peter J. Holliday, *The Origins of Roman Historical Commemoration in the Visual Arts*（Cambridge UP, 2002）一章的主题。Wiseman 的 *Unwritten Rome*（见第 2 章书目）带着怀疑的眼光评价了来自广场附近几座大房子的证据。老普林尼对大下水道的抱怨见他的《博物志》36.104。马提亚尔关于卢克莱提娅的俏皮话见他的《警铭诗》11.16 和 104，奥古斯丁的反思见《上帝之城》1.19。老普林尼的《博物志》34.139 暗示拉斯·波塞纳曾经统治罗马。"摆脱国王"的表述借鉴自 John Henderson 发表在 *Classical Quarterly* 44（1994）的同名论文，文中分析了 Rex（"国王"）这一姓氏。李维《罗马史》7.3 提到卡庇托山神庙的钉子，2.5 提到台伯河中小岛的形成。那位希腊理论家同样是波利比乌斯。Mortimer N. S. Sellers 在 'The Roman Republic and the French and American Revolutions'中讨论了后世对罗马自由理想的借用，收录于 Harriet I. Flower 主编的 *The Cambridge Companion to the Roman Republic*（Cambridge UP, 2014）。

第4章

除了 Nathan Rosenstein 和 Robert Morstein-Marx 主编的 *A Companion to the Roman Republic*（Blackwell, 2007）中的有用章节，罗马共和国早期的冲突也是 Kurt A. Raaflaub 主编的 *Social Struggles in Archaic Rome: New Perspectives on the Conflict of the Orders*（Univ. of California Press, 1986）的主题。Christopher Smith,'The magistrates of the early Roman Republic'对共和国早期的公职做了细致综述，收录于 Hans Beck et al., *Consuls and Res Publica: Holding High Office in the Roman Republic*（Cambridge UP, 2011）。共和国政治生活的一般结构是 C. Nicolet, *The World of the Citizen in Republican Rome*（Univ. of California Press, 1980）的主题。

李维《罗马史》7.3 提到了"主大法官"；我从 T. P. Wiseman（Remus, 见第 2 章书目）那里借鉴了"上校"的译法。Filippo Coarelli 在 *Il Foro Romano* 1（Quasar, 1983）和 *Il Foro Boario dalle origini alla fine della repubblica*（Quasar, 1988）中提到了罗马广场和其他地方的可疑烧焦层。阿皮亚大道上的西庇阿家族墓地是 Filippo Coarelli, 'Il sepolcro degli Scipioni'的主题，收录于他的 *Revixit Ars: Arte e ideologia a Roma*（Quasar, 1997）。Harriet I. Flower 在 *The Art of Forgetting: Disgrace and Oblivion in Roman Political Culture*（Univ. of North Carolina Press, 2011）中对巴巴图斯的石棺做了出色的分析，驳斥了墓志铭是多年后创作的通行观点；家族陵墓主要墓志铭的译文可以在 www.attalus.org/docs/cil/epitaph.html 找到（关于巴巴图斯生涯的背景，另见李维《罗马史》10）。杜里斯对森提努姆的评论引自西西里人狄奥多鲁斯的《历

史丛书》21.6。关于罗马理发师，见瓦罗的《农业志》2.11。对法比乌斯·皮克托尔作品的最新分析，见 T. J. Cornell 主编的 The Fragments of Roman Historians（见第 2 章书目）；李维《罗马史》2.48-50 描绘了法比乌斯家族的事迹；Tim Cornell 的'Coriolanus: Myth, History and Performance'细致分析了科里奥拉努斯，收录于 David Braund 和 Christopher Gill 主编的 Myth, History and Culture in Republican Rome（Exeter UP, 2003）。从 D. J. Waarsenburg 的'Auro dentes iuncti'可以一窥古代牙医学的情况，收录于 M. Gnade 主编的 Stips Votiva,（Allard Pierson Museum, 1991）。洛布丛书中的 Remains of Old Latin, volume 3（Harvard UP, 1938）收录了《十二铜表法》的残篇，但最新版本来自 M. H. Crawford 主编的 Roman Statutes（Institute of Classical Studies, 1996）。奥鲁斯·格里乌斯的《阿提卡之夜》20.1 提到了恼火的律师。关于罗马元老院成为永久机构，见 T. J. Cornell, 'Lex Ovinia and the emancipation of the senate'，收录于 C. Bruun 主编的 The Roman Middle Republic: Politics, Religion and Historiography（Institutum Romanum Finlandiae, 2000）。维伊考古的基准仍然是 J. B. Ward-Perkins, 'Veii: the historical topography of the ancient city'，收录于 Papers of the British School at Rome 29（1961），以及 Roberta Cascino et al. 的新著 Veii, the Historical Topography of the Ancient City: A Restudy of John Ward-Perkins's Survey（British School at Rome, 2012）。普洛佩提乌斯的观点见《哀歌集》4.10。关于可能存在比公元前 4 世纪更早的环形城墙，见 S. G. Bernard, 'Continuing the debate on Rome's earliest circuit walls', Papers of the British School at Rome 80（2012）。卢基乌斯·阿基乌斯创作

了关于森提努姆的悲剧，现存残篇收录于 Remains of Old Latin 2（Harvard UP, 1936）。Holliday, The Origins of Roman Historical Commemoration（见第 3 章书目）讨论了埃斯奎利诺山的墓地。"上海"和"下海"见普劳图斯《孪生兄弟》237 和西塞罗《致阿提库斯书》9.5。Nicholas Purcell, 'The creation of the provincial landscape' 着重强调了罗马人对风景的影响，收录于 Thomas Blagg 和 Martin Millett 主编的 The Early Roman Empire in the West（Oxbow, 1990）。

第 5 章

关于罗马帝国主义的现代讨论可以上溯到 William V. Harris 的经典研究 War and Imperialism in Republican Rome, 327-70 BC（Oxford UP, 2nd edition, 1985），他强烈主张罗马的扩张是侵略性的。Arthur Eckstein 提出了不同意见，比如 Mediterranean Anarchy, Interstate War, and the Rise of Rome（Univ. of California Press, 2006），本书在许多方面遵循他的观点；J. A. North 篇幅不长的论文 'The development of Roman imperialism', Journal of Roman Studies 71（1981）甚至更有影响力。Erich S. Gruen 在 Culture and National Identity in Republican Rome（Cornell UP, 1992）中探索了罗马文学的文化源头以及罗马和希腊世界之间的互动，Andrew Wallace-Hadrill 在 Rome's Cultural Revolution（Cambridge UP, 2008）中的分析截然不同。Brian C. McGing, Polybius（Oxford UP, 2010）对这位历史学家做了简明扼要的介绍；波利比乌斯对罗马政治的主要分析见他的《历史》第 6 卷。对罗马与迦太基人的战争和重要人物的有用讨论包括 A. E. Astin,

Scipio Aemilianus（Oxford UP, 1967），Adrian Goldsworthy, *The Fall of Carthage: The Punic Wars 265-146 BC*（Cassell, 2003），以及 Dexter Hoyos 主编的 *A Companion to the Punic Wars*（Blackwell, 2011）。Philip Kay 在 *Rome's Economic Revolution*（Oxford UP, 2014）中讨论了罗马帝国主义的经济方面。罗马的葬礼和庆典是 Harriet I. Flower, *Ancestor Masks and Aristocratic Power in Roman Culture*（Oxford UP, 1999）的主题。对关于罗马政治中平民元素的辩论做出重要贡献的作品包括 John North, 'Democratic politics in Republican Rome'，收录于 Robin Osborne 主编, *Studies in Ancient Greek and Roman Society*（Cambridge UP, 2004），Fergus Millar, *The Crowd in the Late Republic*（Michigan UP, 1998），Henrik Mouritsen, *Plebs and Politics in the Late Roman Republic*（Cambridge UP, 2001）和 Robert Morstein-Marx, *Mass Oratory and Political Power in the Late Roman Republic*（Cambridge UP, 2004）。

波基乌斯·李基尼乌斯想象了戎装的缪斯，引自奥鲁斯·格里乌斯《阿提卡之夜》17.21。波利比乌斯《历史》38.21-22 描绘了小西庇阿的眼泪。皮洛士用大象玩的花招见普鲁塔克《皮洛士传》20；Sebastiano Tusa and Jeffrey Royal, 'The landscape of the naval battle at the Egadi Islands', *Journal of Roman Archaeology* 25（2012）讨论了船喙。恩尼乌斯关于罗马的史诗《编年纪》现存残篇的译文收录于洛布系列的 *Remains of Old Latin* 第 1 卷（Harvard UP, 1935）；李维对马哈巴尔的"引述"见《罗马史》22.51。Victor Davis Hanson 在 *Experience of War: An Anthology of Articles from MHQ, the Quarterly Journal of Military History*

（Norton, 1992）中讨论了坎尼战役的真相；埃米利乌斯·保卢斯关于战斗和游戏的俏皮话引自波利比乌斯《历史》30.14，波利比乌斯给小西庇阿的建议见普鲁塔克《会饮谈话》4。波利比乌斯《历史》35.6 提到了老加图对年迈希腊人的嘲讽，卡西乌斯·狄奥《罗马史》36.30 提到了不幸乌鸦的故事。波利比乌斯在《历史》26.1 提到了"神显者"安条克的罗马习惯，瓦雷利乌斯·马克西姆斯在《言行铭录》7.5 讲述了西庇阿·纳西卡的轶事。朱庇特的预言见《埃涅阿斯纪》1.278-279。提奥斯城铭文的翻译见 Robert K. Sherk, *Rome and the Greek East to the Death of Augustus*（Cambridge UP, 1984）；Kay 的 *Rome's Economic Revolution* 讨论了西班牙的矿井；帝国的词汇是 John Richardson, *The Language of Empire: Rome and the Idea of Empire from the Third Century BC to the Second Century AD*（Cambridge UP, 2011）的主题；Robert Kallet-Marx, *Hegemony to Empire: The Development of the Roman Imperium in the East from 148 to 62 BC*（Univ. of California Press, 1996）强调了服从的理念。波利比乌斯《历史》29.27 描绘了莱纳斯的把戏；掉进下水道的希腊使者是马洛斯的克拉提斯（苏维托尼乌斯，《文法家传》2）；关于罗马人糟糕的希腊语口音，见狄俄尼修斯的《罗马古事记》19.5。关于雇佣兵卢基乌斯的铭文，见 Sherk, *Rome and the Greek East*；关于科苏提乌斯家族，见 Elizabeth Rawson, 'Architecture and sculpture: the activities of the Cossutii', *Papers of the British School at Rome* 43（1975）。李维《罗马史》43.3 提到了卡泰亚的建立，"妓女"的存在见对已失传的第 57 卷的"概要"。历史学家卢基乌斯·阿奈乌斯·弗洛鲁斯将后来的战利品同"沃尔西人的牛群"做了比较（《罗马史略》

1.13）。尴尬的"皆大欢喜"见泰伦斯的《婆母》；普劳图斯的相关剧作是《波斯人》和《小迦太基人》，关于"蛮化"的笑话来自《驴的喜剧》开场白。老加图的许多妙语收录于 Alan E. Astin, *Cato the Censor*（Oxford UP, 1978）；瓦雷利乌斯·马克西姆斯在《言行铭录》2.4 提到了坚持在剧场中站着。

第 6、7 章

Mary Beard 和 Michael Crawford 的 *Rome in the Late Republic: Problems and Interpretations*（Duckworth, 2nd edition, 2000）简述了该时期的主要问题；Tom Holland 的 *Rubicon: The Triumph and Tragedy of the Roman Republic*（Little, Brown, 2003）是一部通俗的历史著作。Keith Hopkins, *Conquerors and Slaves*（Cambridge UP, 1978）的第 1 章仍然是对共和国晚期社会经济变化的最犀利分析之一。这几章的重要人物吸引了现代作家们为其立传，尽管几乎没有足够的材料来为他们写出通常意义上的生平故事（除了第 1 章提到的西塞罗）。不过，Robin Seager, *Pompey the Great*（Blackwell, 2nd edition, 2002）从政治角度对庞培的生涯做了细致的叙述；Adrian Goldsworthy, *Caesar: Life of a Colossus*（Yale UP, 2006）为我们所了解的恺撒提供了清晰的轮廓，而 W. Jeffery Tatum, *The Patrician Tribune: Publius Clodius Pulcher*（Univ. of North Carolina Press, 1999）则刻画了我们所了解的西塞罗死敌；Barry Strauss, *The Spartacus War*（Simon and Schuster, 2009）对斯巴达克斯和他的奴隶起义做了可靠的通俗综述。注意我把庞培、恺撒和克拉苏称为"三人帮"，尽管今天对他们更通常的称呼是错误的正式头衔"前三巨头"。

对迦太基被毁灭的最全面记述是阿庇安的《布匿战争》；Serge Lancel, Carthage: A History（Blackwell, 1995）讨论了对它的考古。波利比乌斯《历史》38.20 记录了哈斯德鲁巴尔妻子的自杀，老普林尼《博物志》18.22 着重描绘了马戈的著作。《博物志》34.7 讨论了科林斯青铜。关于穆米乌斯的关键轶事见波利比乌斯《历史》39.2（棋盘）和维勒尤斯·帕特库鲁斯《罗马史》1.13（"新与旧"，晚近许多的罗马笑话集 Philogelos 重复了这个故事）。Liv Yarrow, 'Lucius Mummius and the spoils of Corinth', *Scripta Classica Israelica* 25（2006）讨论了他的战利品。关于老加图用无花果玩的把戏，见普鲁塔克《老加图传》27。波利比乌斯在《历史》36.9 引述了罗马人现在为消灭而消灭的观点。维吉尔在《埃涅阿斯纪》6.836-837 提到了穆米乌斯。Maria C. Gagliardo 和 James E. Packer 在'A new look at Pompey's Theater', *American Journal of Archaeology* 110（2006）中提供了关于罗马第一座永久性石结构剧场的最新讨论。普鲁塔克的《提比略·格拉古传》是关于此人生平的许多细节和评论的来源：王政时期后第一起政治流血事件（20）、提比略的"思想转变"（8）、"世界的主人"（9）、小西庇阿引用的荷马诗句（21）。Alessandro Launaro, *Peasants and Slaves: The Rural Population of Roman Italy (200 BC to AD 100)*（Cambridge UP, 2011）是近来有关意大利人口和农业历史的重要讨论，不过 D. W. Rathbone, 'The development of agriculture in the "Ager Cosanus" during the Roman Republic', *Journal of Roman Studies* 71（1981）仍然是对这些问题的最清晰介绍之一；"是为了让自己流离失所而参战"是 Keith Hopkins 在 *Conquerors and Slaves* 中的表述。关于罗马的选举程序，见 Hopkins, 'From violence to blessing'，收录于 A. Molho et al. 主编的 *City States in Classical and Medieval Italy*（Franz Steiner, 1991）。西塞罗在《论共和国》1.31 提到了"派别"（partes），他对无记名投票的不满见《论法律》3.34-35。尤维纳尔《讽刺诗》10.81 创造了"面包和竞技"一语。Peter Garnsey, *Food and Society in Classical Antiquity*（Cambridge UP, 1999）清晰地讨论了罗马的食物供应；关于色萨雷铭文，见 Garnsey 和 Dominic Rathbone, 'The background to the grain law of Gaius Gracchus', *Journal of Roman Studies* 75（1985）。西塞罗的《图斯库鲁姆辩论集》3.48 记录了弗鲁基的爆发，盖乌斯背向集会广场和拆除座椅分别见普鲁塔克的《盖乌斯·格拉古传》5 和 12，和执政官侍从的冲突与和谐神庙上的铭文分别见《盖乌斯·格拉古传》13 和 17。Gregory K. Golden, *Crisis Management During the Roman Republic: The Role of Political Institutions in Emergencies*（Cambridge UP, 2013）全面讨论了关于紧急权力令的现代理论。盖乌斯关于泰亚努姆事件的发言引自奥鲁斯·格里乌斯的《阿提卡之夜》10.3（老加图之前对那位不满其供应安排的执政官的抱怨同出于此）。P. A. Brunt 的 'Italian aims at the time of the Social War'，收入他的 *The Fall of the Roman Republic*（Oxford UP, 1988）和 H. Mouritsen 的 *Italian Unification: A Study in Ancient and Modern Historiography*（Institute of Classical Studies, 1998）对同盟战争动机问题的不同方面做了重要研究。F. Coarelli, 'Due fregi da Fregellae', *Ostraka* 3（1994）讨论了弗雷格莱的饰带，Wallace-Hadrill 在 *Rome's Cultural Revolution*（见第 5 章书目）中讨论了普莱内斯特。关于同盟战争被视作内战，见弗洛鲁斯《罗马史略》2.18；关于"寻

求公民权",见维勒尤斯·帕特库鲁斯的《罗马史》2.15；关于称罗马人为"夺走意大利人自由的狼",见《罗马史》2.27。在凯旋式队伍的两边都出现过的将军是普布利乌斯·温提迪乌斯·巴苏斯（Publius Ventidius Bassus）,瓦雷利乌斯·马克西姆斯的《言行铭记》6.9 描绘了他。Flavio Russo and Ferruccio Russo, *89 A.C.: Assedio a Pompei*（Edizioni Scientifiche Italiane, 2005）记录了对庞贝城的包围；瓦雷利乌斯·马克西姆斯的《言行铭记》3.1 提到了苏拉中庭所展示的人头；阿庇安的《内战史》1.94 提到苏拉刷新了引用希腊文的下限；独裁官的死亡和墓志铭见普鲁塔克的《苏拉传》36–38。《苏拉传》22 记录了喀提林在公敌通告中的卑鄙举动。Brent D. Shaw, *Spartacus and the Slave Wars: A Brief History with Documents*（Bedford/St Martins, 2001）收集了斯巴达克斯的资料。西塞罗在《为卢基乌斯·苏拉辩护》中提到了庞贝城的问题；西西里的狄奥多鲁斯在《历史丛书》37.12 中讲述了阿斯库鲁姆那位喜剧演员的故事。

维勒斯在西西里的活动是西塞罗在此案最后一场演说（《反维勒斯》2.5）的主题。普鲁塔克的《盖乌斯·格拉古传》2 记录了盖乌斯的犀利言辞。企鹅和洛布版的西塞罗《书信集》都按照时间顺序编排,尽管打破了原来划分各卷的逻辑并需要一套不同的编号体系,但这样做便于找到他生涯中特定阶段的材料（包括担任行省总督期间）。他关于行省统治的哲学论文是《致弟弟昆图斯书》1.1。盖乌斯的法律见 M. H. Crawford 主编的 *Roman Statutes*（见第 4 章书目）,A. Lintott, *Judicial Reform and Land Reform in the Roman Republic: A New Edition, with Translation and Commentary, of the Laws from Urbino*（Cambridge UP, 1992）对其做了全面研究。对罗马骑士阶层的讨论见 P. A. Brunt,'The equites in the late Republic',收入他的 *The Fall of the Roman Republic*,对包税人的讨论见 Nicolet, *The World of the Citizen in Republican Rome*(见第 4 章书目)。瓦雷利乌斯·马克西姆斯的《言行铭记》2.10 提到了那位选择去自己任过职的行省流亡的元老。"待售的罗马"这一口号出自撒鲁斯特的《朱古达战争》35.10。马略对军队改革的影响和共和国晚期的"私人"军队是 Brunt 的经典论文'The army and the land'的主题,收录于 *The Fall of the Roman Republic*。普鲁塔克的《马略传》45 描绘了马略的死。西塞罗支持授予庞培统帅权的演说有两种标题:《论庞培的统帅权》和《支持曼利乌斯法》。老年海盗见维吉尔《农事诗》4.125-146;瓦雷利乌斯·马克西姆斯的《言行铭记》6.2 引述了"少年屠夫"的说法。F. W. Walbank 在'The Scipionic legend'中讨论了"西庇阿传说",收录于 *Proceedings of the Cambridge Philological Society* 13(1967)。贺拉斯《颂诗》2.1 指出公元前 60 年是一个关键转折点;普鲁塔克的《庞培传》47 引述了小加图的话;西塞罗的《致阿提库斯书》4.8b 中语带讥讽地对庞培的笔记本开了玩笑。普鲁塔克《克拉苏传》33 提到了克拉苏首级的命运;私下里为克洛迪乌斯谋杀者的不成功辩护见他的《为米罗辩护》。恺撒《高卢战记》2.15 和 4.2 提到高卢没有葡萄酒,6.13-16 提到德鲁伊教的地位。卡图卢斯在《歌集》11 中提到对恺撒的追忆;普鲁塔克的《小加图传》51 和老普林尼的《博物志》7.92 强调了恺撒的"罪行"。看到人头的希腊访客是波西多尼乌斯,引自斯特拉波《地理志》4.4。普鲁塔克的《庞培传》73 提到了佩提基乌斯;Nicholas Purcell, 'Romans in the Roman world'提到了索特里德斯,收录于 Karl Galinsky 主编的 The Cambridge Companion to the Age of Augustus（Cambridge UP, 2005）。普鲁塔克《小加图传》68-70 描绘了小加图的可怕死亡。J. A. North, 'Caesar at the Lupercalia', Journal of Roman Studies 98（2008）分析了牧人节事件。关于那位任期只有半天的执政官的笑话，见西塞罗《友人书》7.30 和马克罗比乌斯《农神节》2.3。

第 8 章

对一些主要主题的出色介绍包括 Jane F. Gardner, *Women in Roman Law and Society*（Croom Helm, 1986）, Florence Dupont, *Daily Life in Ancient Rome*（Blackwell, 1994）, D. S. Potter 和 D. J. Mattingly 编, *Life, Death and Entertainment in the Roman Empire*（Univ. of Michigan Press, 1999）, Augusto Fraschetti 编, *Roman Women*（Univ. of Chicago Press, 2001）, Keith Bradley 和 Paul Cartledge 编, *The Cambridge World History of Slavery*, volume 1,（Cambridge UP, 2011）, Christian Laes, *Children in the Roman Empire: Outsiders Within*（Cambridge UP, 2011）和 Henrik Mouritsen, *The Freedman in the Roman World*（Cambridge UP, 2011）。

关于拉丁语的 25 卷著作出自马库斯·泰伦提乌斯·瓦罗；西塞罗的笑话是我的 *Laughter in Ancient Rome: On Joking, Tickling, and Cracking Up*（Univ. of California Press, 2014）的主题之一。Susan Treggiari 在 *Terentia, Tullia and Publilia: The Women of Cicero's Family*（Routledge, 2007）中从西塞罗的女性家人角度出发进行了分析。请恺撒赴宴的故事见《致阿提库斯书》13.52。戈尔·维达尔的论文见他的 *Selected Essays*（Abacus, 2007）。Susan

Treggiari, *Roman Marriage: Iusti Coniuges from the Time of Cicero to the Time of Ulpian*（Oxford UP, 1993）是对罗马婚姻的经典研究；克劳迪娅的墓志铭收录在 Mary R. Lefkowitz and Maureen Fant, *Women's Life in Greece and Rome*（Duckworth, 3rd edition, 2005）。瓦雷利乌斯·马克西姆斯的《言行铭记》6.3 着重描绘了埃格纳提乌斯·梅特鲁斯的严厉做法；苏维托尼乌斯的《奥古斯都传》73 提到了里维娅纺羊毛，西塞罗《致阿提库斯书》10.10 和 16.5 提到了沃鲁米娅·库特里斯。Marilyn B. Skinner, *Clodia Metelli: The Tribune's Sister*（Oxford UP, 2011）试图重建克洛迪娅的一生；棘手的法庭案件即我们今天所说的《为卡伊利乌斯辩护》。Catherine Steel, 'Being economical with the truth: what really happened at Lampsacus?' 讨论了维勒斯在希腊人宴会上遇到的问题，收录于 J. Powell 和 J. Paterson 主编的 *Cicero the Advocate*（Oxford UP, 2004）。西塞罗在《为穆雷拉辩护》27 提到了女性的缺陷，关于把女婿绑到剑上的笑话见马克罗比乌斯《农神节》2.3。从《致阿提库斯书》5.1 和 14.13 可以一窥昆图斯与庞波尼娅的婚姻。Brent D. Shaw, 'The age of Roman girls at marriage', *Journal of Roman Studies* 77（1987）讨论了结婚年龄。泰伦提娅关于老男人犯花痴的想法见普鲁塔克的《西塞罗传》41；昆体良的《演说术原理》6.3 称赞了西塞罗的妙语。John M. Riddle, *Contraception and Abortion from the Ancient World to the Renaissance*（Harvard UP, 1994）收录了古代避孕方法的各种证据。来自罗马埃及行省的丈夫所写的信见 Jane Rowlandson, *Women and Society in Greek and Roman Egypt: A Sourcebook* (Cambridge UP, 1998)。Richard P. Saller, *Patriarchy, Property and Death in the Roman Family*

（Cambridge UP, 1997）讨论了预期寿命和家庭关系问题。房产所有权是 Elizabeth Rawson, 'The Ciceronian aristocracy and its properties' 的主题，收录于她的 *Roman Culture and Society*（Oxford UP, 1991）。Andrew Wallace-Hadrill, *Houses and Society in Pompeii and Herculaneum*（Princeton UP, 1994）探索了罗马房屋的布局；老普林尼的《博物志》36.5-6 讨论了斯考鲁斯的宅邸；Catharine Edwards, *The Politics of Immorality in Ancient Rome*（Cambridge UP, 2002）着重描绘了奢侈问题。N. Kaltsas et al. 主编的 *The Antikythera Shipwreck: The Ship, the Treasures, the Mechanism*（National Archaeological Museum, Athens, 2012）记录了安提库特拉沉船的情况。塞斯提乌斯家族是 John H. D'Arms, *Commerce and Social Standing in Ancient Rome*（Harvard UP, 1981）中的一个案例研究。塞涅卡《论宽仁》1.24 提到了让奴隶穿着制服的好主意，西塞罗的《友人书》5.9、5.10a 和 13.77 以及《致阿提库斯书》7.2 提到了奴隶逃亡。提洛是我的 'Ciceronian correspondences' 一文的主要焦点，收录于 T. P. Wiseman 主编的 *Classics in Progress: Essays on Ancient Greece and Rome*（Oxford UP, 2006）。昆体良的《演说术原理》批评了他的西塞罗笑话集。Greg Woolf, 'Monumental writing', *Journal of Roman Studies* 86（1996）讨论了写作的爆发。Allia Potestas 的长篇墓志铭描绘了这个三角家庭，译文见 Lefkowitz and Fant, *Women's Life in Greece and Rome*。

第 9 章

Karl Galinsky 主编的 *The Cambridge Companion to the Age of*

Augustus（见第 6、7 章书目）是对该时期很好的介绍，Fergus Millar 和 Erich Segal Caesar 主编的 *Augustus: Seven Aspects*（Oxford UP, 1984）同样如此。Jonathan Edmondson 主编的 Augustus（Edinburgh UP, 2009）收录了近年来关于这位皇帝的最优秀论文。Paul Zanker, *The Power of Images in the Age of Augustus*（Univ. of Michigan Press, 1988）改变了我们对该时期的艺术和建筑的理解。恺撒死后的内战时期是 Josiah Osgood, *Caesar's Legacy: Civil War and the Emergence of the Roman Empire*（Cambridge UP, 2006）的主题。Jane Bellemore 在 *Nicolaus of Damascus*（Bristol Classical Press, 1984）中提供了此人早年所写的奥古斯都传现存部分的译文（也可见 www.csun.edu/~hcf11004/nicolaus.html）。Alison Cooley 的 *Res Gestae Divi Augusti*（Cambridge UP, 2009）则翻译了奥古斯都的生平自述，并做了全面讨论。

T. P. Wiseman, *Remembering the Roman People*（Oxford UP, 2009）是关于恺撒遇刺细节的最佳现代分析。关于屋大维早年的暴虐和"十二神明宴会"的故事，见苏维托尼乌斯，《奥古斯都传》27 和 70。西塞罗被斩首是 Amy Richlin, 'Cicero's head'的主题，收录于 James I. Porter 主编的 *Constructions of the Classical Body*（Univ. of Michigan Press, 2002）。通过塞涅卡的《劝说练习》（*Suasoriae*）可以体会到以西塞罗之死为主题的修辞练习的样子。阿庇安《内战史》4 提供了关于公敌通告的各种轶事。Josiah Osgood, *Turia: A Roman Woman's Civil War*（Oxford UP, 2014）探索了墓志铭中所纪念的女性英勇行为；Judith Hallett 的 'Perusinae glandes', *American Journal of Ancient History* 2（1977）让佩鲁贾的铅弹恢复了生机。西塞罗的《致阿提库斯书》14.8 提到了

克娄帕特拉的离开。对克娄帕特拉奢侈生活的不满描绘见老普林尼《博物志》9.119-121；普鲁塔克的《安东尼传》50 提到他把亚历山大里亚当成了罗马；C. B. R. Pelling, *Plutarch: Life of Antony*（Cambridge UP, 1988）对安东尼和克娄帕特拉做了大量理智的讨论。普鲁塔克的《安东尼传》28 提到来自"楼下"厨工的故事。Konstantinos L. Zachos, 'The tropaeum of the sea-battle at Actium', *Journal of Roman Archaeology* 16（2003）分析了纪念碑。乌鸦的故事来自马克罗比乌斯《农神节》2.4。葬礼上的争论见塔西佗的《编年史》1.9。Price and Thonemann, *The Birth of Classical Europe*（见一般书目）强调奥古斯都没有废除任何东西。关于"公民身份"的重要性，见 Andrew Wallace-Hadrill, 'Civilis princeps', *Journal of Roman Studies* 72（1982）；关于变色龙和斯芬克斯，见尤里安的《农神节》309 和苏维托尼乌斯的《奥古斯都传》50。Claude Nicolet, *Space, Geography, and Politics in the Early Roman Empire*（Univ. of Michigan Press, 1991）和老普林尼的《博物志》3.17 讨论了展示"地图"。Jas Elsner 在 'Inventing imperium' 一文中强调了《功业记述》中的营建活动对"发明帝国"的重要性，收录于他主编的 *Art and Text in Roman Culture*（Cambridge UP, 1996）。Sherk, *Rome and the Greek East*（见第 5 章书目）翻译了亚细亚行省的铭文。计算罗马军队总开支的尝试之一见 Keith Hopkins, 'Taxes and trade'（见第 1 章书目）。A. Brunt in 'The role of the senate', *Classical Quarterly* 34（1984）讨论了元老院；罗马人在日耳曼尼亚的失利是 Peter S. Wells, *The Battle That Stopped Rome*（Norton, 2004）的主题。K. A. Raaflaub 和 L. J. Samons II 的 'Opposition to Augustus' 讨论了埃格纳提乌

斯·鲁弗斯和其他反对者,收录于 Raaflaub 和 Mark Toher 主编的 *Between Republic and Empire: Interpretations of Augustus and His Principate*。A. G. G. Gibson 主编的 *The Julio-Claudian Succession: Reality and Perception of the "Augustan Model"*（Brill, 2013）讨论了继承问题。Nicholas Purcell 的'Livia and the womanhood of Rome'全面记录了里维娅的角色,收录于 Jonathan Edmondson 主编的 *Augustus*。

第 10 章

对帝国头两个世纪中的统治者和政治生活的重要综述包括 Fergus Millar, *The Emperor in the Roman World*（Bristol Classical Press, revised edition, 1992）, P. A. Brunt, *Roman Imperial Themes*（Oxford UP, 1990）, R. J. A. Talbert, *The Senate of Imperial Rome*（Princeton UP, 1984）和 Keith Hopkins, *Death and Renewal*（Cambridge UP, 1985）,特别是第 3 章。尽管事实基础薄弱,传记写法仍然很流行。不过,Aloys Winterling, *Caligula: A Biography*（Univ. of California Press, 2011）和 Edward Champlin, *Nero*（Harvard UP, 2003）的有趣之处在于对这两位"残暴"皇帝采取修正主义立场。我还利用了 Barbara Levick 的 *Claudius*（Routledge, 1993）, Miriam T. Griffin 的 *Nero: The End of a Dynasty*（Routledge, revised edition, 1987）, Miriam T. Griffin 的 *Hadrian: The Restless Emperor*（Routledge, 1997）中令人满意的客观叙述。

T. P. Wiseman, *The Death of Caligula*（Liverpool UP, 2nd edition, 2013）分析了盖乌斯的遇刺,书中翻译和分析了约瑟夫斯《犹太古史》19 的描述。Eric R. Varner, *Mutilation and Transformation:*

Damnatio Memoriae and Roman Imperial Portraiture（Brill, 2004）讨论了对雕像的再加工。关于盖乌斯最骇人轶事的古代材料见苏维托尼乌斯的传记，被误译的段落包括：宴会上的性行为（24）和"海贝"（46）。苏维托尼乌斯的《克劳迪乌斯传》29统计了克劳迪乌斯的受害者。我的 *Laughter in Ancient Rome*（见第 8 章书目）一书开头提到了圆形剧场中的康茂德；"小鱼"见苏维托尼乌斯的《提比略传》44，杀苍蝇见他的《图密善传》3；关于维斯帕先说出"钱不发臭"的故事见苏维托尼乌斯的《维斯帕先传》23，维斯帕先在凯旋式上的常识之言引自苏维托尼乌斯的《维斯帕先传》12。会散架的船的故事见塔西佗的《编年史》13.3-7。关于"金宫"的涂鸦引自苏维托尼乌斯的《尼禄传》39。对阴谋的嘲讽妙语在苏维托尼乌斯的《图密善传》21 被归于图密善，在《罗马皇帝传》中被归于哈德良。Susan Treggiari 在 *Papers of the British School at Rome* 43（1975）中分析了"里维娅家庭侍从的工作"（Jobs in the household of Livia）。Fergus Millar 的'Emperors at work'描绘了皇帝的文书工作，收录于 Hannah M. Cotton 和 Guy M. Rogers 主编的 *Government, Society, and Culture in the Roman Empire*（Univ. of North Carolina Press, 2004）。Sherk, *Rome and the Greek East*（见第 5 章书目）翻译了奥古斯都对夜壶案的裁决。Richard Gordon 的'The veil of power'讨论了祭祀仪式上的饼干，收录于 Mary Beard 和 John North 主编的 *Pagan Priests: Religion and Power in the Ancient World*（Duckworth, 1990）。弗隆托对皇帝肖像的评论见他的《书信集》4.12。Caroline Vout 思考了"胡子意味着什么？"（What's in a beard），收录于 Simon Goldhill 和 Robin Osborne 主

编 的 *Rethinking Revolutions Through Ancient Greece*（Cambridge UP, 2006）。斗兽场的规模、影响和资金来源是 Keith Hopkins 和 Mary Beard, *The Colosseum*（Profile, 2005）的主题。关于《塔木德》中提图斯之死的故事，见 Gittin 56B；关于图密善的镜墙，见苏维托尼乌斯的《图密善传》14；关于"金绵羊"，见塔西佗的《编年史》13.1。"帝制的秘密"一语出自塔西佗的《历史》1.4。苏维托尼乌斯的《维斯帕先传》7 和塔西佗的《历史》4.81–82 提到了维斯帕先的神迹。Hugh Lindsay, *Adoption in the Roman World*（Cambridge UP, 2009）提到了皇位继承人的收养和更大的背景。普林尼的话来自《颂词》7–8；加尔巴的话出自塔西佗的《历史》1.14–17。哈德良的诗见《帕拉丁诗选》6.332。提比略和犀利元老的故事见塔西佗的《编年史》1.74，"适合当奴隶"一语出自 3.65，尼禄的第一次演说见 13.4。《罗马皇帝传》中的《哈德良传》5 提到哈德良处决了前执政官。Alain Gowing, *Empire and Memory: The Representation of the Roman Republic in Imperial Culture*（Cambridge UP, 2005）对此进行了探索。据说科尔都斯指出李维曾颂扬庞培，见塔西佗《编年史》4.34。关于卢坎之死，见塔西佗《编年史》15.70。卡西乌斯·狄奥的《罗马史》67.9 描绘了图密善的黑色宴会。与涅尔瓦宴会上的谈话引自《书信集》1.1。卡西乌斯·狄奥《罗马史》66.12 和苏维托尼乌斯《维斯帕先传》15 提到老赫尔维迪乌斯与维斯帕先的冲突。小普林尼在《书信集》7.19 提到了法尼娅的病情。卡西乌斯·狄奥《罗马史》63.26 提到了维纳斯·萨宾娜的神庙。皇帝崇拜的微妙性是 S. R. F. Price, *Rituals and Power: The Roman Imperial Cult in Asia Minor*（Cambridge UP, 1986）的一个主题，书中讨论了古忒翁的铭文；译文见 Beard, North 和 Price, *Religions of Rome*，卷 2（见一般书目）。卡西乌斯·狄奥《罗马史》56.46 提到了里维娅的"奖赏"，苏维托尼乌斯的《维斯帕先传》23 提到了维斯帕先的俏皮话。

第 11 章

Stambaugh, *The Ancient Roman City*（见第 1 章书目）讨论了罗马城市的生活和规划，有一章以提姆加德为主题。关于古罗马非精英生活的有用综述，见 Jerry Toner, *Popular Culture in Ancient Rome*（Polity, 2009）和 Robert Knapp, *Invisible Romans: Prostitutes, Outlaws, Slaves, Gladiators, Ordinary Men and Women ... the Romans That History Forgot*（Profile, 2013）。Andrea Giardina 主编的 *The Romans*（Univ. of Chicago Press, 1993）收录了一系列关于罗马社会所有阶层代表性特征的论文，包括穷人。尽管书名看似无关，但 William Hansen 主编的 *Anthology of Ancient Greek Popular Literature*（Indiana UP, 1998）收录了很多我在本章中讨论的材料。John R. Clarke, *Art in the Lives of Ordinary Romans: Visual Representations and Non-elite Viewers in Italy, 100 BC-AD 315*（Univ. of California Press, 2003）探索了大众艺术。William V. Harris, *Ancient Literacy*（Harvard UP, 1991）对识字率的悲观看法很有影响。

老普林尼的《博物志》34.14 和 33.24 提到了独腿桌和戴多枚戒指。小普林尼的《书信集》2.17 描绘了他在劳伦图姆的别墅，Roy K. Gibson and Ruth Morello, *Reading the Letters of Pliny the Younger*（Cambridge UP, 2012）中的一章对此做了讨论。对瓦片数做了具体规定的法律是塔兰托当地宪章的一部分，译文见

Kathryn Lomas, *Roman Italy, 338 BC-AD 200: A Sourcebook*（Univ. College London Press, 1996）。提姆加德的富有居民是 Elizabeth W. B. Fentress,'Frontier culture and politics at Timgad', *Bulletin Archéologique du Comité des Travaux Historiques et Scientifiques* 17（1984）的主题。Andrew Wallace-Hadrill 的'Public honour and private shame: the urban texture of Pompeii'讨论了缺少城市分区，包括"道德分区"，收录于 Tim J. Cornell 和 Kathryn Lomas 主编的 *Urban Society in Roman Italy*（UCL Press, 1995）。尤维纳尔的抱怨见他的《讽刺诗》3；从在意大利南部的赫拉克利亚发现的可以上溯到恺撒时期的法规来看，重型推车（plostra）最多只是在白天被禁行——《赫拉克利亚铜表法》的译文见 M. H. Crawford 主编的 Roman Statutes（见第4章书目）。弗隆托版本的"面包和竞技"见他的《历史导论》17（《书信集》的一部分）。西塞罗对工作的鄙视见《论义务》1.150-151。不列颠人的大部分生活方式在罗马统治时期得以延续是 Richard Reece 在 *My Roman Britain*（Oxbow, 1988）中极力主张的观点。John R. Patterson 的'On the margins'讨论了边缘罗马人，收录于 Valerie M. Hope 和 Eireann Marshall 主编的 *Death and Disease in the Ancient City*（Routledge, 2002）。关于对零工的需求，见 David Mattingly,'The feeding of imperial Rome',收录于 Jon Coulston 和 Hazel Dodge 主编的 *Ancient Rome: The Archaeology of the Eternal City*（Oxford Univ. School of Archaeology, 2000）；安卡莱努斯·诺图斯出现在该书的另一篇出色论文中，见 John R. Patterson 的'Living and dying in the city of Rome'。关于罗马城外的纺织作坊，见 S. Musco et al.,'Le complexe archéologique de Casal Bertone', *Les*

Dossiers d'Archéologie 330（2008）。工作是 S. R. Joshel, *Work, Identity, and Legal Status at Rome: A Study of the Occupational Inscriptions*（Univ. of Oklahoma Press, 1992）和 N. Kampen, *Image and Status: Roman Working Women in Ostia*（Mann, 1981）的主题。Lauren Hackforth Petersen, *The Freedman in Roman Art and Art History*（Cambridge UP, 2006）讨论了欧律萨克斯的墓。关于社团规则的译文（在这个例子中并非真正的行会组织），见 Beard, North 和 Price, *Religions of Rome*，第 2 卷（见一般书目）。对面包师罢工铭文的翻译见 Barbara Levick, *The Government of the Roman Empire: A Sourcebook*（Routledge, 2002）。Mary Beard, *Pompeii: The Life of a Roman Town*（Profile, 2008）讨论了庞贝城的标语和酒肆壁画。关于洗衣工，见 Miko Flohr, *The World of the Fullo: Work, Economy, and Society in Roman Italy*（Oxford UP, 2013）。尤维纳尔对奥斯蒂亚酒肆的描绘见《讽刺诗》8。罗马人赌博的方方面面是 Nicholas Purcell, 'Literate games: Roman society and the game of alea' 的主题，收录于 Robin Osborne 主编的 *Studies in Ancient Greek and Roman Society*（见第 5 章书目）。Jerry Toner, *Roman Disasters*（Blackwell, 2013）通俗易懂地描绘了威胁普通罗马人的各种不幸，包括洪水和火灾。Benjamin Kelly, *Petitions, Litigation, and Social Control in Roman Egypt*（Oxford UP, 2011）和 Ari Z. Bryen, *Violence in Roman Egypt: A Study in Legal Interpretation*（Univ. of Pennsylvania Press, 2013）记录了罗马埃及行省的犯罪行为（以及对它们的反应）的技术细节。对那位赫库兰尼姆女子（Petronia Justa）案件的讨论，见 Wallace-Hadrill, *Herculaneum*（见序言书目）。Stanley Ireland, *Roman*

Britain: A Sourcebook（Routledge, 3rd edition, 2008）翻译了来自罗马统治下的巴斯的诅咒；《阿斯特兰普苏克斯神谕集》的译文见 William Hansen 主编的 *Anthology of Ancient Greek Popular Literature*。John Henderson 的 *Telling Tales on Caesar: Roman Stories from Phaedrus*（Oxford UP, 2001）和 *Aesop's Human Zoo: Roman Stories about our Bodies*（Univ. of Chicago Press, 2004）优美地把握了费德鲁斯寓言的精神；特别见费德鲁斯的《寓言集》1.2，1.3 和 1.28。骚乱证据见苏维托尼乌斯《克劳迪乌斯传》18，菲洛斯特拉图斯《阿波罗尼乌斯传》1.15（阿斯朋度斯城）和塔西佗《编年史》14.42-45（一名元老遇刺）。关于普通罗马人中的文学文化，见 Andrew Wallace-Hadrill, 'Scratching the surface: a case study of domestic graffiti at Pompeii'，收录于 M. Corbier 和 J. P. Guilhembert 主编的 *L'écriture dans la maison romaine*（Paris, 2011），以及 Kristina Milnor, *Graffiti and the Literary Landscape in Roman Pompeii*（Oxford UP, 2014）。"七贤酒肆"是 Clarke 的 *Art in the Lives of Ordinary Romans and Looking at Laughter: Humor, Power, and Transgression in Roman Visual Culture, 100 BC-AD 250*（Univ. of California Press, 2007）中的重要主题。

第 12 章

小普林尼《书信集》第 10 卷中与图拉真的通信是串联本章的主题。Wynne Williams 的 *Pliny, Correspondence with Trajan from Bithynia*（*Epistles X*）（Aris and Phillips, 1990）对书信做了有用的汇编，对基本观念的讨论见 Greg Woolf, 'Pliny's province'，收录于 Tønnes Bekker-Nielsen 主编的 *Rome and the Black Sea Region:*

Domination, Romanisation, Resistance（Aarhus UP, 2006），以及 Carlos F. Norena,'The social economy of Pliny's correspondence with Trajan', *American Journal of Philology* 128（2007）。这些书信还涉及了整个古代史中最具争议性的话题之一：基督教的兴起。Kelly, *The Roman Empire*（见一般书目）是对这方面特别有启发意义的简短叙述；Diarmaid MacCulloch, *A History of Christianity: The First Three Thousand Years*（Penguin, 2010）也是合适的入门读物。David S. Potter 主编的 *A Companion to the Roman Empire*（Blackwell, 2006）收录了几篇关于帝国原则、惯例和行政的有用论文。*Government, Society, and Culture in the Roman Empire*（见第 11 章书目）中收录的 Fergus Millar 的几篇论文是对该主题的最重要贡献之一（包括对小普林尼和图拉真的讨论）。Levick, *The Government of the Roman Empire*（见第 11 章书目）生动地展示了丰富的一手证据。Martin Goodman 在 Garnsey 和 Saller, *The Roman Empire*（见一般书目）中的一章思考了抵抗罗马的不同形式和地点。罗马统治下的希腊文学是 Tim Whitmarsh, *Greek Literature and the Roman Empire: The Politics of Imitation*（Oxford UP, 2002），以及 Simon Goldhill 编辑的 *Being Greek under Rome: Cultural Identity, the Second Sophistic and the Development of Empire*（Cambridge UP, 2001）的主题。本章的标题借鉴自 Beard, North 和 Price, *Religions of Rome*，卷 2（见上文的一般书目）；我还强调了"成为罗马人"的概念，借用了 Greg Woolf 对帝国文化互动的重要研究著作的书名：*Becoming Roman: The Origins of Roman Provincial Civilization in Gaul*（Cambridge UP, 1998）。

琉善关于神使的讽刺小品题为《伪先知》，关于叙利亚宗教的作品题为《论叙利亚女神》。S. von Schnurbein, 'Augustus in Germania and his new "town" at Waldgirmes east of the Rhine', *Journal of Roman Archaeology* 16（2003）介绍了这座半完工的城镇。斯特拉波对不列颠潜力的评估见《地理志》4.5。David J. Breeze 和 Brian Dobson, *Hadrian's Wall*（Penguin, 2000）探索了哈德良长城之谜。P. A. Brunt, 'Charges of provincial maladministration under the early principate', *Roman Imperial Themes*（见第 10 章书目）分析了行省统治的性质；提比略的观点引自卡西乌斯·狄奥的《罗马史》57.10。Stephen Mitchell 在 *Journal of Roman Studies* 66（1976）中讨论了"罗马帝国的征调交通"（Requisitioned transport in the Roman Empire）。苏维托尼乌斯的《奥托传》3 提到了任命奥托的不光彩理由。"充满了形形色色的神明"的世界这一表述来自 Keith Hopkins 对罗马宗教迷人而奇特的研究 *A World Full of Gods: Pagans, Jews and Christians in the Roman Empire*（Weidenfeld and Nicolson, 1999）。Alan K. Bowman, *Life and Letters on the Roman Frontier: Vindolanda and Its People*（British Museum Press, 1998）生动地记录了温多兰达的基础设施，在线档案可以在 http://vindolanda.csad.ox.ac.uk/ 找到。Caroline Van Driel-Murray 的 'Gender in question' 讨论了那些鞋子，收录于 P. Rush 主编的 *Theoretical Roman Archaeology: Second Conference Proceedings*（Avebury, 1995），文中提出一部分鞋子可能属于青少年男性。关于罗克赛特泳池的报告，见 G. Webster and P. Woodfield, 'The old work', *Antiquaries Journal* 46（1966）。Martin Millett 的 *Romanization of Britain: An Essay in Archaeological Interpretation*（Cambridge UP, 1990）影响巨大，

书中反驳了"罗马化"自上而下的传统观点; David Mattingly, *An Imperial Possession: Britain in the Roman Empire* (Penguin, 2006) 提供了详尽的现代综述。J. N. Adams 的 *Bilingualism and the Latin Language* (Cambridge UP, 2003) 讨论了 La Graufesenque "双语者", Alex Mullen 的 'The language of the potteries' 提出了不同看法, 收录于 Michael Fulford 和 Emma Durham 主编的 *Seeing Red* (Institute of Classical Studies, 2013)。贺拉斯的标语见他的《书信集》2.1; K. Welch, 'The stadium at Aphrodisias', *American Journal of Archaeology* 102 (1998) 描绘了对"希腊式"竞技场进行改造, 用于举行"罗马式"表演。Tod A. Marder 和 Mark Wilson Jones 主编的 *The Pantheon: From Antiquity to the Present* (Cambridge UP, 2015) 是对万神殿的最新研究; Roger S. Bagnall and Dominic W. Rathbone, *Egypt from Alexander to the Copts* (British Museum Press, 2004) 盘点了灰色花岗岩的来源和相关文献; Theodore J. Peña, 'Evidence for the supplying of stone transport operations', *Journal of Roman Archaeology* 2 (1989) 讨论了那封关于 50 尺高柱子的书信。那天来自印度的商船是 Dominic Rathbone, 'The Muziris papyrus' 的主题, 收录于 *Bulletin de la Société d'Archéologie d'Alexandrie* 特辑 46 (2000): 'Alexandrian Studies II in Honour of Mostafa el Abbadi'; 对泽乌克西斯的描绘见 Peter Thonemann, *The Maeander Valley: A Historical Geography from Antiquity to Byzantium* (Cambridge UP, 2011); 陶片山背后的贸易是 D. J. Mattingly, 'Oil for export?', *Journal of Roman Archaeology* 1 (1988) 的主题。Hella Eckhardt 主编的 *Roman Diasporas: Archaeological Approaches to Mobility and Diversity in the Roman Empire* (Journal of Roman Archaeology supplement 78, 2011）思考了如何衡量流动性；Alex Mullen,'Multiple languages, multiple identities'讨论了巴拉特斯和"女王"，收录于 Mullen 和 Patrick James 主编的 *Multilingualism in the Graeco-Roman Worlds*（Cambridge UP, 2012）。Keith Hopkins,'Christian number', *Journal of Early Christian Studies* 6（1998）是关于早期基督徒人数的最佳讨论；Thomas J. Heffernan, *The Passion of Perpetua and Felicity*（Oxford UP, 2012）细致分析了珀佩图阿的殉难。《罗马皇帝传》中的《塞普提米乌斯·塞维鲁传》15 描绘了塞普提米乌斯对姐姐的处置；R. R. R. Smith, *The Monument of C. Julius Zoilos*（von Zabern, 1993）详细讨论了佐伊洛斯。

后记

Myles Lavan,'The spread of Roman citizenship', *Past and Present* 229（2016）仔细计算了卡拉卡拉创造的公民数量（感谢作者提供试读）。对君士坦丁凯旋门的重要点评见 Jas Elsner,'From the culture of spolia to the cult of relics', *Papers of the British School at Rome* 68（2000）。对"元老院"的误解出自 *Parastaseis*, 译文见 Averil Cameron and Judith Herrin（Brill, 1984），第 43 章。

时间线

*方括号中的条目表示古典希腊的历史事件

文学人物	年代	事件	统治者、时期和战争
	公元前753年	传统上认定的罗马建城年代	王政时期：公元前753—前509年
			1. 罗慕路斯
			2. 努马
			3. 图鲁斯·霍斯提里乌斯
			4. 安库斯·马尔基乌斯
	[公元前582年]	毕达哥拉斯在萨摩斯出生]	5. 老塔克文
			6. 塞维乌斯·图利乌斯
			7. "高傲者"塔克文
	公元前509年	传统上认定罗马共和国的建立年代	罗马共和国：公元前509—前44年
	公元前494年	第一次平民撤离	"等级冲突"（直到公元前287年）
	[公元前490年	马拉松战役]	
	公元前451—前450年	《十二铜表法》	"十人委员会"

文学人物	年代	事件	统治者、时期和战争
	[公元前399年]	苏格拉底死于雅典]	
	公元前396年	维伊城被毁	
	公元前390年	高卢人洗劫罗马	
	公元前341年	拉丁战争开始	意大利战争
	公元前338年	拉丁同盟解体	拉丁战争：公元前341—前338年
	[公元前334年	亚历山大大帝开始东征]	
	公元前326年	债务奴隶制度被废除	萨莫奈战争 第一次：公元前343—前341年 第二次：公元前326—前304年 第三次：公元前298—前290年
	[公元前323年	亚历山大大帝去世]	
	公元前321年	考迪乌姆岔口战役	
	公元前312年	罗马第一条水道建成	
	公元前295年	森提努姆战役	
	公元前290年	萨莫奈战争结束	
	公元前287年	平民大会的决定获得法律效力	
	公元前280年	西庇阿·巴巴图斯去世	皮洛士战争：公元前280—前275年，罗马对垒埃庇鲁斯国王皮洛士

文学人物	年代	事件	统治者、时期和战争
	公元前275年	皮洛士被赶回埃庇鲁斯	
	公元前264年		第一次布匿战争：公元前264—前241年
李维乌斯·安德罗尼库斯的第一部悲剧上演	公元前240年		
	公元前218年	汉尼拔翻越阿尔卑斯山	第二次布匿战争：公元前219—前202年，罗马对垒汉尼拔
	公元前216年	坎尼战役	第一次马其顿战争：公元前215—前205年，罗马对垒腓力五世
普劳图斯活跃时期（至公元前2世纪80年代）			
恩尼乌斯活跃时期（至公元前169年左右）	公元前204年	大地母女神被迎接到罗马	
	公元前202年	扎马战役	
			第二次马其顿战争：公元前200—前197年，罗马对垒腓力五世
	公元前190年	"亚细亚征服者"西庇阿打败安条克	叙利亚战争：公元前192—前188年，罗马对垒叙利亚国王安条克三世

文学人物	年代	事件	统治者、时期和战争
泰伦斯活跃时期（至公元前160年左右）			
	公元前183年	"阿非利加征服者"西庇阿和汉尼拔去世	
			第三次马其顿战争：公元前172—前168年，罗马对垒珀尔修斯
	公元前171年	西班牙使团到达，卡泰亚建立	
	公元前168年	皮德纳战役，马其顿国王珀尔修斯被打败	
波利比乌斯活跃时期（至公元前118年左右）	公元前167年	波利比乌斯作为人质抵达罗马	
			伊比利亚战争：公元前155—前133年，罗马对垒伊比利亚凯尔特部落
	公元前149年	永久性刑事法庭建立	第三次布匿战争：公元前149—前146年
	公元前146年	小西庇阿洗劫迦太基 姆米乌斯洗劫科林斯	

文学人物	年代	事件	统治者、时期和战争
	公元前139年	引入无记名投票	
	公元前133年	伊比利亚战争结束，该地区现在大部分被罗马控制	
		帕加马国王阿塔鲁斯将王国遗赠给罗马	
		提比略·格拉古的保民官任期和遇刺	
卢基利乌斯的《讽刺诗》，公元前2世纪的最后三分之一			
	公元前129年	小西庇阿去世	
	公元前125年	弗雷格莱被毁	
	公元前123年	盖乌斯·格拉古的保民官任期	
	公元前122年	盖乌斯·格拉古连任保民官	
		赔偿法通过	
	公元前121年	盖乌斯·格拉古遇刺	
			朱古达战争：公元前118—前106年
	公元前107年	马略第一个执政官任期，改革罗马军队和率军征讨朱古达	

文学人物	年代	事件	统治者、时期和战争
西塞罗出生在阿尔皮农	公元前106年		
	公元前89年	授予意大利人公民权	同盟战争：公元前91—前89年 第一次米特拉达梯战争：公元前89—前85年，罗马对垒本都国王米特拉达梯六世
	公元前88年	苏拉率军征讨米特拉达梯 米特拉达梯屠杀意大利人	内战：公元前88—前86年，苏拉对垒马略
	公元前86年	马略第七次担任执政官和他的去世	
	公元前85年	苏拉与米特拉达梯议和	
	公元前82—前81年	苏拉的改革和公敌通告	第二次米特拉达梯战争：公元前83—前81年
西塞罗与泰伦提娅结婚	公元前80年		
	公元前79年	苏拉辞去独裁官	
	公元前73年	米特拉达梯入侵比提尼亚	斯巴达克斯起义：公元前73—前71年	第三次米特拉达梯战争：公元前73—前63年
	公元前71年	克拉苏镇压斯巴达克斯起义	
西塞罗发表《反维勒斯》	公元前70年	西塞罗起诉维勒斯	

文学人物	年代	事件	统治者、时期和战争
		庞培第一次担任执政官	
	公元前67年	庞培率军征讨海盗	
	公元前66年	庞培率军征讨米特拉达梯	
现存第一封西塞罗写给阿提库斯的信	公元前65年		
卡图卢斯和卢克莱修的活跃时期（至公元1世纪中期）			
西塞罗发表《反喀提林演说》	公元前63年	庞培占领耶路撒冷	
		西塞罗揭露"喀提林阴谋"	
		庞培击败米特拉达梯，安排东方定居点	
西塞罗发表《为阿尔喀亚斯辩护》	公元前62年	庞培举行凯旋式	
	公元前60年	三人帮缔结	
	公元前59年	庞培迎娶恺撒之女尤利娅	
	公元前58年	西塞罗流亡（至公元前57年）	
	公元前55年	恺撒第一次登陆不列颠	

文学人物	年代	事件	统治者、时期和战争
西塞罗创作《论共和国》（公元前54—前51年）	公元前54年	庞培剧场建成 尤利娅去世	
	公元前53年	卡莱惨败，克拉苏身亡	
	公元前52年	克洛迪乌斯被害（"波维莱之战"） 庞培当选唯一执政官	
恺撒创作《高卢战记》	公元前51年	西塞罗任奇里乞亚总督	
	公元前50年	恺撒完成对高卢的征服	
撒鲁斯特活跃时期	公元前1世纪40年代		
西塞罗前往希腊，加入庞培阵营	公元前49年	恺撒渡过卢比孔河	内战：公元前49—前31年，恺撒对垒庞培
西塞罗回到罗马	公元前48年	法萨卢斯战役；庞培在埃及被害	
西塞罗和泰伦提娅离婚	公元前46年	恺撒的凯旋式	
西塞罗迎娶普布里利娅；他的女儿图利娅去世	公元前45年		

文学人物	年代	事件	统治者、时期和战争
	公元前 44 年	1月：恺撒当选终身独裁官	
		3月：恺撒遇刺	
西塞罗被害	公元前 43 年	屋大维、安东尼和雷必达组建三巨头	刺杀恺撒的凶手对垒恺撒的继承者
贺拉斯在腓力比战役中身处失败一方	公元前 42 年	腓力比战役：三巨头击败布鲁图斯和卡西乌斯	
	公元前 41—前 40 年	佩鲁西亚之围	卢基乌斯·安东尼对垒屋大维
维吉尔创作《牧歌》	公元前 39 年		
李维创作《罗马史》（公元前 1 世纪 30 年代到公元 17 年）	公元前 37 年	屋大维和里维娅结婚	
贺拉斯创作《讽刺诗》1	公元前 35—前 34 年		
	公元前 31 年	亚克兴战役	屋大维对垒马克·安东尼
	公元前 30 年	安东尼和克娄帕特拉自杀；埃及成为罗马的一个行省	皇帝统治时期：尤里乌斯–克劳迪乌斯王朝，公元前 31—公元 68 年；屋大维/奥古斯都统治时期：公元前 31—公元 14 年

文学人物	年代	事件	统治者、时期和战争
普洛佩提乌斯、提布卢斯和奥维德的活跃时期	公元前1世纪20年代		
维吉尔创作《农事诗》，可能开始创作《埃涅阿斯纪》	公元前29年	屋大维回到意大利并举行了三场凯旋式	
	公元前27年	屋大维接受"奥古斯都"头衔	
维吉尔去世	公元前19年	帕提亚人将卡莱战役中夺走的军旗还给罗马	
	公元前18年	第一部奥古斯都婚姻法	
	公元前8年	"第六月"被更名为"奥古斯都月"（8月）	
西塞罗的释奴提洛去世	公元前4年	奥古斯都正式收养提比略	
	公元前2年	奥古斯都的罗马广场落成	
		尤利娅（奥古斯都之女）被流放	公元前 公元
奥维德被流放到托米斯	公元8年		
	公元9年	条顿堡森林战役	

文学人物	年代	事件	统治者、时期和战争
斯特拉波活跃时期（至公元24年左右）	公元1世纪10年代		提比略统治时期：公元14—37年
费德鲁斯和维勒尤斯·帕特库鲁斯活跃时期	公元1世纪20年代		
	公元25年	奥鲁斯·克雷姆提乌斯·科尔都斯绝食自杀	
	公元26年	本丢·彼拉多任犹地阿总督（至公元36年）	
	公元29年	里维娅去世	
	公元33年	传统上认为耶稣被钉十字架的时间	
	公元37年		盖乌斯（卡里古拉）统治时期：公元37—41年
	公元40年	犹太人向卡里古拉派出使者	
小塞涅卡活跃时期	公元41年	卡里古拉遇刺	克劳迪乌斯统治时期：公元41—54年
	公元43年	克劳迪乌斯入侵不列颠	
	公元44年	克劳迪乌斯庆祝对不列颠的胜利	

文学人物	年代	事件	统治者、时期和战争
	公元 48 年	克劳迪乌斯的里昂演说	
塞涅卡创作《升天变瓜记》	公元 54 年		尼禄统治时期：公元 54—68 年
	公元 58 年	阿格里古拉初次抵达不列颠（至公元62年）	
老普林尼、卢坎、佩特罗尼乌斯和佩尔西乌斯活跃时期	公元 1 世纪 60 年代		
	公元 60 年	布狄卡叛变	
小普林尼出生	公元 61 年	卢基乌斯·佩达尼乌斯·塞孔都斯被奴隶谋杀	
	公元 64 年	罗马大火	
		传统上认为圣彼得在罗马被钉十字架的时间	
塞涅卡和卢坎自杀	公元 65 年	传统上认为圣保罗在罗马被斩首的时间	
		皮索针对尼禄的阴谋	
佩特罗尼乌斯自杀	公元 66 年	提里达梯斯国王抵达罗马	第一次犹太人起义：公元 66—73/4 年
		特拉西亚·派图斯自杀	
	公元 68 年	尼禄自杀	

文学人物	年代	事件	统治者、时期和战争
	公元 69 年	内战：四帝之年	内战
			弗拉维王朝：公元 69—96 年
	公元 70 年	耶路撒冷圣殿被毁	
	公元 73/4 年	马萨达陷落，第一次犹太人起义失败	维斯帕先统治时期：公元 69—79 年
约瑟夫斯开始发表《犹太战记》	约公元 75 年	费什本罗马宫开始建造	
	公元 77 年	阿格里古拉任不列颠行省总督（至公元 85 年）	
老普林尼去世	公元 79 年	维苏威火山爆发，摧毁了庞贝和赫库兰尼姆	提图斯统治时期：公元 79—81 年
马提亚尔、普鲁塔克和尤维纳尔活跃时期	公元 1 世纪 80 年代		
	公元 80 年	斗兽场竣工	
	公元 81 年		图密善统治时期：公元 81—96 年
温多兰达木板被刻写（至公元 120 年）	约公元 85 年		
	公元 89 年	图密善的梦魇宴会	

文学人物	年代	事件	统治者、时期和战争
约瑟夫斯创作《犹太古史》	公元 93/4 年		养子继承王朝：公元 96—192 年
	公元 96 年	图密善遇刺	涅尔瓦统治时期：公元 96—98 年
塔西佗任执政官；《阿格里古拉传》大致创作于此时	公元 97 年	涅尔瓦收养图拉真	
	公元 98 年		图拉真统治时期：公元 98—117 年
小普林尼任执政官，为图拉真创作《颂词》	公元 100 年		
			第一次达西亚战争：公元 101—102 年
			第二次达西亚战争：公元 105—106 年
塔西佗的《历史》	公元 109 年	小普林尼任比提尼亚总督（至公元 110 年）	
小普林尼的《书信集》第 10 卷（写给图拉真）	公元 110 年		
	公元 113 年	图拉真入侵帕提亚	图拉真的东征：公元 113—117 年

文学人物	年代	事件	统治者、时期和战争
塔西佗创作《编年史》	公元117年		哈德良统治时期：公元117—138年
	公元118年	处决四位前执政官	
苏维托尼乌斯创作《十二恺撒传》	公元2世纪20年代	建造哈德良长城	
		建造哈德良万神殿	
	公元130年	哈德良的男伴安提诺俄斯在尼罗河溺亡	
	公元138年		安东尼·庇护统治时期：公元138—161年
弗隆托、奥鲁斯·格里乌斯、保萨尼阿斯和琉善的活跃时期	公元2世纪40年代		
阿里斯提德发表《罗马颂词》	公元144年		
盖伦的活跃时期（至公元3世纪10年代）	公元2世纪60年代		
	公元161年		马可·奥勒留和卢基乌斯·维鲁斯共治时期：公元161—169年

文学人物	年代	事件	统治者、时期和战争
	公元167年	罗马和帝国更多地方爆发瘟疫（可能是天花）	
	公元169年	卢基乌斯·维鲁斯去世，可能死于瘟疫	马可·奥勒留独自统治：公元169—180年
	公元180年		康茂德统治时期：公元180—192年
	公元192年	康茂德遇刺	
	公元193年	五人争夺皇位	内战
	公元196年	塞普提米乌斯·塞维鲁成为唯一的皇帝	塞维鲁王朝：公元193—235年，塞普提米乌斯·塞维鲁统治时期：公元193—211年
卡西乌斯·狄奥开始创作《罗马史》	约公元202年		
	公元203年	维比娅·珀佩图阿在迦太基被处决	
卡西乌斯·狄奥任执政官	约公元205年		
	公元211年	卡拉卡拉杀死盖塔	卡拉卡拉和盖塔共治，然后独自统治：公元211—217年
	公元212年	公民权被扩大到帝国所有的自由居民	

致　谢

本书的写作既愉快又心酸。它是我的朋友和编辑，深受怀念的 Peter Carson 的主意，但很遗憾他还没看到一个字就去世了。我只能希望他不会对结果失望。

《罗马元老院与人民》凝聚了差不多 50 年的工作成果，在这里我无法一一列出需要感谢的人。我最近讨教过的剑桥大学和其他地方的朋友和同事有 Cliff Ando，Emma Dench，Chris Hallett，William Harris，Geoff Hawthorn，Myles Lavan，Matthew Leigh，Angus Mackinnon，Neville Morley，John North，Robin Osborne，Jonathan Prag，Joyce Reynolds，James Romm，Brian Rose，Malcolm Schofield，Ruth Scurr，Bert Smith，Peter Thonemann，Jerry Toner 和 Carrie Vout。其他朋友，包括 Manolo Blahnik，Corrie Corfield，Gary Ingham，Sean Spence 和 Roger Michel，以及我们在 2015 年 7 月的假日旅伴（Frank Darbell 和 Jay Weissberg，Celina Fox，Fionnuala 和 Simon Jervis，Anna Somers-Cocks，Jonathan 和 Teresa Sumption）都以不同的方式鼓励了我。在本书的写作过程中，我的博客（*A Don's Life*）上的评论一如既往地提出了坦诚而有建设性的批评。Hannah Price 在最后阶段就书目提出了专业建议；Debbie Whittaker 的组织天赋始终不可或缺，她识别输入、事实和逻辑错误的犀利眼光同样如此。

许多机构提供的帮助超过我的想象，推动了本书写作计划的顺利进行：剑桥大学古典系（及图书馆）一直支持着我；纽纳姆学院容忍了我的一意孤行；罗马的美国学院慷慨接待了我，让我得以展开几周的扎实工作（我要特别感谢 Kim Bowes）；《泰晤士报文学增刊》忍受了我的缺席。Steve Kimberley 在关键时刻保存了我便携电脑上的数据。通过与雄狮电视公司（Lion Television）严谨的专业学术人员共同制作了一部与本书有关但并不以其为基础的纪录片，我看到和学到了很多。我还要特别感谢 Richard Bradley，Johnny Crockett，Ben Finney，Craig Hastings，Tim Hodge，Chris Mitchell，Marco Rossi and Caterina Turroni。我和他们一起愉快地探索了罗马帝国的许多我从未梦想过亲身造访的地方。他们让我眼界大开。

我和出版商们一如既往地合作融洽，他们还容忍了我的拖延。在英国方面，我要感谢 Penny Daniel，Frances Ford，Andrew Franklin，Valentina Zanca 以及 Profile 等公司的其他所有推动本书问世的人，包括媒体部门的 Emily Hayward-Whitlock，出色而幽默地审读了文稿的 Juliana Froggatt，以及查找图片的 Leslie Hodgson。还要感谢 Jonathan Harley 和 James Alexander 一丝不苟的排字和版面设计。在美国方面，Liveright 公司的 Bob Weil 是一位来自伟大而悠久传统的编辑。对于他，以及 Peter Miller 和 Will Menaker，我的感激之情不胜言表。在纽约期间，Inkwell 公司的 George Lucas 非常周到地照顾了我。

在写作《罗马元老院与人民》的过程中，我的家人 Robin Cormack，Zoe 和 Raphael 表现出难以置信的宽容。我要向他们致以爱和感谢，希望今后的生活更加风平浪静，并有更多闲暇时间。我还要特别感谢 Peter Stothard,在整个构思和写作过程中,他阅读了文稿,提供了建议,还为我加油鼓劲。如果要把本书献给某个人,他将是当然人选。从一位 Peter 到另一位,我要感谢你们俩。

出版后记

　　读者眼前这本全新的古罗马史，英文原版自 2015 年出版以来，创造了古代史专业著作的平均年销量纪录，至今仍在英国亚马逊的古代史图书分类中占据第一名，在美国亚马逊的古代史图书分类中也一直位列前三甲，法语、德语、意大利语、西班牙语、葡萄牙语版本也都取得了不俗的成绩。

　　固然，罗马史读物在西方世界向来有着不小的读者群，而像本书这样由一位剑桥知名教授积 50 年之功写作的新罗马史，自然能够引起轰动效应。但是，如果说本书的持续热销没有受到作者的公众影响力这个因素的影响，也是难以想象的。玛丽·比尔德是当今世界最知名的古罗马史专家，这种说法毫不夸张。她除了在专业领域取得了不俗的成就，始终致力于向公众普及最前沿的学术研究成果。从 2010 年起，她以极高的密度与英国广播电视公司合作制作了一系列介绍古罗马或古代文明的纪录片——《庞贝古城的生与死》(Pompeii: Life and Death in a Roman Town, 2010)、《相约古罗马》(Meet the Romans with Mary Beard, 2012)、《卡里古拉》(Caligula with Mary Beard, 2013)、《庞贝：最新揭秘》(Pompeii: New Secrets Revealed with Mary Beard, 2016)、《罗马：没有疆界的帝国》(Mary Beard's Ultimate Rome: Empire Without Limit, 2016)、《解密尤里乌斯·恺撒》(Julius Caesar Revealed, 2018)，几乎涉及了古罗马的各个方面。今年

6月12日，比尔德由于在古代文明研究方面长期做出的贡献，受封爵士。不宁唯是，比尔德从来就不是一个只关心自己专业领域的大学教授，她也以各种方式积极介入当下社会。除了长期担任《泰晤士报文学增刊》的古典学编辑，她在博客"一个大学教授的生活"中发表了大量有关政治、教育、女性、恐怖主义等话题的看法，拥有很多拥趸，而她的推特则更为活跃。她今年出版了一份演讲稿《女性与权力：一份宣言》(Women & Power : A Manifesto)，从她擅长的古典学领域入手，追溯了女性话语权利被压制的源头，再度在大西洋两岸掀起了热议。

由上可见，由于比尔德的个人风格，《罗马元老院与人民》天然具备了两个方面的畅销潜质：一是她熟谙各种调动读者吸收知识的积极性和兴趣的技巧，写作时借鉴了大量电视纪录片常用的富有戏剧性的起承转合手法，同时她还喜欢从具体的物件或场景着手，以小见大讲述相关主题，全书100多幅相关插图使这本专著颇具"可看性"；二是书中处处皆可见现实关怀，她不仅努力在罗马史的每一阶段都安排章节试图从底层视角揭示罗马社会的面貌，而且清楚告知读者，对于那些古今相通的社会问题，罗马的历史提供了什么教训和教益。总之，这是一部语言平实、风趣幽默、大胆质疑却又不失温情的专著，相信读者一定能从中得到智性的愉悦。

在此还要特别感谢刘津瑜教授，在休假期间为本书撰写了不啻为一篇导读的万字长序，希望对读者吸收理解本书能够有所帮助。

服务热线：133-6631-2326　188-1142-1266

服务信箱：reader@hinabook.com

后浪出版公司

2018年6月

© 民主与建设出版社，2018

图书在版编目（CIP）数据

罗马元老院与人民：一部古罗马史／(英)玛丽·比尔德著；王晨译. -- 北京：民主与建设出版社，2018.8（2022.12重印）
书名原文：SPQR：A History of Ancient Rome
ISBN 978-7-5139-2249-4

Ⅰ. ①罗… Ⅱ. ①玛… ②王… Ⅲ. ①古罗马—历史—普及读物 Ⅳ. ①K126-49

中国版本图书馆CIP数据核字（2018）第174608号

Copyright © Mary Beard Publications, 2015
Originally published in English, entitled SPQR by Profile Books Ltd, London
This simplified Chinese edition published by Ginkgo (Beijing) Book Co., Ltd. 2018
本书简体中文版由银杏树下（北京）图书有限责任公司出版。

版权登记号：01-2018-6058
地图审图号：GS(2018)3925

罗马元老院与人民：一部古罗马史
LUOMA YUANLAOYUAN YU RENMIN：YIBU GULUOMASHI

著　　者	[英]玛丽·比尔德
译　　者	王　晨
责任编辑	王　颂
封面设计	墨白空间·陈威伸
出版发行	民主与建设出版社有限责任公司
电　　话	（010）59417747　59419778
社　　址	北京市海淀区西三环中路10号望海楼E座7层
邮　　编	100142
印　　刷	北京盛通印刷股份有限公司
版　　次	2018年10月第1版
印　　次	2022年12月第6次印刷
开　　本	889毫米×1194毫米　1/32
印　　张	19.75
字　　数	442千字
书　　号	ISBN 978-7-5139-2249-4
定　　价	118.00元

注：如有印、装质量问题，请与出版社联系。